电子科技大学马克思主义学院·薪火学术论丛

当代资本主义
日常生活金融化研究

A STUDY OF
THE FINANCIALISATION OF DAILY LIFE
IN CONTEMPORARY CAPITALISM

欧阳彬 ◎ 著

社会科学文献出版社
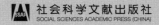
SOCIAL SCIENCES ACADEMIC PRESS (CHINA)

目　录

导　论 ……………………………………………………………… 1

第一章　当代资本主义日常生活金融化的理论资源 ………… 10

第一节　马克思主义日常生活批判的思想源流 ……………… 10

第二节　当代资本主义经济金融化研究的理论背景 ………… 39

第三节　当代资本主义日常生活金融化的理论界定 ………… 57

第二章　日常生活金融化的动力机制 …………………………… 68

第一节　国际金融垄断资本的日常化增殖逻辑 ……………… 68

第二节　劳动力市场的弹性重组 ……………………………… 79

第三节　国家治理结构的新自由主义转向 …………………… 84

第四节　金融信息技术的精准化 ……………………………… 92

第五节　日常信贷消费文化的合法化 ………………………… 107

第六节　金融传媒与金融教育的普及化 ……………………… 115

第三章　日常生活金融化的演变阶段 …………………………… 126

第一节　20世纪70年代初到80年代末金融市场的大众化阶段 …… 126

第二节　20世纪90年代金融消费的社会化阶段 …………… 132

第三节　21世纪以来金融社会的全面化阶段 ……………… 139

第四章　日常生活金融化的结构特征 …………………………… 146

第一节　日常消费的金融化 …………………………………… 146

第二节　日常交往的金融化 …………………………………… 166

第三节　日常观念的金融化 …………………………………… 178

第五章　日常生活金融化的运作机制 ……………………………………… 190

　　第一节　金融网络的控制机制 ………………………………………… 190

　　第二节　金融权力的治理机制 ………………………………………… 202

　　第三节　金融主体的生产机制 ………………………………………… 216

第六章　日常生活金融化的总体效应 ……………………………………… 232

　　第一节　日常生活金融化的经济效应 ………………………………… 232

　　第二节　日常生活金融化的政治效应 ………………………………… 238

　　第三节　日常生活金融化的社会效应 ………………………………… 246

　　第四节　日常生活金融化的文化效应 ………………………………… 252

　　第五节　日常生活金融化的心理效应 ………………………………… 259

第七章　日常生活金融化的悖论逻辑与内在矛盾 ………………………… 265

　　第一节　日常生活金融化的二重性 …………………………………… 265

　　第二节　日常生活金融化与当代资本主义基本矛盾 ………………… 278

第八章　抵抗日常生活金融化的多维斗争 ………………………………… 298

　　第一节　抵抗日常消费金融化 ………………………………………… 298

　　第二节　抵抗日常交往金融化 ………………………………………… 307

　　第三节　抵抗日常观念金融化 ………………………………………… 316

　　第四节　抵抗日常生活金融化的社会政治意义 ……………………… 325

第九章　日常生活金融化批判的中国论域 ………………………………… 334

　　第一节　新时代中国金融发展与日常生活的关系现状分析 ………… 334

　　第二节　新时代中国金融建设满足人民美好生活需要的实践路径 …… 345

结　　论 ……………………………………………………………………… 359

参考文献 ……………………………………………………………………… 363

后　　记 ……………………………………………………………………… 390

导　论

一　研究背景及意义

（一）现实背景

成熟的资本主义在历史上以经济社会的深刻变革为标志。20 世纪 70 年代以来，当代资本主义出现了以信息化、自由化与金融化为标志的重大变化。其中最为核心的就是以国际金融垄断资本为资本积累主导形式的金融化，即当代资本主义金融化。

国际金融垄断资本是当代经济全球化、信息化条件下，支配产业资本的金融资本与食利性的虚拟资本有机结合的产物。它彻底摆脱了资本的物质固有形态的束缚，具有很大的虚拟性、自主性、机动性与灵活性。这也就意味着国际金融垄断资本绝不会满足于仅在金融领域通过金融部门的扩张、金融利润的增长、金融资产的膨胀、金融职能的强化来获得主导地位，而是要借助食利者阶层的崛起、金融精英与权力精英的勾结、金融创新与信息科技的结合、金融理性与消费文化的融合、金融对个人与家庭收入的掠夺等各种方式，全面渗透与扩张至社会关系、政治权力、文化价值观念乃至人们的日常生活领域，以最大限度地实现其追求资本积累与价值增值的本性。在此意义上，金融化不是一个单纯的经济金融现象，而是标志着当代资本主义正经历一场新的体制转型，包括国际关系、积累模式、金融体制、政治框架、社会阶级结构、科技发展、文化价值观念、日常生活方式等从宏观到微观的系统性变革与阶段性发展。换言之，当代资本主义正在进入国际金融垄断资本主义的新阶段。

国际金融垄断资本主义的一个突出特征就是国际金融垄断资本向日常生活的全面渗透所导致的日常生活金融化，即生产劳动以外的食物、环境、住房、家庭消费、文化教育、娱乐休闲、人际关系、养老医疗、思维习惯与心理认知等旨在维持个体生存和发展的日常生活领域，基于与现代金融产品、金融工具、金融技术、金融服务、金融市场的结构性依赖关系，日益成为国际金融垄断资本新的利润来源与增值空间。简言之，日常消费、日常交往与日常观念的金融化已经成为国际金融垄断资本主义的微观运行机制与底层结构方式。这也就是为什么 2008 年爆发的全球金融危机并不是传统意义上的典型周期性危机，而是一场包括经济金融危机、政治危机、社会危机、文化危机与日常生活危机在内的资本主义系统性危机。在此意义上，日常生活金融化已成为当代资本主义新变化、新特征、新趋势的重要标志。

与此同时，我国在 20 世纪 70 年代末以来的改革开放中，将社会主义基本制度与市场经济的资源配置方式有机结合，建立并发展了中国特色社会主义市场经济体制，这成为中国特色社会主义基本经济制度的重要部分。在这个过程中，商业银行、投资银行、保险公司、证券公司、信托投资公司、小额贷款公司、信用合作社等金融机构相继建立，股票、保险、信托、基金、租赁、担保和资产管理等金融产品与服务不断推出，债券市场、股票市场、基金市场、保险市场、融资租赁市场等金融市场不断形成。日益完备的金融部门、金融产品与金融体系，使得通过货币金融中介调配资源的市场化调控日益取代行政指令性调控方式，以货币、信贷、金融为媒介的商品、劳务、资源的交易范围不断扩大、频率不断增加、程度不断深化、影响不断加深。

货币金融对当代中国经济社会发展的重大影响也体现在日常生活中。衣食住行、就业、教育、医疗、卫生、养老、休闲、娱乐等关系人们日常生存与发展的领域，通过民生金融、普惠金融、消费金融、绿色金融、科技金融等金融形式，与金融市场联系日益密切。金融产品的服务对象也由传统的白领、高收入者等优质群体，逐渐向中低收入群体如大学生、农民工、老年人、年轻蓝领等扩展。但是，在这个过程中也出现了校园贷、套路贷、人人贷、过桥贷、经营贷、联合贷等过度追求利润，偏离民生、民需、民愿目标的日常金融乱象。

因此，在社会主义市场经济建设过程中，如何协调实体经济与虚拟经济的相互关系，助推金融服务实体经济并满足日常民生需求，避免当代资本主义金融化及其日常效应所导致的种种陷阱，已经成为重大课题。

（二）理论背景

当代资本主义的新变化、新特征、新趋势一直是国内外马克思主义理论界研究的前沿与重大课题。就国内而言，徐崇温、李琼、高峰、高放、罗文东、马健行、靳辉明、程恩富、卫兴华、庞仁芝、刘昫献、胡连生等学者就第二次世界大战以来资本主义发展阶段的新定位、新变化的具体表现、原因、实质、趋势及其对中国特色社会主义的影响与启示等问题给予了充分、全面、深入的研究。在这一过程中，当代资本主义经济金融领域的新变化成为一个研究重点。从 20 世纪 80 年代开始，张帆、龚维敬等学者在批驳"金融资本消失论"时强调，现代垄断资本的统治依然表现为金融资本的垄断。仇启华、陶大镛具体分析了第二次世界大战后非银行金融机构的发展以及股权分散化等新现象。王广谦厘定了经济发展中的金融化趋势，其表现为一国国民经济中货币及非货币性金融工具总值占比不断提升的过程。

21 世纪以来，随着经济全球化与资本主义新自由化趋势的加强，刘美珣、吴大琨、马健行、刘骏民等学者更加注意到金融资本的网状扩张、零售金融业务创新、职工持股制度推行及其对资本主义社会生活的影响。李其庆特别指出当代资本主义最深刻的变化发生在金融领域。特别是受 2008 年全球金融危机的影响，资本主义经济金融化成为马克思主义理论界的重要论题。何秉孟、刘诗白、杨慧玲等分析了资本主义经济金融化的内涵、表现、根源、特征及趋势。张宇、陈享光、蔡万焕、费利群、齐兰、向松祚结合当代资本主义新阶段，研究了金融垄断资本、垄断资本金融化，拓展了马克思主义金融资本理论。朱安东、赵峰对美国家庭消费的债务化进行了实证研究。朱炳元、臧秀玲指出了日常消费借贷化、工人生活贫困化、社会观念食利化等趋势。高峰、张彤玉研究了住房抵押贷款等金融衍生工具的作用。刘元琪、栾文莲、刘志明、周淼等围绕资本融资的证券化、跨国银行的地方化、金融业务的个体化、金融技术的精准化等变化，揭示了当代资本主义的金融化生产方式。马锦生、林楠、陈人江、鲁春义等着重探讨了资本主义金融化在经济不平衡、资产价格泡沫、经济金融危机、国家债务、阶级分化、工人收入掠夺、金融霸权及全球发展失衡等方面的影响。这些研究基于马克思主义政治经济学的立场，围绕经济金融化、垄断资本、金融资本、当代资本主义发展阶段及其原因、特征、影响等重要问题展开了深入的分析，虽然没有明确提出"当代资本主义日常生活金融化"的概念与论题，但是已经触及了当代资本主义日常生活金融化的理论基础、表现与动因的重要方面，为理解这一论题的时代背景、表现形式、思想资源提供了重要参考。

就国外学界而言，第二次世界大战后至 20 世纪 70 年代，资本主义福特制生产方式的成熟，推动了大众消费社会的到来。在此背景下，西方马克思主义代表人物列斐伏尔通过对消费社会中大众传媒、技术专家的批判，首先论证了日常生活批判的合法性与有效性。其后，霍克海默、阿多诺、马尔库塞、鲍德里亚及阿尔都塞从消费文化、单向思维、符号体系、意识形态机器等维度阐释资本主义日常生活的特征。与此同时，斯威齐、巴兰、阿格里塔等激进政治经济学者注意到了第二次世界大战后国家垄断资本主义经济活动重心转向金融部门的新趋势，并分析了金融投机、信贷消费在解决经济剩余中的调节作用。20 世纪 80 年代至 21 世纪初，西方马克思主义学者及左翼学者在研究当代资本主义阶段性变化的过程中，更直接地关注到了金融与日常生活的关系问题。一方面，哈贝马斯、德波、齐泽克、詹明信等西方马克思主义者在继续对消费社会的日常生活展开意识形态批判的同时，进一步凸显了背后的货币金融权力对"生活世界殖民化"的影响；另一方面，斯威齐、马格多夫、福斯特、爱泼斯坦、格莱塔·R. 克里普纳（Greta R. Krippner）等学者开始以"金融化""垄断金融资本"等概念和框架分析当代资本主义经济的结构性特征：金融自由化改革深入推进、金融部门产值规模占比增加、金融交易与投机速度加快、金融信息网络发展、股东价值最大化、家庭金融收入占比增加以及金融脆弱性加剧。其他左翼学者如斯特兰奇、德里克、阿锐基、沙奈、德罗奈、赫德森、哈维、科茨、哈曼、卡利尼科斯、拉帕维查斯、伊藤诚、马克斯·哈文（Max Haiven）、艾米·爱德华兹（Amy Edwards）等在以不同名称标识资本主义总体特征时，也揭示了资本金融化导致的金融风险社会化、金融技术普及化、金融霸权周期化、生活基金剥夺化、家庭资产与消费债务化、自然资源证券化、消费观念食利化等。值得一提的是，美国学者兰迪·马丁（Randy Martin）将上述趋势与影响明确命名为"日常生活金融化"，并展示了金融化渗透日常生活的许多方式,如家庭长期金融规划的必要性日益凸显,金融自助书籍、股票市场网站、金融新闻节目的兴起等。国外学者的研究界定和探讨了金融化和资本主义金融化的含义、原因、特征及影响效应等问题。这为当代资本主义日常生活金融化论题提供了独到的研究视角与鲜活的经验素材。

(三) 研究意义

日常生活金融化构成当代资本主义新变化、新特征、新趋势的重要内容,并影响着中国特色社会主义的外部环境。因此,开展当代资本主义日常生活金融化研究,在实践层面,有助于科学把握当代资本主义的本质与发展趋势,进一步认清中国特色社会主义的时代状况;在理论层面,则能丰富与推进马克思主义的资本主义批判理论,拓宽当代资本主义研究的理论视域。

第一,当代资本主义的新变化、新特征、新趋势构成了"世界百年未有之大变局"的关键因素。作为这一关键因素的核心指征,日常生活金融化研究通过揭示日常生活金融化与资本主义金融化及其体系再生产之间的互动关系,凸显了日常生活金融化在资本主义周期性的金融扩张中作为当代资本主义金融化的历史新特征、结构新要素与制度新力量的角色。本书从日常生活与经济政治相映射、微观与宏观相结合、底部与顶部相贯通的多维视角出发,推进了对当代资本主义金融化的细节性、复杂性、总体性、动态性深度理解,从而全面而科学地把握了当代资本主义阶段性新变化、新特征、新趋势。

第二,本书有助于反思当代中国金融发展与日常生活的关系问题,为更好解决新时代人民日益增长的金融需要与不平衡不充分的金融发展之间的矛盾提供思路与对策。新时代中国特色社会主义的建设与发展需要在"两个大局"的时代背景下科学定位。因此,当代中国本身已经成为全球经济体系的一个有机部分。当代资本主义的阶段性变化必然影响新时代中国经济社会的发展。因而,本书通过对当代资本主义日常生活金融化的总体性分析,批判性地参照与借鉴当代资本主义这一重要变化与特征在其生成、演变、机制、结构、影响、矛盾与问题等方面的情况,重新审视当代中国所显现的金融大众化、社会化、日常化趋势及其利弊。从日常生活的社会再生产维度深化对习近平总书记关于"金融制度是经济社会发展中重要的基础性制度，关系经济社会发展大局"[①]的科学论断的理解，并从制度、政策、技术、文化、主体等层面，为解决当代中国日常生活的金融需要与金融发展之间的矛盾，规避当代资本主义日常生活金融化陷阱，以金融的方式助力实现人民群众对美好生活的向往，加快中国式现代化建设，提供可行的应对方略与实践路径。

第三，通过弥合日常生活批判与当代资本主义金融化研究的学科区隔，彰显马克思主义资本主义总体性批判的方法论意义。长期以来，日常生活被置于马克思主义文化批判或意识形态批判的理论视域中，偏重于对日常生活的内涵、特点、结构、类型等的概念阐释与理论推演，抽空了日常生活与特定社会生产方式、经济政治结构之间具体的、历史的联系，从而钝化了马克思主义日常生活批判对于当代资本主义的批判锋芒。而激进政治经济学对资本主义金融化的研究则聚焦于全球市场、国家经济政策、市场机制、公司治理等宏观层面，忽视了当代资本主义金融化的一个关键特征——微观层面的日常生活金融化及其对于全球、国家、企业金融化的再生产作用，从而遮蔽了作为一个政治、经济、文化、意识形态与日常生活相互作用的"有机体制"的资本主义的总体性结构。鉴于此，本书将日常生活批判置于当代资本主义金融化的总体图景中，使其获得基于具体社会历史过程的实证支撑，从政治经济学层面增强日常生活批判的现实针对性。同时，将金融化分析推进到资本主义日常生活的微观场域，使其具备全面阐释当代资本主义系统性转变的原则力量，从唯物史观层面提升当代资本主义金融化研究的理论解释力。因此，本书拟在"哲学—政治经济学"的双向建构中，以观照当代重大现实问题的方式实现马克思主义对资本主义总体性批判的时代性、具体性运用与发展。

第四，有助于为研究当代资本主义日常生活金融化问题构筑更全面的理论框架，拓宽日常生活批判与当代资本主义研究的视域。本书明确以当代资本主义日常生活金融化为独立论题，搭建一个基于"历史的总体—结构的总体—辩证的总体"的新研究框架。这一框架既能解释资本主义金融化的周期性问题，更能凸显日常生活批判在当代资本主义研究中的自主性、

---

① 《习近平关于社会主义经济建设论述摘编》，中央文献出版社，2017，第188页。

独特性价值。因为国内外对当代资本主义的研究主要聚焦于科技发展、市场经济、企业生产、所有制、阶级结构、国家调节、文化意识形态等论题，所以日常生活常常被视为缺乏相对自主性的剩余物、边缘物而遭到忽视、遮蔽，甚至遗忘。但事实上，虽然日常生活不可能脱离资本积累、国家权力、社会阶级等宏大结构而完全自主，但是由于日常生活的深入性、细节性与生动性，它具有相对独立的存在方式与运行机制，并且在微观层面对资本积累与资本主义社会整体结构具有重要的再生产功能。当代资本主义体制从日常生活中获得自我更新、自我持续、自我调节、自我发展的动力。因此，本书将"日常生活"作为一个建构性概念，通过日常生活金融化的分析视角，提供对塑造当代资本主义的经济、政治、社会、文化因素的批判性见解，增强日常生活论题在当代资本主义研究中的理论自觉，丰富和拓宽当代资本主义的理论视野与研究论题，力图发展出一种具有鲜明马克思主义底色与当今时代特征的日常生活批判理论。

二　基本思路与主要内容

（一）基本思路

本书以 20 世纪 70 年代以来资本主义日常生活金融化问题为研究对象，围绕"如何理解当代资本主义新变化的历史性、独特性与持续性及其对我国的实践启示"这一核心问题，通过对当代资本主义日常生活金融化的思想资源、历史生成、结构特征、内在矛盾的总体性批判，力图厘清以下几个具体问题。当代金融垄断资本为何、如何、通过何种方式侵入日常生活？日常生活金融化是如何生成、发展与运作的？它对于当代资本主义金融化乃至资本主义本身究竟具有何种意义？应如何认识日常生活在资本主义总体结构中的独特位置？新时代中国特色社会主义如何从日常生活层面，规避当代资本主义日常生活金融化的风险与陷阱，真正满足新时代人民群众日益增长的金融需要，实现全体人民共同富裕与美好生活？通过对上述问题的探讨，本书从日常生活层面折射并凸显当代资本主义整体结构及其发展趋势。

目标决定思路。为实现上述目标，本书秉持回到马克思与发展马克思相结合、理论逻辑与现实逻辑相统一、世界向度与中国向度相参照的原则，遵循"方法构建—问题解析—对策建言"的思路展开：以马克思主义总体性的方法论构建为逻辑起点，从"历史的总体—结构的总体—辩证的总体"三个维度解析日常生活金融化与当代资本主义金融化及其体系再生产之间的互动关系，最后提出规避日常生活金融化陷阱，以发展中国特色社会主义民生金融、普惠金融、小微金融、绿色金融的日常生活机制为落脚点。

（二）主要内容

基于上述目标与思路，本书主要内容采用"总—分—总"的结构，分为五个部分展开。

第一部分是对当代资本主义日常生活金融化的理论基础研究。本部分从马克思主义的日常生活批判及经济金融化研究的理论梳理出发，汲取上述思想资源，厘清当代资本主义日常生活金融化的相关概念。重点研究内容包括：一是梳理马克思主义经典作家及西方马克思主义者对资本主义日常生活不同路向的批判；二是阐述当代资本主义经济金融化研究的理论资源；三是解析日常生活金融化的概念及其对研究当代资本主义的总体性方法论意义。

第二部分是历史的总体维度中的当代资本主义日常生活金融化研究。本部分将日常生活金融化置于当代资本主义的总体发展进程中，考察其时代背景、动力机制、演变阶段，着重凸显当代资本主义的生产方式决定并制约日常生活金融化的生成过程。重点研究内容包括：一是从现代金融资本的日常化增殖逻辑、社会福利体制的新自由化与市场化、金融信息技术的个体化与简易化、消费主义的虚拟化与符号化、大众财经传媒的普及化等方面，厘清当代资本主义日常生活金融化生成的动力机制；二是按照 20 世纪 70 年代初至 80 年代末金融市场的大众化阶段、20 世纪 90 年代金融消费的社会化阶段、21 世纪以来金融社会的全面化阶段，划分当代资本主义日常生活金融化的演变阶段。

第三部分是结构的总体维度中的当代资本主义日常生活金融化研究。本部分将日常生活金融化置于当代资本主义的整体结构中去探讨其结构特征、运作机制、主要影响，着重阐明日常生活金融化再生产出当代资本主义整体结构的内在机理。重点研究内容包括：一是从日常消费、日常行为、日常活动、日常思维、日常知识、日常观念等方面概括日常生活金融化的结构特征；二是从宏观层面的金融网络控制机制、中观层面的金融权力治理机制与微观层面的金融主体生产机制出发，厘清日常生活金融化的运作机制；三是从经济结构、政治权力、阶级关系、社会文化、个体心理等领域分析日常生活金融化的总体效应。

第四部分是辩证的总体维度中的当代资本主义日常生活金融化研究。本部分将日常生活金融化置于当代资本主义的历史命运中去辨析其内在矛盾、抗争方式及其对中国特色社会主义的现实启示，着重呈现日常生活金融化与当代资本主义基本制度的辩证关系。重点研究内容包括：一是从日常生活金融化的内在悖论与矛盾出发，厘清日常生活金融化作为资本主义系统性危机再生产的方式；二是从日常消费、日常交往与日常观念层面的抵抗运动入手，阐明反日常生活金融化斗争作为资本主义替代方式的重要内容及其途径；三是鉴于当代资本主义日常生活金融化的种种陷阱，立足新时代中国金融发展与日常生活的关系现状分析，提出助力新时代中国特色社会主义日常金融体系建设的具体路径。

第五部分是结论。基于上述研究，围绕"如何理解当代资本主义新变化的历史性、独特性与持续性及其对我国的实践启示"这一核心问题，全面总结当代资本主义日常生活金融化的现实背景、历史生成、动力机制、演变阶段、结构特征、运作机制、总体效应、内在矛盾及实践启示，以此作为本书的落脚点。

第一章　当代资本主义日常生活
金融化的理论资源

什么是当代资本主义日常生活金融化？如何研究当代资本主义日常生活金融化？这是直接关系到能否正确地把握与深入分析当代资本主义新变化、新特征、新趋势的前提性问题。而现有的研究多停留在对日常生活金融化的经验实证与现象描述的层面，未能充分挖掘与厘清其背后的理论基础与思想资源。我们认为，一方面，马克思主义经典作家与西方马克思主义者对资本主义日常生活的深入批判，从微观视角与底层领域开启了日常生活金融化的研究论域。另一方面，当代左翼学者对当代资本主义经济金融化的系统研究，从宏观视角与顶层领域揭示了日常生活金融化的整体背景。他们所运用的理论视角、方法、原则构成了展开当代资本主义日常生活金融化批判的重要理论基础与思想资源。在此基础上，我们得以科学地界定当代资本主义日常生活金融化的基本内涵与属性。

第一节　马克思主义日常生活批判的思想源流

当然，无论是马克思主义经典作家，还是西方马克思主义者，在学术术语与理论构架层面，都未能明确提炼出"日常生活金融化"这一概念。但是，他们基于历史唯物主义、政治经济学、哲学人类学、文化社会学、经济社会学等研究方法、视角与领域，揭示了资本主义日常生活的异化、物化、商品化、货币化、消费化、技术化、符号化等特征，这些不仅有助于引申出日常生活金融化的研究论题，而且也为展开这一研究提供了方法论原则与思想素材。

一 马克思主义经典作家的日常生活批判及其启示

正如诸多学者所指出的那样，在马克思主义经典作家的理论构架、实践指向与价值旨归中，"日常生活"是不可或缺的重要维度。[①] 其意义不仅在于它是唯物史观创立与运用的重要方式，还在于它是展开资本主义政治经济学批判的重要维度。马克思、恩格斯对日常生活的前提基础、内涵特征、历史变迁，以及对资本主义日常生活商品化、货币化、市场化的阐释，奠定了当代资本主义日常生活金融化批判的理论基础。

（一）马克思主义经典作家日常生活批判的核心要义

1. 马克思主义经典作家日常生活批判的总体性视域

马克思主义经典作家在日常生活批判方面最重要的贡献在于，他们的研究既非局限于思辨哲学的抽象演绎，也非停留于实证科学的经验描述，而是从唯物史观与政治经济学批判相结合的总体性视域出发，揭示了日常生活的前提基础、内在机理与整体结构。

一方面，马克思主义经典作家对日常生活的研究是建立在历史唯物主义的科学世界观基础之上的。马克思始终从物质生活资料的生产与再生产的前提出发，去揭示日常生活的前提基础、内在本质及其在不同社会历史发展阶段所呈现的不同表现形式，以此表明日常生活是一种基于特定生产方式，与经济发展、政治上层建筑、阶级关系及意识形态等宏观结构相互联系、相互影响，并与社会实践活动相互作用。因为"哪怕是最抽象的范畴，虽然正是由于它们的抽象而适用于一切时代，但是就这个抽象的规定性本身来说，同样是历史条件的产物，而且只有对于这些条件并在这些条件之内才具有充分的适用性"[②]。在《1857—1858 年经济学手稿》中，马克思勾勒了在"人的依赖关系""以物的依赖性为基础的人的独立性""自由个性"三个社会历史发展阶段中，日常生活中商品货币关系的演变过程，

---

① 参见李文阁《复兴生活哲学——一种哲学观的阐释》，安徽人民出版社，2010；杨楹等《马克思生活哲学引论》，人民出版社，2008；王福民《论马克思哲学的日常生活维度及其当代价值》，《教学与研究》2008 年第 5 期；崔唯航《马克思生活观的三重意蕴》，《哲学研究》2007 年第 4 期。

② 《马克思恩格斯文集》第 8 卷，人民出版社，2009，第 29 页。

充分体现了日常生活研究的历史性原则。在以自给自足的自然生产为基础的传统社会中，商品生产与货币交换仅仅是日常生活的补充，往往发生在共同体的边缘，其经济与社会影响受到道德、宗教、权力、等级秩序的严格限制。正如马克思所言："在古代人那里，交换价值不是物的联系；它只在商业民族中表现为这种联系，而这些商业民族只从事转运贸易，自己不进行生产。至少在腓尼基人和迦太基人等等那里，生产是附带的事情。"①在以大量商品生产为基础的资本主义社会，货币作为独立化的交换价值的代表，成为日常生活中人们顶礼膜拜的"世俗之神"，由此产生了商品拜物教、货币拜物教等日常观念。马克思认为，"日常的犹太人"的日常行为与日常观念就是资本主义日常生活商品化、货币化的典型："在北美，犹太精神对基督教世界的实际统治已经达到明确的、正常的表现：布讲福音本身，基督教的教职，都变成了商品。"②而在以共同生产为基础的自由个性阶段，日常生活中的商品货币关系的消亡是必然的。因为在这一社会阶段，"真正的财富就是所有个人的发达的生产力"③。马克思通过对上述三个社会历史发展阶段中日常生活中的商品货币关系的分析，阐明了日常生活概念所蕴含的具体的、历史的总体性，即日常生活在作为总体的现实社会历史进程中，作为被扬弃的中介与环节发挥作用。它的生成与演化既以社会生产力发展到一定阶段的总体结构为前提条件，反过来也体现特定历史阶段中社会生产关系的总体状况。

另一方面，唯物史观的日常生活批判揭示了日常生活展现其本质的历史性和结构性条件，这为从政治经济学维度研究日常生活提供了世界观与方法论。与此同时，政治经济学"使马克思的理论得到最深刻、最全面、最详尽的证明和运用"④，从政治经济学批判层面展开日常生活研究，是推进唯物史观层面的日常生活批判，使之具体化、科学化与现实化的根本要求。马克思政治经济学批判所探索的就是"资本主义生产方式以及和它相适应的生产关系和交换关系"⑤。这些基本的经济关系决定和构成了资本主

---

① 《马克思恩格斯全集》第30卷，人民出版社，1995，第175页。
② 《马克思恩格斯全集》第3卷，人民出版社，2002，第193页。
③ 《马克思恩格斯选集》第2卷，人民出版社，2012，第787页。
④ 《列宁选集》第2卷，人民出版社，2012，第428页。
⑤ 《马克思恩格斯选集》第2卷，人民出版社，2012，第82页。

义社会中人与人、集团与集团、阶级与阶级之间的其他一切社会关系，也决定着资本主义日常生活的现实基础与基本特征："现实的世俗的犹太精神，因而宗教的犹太精神，是由现今的市民生活所不断地产生出来的，并且在货币制度中获得了高度的发展。"① 例如，作为种族繁衍、代际传承与情感寄托的家庭在资本主义条件下日益解体，蜕变为一个仅为资本主义提供劳动力商品以满足资本牟利需要的单纯的生产车间与微型工厂。正如恩格斯所言："现代社会里的家庭正日益解体这一事实，只不过证明了维系家庭的纽带并不是家庭的爱，而是隐藏在财产共有这一外衣下的私人利益。当孩子们不像上面所说到的那样只给父母饭费而要赡养他们的失业的父母的时候，也发生同样的相互关系。"② 在此意义上，马克思、恩格斯明确意识到，只有揭示建基于资本主义这一人类历史上"最发达、最多样化"的社会生产组织之上的日常生活，才能全面、充分、细致入微地展现资本主义的内在属性、运动规律与发展趋势。离开了对现实的、历史的、特定的社会经济形态中日常生活本质结构及其表现形式的政治经济学批判，马克思主义的日常生活批判只能停留在日常生活异化论的抽象层面，弱化了对作为总体的资本主义的批判力度与深度。因此，马克思、恩格斯结合资本主义生产方式与资本逻辑，将日常生活置于 18~19 世纪资本主义整体变迁的时代背景中加以系统考察，在揭示资本主义日常生活内在规定与主要特征的基础上，进一步厘清了作为微观基础的日常生活与资本积累、政治权力、阶级关系及意识形态等资本主义宏观结构之间的辩证关系。这一对现实资本主义日常生活及其展现过程的政治经济学分析，赋予了马克思主义日常生活批判理论以严格的科学性、鲜明的实践性与强烈的批判性。

2. 马克思主义经典作家日常生活批判的总体结构

马克思主义经典作家基于历史唯物主义与政治经济学批判的总体性视域，将日常生活整体性地纳入对人类社会历史发展规律的探索与对资本主义生产方式的政治经济学批判中，阐明了日常生活的基本规定、前提基础、结构要素、现实指向与价值旨归，由此形成了马克思主义日常生活批判的总体结构。

---

① 《马克思恩格斯全集》第 2 卷，人民出版社，1957，第 140 页。
② 《马克思恩格斯全集》第 2 卷，人民出版社，1957，第 433 页。

从基本规定看，究竟何谓"日常生活"，经典作家并没有给出一个明确统一的概念界定。综观马克思、恩格斯的著述，他们大致在三个层面理解与运用"日常生活"概念。一是从习惯常识与经验观察层面来看，日常生活就是人们日复一日、年复一年所从事的满足个体生命延续与发展需要的各种活动，包括衣食住行、生老病死、风俗习惯、休闲娱乐、言谈交往、婚姻家庭、情感心理等。这一理解主要体现在唯物史观创立前，马克思、恩格斯出于人本主义、批判现实主义的价值关怀与道德情感，对日常生活中的诸多现象与问题的反映与揭露。马克思在《莱茵报》工作时期参加现实社会政治斗争的过程中，很关注日常生活中的物质利益关系问题。贫民们在树林中采集野果、拾捡枯树枝以维持生计或作家用，本是千百年来的"习惯权利"，"这些习惯的根源是实际的和合法的，而习惯法的形式在这里更是合乎自然的"①。而等级议会却站在林木所有者立场上，将此类日常行为定罪，意图维护私人利益。摩塞尔河沿岸地区葡萄酒酿制者的普遍生活贫困也与此有关。恩格斯更是在《乌培河谷的来信》《英国状况 十八世纪》《英国工人阶级状况》等一系列著作中"根据亲身观察和可靠材料"从饮食结构、居住环境、教育健康、家庭关系、妇女状况等日常生活方面对当时英国工人阶级进行全面而细致的观察与分析后写道："我很想在你们家中看到你们，观察你们的日常生活，同你们谈谈你们的状况和你们的疾苦。"②二是从历史唯物主义层面来看，日常生活是作为物质生活资料生产与再生产的发生范围与展现形式而出现的。在马克思、恩格斯看来，生活的物质需要以及满足此需要的各种日常实践活动，是一切人类生存的第一个前提，也是一切历史的第一个前提。"但是为了生活，首先就需要吃喝住穿以及其他一些东西"③，"人们单是为了能够生活就必须每日每时去完成它"，"现在和几千年前都是这样"④，"任何历史观的第一件事情就是必须注意上述基本事实的全部意义和全部范围，并给予应有的重视"⑤。在这一思想阶段，经典作家的"日常生活"概念虽然在内容形式上仍然包括经验常识层面的

---

① 《马克思恩格斯全集》第 1 卷，人民出版社，1995，第 253 页。
② 《马克思恩格斯选集》第 1 卷，人民出版社，2012，第 81 页。
③ 《马克思恩格斯选集》第 1 卷，人民出版社，2012，第 158 页。
④ 《马克思恩格斯选集》第 1 卷，人民出版社，1995，第 79 页。
⑤ 《马克思恩格斯选集》第 1 卷，人民出版社，2012，第 159 页。

衣食住行、饮食男女等各种活动，但是已经从唯物史观的本体论高度被赋予了人类社会存在与发展的基础性活动的意义："迄今为止的一切历史观不是完全忽视了历史的这一现实基础，就是把它仅仅看成与历史进程没有任何联系的附带因素。因此，历史总是遵照在它之外的某种尺度来编写的；现实的生活生产被看成是某种非历史的东西，而历史的东西则被看成是某种脱离日常生活的东西，某种处于世界之外和超乎世界之上的东西。"① 在此意义上，唯物史观实现了一个非常重要的日常生活转向。② 三是从政治经济学批判层面来看，日常生活是作为促进资本积累、维系资本主义劳动力再生产的重要领域与途径而出现的。日常生活中的衣食住行、饮食男女、教育保健、闲谈聊天、娱乐休闲、家庭婚姻等，在资本主义生产方式确立的条件下，不仅是个人生存与社会发展的前提基础，更是保证工人不断地作为资本积累所需要的劳动力被再生产出来的关键。马克思在《雇佣劳动与资本》中就指出，工人的工资就是劳动力的交换价值。用工资所购买的日常消费品，不过是为了维持工人生命和再生产劳动力。"资本家付给他两马克，就是为交换他的工作日而付给了他一定量的肉，一定量的衣服，一定量的劈柴，一定量的灯光。"③ 这些日常消费资料，作为劳动力的生产费用，实质上"就是为了使工人保持其为工人并把他训练成为工人所需要的费用"④。在《资本论》及其手稿中，马克思更加系统与深入地剖析了日常生活中的消费、交往、观念等，认为其作为"经济关系的无声的强制保证资本家对工人的统治"⑤。

从前提基础看，日常生活以实践为基础，是人们感性的物质生产活动的现实展开。既然"全部社会生活在本质上是实践的"，那么作为全部社会生活重要内容的日常生活，就是在现实的人改造人与自然、人与人、人与自身的关系的各种实践活动中自然而然形成与发展的。马克思在《1844年经济学哲学手稿》中就通过日常生活中以实践为中介的人与自然的关系，论证了这一点。马克思认为，经实践改造过的自然界的各种产品、资源与

---

① 《马克思恩格斯选集》第 1 卷，人民出版社，2012，第 173 页。
② 王福民：《论唯物史观的日常生活转向》，《学术研究》2011 年第 5 期。
③ 《马克思恩格斯选集》第 1 卷，人民出版社，2012，第 330 页。
④ 《马克思恩格斯选集》第 1 卷，人民出版社，2012，第 338 页。
⑤ 《马克思恩格斯选集》第 2 卷，人民出版社，2012，第 293 页。

要素，是维持作为日常生活存在基础的"肉体组织"的"无机身体"："人在肉体上只有靠这些自然产品才能生活，不管这些产品是以食物、燃料、衣着的形式还是以住房等等的形式表现出来。在实践上，人的普遍性正是表现为这样的普遍性，它把整个自然界——首先作为人的直接的生活资料，其次作为人的生命活动的对象（材料）和工具——变成人的无机的身体。"① 其中，物质生产实践作为社会实践的最基本形式，是日常生活得以生成的根基。人们要满足吃穿住用等日常生活需求，"第一个历史活动就是生产满足这些需要的资料，即生产物质生活本身"②。它是所有社会中日常生活得以存在的物质基础与前提。"这种活动、这种连续不断的感性劳动和创造、这种生产，正是整个现存的感性世界的基础，它哪怕只中断一年，费尔巴哈就会看到，不仅在自然界将发生巨大的变化，而且整个人类世界以及他自己的直观能力，甚至他本身的存在也会很快就没有了。"③ 因而，它的性质、内容与形式决定着日常生活的性质、内容与形式，"物质生活的生产方式制约着整个社会生活、政治生活和精神生活的过程"④。

从结构要素看，日常生活是一个由主体、关系与内容构成的多重复合结构。从主体维度看，日常生活的活动主体并非抽象的"理念""绝对精神""类本质""人性"，而是指在特定的社会关系中进行实践活动的现实的个人，是"可以用纯粹经验的方法来确定的""有生命的个人的存在""从事活动的人们"。因为"全部人类历史的第一个前提无疑是有生命的个人的存在"⑤。为了维持、延续与发展"有生命的个人"的生命，则必须满足个人的吃穿住用等基本需求，并使之从事生产这些生活资料的物质活动，发展相互关系，进而形成各种各样的日常生活内容与形式。在此意义上，日常生活既是现实的个人于物质生产与社会关系中创造出来的，又是体现他们自己生命的感性存在的一种方式。"个人怎样表现自己的生命，他们自己就是怎样。因此，他们是什么样的，这同他们的生产是一致的——既和他

---

① 《马克思恩格斯文集》第1卷，人民出版社，2009，第161页。
② 《马克思恩格斯文集》第1卷，人民出版社，2009，首531页。
③ 《马克思恩格斯文集》第1卷，人民出版社，2009，第529页。
④ 《马克思恩格斯文集》第2卷，人民出版社，2009，第591页。
⑤ 《马克思恩格斯文集》第2卷，人民出版社，2009，第519页。

们生产什么一致，又和他们怎样生产一致。"① 从关系维度看，日常生活包括人与自然、人与人、人与自身三重关系。现实的个人在物质生产活动中，与自然、他人及自身发生相互关系，由此形成日常生活的关系结构。在人与自然方面，如前所述，现实的个人，无论是在肉体组织上，还是在衣食住行方面，都依赖自然所提供的各种产品与资源。在人与人方面，种族繁衍、婚姻家庭、子女教育、卫生保健、娱乐休闲等都是日常生活展开的社会关系形式与途径，体现着日常生活领域中人与人的交往关系。在人与自身方面，在日常生产、消费与交往中，人们形成了对环境、自身、他人及周遭世界的各种各样的传统习俗、观念与意识。"意识在任何时候都只能是被意识到了的存在，而人们的存在就是他们的现实生活过程。"② 这个意识不仅包括自觉自为的政治、经济、哲学、科学、艺术、宗教、审美意识，也包括自在自发的日常生活意识。从内容维度看，与非日常的政治参与、经济管理、社会组织、科学研究、艺术审美、宗教活动等相区别，《英国工人阶级状况》《德意志意识形态》《共产党宣言》《论住宅问题》《资本论》《家庭、私有制和国家的起源》等一系列著作主要论及了种族繁衍、衣食住行、生老病死、家庭婚姻、教育医疗、休闲娱乐等日常生活的内容与形式。以马克思制定的"工人调查表"为例，它囊括了对工人的性别、年龄、居住地环境、身体条件、医疗措施、休息日长短、子女教育、家庭中的妇女状况、住房条件、饮食结构、卫生用品、互助交往、智力精神状况等日常生活内容的调查。

从现实指向看，对不同社会历史发展阶段中日常生活具体内容与特征的分析，特别是对资本主义日常生活的批判性考察，是马克思主义日常生活批判的重点与焦点。在不同的社会历史发展阶段，基于不同物质生产活动的日常生活的内容、过程、模式、节奏各有其特点。在以自给自足的、自然的、分散的小农生产方式为基础的传统社会，日常生活也是自然主义的，呈现出内容的单一性、过程的简单性、模式的静态性、节奏的缓慢性等特征。人们在衣食住行等方面的日常消费更多是依赖土地、人力、自然资源实现自力更生、自给自足，商品货币关系仅仅是其补充。人们的日常

① 《马克思恩格斯文集》第1卷，人民出版社，2009，第520页。
② 《马克思恩格斯全集》第3卷，人民出版社，1960，第29页。

交往局限于家庭与村落等自发形成的天然共同体中。人情往来带有浓厚的血缘、地缘互惠互助色彩。人们的日常观念意识也是墨守成规、因循守旧、知足常乐的，显得保守与封闭。这种日常生活状况，正如恩格斯所言："农民当时十分虔诚地、安分守己地过着平静和安宁的生活，生活中没有多少操心的事，也没有什么变动，没有普遍利益，没有文化教育，没有精神劳动；他们还处在史前阶段。"① 而机器大生产与资本主义制度则彻底改变了这一切，塑造出一个内容丰富、过程复杂、动态多样、节奏紧张的现代日常生活。商品货币关系开始大规模渗透到人们的日常消费活动中。借助于报纸、铁路、轮船等信息和交通方式的便利，人们的日常交往逐渐突破家庭与村落的狭窄空间，向商店、学校、医院、剧院、社区等公共空间扩展。自主、平等、民主、理性、竞争、进取等理念也逐渐深入人心。"资产阶级社会的生活浪潮迅速高涨起来。于是出现了创办商业和工业企业的热潮、发财致富的渴望、新的资产阶级生活的喧嚣忙乱，在这里，这种生活的享受初次表现出自己的放肆、轻佻、无礼和狂乱。"② 相对于传统日常生活的自然状态，马克思特别批判了资本主义日常生活的商品化、货币化与资本化特征。马克思指出："消费和消费能力是市民等级或市民社会的原则。"③这意味着消费与消费能力所依赖的商品生产、货币交换、市场交易等开始成为资本主义日常消费、日常交往与日常观念中的主导原则。从早期的《英国工人阶级状况》到后来的《共产党宣言》，再到《资本论》及其手稿，马克思、恩格斯在诸多著作中，对资本主义在衣食住行、医疗保健、婚姻家庭、子女教育、闲谈聊天、心理习惯等日常生活所有方面所呈现的商品化、货币化特征给予了非常系统的揭示与深刻的批判。正如恩格斯在《英国工人阶级状况》一文中所指出的："一切生活关系都以能否赚钱来衡量，凡是不赚钱的都是蠢事，都不切实际，都是幻想。所以政治经济学这门专讲赚钱方法的科学就成为这些人所喜爱的科学。他们每一个人都是政治经济学家。厂主对工人的关系并不是人和人的关系，而是纯粹的经济关系……甚至他和自己的老婆之间的联系百分之九十九也是表现在同样的

---

① 《马克思恩格斯文集》第 1 卷，人民出版社，2009，第 96 页。
② 《马克思恩格斯全集》第 2 卷，人民出版社，1957，第 157 页。
③ 《马克思恩格斯全集》第 1 卷，人民出版社，1956，第 345 页。

'现钱交易'上。由于资产者的统治,金钱使资产阶级所处的那种可耻的奴隶状态甚至在语言上都留下了它的痕迹。"①

从价值旨归看,消解日常生活的资本逻辑,实现日常生活层面的人的自由个性发展,是马克思主义日常生活批判的价值追求。马克思主义的解放,并非类哲学意义上的人性、人道、类本质的抽象解放,而是"现实的、活生生的个人"的历史解放。作为"现实的个人"的重要活动场域与本质体现,日常生活解放是马克思主义解放理论的题中应有之义。从解放性质看,日常生活的解放是马克思主义所力图追求的建立"自由人联合体"的历史性解放的全面、彻底实现。现实的个人并非脱离社会关系的、孤立的个人,而是生活在一定社会关系中的具体的历史的"有生命的个人"。日常生活与政治、经济、科技、宗教伦理等非日常生活共同构成现实的个人的活动场域。因此,其解放不仅包含政治解放、经济解放、宗教解放、思想解放,也包含日常生活解放。同时,非日常生活领域的解放既制约又落实于日常生活解放。关于日常生活解放的性质、意义与价值,正如学者王福民所言:"历史表明,实现人的历史性解放等非日常生活领域的革命不能局限在非日常生活世界,只有深入贯彻到日常生活实践并成为日常生活现实,这种解放活动才具有彻底而实在的价值。"② 从解放目标看,日常生活的解放,就是要扬弃资本逻辑统治下日常生活的商品化、货币化所导致的人的自由个性的异化与物化,在日常消费、交往、观念等层面,充分展现出现实的个人的需要、个性、创造力、想象力以及社会关系,"人以一种全面的方式,就是说,作为一个完整的人,占有自己的全面的本质"③。日常生活不再是压抑、束缚、剥削、控制现实的个人的领域,不再是资本积累与劳动力再生产的手段,"社会本质不是一种同单个人相对立的抽象的一般的力量,而是每一个单个人的本质,是他自己的活动,他自己的生活,他自己的享受,他自己的财富"④。从解放路径看,日常生活解放是一个集物质生产力发展、私有制扬弃与非日常生活改造于一体的自然历史过程。日常生活的形成与发展以物质生活资料的生产与再生产为历史前提。社会物质生

---

① 《马克思恩格斯全集》第 2 卷,人民出版社,1957,第 565~566 页。
② 王福民:《论唯物史观的日常生活转向》,《学术研究》2011 年第 5 期。
③ 《马克思恩格斯文集》第 1 卷,人民出版社,2009,第 198 页。
④ 《马克思恩格斯全集》第 42 卷,人民出版社,1979,第 24 页。

产力与科学技术的创新发展，为人们在日常生活中的自由个性发展提供了坚实的物质条件，"从整个社会来说，创造可以自由支配的时间"①，"从而为自由活动和发展开辟广阔天地。时间是发展才能等等的广阔天地"②。扬弃建立在私有制基础上的资本逻辑，消除日常生活商品化与货币化所导致的人的异化与物化，是实现日常生活解放的制度路径。现实的个人"如果无产阶级不消灭它本身的生活条件，它就不能解放自己。如果它不消灭集中表现在它本身处境中的现代社会的一切非人性的生活条件，它就不能消灭它本身的生活条件"③。与此同时，积极改造与推翻政治、国家、经济、社会、科技等非日常生活领域中的"使人成为被侮辱、被奴役、被遗弃和被蔑视的东西的一切关系"④，消除商品、货币、资本这些"虚幻的共同体"对日常生活的控制与压迫，建立真正的共同体，实现人们在日常生活中"有可能随自己的兴趣今天干这事，明天干那事，上午打猎，下午捕鱼，傍晚从事畜牧，晚饭后从事批判，这样就不会使我老是一个猎人、渔夫、牧人或批判者"⑤。

（二）马克思主义经典作家日常生活批判对日常生活金融化的启示

马克思主义经典作家基于唯物史观与政治经济学批判相统一的总体性视域，系统、全面、深入地剖析了日常生活的内涵结构及其在资本主义社会中的历史性展开。这一重要理论成果所蕴含的方法论原则与思想观点，为我们研究当代资本主义日常生活金融化提供了根本的理论指南。

从方法论层面看，当代资本主义日常生活金融化必须置于唯物史观与政治经济学批判相结合的总体性视域中，才能得到科学而充分的考察与分析。如前所述，所谓马克思主义基于唯物史观与政治经济学批判相统一的总体性视域，并不是对历史上所有日常生活事实与细节的简单汇总与堆积，而是要将日常生活中的孤立的事实与琐碎的细节作为资本主义发展的环节与中介，通过对日常生活事实与细节的揭示，形成对现实的认识。因为资

---

① 《马克思恩格斯文集》第 8 卷，人民出版社，2009，第 86 页。
② 《马克思恩格斯全集》第 26 卷第 3 册，人民出版社，1974，第 281 页。
③ 《马克思恩格斯文集》第 1 卷，人民出版社，2009，第 262 页。
④ 《马克思恩格斯选集》第 1 卷，人民出版社，2012，第 10 页。
⑤ 《马克思恩格斯文集》第 1 卷，人民出版社，2009，第 537 页。

本主义社会本身是作为各个要素相互联系、相互作用的有机体制存在的："这种有机体制本身作为一个总体有自己的各种前提，而它向总体的发展过程就在于：使社会的一切要素从属于自己，或者把自己还缺乏的器官从社会中创造出来。有机体制在历史上就是这样生成为总体的。"① 作为资本主义有机体的一个重要构成因素，日常生活既是作为总体的社会有机体的必然产物，同时也体现着资本主义有机体是"一个具体的、生动的既定整体的抽象的单方面的关系"②。这就意味着要从两个层次的总体去考察当代资本主义日常生活金融化。一是要将日常生活金融化置于作为总体的当代资本主义体系中，厘清日常生活金融化与当代资本主义政治、经济、文化、意识形态等非日常生活领域之间的互动、互嵌关系，避免单纯地从经济决定论、经济唯物主义的线性视角考察日常生活金融化。总体性视域既有助于明确日常生活金融化本身所具有的性质、所在的位置与所处的范围，又能从这一维度折射与透视当代资本主义的整体结构与发展趋势。二是要将日常生活金融化本身作为"一个有结构的辩证的整体"加以全面考察。它的生成过程、结构关系、影响效应以及未来趋势，都是辨析其作为资本主义日常生活结构所经历的阶段性、系统性转变的重要内容。

从主要观点看，马克思主义经典作家的日常生活批判理论虽然没有直接涉及日常生活金融化论题，但是其对日常生活的基本规定、前提基础、结构要素、现实指向与价值旨归的论述，显然应该在研究当代资本主义日常生活金融化时得到充分、全面的运用与体现。何谓日常生活金融化？它的物质生产的实践基础是什么？它的"现实的个人"具体指代哪些社会阶级、阶层与群体？人与自然、人与人、人与自身的关系如何体现金融化？当代资本主义的衣食住行、生老病死、家庭婚姻、教育医疗、休闲娱乐等日常生活内容与形式如何展现金融化特征？日常生活金融化经历了哪些演化阶段？每个发展阶段的特征与形式是什么？日常生活商品化、货币化与金融化之间有何关系？日常生活金融化的内在矛盾与发展趋势是什么？在日常生活金融化中，应如何寻找新的抵抗力量与革命路径？这些关涉当代资本主义日常生活金融化的基本规定、前提基础、结构要素、现实指向与

---

① 《马克思恩格斯全集》第 30 卷，人民出版社，1995，第 237 页。
② 《马克思恩格斯选集》第 2 卷，人民出版社，2012，第 701 页。

价值旨归的重要问题，必须得到细致的梳理和科学的解答。只有这样，才能充分厘清作为总体的当代资本主义日常生活金融化，彰显马克思主义日常生活批判理论的指导价值，真正体现"马克思主义理论是一种把社会发展作为活的整体来理解和把握的理论"①。

二　西方马克思主义者的日常生活批判及其启示

随着20世纪科学技术的迅猛发展、福特制大规模生产方式的出现与扩散、分期付款消费方式的兴起、货币金融市场的国际化以及国家职能的扩大化，资本主义日常生活领域出现了诸多新变化与新特征。西方马克思主义者秉持马克思主义的立场、观点与方法，积极汲取与借鉴社会学、文化学、心理学、传播学、符号学等现代社会科学的思想资源，并将之运用到对20世纪资本主义日常生活的批判性考察中，提出了各具特色的日常生活批判理论。这些理论努力在一定意义上有助于我们理解当代资本主义日常生活的金融化。

（一）西方马克思主义者日常生活批判的核心要义

西方马克思主义者日常生活批判存在两个方面的研究路径：一是以列斐伏尔、赫勒、科西克为代表，他们明确将日常生活批判作为其理论建构的核心，全面深入系统地探讨了日常生活的基本构架；二是以卢卡奇、葛兰西、哈贝马斯、马尔库塞、弗洛姆、德波、鲍德里亚、德赛都为代表，他们将日常生活批判作为其展开资本主义批判的重要维度，凸显了当代资本主义日常生活的诸多特点。

1. "日常生活批判"的理论化

列斐伏尔、赫勒、科西克等西方马克思主义者将马克思主义理论与微观社会学、文化人类学相结合，从五个层面系统地构建了以异化概念为核心的日常生活批判理论。

首先，关于日常生活批判的合法性论证。日常生活作为人类千百年来重复进行的最熟悉的活动领域，何以能够成为学术研究与理论批判的重要对象与内容？这是关系日常生活批判理论成立的前提性、合法性问题。作

---

① 〔德〕柯尔施：《马克思主义和哲学》，王南湜等译，重庆出版社，1989，第22页。

为"日常生活批判理论之父"的列斐伏尔，以黑格尔的名言"熟知并非真知"为出发点，认为熟悉的日常生活可能会遮蔽人们的双眼，遮蔽现实世界的本来面目与本真结构，因为"熟悉给了那些人一个我们认识他们的面具，使他们的本来面目不易被识破"①。恰恰相反，衣食住行、休闲娱乐等日常琐事中隐藏着一个社会的经济组织、政治权力运作、价值观念与意识形态等宏观制度性构架，是理解与透视社会历史结构与发展的重要枢纽。即使是购买糖果这样的日常小事，"整个资本主义社会、国家和它的历史就包含其中了"②。对于列斐伏尔来说，日常生活不能被简化为一套强加的、完全被动的行为空间，也不能被简化为一个完全自主的、自我调节的活动场域。从这个维度看，日常生活是人的存在方式与整个现实世界的缩影与折射，因而具有观世界与世界观的奠基性意义，理应成为包括哲学在内的所有人文社会科学研究的基本对象。列斐伏尔以哲学与日常生活批判的辩证关系为例，指出"正是在日常生活中，只有在日常生活中，哲学家使用一般的和抽象的哲学术语所做的解释，才是具体的、现实的"③。因此，日常生活批判在哲学研究中理应具有基础性与现实性的重要地位。

其次，日常生活的内涵界定。何谓日常生活？卢卡奇的学生，新东欧主义马克思主义者赫勒从个体与社会再生产的关系出发，将日常生活明确定义为"那些同时使社会再生产成为可能的个体再生产要素的集合"④。赫勒认为，任何社会的存在与发展都依赖于生产与再生产。而任何社会的再生产又离不开个人的再生产。个人再生产的要素，也是社会再生产的重要条件。这些要素"包含了所有活着的人所必须共享的、所有死去的人所曾经共享以及所有未出生的人所必将共享的一切东西"，赫勒称之为"人类条件"⑤。与经济组织、政治参与、科学研究等制度化领域相比，这些人类条

---

① 〔法〕亨利·列斐伏尔：《日常生活批判》第 1 卷，叶齐茂、倪晓晖译，社会科学文献出版社，2017，第 13 页。
② 〔法〕亨利·列斐伏尔：《日常生活批判》第 1 卷，叶齐茂、倪晓晖译，社会科学文献出版社，2017，第 52 页。
③ 〔法〕亨利·列斐伏尔：《日常生活批判》第 1 卷，叶齐茂、倪晓晖译，社会科学文献出版社，2017，第 73 页。
④ 〔匈〕阿格妮丝·赫勒：《日常生活》，黑龙江大学出版社，2010，第 3 页。
⑤ 〔匈〕阿格妮丝·赫勒：《日常生活是否会受到危害》，魏建平译，《国外社会科学》1990年第 2 期。

件作为人的"自在的类本质的对象化"具有行为的重复性、规范的天然性、意义的符号性、价值的经济性与活动的情景性五个方面的基本特征。日常生活的运作机制遵循着最小费力、最大收益的实用主义，行动方式的可能性，模仿他人言行，基于相似性的类比，以及将个案、特例进行一般化处理这五大原则。日常生活的基本特征与运作机制，表明日常生活是"一个相对严格的'自在的'类本质对象化领域支配和表达着最异质行为的极端宽泛的范围"①。科西克以海德格尔的"常人"与生活世界思想为参照，提出日常生活是作为"常人"的活动场域而存在的。日常生活中的所有个体都是作为"常人"，进行着重复性、机械性、盲目性、无意识、本能性的"操持"和"烦神"，"在日常中，活动和生活方式被转变为本能的、下意识的、无意识的和不假思索的活动和生活的机制：事物、人、运动、工作、环境、世界——它们不是按其创造性和真实性而得到理解，它们没有被考察和被发现，而只是存在于那里，被当作存货，当作已知世界的组成部分而加以接受"②。在关于日常生活的重复性、习惯性、虚假性与惰性的问题上，科西克与赫勒是一致的。

再次，探讨日常生活形态的历史演变。日常生活并非机械化的、一成不变的自然规律，它在不同社会发展阶段展现出不同的形态。列斐伏尔描绘了日常生活的三个历史演进阶段。第一个阶段是农业社会，在传统农业社会中，日常生活的节奏与自然的节奏紧密相连。第二个阶段是工业社会，市场经济的交换价值超越了日用品的使用价值。商品、市场、货币以其不可抗拒的逻辑渗透进日常生活。资本主义的触角延伸至日常生活的每一个角落。第三个阶段是消费社会，广告媒体深入日常生活的每一个细节，并因此调节和大众化了日常生活。在其他著作中，列斐伏尔将这种对日常生活的悲观看法发展为对晚期资本主义社会秩序的描述，即"控制消费的官僚社会"。这标志着日常生活成为技术专家规划和编程的对象，也就是福柯所谓的"治理"。列斐伏尔认为，理解日常生活历史性变迁的关键在于理解资本主义和现代性的发展如何割裂了社会生活。随着资本主义条件下技术

---

① 〔匈〕阿格妮丝·赫勒：《日常生活》，黑龙江大学出版社，2010，第159页。
② 〔捷〕科西克：《具体的辩证法——关于人与世界问题的研究》，傅小平译，社会科学文献出版社，1989，第53页。

和社会分工的发展以及专业化的加速，以不断缩短的资本积累时间为驱动力形成的线性专业化活动，逐渐脱离了日常生活中的生产和再生产周期，并占据了主导地位。日常生活与专业化活动的分离导致了劳动生产职能与家庭生活再生产职能的相对分离。这种分离不仅区分了有薪工作和无薪工作，还使社会再生产的无薪劳动受到资本主义的支配和剥削。

复次，日常生活的异化特征。正如列斐伏尔所言，"事实上，《日常生活批判》完全是围绕异化理论而建立起来的"①。这是西方马克思主义者日常生活批判的重点与核心。关于异化，列斐伏尔汲取黑格尔与马克思的异化劳动思想，将之界定为"一个对象化和外在化的、实现的和现实感消失的双重运动"②。一方面，人类在人的产品和劳动的世界里，成为越来越实在的、客观的存在；另一方面，在这个不断增加的对象化过程中，也在发生外在化，人类正在把自己连根拔起，被自己的社会产品奴役，与自己分裂、与他人疏离、与自然对立。而在资本主义社会，"这个矛盾过程——人与人自己的分裂，达到了这个矛盾过程的顶点"③，并且这些矛盾渗透到了日常生活的各个方面。列斐伏尔将资本主义日常生活的异化概括为六个方面：以自利性的"私人意识"为核心的自我意识异化、以个人主义为特征的阶级意识异化、以拜物教为核心的经济异化、以占有和消费主义为内容的需要结构异化、以挣钱牟利为目的的劳动异化、将自然资源盲目财产化的自由异化。④ 资本主义日常生活的异化背后是资本逻辑对日常生活的殖民。在一篇纪念马克思逝世一百周年的文章中，列斐伏尔再次断定日常生活在批判的马克思主义中的核心地位："商品、市场和货币，以及它们无可替代的逻辑紧紧抓住了日常生活。资本主义的扩张无所不用其极地触伸到

---

① 〔法〕亨利·列斐伏尔：《日常生活批判》第 1 卷，叶齐茂、倪晓晖译，社会科学文献出版社，2017，第 2 页。
② 〔法〕亨利·列斐伏尔：《日常生活批判》第 1 卷，叶齐茂、倪晓晖译，社会科学文献出版社，2017，第 67 页。
③ 〔法〕亨利·列斐伏尔：《日常生活批判》第 1 卷，叶齐茂、倪晓晖译，社会科学文献出版社，2017，第 53 页。
④ 〔法〕亨利·列斐伏尔：《日常生活批判》第 1 卷，叶齐茂、倪晓晖译，社会科学文献出版社，2017，第 136~162 页。

日常生活中哪怕是最微细的角落……实际上日常生活已经被资本主义殖民化了。"[1] 值得一提的是，列斐伏尔注意到金融资本主义条件下投机化的日益蔓延，"金融资本主义时代的特征就是，极端丰富的动产处在流动之中，寻找安全的投资避风港或避免一系列投资走失"[2]。表现人性与审美的艺术品正在异化为金融投资投机的新场所。这是资本主义日常生活异化的新现象。

赫勒提出，资本主义日常生活的异化表现为日常消费、交往与观念纯粹以财产的占有为导向，抽象的商品、货币与市场成为真正的个体，"他的社会特征只有求助于市场，通过以所生产的商品为中介才能实现"[3]。这实质上就是马克思所论及的资本主义日常生活的商品化、货币化与市场化。科西克则认为，日常生活的异化在于它是一个伪具体的世界，即商品、货币、资本等原本由人生产制造出来的具体的物脱离了人本身，甚至窃取了人的主体地位，作为一种"自主性"的异己力量与人相对抗。更可怕的是，"这些现象以其规则性、直接性和自发性渗透到行动着的个人的意识中，并获得了自主性和自然性的外表"[4]。因而，伪具体世界是一个现象遮蔽本质、虚假代替真实、物奴役与控制人的颠倒的、片面的、畸形的世界。它集中体现着资本主义对日常生活的全面深入的统治与宰割。

最后，关于日常生活的解放路径。列斐伏尔、赫勒、科西克认为，异化的根源在于资本主义私有制剥夺了维系与发展个人日常生活的所有具有重要社会意义的权利，如自然资源、财富物品、休闲空间、教育娱乐等，使个人成为一个一无所有的人。而一个一无所有的人，与对象的世界即现实的世界分开了，与人的完整存在分开了，从而导致了日常生活的异化与非人化。异化的消除或扬弃就是要在日常生活层面体现马克思在《1844年经济学哲学手稿》中所提出的"完整的人"，"完整的人定义的本质方面是

---

① Lefebvre Henri, "Towards a Leftist Cultural Politics: Remarks Occasioned by the Centenary of Marx's Death", in Cary Nelson and Lawrence Grossberg (eds.), *Marxism and the Interpretation of Culture* (Macmillan Education UK, 1988).

② 〔法〕亨利·列斐伏尔：《日常生活批判》第1卷，叶齐茂、倪晓晖译，社会科学文献出版社，2017，第94页。

③ 〔匈〕阿格妮丝·赫勒：《日常生活》，黑龙江大学出版社，2010，第37页。

④ 〔捷〕科西克：《具体的辩证法——关于人与世界问题的研究》，傅小平译，社会科学文献出版社，1989，第44页。

人与他自己的统一，尤其是个人与社会的统一"①。因而，真正的日常生活要把完整的人与资本主义条件下异化的人区别开来，这种区分本身就是日常生活批判的基本目标，这种区分意味着重建本真性的、完整的日常生活，即列斐伏尔所言的："日常生活，应该成为一种艺术作品，一种能让他自己快乐起来的艺术作品。"② 抑或赫勒所谓的在日常生活领域体现人的"自为类本质"的"人道化"与"民主化"。要消除异化的、"伪具体"的日常生活世界，在实践层面，需要发动总体性的文化革命。列斐伏尔认为，资本主义对日常生活的总体化统治，需要一种同时具有经济与政治意蕴的"总体性的文化革命"，即经济领域"技术要为日常生活服务"，政治领域"废除国家、实行自治"，文化领域"让日常生活成为一件艺术品"③。科西克也提出要将宏观层面的革命化实践与微观层面的日常生活"间离化"结合起来，通过把握作为"具体的总体"的社会历史现实，彻底摧毁"伪具体"世界的虚假与控制。在理论层面，必须坚持马克思主义世界观与方法论的指导地位。因为马克思主义是无产阶级的科学，是研究与揭示无产阶级日常生活现实的真理，体现与反映了无产阶级日常生活中的历史现实与阶级利益。在此意义上，马克思主义作为一个整体，就是日常生活批判的认识论："马克思主义描绘和分析了社会的日常生活，指出了可以改造社会生活的方式。"④ 因而，马克思主义为日常生活的历史进程、现状趋势与未来可能提供了一种有效的、建设性、革命性的生活批判。

2. "日常生活批判"的论题化

卢卡奇、葛兰西、哈贝马斯、马尔库塞、弗洛姆、德波、鲍德里亚、齐泽克、德赛都等西方马克思主义者与激进左翼学者将日常生活批判纳入对现代资本主义社会的总体批判中，细致入微地揭示了资本主义工具理性、消费主义、文化工业、符号经济大规模入侵日常生活所导致的日常生活的

---

① 〔法〕亨利·列斐伏尔：《日常生活批判》第1卷，叶齐茂、倪晓晖译，社会科学文献出版社，2017，第69页。

② 〔法〕亨利·列斐伏尔：《日常生活批判》第1卷，叶齐茂、倪晓晖译，社会科学文献出版社，2017，第184页。

③ 刘怀玉：《现代性的平庸与神奇——列斐伏尔日常生活批判哲学的文本学解读》，中央编译出版社，2006，第376页。

④ 〔法〕亨利·列斐伏尔：《日常生活批判》第1卷，叶齐茂、倪晓晖译，社会科学文献出版社，2017，第136页。

物化、常识化、殖民化、消费化、符号化、技术化、意识形态化与革命化。

（1）日常生活的物化。卢卡奇将日常生活视为社会存在的本体与审美艺术活动的发源地，"人在日常生活中的态度是第一性的……人们的日常态度既是每个人活动的起点，也是每个人活动的终点"①。物质资料生产、科学艺术审美都发生于、作用于、回归于日常生活。因此，日常生活最直接、最本真地体现着人的本质的对象化。但是，资本主义生产方式导致了日常生活的物化。在此，卢卡奇借助于黑格尔的对象化、西美尔的货币化、韦伯的理性化等理论透镜，在对马克思的"商品拜物教"理论进行新的解读的过程中，提出了著名的"物化"概念，并以此来标识现代资本主义生活世界的基本特征："商品拜物教问题是我们这个时代，即现代资本主义的一个特有的问题。"② 商品交换及其结构性效应导致人们的日常生活世界被物化。所谓"物化"，就是"人自己的活动，人自己的劳动，作为某种客观的东西，某种不依赖于人的东西，某种通过异于人的自律性来控制人的东西，同人相对立"③。其核心机制就是根据可计算性与量化来加以调节的合理化。合理化机制不仅运行于经济生产、企业管理、官僚组织、科学研究等非日常生活领域，而且也体现在人们的日常消费、交往与观念中。在日常消费中，满足日常需要的各种物品不再表现为某一共同体（例如在一个乡村公社里）的有机生活过程的产品，不再承载身份、情感、互惠等人格因素，而是充满着成本收益的理性考量与合理化计算。在日常交往中，婚姻家庭关系变成了一种相互计算和相互利用的经济关系。对此，卢卡奇引用了康德的一段话，形象地揭示出这一特点："性的共同体就是一个人和另一个人相互利用对方的性器官和能力……婚姻……就是异性的两个人的结合，为了相互占有对方的性特性，达到传宗接代之目的。"④ 在日常观念中，计算的合理化，还渗透到了人们的肉体和意识的最深处，"这种合理的机械化一直推行到工人的'灵魂'，甚至他的心理特性也同他的整个人格相分离，同这种人格相对立地被客体化，以便能够被结合到合理的专门系统里去，并

---

① 〔匈〕卢卡奇：《审美特性》第 1 卷，中国社会科学出版社，1986，第 1 页。
② 〔匈〕卢卡奇：《历史与阶级意识》，杜章智等译，商务印书馆，1992，第 147 页。
③ 〔匈〕卢卡奇：《历史与阶级意识》，杜章智等译，商务印书馆，1992，第 150 页。
④ 〔匈〕卢卡奇：《历史与阶级意识》，杜章智等译，商务印书馆，1992，第 167 页。

在这里归入计算的概念"①。这种日常心理与意识的物化的最突出表现就是人们在日常消费与交往中下意识地将自己、他人及其所拥有的存在属性与特征统统视为可以相互利用、交换、计算价值的商品。这种日常意识的物化、商品化，最深刻、最确切地揭示了资本主义日常生活正在非人化和已经非人化的性质。

（2）日常生活的常识化。葛兰西从作为"实践哲学"的马克思主义的立场出发，力图打破哲学、科学等专业化智识活动与日常生活的严格界限，将广大民众处于"常识"的日常世界观提升到"健全的见识"的理性层面，从而实现马克思主义的大众化。葛兰西认为，在日常生活中"人人都是哲学家"。只不过这里的哲学还仅仅是无系统的、偶发的、未经反思的民间哲学，即常识。它是日常生活中人们长期以来所共有的、习惯性的、含混的、矛盾的假设和观念："既包含石器时代的要素、较发达的科学原理，来自历史的一切过去阶段的、地域层次的偏见，也同样包含对全世界统一的人类的未来哲学的直觉。"② 与作为智识活动的哲学、科学相比，常识的首要形式特征是非连贯性、非系统性、非一致性。它就如同哲学的"民间传说"与"日常形式"一样，涵盖了各个族群、各个地域、各个阶段的各种各样的形态与类型。最为典型的就是各个民族的日常语言与神话传说。从性质上看，常识是非批判的、非反思性的观念存在，体现了局限于特定地域与群体的日常生活的"自反性"与"顺从性"："在获得其世界观的时候，人们总是属于一个特定的社会集团，这个集团是和他采取相同思维方式和行为方式的一切社会分子之集团。我们全都是这样那样的顺从主义者，总是群中之人或集体之人。"③ 常识是置身于其中的人们在日常生活中不加批判地、潜移默化地吸收的世界观。从过程上看，常识并不是一成不变的东西，而是处在一个不断地自我转变的过程中，用进入日常生活的科学思想和哲学观点来丰富自己。常识的自发性、自在性意味着它可以受到批判、改造与重建，因而可以作为不同社会集团与阶级在文化领域相互博弈的对象和产物。用一种新的认识、观念、习惯去系统地代替、置换、重构原有的常

① 〔匈〕卢卡奇：《历史与阶级意识》，杜章智等译，商务印书馆，1992，第152页。
② 〔意〕安东尼奥·葛兰西：《狱中札记》，曹雷雨等译，河南大学出版社，2016，第232页。
③ 〔意〕安东尼奥·葛兰西：《狱中札记》，曹雷雨等译，河南大学出版社，2016，第232页。

识，去影响与重塑人们在日常生活中的观念存在，这就是马克思主义实践哲学的使命。

（3）日常生活的殖民化。法兰克福学派的哈贝马斯对日常生活殖民化的讨论是建基于交往理性与"系统—生活世界"的概念框架上的。交往理性是指具备语言与行动能力的两个主体通过语言符号的沟通与交往所展现出的自我理解与相互理解的能力。它是主体间交往行为的基础和前提，也是构建作为主体之间合理交往的背景预设的生活世界的重要方式。生活世界是生活在一起的社群所共享的，可视为沟通行动的背景和文化资料的储存库，"这种知识储存为成员提供了顺利的共同保证的背景信念；并且根据这种背景信念，构成了理解过程的关系，在这种理论过程中，参与者利用保证的状况规定，或者进行新的商谈"①。从这一界定看，哈贝马斯的"生活世界"概念是包含日常生活的，因为传统习俗、观念等都是在人们日常生活中扎根共享的意义系统。哈贝马斯认为，现代社会的发展就是生活世界不断合理化的过程，由此促进人与人之间的相互理解和真诚沟通，达至理想的交往境界。但是现代社会的病理特征就在于系统支配与控制了包括日常生活在内的整个生活世界，扭曲了人与人之间的真诚交往。所谓系统，是指制约人们行动的作为社会基础的制度和组织。它在现代社会中的表现就是政治系统和经济系统。权力与货币是现代社会建构政治系统和经济系统的两个主要媒介。"它的形成（指资本主义的经济体系）依仗于一种新的机制，即控制媒体货币。这个媒体执行由国家所赋予的整个社会的经济职能，并且构成超出规范关系的从属体系的基础……这种经济体系不仅使企业之间的内部交往，而且也使非经济环境的交换，例如私人家务与国家之间的交往，都通过货币的渠道。"② 当日常生活中的人们通过语言交谈展开的具体而真诚的交往关系越来越受到抽象而普遍的货币与权力等交往媒介的控制时，个人的自主性与生活的价值性也就被货币机制所侵蚀了。培育个人自主性、保障个人自由本来是资本主义经济制度与政治制度的要求。但是权力与货币对生活世界的殖民化导致个人不仅在经济性的劳动与消费

① 〔德〕哈贝马斯：《交往行动理论》第2卷，洪佩郁、蔺菁译，重庆出版社，1994，第173页。
② 〔德〕哈贝马斯：《交往行动理论》第2卷，洪佩郁、蔺菁译，重庆出版社，1994，第227页。

等物质再生产领域，而且在非经济性的艺术、文化与政治等"意义再生产"领域都被政治化、商品化、货币化。日常生活的交往行为变成了一种牟利性、交换性、市场性的经济行为。经济主义、消费主义、享乐主义、拜金主义成为支配人们行为的重要因素，因而也就导致通过生活世界中的理性交往获得存在意义与生命价值的彻底失落。这就是哈贝马斯所描绘的系统扩张所导致的当代资本主义日常生活的物化与异化的最新表现，"我对在发达资本主义社会中出现的物化的征兆做以下解释，就是说，经济和国家的媒体控制下的下属体系，借助货币和官僚政治的手段，渗透到了生活世界的象征性再生产"①。

（4）日常生活的消费化。以物欲满足、消费至上为核心的消费主义标识着当代资本主义日常生活的基本结构与主要特征，是诸多西方马克思主义者资本主义批判的共同指向。在列斐伏尔那里，他就指认当代资本主义世界是一个"受消费控制的科层制社会"，而日常生活的消费化就是这个消费社会的底层结构，是它运行和依赖的平台。人们在日常生活中的消费不是为了满足自身生存与发展的合理需要，而是为消费而消费，追逐的是消费的时尚或时尚的消费，"是时尚还是过时。这是哈姆雷特问题的现代版本。时尚通过排斥日常生活而统治日常生活，因为日常生活不够时尚所以不能够存在"②。日常生活的节奏与秩序完全被消费主义所笼罩与支配。弗洛姆基于弗洛伊德的精神分析方法，指出人们在日常生活中的消费已经蜕变为一种单纯的"占有"与"炫耀"，而不是为了使用或享用消费品。他们通过占有它们以显示自己的社会地位，从中获得自我存在的满足感："即使在占有可用的东西的乐趣中，占有财富以便显赫仍然是主要的考虑。汽车、冰箱、电视机的确有着真实的用途，但也因为它们有炫耀作用。这些东西表现了拥有者的身份。"③ 在日常生活中所消费的物品，正在与它本来的属性与真实的价值相分离。我们喝的可口可乐是广告上的"喝一口使你精神百倍"的标语，喝的是一种商标。消费行为成为一种人为激发的幻想的满

---

① 〔德〕哈贝马斯：《交往行动理论》第 2 卷，洪佩郁、蔺菁译，重庆出版社，1994，第 457 页。

② Henri Lefebvre, *Everyday Life in the Modern World* (New York: allen lane the Penguin Press, 1971), p. 165.

③ 〔美〕埃里希·弗洛姆：《健全的社会》，孙恺详译，贵州人民出版社，1994，第 105 页。

足，一种与具体的、实在的自我相分离的幻想行为。"我们对消费的渴求，已经跟人类真实需要完全失去了联系。本来，消费的意义在于给人一种更幸福、更满足的生活。消费是通向目的——幸福的手段。但是现在，消费却成了它自身的目的。"① 人们在异化的日常消费中忘却了消费的本来意义，迷失了自我存在的真正价值，形成了占有囤积型的社会性格与购物狂式的神经症。这是资本主义异化、物化在日常消费与日常心理中的病态体现。

（5）日常生活的符号化。情境主义思想家德波汲取达达主义、超现实主义等欧洲先锋派文学艺术手法，在积极构建人的具体日常生活情境以实现人的更加完善的生存状态的过程中，深入剖析了商品、广告、媒体大规模、全方位渗透到日常生活所导致的日常生活的景观化特征。在他看来，马克思曾经指认的以商品堆积为表现的资本主义物化社会已经转化为视觉性的符号、表象、影像成为颠倒的社会本体基础的景观社会，"在现代生产条件无所不在的社会，生活本身展现为景观的庞大堆聚。直接存在的一切全都转化为一个表象"②。资本主义借助于新闻、广告、娱乐表演等信息媒介生产出来的各种可视化的符号、表象、影像充斥于日常生活中的消费、言谈、交往与观念中。各种购物休闲场所、文化娱乐中心、观光旅游胜地和生活住宅群等都是经过特定设计培育的，供大众在日常生活中消费的景观。在日常观赏与消费这些景观时，所有呈现在人们面前的符号与影像，作为一种真实的、积极的、肯定性存在植入人们的社会关系与意识结构之中，使人们将表象式的资本主义生活方式误认为本真的存在，从而达到对现存的资本主义社会体制的直接肯定和合法认同，"景观是一种表象的肯定和将全部社会生活认同为纯粹表象的肯定"③。日常生活的景观成为一种在日常生活层面起作用的资本主义意识形态机制。列斐伏尔的学生鲍德里亚继承和发挥了德波关于景观的日常生活的思想，借鉴莫斯、马林诺夫斯基等文化人类学家对礼物的符号象征分析，结合对后现代社会的符号经济与拟像生产的政治经济学批判，更极端地凸显了后现代条件下日常生活的符号化特质。与德波类似，鲍德里亚也认为当代资本主义已经从马克思所处

---

① 〔美〕埃里希·弗洛姆：《健全的社会》，孙恺详译，贵州人民出版社，1994，第106页。
② 〔法〕居伊·德波：《景观社会》，王昭风译，南京大学出版社，2007，第3页。
③ 〔法〕居伊·德波：《景观社会》，王昭风译，南京大学出版社，2007，第4页。

的以商品生产和交换价值为基础的社会转变到以生产与消费符号、影像、仿真为主的后现代社会。这就意味着马克思建立在交换价值分析基础上的政治经济学必须向以符号价值、象征性价值分析为基础的"符号政治经济学"转化。在符号政治经济学视域中，后现代社会是符号、影像、仿真主导生产与消费、支配价值关系的社会。同样，人们在日常生活中消费的物，并非基于自身的实用性，而是某种特定社会符号编码的结果。"物远不仅是一种实用的东西，它具有一种符号的社会价值，正是这种符号的交换价值才是更为根本的。"① 日常的消费世界就是一个以符号价值为轴心的象征交换体系。消费的本质不是满足合理需求，而是追逐能够炫耀地位、身份、声望、等级的差异性符号价值。例如，资产阶级热衷于巴洛克风格的家居环境，不是为了其本身的美学价值，而是为了彰显贵族式的"高贵"地位，"它将社会的成功或特权阶级富有的地位神圣化，并将其转变为一种文化，一种象征性的符号"②。同样，半自动洗衣机与全自动洗衣机的功能差异实质上不过是一种地位的差异，"在此，广告将有用的物的价值转变为符号价值"③。因此，决定日用消费品以何种方式出现与使用的，不是物本身，而是在其背后运作的符号体系及其特有的物质介质。

（6）日常生活的技术化。霍克海默、阿多诺、马尔库塞等法兰克福学派学者在对资本主义消费社会的批判中，特别强调了文化工业与技术理性对日常生活的殖民。第二次世界大战后福特主义的大规模、批量化、标准化、科学化生产方式与组织管理不仅主导着有形的日用消费品的生产，而且也成为无形的文化产品生产的基本形式，由此造成大众文化产品的标准化、齐一化和程式化，即所有文化产品都按照特定的标准、模式、程序进行批量化生产，产品内在的独特内容与风格被抹去，"文化工业的技术，通过祛除社会劳动和社会系统这两种逻辑之间的区别，实现了标准化和大众生产"④。无论是人们在日常生活中消费的汽车、洗衣机、住房，还是观看

---

① 〔法〕让·鲍德里亚：《符号政治经济学批判》，夏莹译，南京大学出版社，2009，第 2 页。
② 〔法〕让·鲍德里亚：《符号政治经济学批判》，夏莹译，南京大学出版社，2009，第19页。
③ 〔法〕让·鲍德里亚：《符号政治经济学批判》，夏莹译，南京大学出版社，2009，第116页。
④ 〔德〕马克斯·霍克海默、西奥多·阿道尔诺：《启蒙辩证法：哲学断片》，渠敬东、曹卫东译，上海人民出版社，2006，第 108 页。

的电视、电影、广告，以及欣赏的艺术品、聆听的音乐等，表面上似乎各有功能、形式、风格、特点与个性，但实质上都是一种为了推销商品而掩人耳目、迷惑人心的"伪个性"："从根本上说，克莱斯勒公司与通用汽车公司的产品之间的区别，不过是好奇心不同的孩子们所产生的幻觉而已。鉴赏家们之所以能够指出各种产品的优劣，只不过是为了维持竞争的假象和选择的范围罢了。"① 这种"伪个性"除了起到商品推销、资本获利的效果外，还以内容上的同质性、形式上的模仿性、消遣上的民主性、审美上的大众性，剥夺了人们理性思考与深入批判的能力，让人们在伪个性、伪民主、伪审美的表象中遗忘日常生活中的真实困境与矛盾冲突，获得一种对当下现状的虚幻满足感、一种对现存体制的虚假认同感："面对所有光彩照人的名字和形象所吊起来的胃口，最终不过是对这个充满压抑的日常世界的赞颂罢了，而它正是人们想要竭力摆脱的世界。"② 马尔库塞则将日常生活的殖民化归咎于技术理性对日常生活的支配性统治。在他看来，技术不仅是一种改造自然的工具、装置或器械，也是组织社会关系、塑造思维方式与价值观念的一种权力方式，"在这一社会中，生产装备趋向于变成极权性的，它不仅决定着社会需要的职业、技能和态度，而且还决定着个人的需要和愿望"③。工业化技术及其内在所蕴含的效率至上的工具理性通过电视、电影、广告等传播媒介制造"虚假需求"，即"为了特定的社会利益而从外部强加在个人身上的那些需要"④，日益渗透到人们的日常生活与日常思维中。马尔库塞认为，"现行的大多数需要，诸如休息、娱乐、按广告宣传来处世和消费、爱和恨别人之所爱和所恨"⑤，这些日常生活中的"虚假需求"的满足所带来的"虚假幸福感""虚假存在感"压制了人们内心与思维上的否定性、批判性和超越性，从而使生活于其中的人成为单向度的人。这种人不再有能力去追求和塑造新的、更合理的日常生活，丧失了日常生活解放的能力与勇气。这是发达工业社会极权主义意识形态的集中

① 〔德〕马克斯·霍克海默、西奥多·阿道尔诺：《启蒙辩证法：哲学断片》，渠敬东、曹卫东译，上海人民出版社，2006，第110页。
② 〔德〕马克斯·霍克海默、西奥多·阿道尔诺：《启蒙辩证法：哲学断片》，渠敬东、曹卫东译，上海人民出版社，2006，第126页。
③ 〔美〕赫伯特·马尔库塞：《单向度的人》，刘继译，上海译文出版社，2014，第6页。
④ 〔美〕赫伯特·马尔库塞：《单向度的人》，刘继译，上海译文出版社，2014，第6页。
⑤ 〔美〕赫伯特·马尔库塞：《单向度的人》，刘继译，上海译文出版社，2014，第6页。

体现。

（7）日常生活的意识形态化。日常生活的物化、常识化、殖民化、消费化、符号化、技术化都蕴含着一种屈从与肯定资本主义统治的意识形态功能。左翼激进思想家齐泽克将马克思主义的意识形态理论与拉康的精神分析结合起来，系统地揭示了日常生活的意识形态化。齐泽克界定意识形态就是人们对生活于其中的现实的扭曲、掩盖或遮蔽。例如，当我们疯狂地购买与享用各种日用消费品时，我们不知道这是"虚假需求"；当我们每天成群结队地进入学校接受教育时，我们不知道我们正在按照资本主义的要求被改造。在此意义上，意识形态是一个与现实生活分离并高于现实生活的上层建筑，是一个因思想观念被遮蔽而产生的认识论问题。但问题是，现在"他们很清楚他们正在做什么，但他们仍然在做"。例如，人们已经意识到了货币的真实本质与货币拜物教的虚假性，但是之所以在日常生活中继续接受着拜物教观念的支配，就是因为货币与货币拜物教已经被人们设想为日常生活现实本身。"当个人使用货币时，他很清楚，货币没有任何魔力可言——货币，就其物质性而言，仅仅是社会关系的一种表述……因而，在日常生活的层面上，个人很清楚，物与物之间的关系之下，存在着人与人之间的关系。问题是，在人们的社会行为中，在他们正在做的事情中，他们的行为就好像货币以其物质现实性，同样也是财富的直接体现。他们在实践上而非理论上，是拜物教徒。"① 在"知"的层面，人们很清楚货币拜物教以物与物的关系掩盖了人与人的关系，但是在"行"的层面，人们受到了意识形态幻觉的控制，"在其社会现实性上，在其社会活动中——商品交换的行为中，他们为拜物教的幻觉所支配"②。货币与货币拜物教就是真实的、日常的社会现实。所以拜物教的否认公式"我很清楚，但是……"在货币现实中就呈现为"我知道货币和其他物质客体毫无二致，但是……（好像它是由特殊材料制成的，时间对它无能为力）"③。货币与货币拜物教

---

① 〔斯〕斯拉沃热·齐泽克：《意识形态的崇高客体》，季广茂译，中央编译出版社，2002，第43页。

② 〔斯〕斯拉沃热·齐泽克：《意识形态的崇高客体》，季广茂译，中央编译出版社，2002，第43页。

③ 〔斯〕斯拉沃热·齐泽克：《意识形态的崇高客体》，季广茂译，中央编译出版社，2002，第24页。

就是一种"意识形态性"的日常生活现实。在此，作为上层建筑和虚假认识的意识形态与日常生活相互交织、相互融合。"这大概就是'意识形态'的基本维度：意识形态不仅仅是'虚假意识'，不仅仅是对现实的幻觉性再现，相反，它就是已经被人设想为'意识形态性'现实自身。"① 意识形态已经成为日常生活的一部分。

（8）日常生活的革命化。如何击破权力对日常生活的规训与束缚，实现日常生活层面的自由与解放？德赛都基于一种从日常生活中形成的政治的视角，而非应用于日常生活的革命行动的视角，提出将日常生活当作一个抵制与反规训的场域，用日常工作、消费、购物、娱乐、烹饪、书写、闲谈、阅读中的种种战术性行为，如乔装打扮、装神弄鬼、谨小慎微、保守秘密、随机应变、运用才智、虚张声势等，去抵抗日常生活中的规训权力。在日常使用和消费既定产品、遵从既定规则的过程中，悄悄地，甚至是无意识地消解权力的规训。最为生动的例子是"假发"计谋：工人在工厂上班的时候，利用闲暇时间与工厂的工具资源去做自己想做的事情。这种抵制不是正面直接对抗统治力量，而是与其并存，同时又不遵循它的基本要求与规则："'进行假发活动'的工人被控告为一己之利而盗窃、回收材料并使用机器，他们为了自由地、具有创造性地并且是毫无益处地工作，在工厂里窃取时间（而非窃取财产，因为他使用的仅仅是剩下的东西）。为了享受创造免费产品的乐趣，他们甚至在自己必须使用的机器所支配的现场运用计谋。"② 这种"假发"计谋或战术不仅被运用在工厂车间，而且在行政、管理、贸易、教育、休闲娱乐中广泛存在。例如，孩子们上课时在课本上涂鸦、观众在看电视时做自己的事情等。这些计谋或战术被视为与阶级斗争、暴力革命等"自上而下"的策略相对立，因为它们代表了努力挑战或重新定义更广泛的社会结构或体系的个人的平凡、普通的行动。同时，这些行动也表明，普通大众的日常行为并非完全被动受制、盲目顺从的，而是具有无穷的潜能，能够抵制与瓦解权力的规训，创造属于自己、发展自己、实现自己的自主、自由空间。在此意义上，没有日常生活的革

① 〔斯〕斯拉沃热·齐泽克：《意识形态的崇高客体》，季广茂译，中央编译出版社，2002，第28页。
② 〔法〕米歇尔·德·塞托：《日常生活实践1：实践的艺术》，方琳琳、黄春柳译，南京大学出版社，2015，第82页。

命，也就没有真正的社会革命与自我解放。

（二）西方马克思主义者日常生活批判对日常生活金融化的启示

马克思主义不是墨守成规的教条，而是发展着的理论，需要随着时代的发展而扩展研究范围、增加指涉对象、转换时空角度等，以获得解释新世界和指导新实践的能力。马克思主义日常生活批判理论同样如此。西方马克思主义者与左翼激进学者基于当代资本主义日常生活的新变化、新特征、新趋势，积极汲取与借鉴人文社会科学思想成果与方法，从不同角度与层次丰富与扩展了马克思主义经典作家的日常生活批判理论，同时也为当代资本主义日常生活金融化带来了积极启示。

西方马克思主义者日常生活批判最突出、最重要的启示就在于正式开辟与确立了日常生活作为一个独立的研究对象与领域在当代资本主义研究中的合法地位与重要价值，当然也确立了其在当代资本主义金融化研究中的合法性。长期以来，对当代资本主义的研究模式基本遵循着"经济基础—上层建筑"的基本思路，沿着"经济生产组织—所有制形式—社会阶级关系—政治国家结构—文化意识形态"的基本线索展开。受此影响，当代资本主义金融化研究也是聚焦于资本积累金融化、企业运作的股东价值导向、国际金融霸权、新自由主义意识形态等宏观层面。这种基于对资本主义制度化、体系化领域的剖析的宏大叙事遮蔽了日常生活在作为总体的资本主义历史发展与结构要素中的重要位置，削弱了马克思主义经典作家对资本主义的总体性批判力量，因为正如列斐伏尔所言，"作为一个整体，马克思主义实际上是对日常生活的一种批判性的认识"[①]。

那么日常生活究竟在资本主义金融化研究中占据着什么样的地位、起着什么样的作用呢？西方马克思主义者给我们带来三点具体启示。一是资本主义的经济生产、政治运作、阶级关系等非日常生活领域金融化与衣食住行、生老病死等日常生活领域金融化之间存在内在的、有机的联系。列斐伏尔曾经指出，国家、议会、领导、方针政策等政治活动不是悬在空中的表演，而是"有着与食物、配给、工资、劳动组织或重新组织相关的

---

① 〔法〕亨利·列斐伏尔：《日常生活批判》第 1 卷，叶齐茂、倪晓晖译，社会科学文献出版社，2017，第 136 页。

'基础',一个卑微的、日常的'基础'"①。他还以日常生活中的妇女买糖为例,声称通过研究这个妇女的生活、经历、工作、家庭、阶层、支出计划、饮食习惯、财务观念等,"掌握了整个资本主义社会、国家和它的历史"②。沿着这一思路,通过分析日常消费、日常交往、日常观念中的金融化及其与体系层面的金融化之间的内在关联,我们能够更加全面、深入、系统、准确地把握当代资本主义金融化这一阶段性转变与整体性特征。两者的互动关系,正如列斐伏尔所言:"虽然日常生活实践活动都是分散的、零碎的,都是就一个个别的或具体的、确定的社会活动而言的日常实践活动,在这些林林总总的日常实践活动中,社会整体由社会部分体现出来,反之亦然。"③ 二是要从资本主义再生产维度出发深入厘清日常生活金融化与当代资本主义整体结构之间的具体机制。赫勒、科西克等人都是从个人再生产维度明确界定日常生活的本质内涵。这与马克思在《资本论》中对日常生活地位与作用的认知是根本一致的。工人的日常消费实际上是一种个体劳动能力的再生产,也是资本与活劳动相交换这一关系的再生产。那么,我们也可以认定,当代资本主义衣食住行、生老病死等日常生活领域的金融化既是再生产满足金融资本积累需要的个体劳动能力的过程,也是再生产金融化的资本关系与结构的重要途径与方式。沉浸于日常生活金融化中的人们正以各自的方式不自觉地参与并保证了金融化资本主义社会关系的生产与再生产。三是要具体地、历史地分析在日常生活金融化中发挥再生产功能的各种机制与效应。西方马克思主义者与左翼激进学者所提出的日常生活物化、消费化、符号化、技术化、意识形态化等思想观点,虽然没有直接触及日常生活金融化,但实际上指明了厘清日常生活金融化内在机制的路径与方式。卢卡奇所指出的以计算合理化为核心的物化如何具体体现在日常生活金融化中?信用货币、虚拟货币等新兴货币媒介如何渗透于日常生活金融化?日常生活金融化的消费方式、消费产品、消费意义

---

① 〔法〕亨利·列斐伏尔:《日常生活批判》第1卷,叶齐茂、倪晓晖译,社会科学文献出版社,2017,第4页。
② 〔法〕亨利·列斐伏尔:《日常生活批判》第1卷,叶齐茂、倪晓晖译,社会科学文献出版社,2017,第52页。
③ 〔法〕亨利·列斐伏尔:《日常生活批判》第1卷,叶齐茂、倪晓晖译,社会科学文献出版社,2017,第53页。

是什么？广告、影视等大众传媒如何影响与深化日常生活金融化？日常生活金融化的符号象征意义在哪里？它发挥着怎样的意识形态效应？只有把这些关涉日常生活金融化的具体属性、具体机制、具体效应的问题逐一厘清，才能从总体上真正把握日常生活金融化及其与当代资本主义之间的再生产关系。

第二节　当代资本主义经济金融化研究的理论背景

作为对 20 世纪 70 年代以来资本主义经济领域结构性特征的揭示，金融化已经成为西方异端经济学、激进政治经济学分析和概括当代资本主义新变化的核心范畴。垄断资本学派、积累的社会结构学派、世界体系学派、调节学派、后凯恩斯学派，基于不同的理论范式与立场，对资本主义经济金融化转型的源起、本质、内在机制与发展趋势，进行了深入与系统的考察与研究。这些研究成果有力地揭示了日常生活金融化发生、发展的时代背景、宏观构架与内在理路，赋予了马克思主义日常生活批判理论以新的时代内涵与具体表现，为展开当代资本主义日常生活金融化批判提供了理论素材与研究路径。

一　马克思主义政治经济学范式下经济金融化研究及其启示

经济金融化一方面隐含着经济、金融与社会发展之间的有机互动关系，另一方面也从经济基础维度体现了当代资本主义的系统性转型与结构性特征，自然成为一个具有浓厚马克思主义政治经济学色彩的概念范畴。因此，以马克思主义政治经济学为指导原则的各个理论学派，基于现代金融资本的属性、职能、运作机制，围绕金融化与剩余价值生产方式以及资本积累模式的关系问题，从资本积累、资本调节、资本权力、资本生产四个维度，揭示了当代资本主义生产组织与经济结构的系统性金融化。

（一）马克思主义政治经济学范式下经济金融化研究的核心观点

1. 资本积累视角中的经济金融化

马克思在《资本论》中曾经指出："一切资本主义生产方式的国家，都周期地患一种狂想病，企图不用生产过程作中介而赚到钱。"① 在此，马克思深刻揭示了资本力图摆脱商品生产的时空束缚，直接在流通领域实现价值增值的内在本性。基于这一理论观点，作为美国"激进社会主义者"或"新马克思主义经济学家"的代表②，以斯威齐、巴兰、福斯特为主要代表的"垄断资本"学派，把寡头垄断作为当代资本主义的基本分析单位，认为第二次世界大战后资本主义已经步入了由巨型公司主导的垄断资本主义阶段。这一阶段的中心问题就是"在垄断资本主义条件下剩余的产生和吸收"③。而货币、信贷、银行及其运作方式的金融化则是解决这一中心问题的重要条件。

作为"垄断资本"学派的核心概念，经济剩余的生产与吸收被视为垄断资本主义时代的资本积累方式。所谓经济剩余，是"一个社会所生产的产品与生产它的成本之间的差额"④。与马克思所论述的包括利润、利息和地租的剩余价值不同，"垄断资本"学派的经济剩余概念，不仅包括利润、利息、地租，而且也包括私人投资、公共投资和公共消费，它是指一个社会所生产的全部产品与所实际消费的产品之间的差额。经济剩余体现了一个社会的生产能力和财富创造规模。在垄断资本主义时代，由于巨型公司、技术进步、价格策略和成本管理等因素，垄断资本主义的产能不断扩大。此时，资本主义经济运行与剩余价值生产的关键在于，必须找到能够投资盈利的领域或渠道，以充分利用不断丰富的经济剩余，否则将导致生产部门的停滞，甚至出现经济危机。因为经济剩余一旦无法得到充分吸收，就会丧失价值、遭到毁灭。这一观点显然与马克思主义理论有关，即利润率由于生产力的发展和技术的进步而下降，但也有重要的区别。正如马克思所指出的那样，利润率下降的趋势包括长期性和周期性两个方面。提高利润率的趋势与降低利润率的趋势一样，都在必然地、自动地起作用。因此，由于生产、流通和分配的内在性质，资本主义经济在高利润率和低利润率

---

① 《马克思恩格斯文集》第 6 卷，人民出版社，2009，第 67~68 页。
② 顾海良主编《百年论争：20 世纪西方学者马克思经济学研究述要》，经济科学出版社，2015，第 3 页。
③ 〔美〕保罗·巴兰、保罗·斯威齐：《垄断资本：论美国的经济和社会秩序》，南开大学政治经济学系译，商务印书馆，1977，第 13 页。
④ 〔美〕保罗·巴兰、保罗·斯威齐：《垄断资本：论美国的经济和社会秩序》，南开大学政治经济学系译，商务印书馆，1977，第 15 页。

之间不停摆动。相比之下，"垄断资本"学派认为经济剩余的吸收是一个流动的、持续性的趋势，垄断资本主义经济的正常状态是存在大量经济剩余。但是，资本主义劳动力成本控制以及收入与社会财富不平等分配导致社会消费能力被严重抑制。生产扩大与消费不足之间的矛盾就表现为经济剩余的生产与吸收的矛盾，这也构成了垄断资本主义的主要矛盾。于是，垄断资本主义不得不采用一系列的消费和投资手段来缓解这一矛盾，包括资本家的私人消费与投资、企业广告销售、社会公共支出与国防军费开支、对外投资与帝国主义战争等。巴兰与斯威齐借鉴马克思关于金融、信贷、银行对节省流通费用的功能的观点，提出"金融、保险、不动产"是经济剩余吸收与利用的重要方式。因此，资本开始在流通领域，尤其是在金融的投机活动中寻求庇护。金融化开始成为吸收可投资盈余的一种决定性方式，这些盈余通过转向金融领域而淹没了生产领域。[1] 斯威齐还指出，这一转变包括金融资本相对于生产资本的权力配置。金融资本通过全球金融市场网络运作越来越多地塑造、约束和控制跨国寡头与政府的经济社会政策。

上述分析得到了学派的另一位代表人物福斯特的支持与深化。他根据20世纪70年代以来资本主义经济金融化的时代特征，进一步提出垄断金融资本的产生及其扩张是解决垄断资本主义经济剩余的重要途径。福斯特认为，信息通信技术革命与金融市场的结合，使剩余资本获得了全球性投资和投机的空间。资本积累不仅通过产业和商业领域来实现，而且越来越借助于金融领域，"经济活动的重心从产业部门（甚而从诸多正在扩大中的服务业部门）转向金融部门"[2]。这就是资本主义的金融化。在金融化中，金融、保险和房地产行业的扩张不但可以满足大量剩余资本的投资和投机需求，消耗经济剩余，而且还能通过股息、利息、金融租金等获得资本收益，从而缓解经济停滞的压力。在这种情况下，金融化已成为停滞型经济的永久结构性必要条件。金融化也标志着资本积累进入新阶段，即"垄断金融资本是垄断资本主义时期的一个新阶段"[3]。所谓垄断金融资本，不同于希

① 〔美〕保罗·巴兰、保罗·斯威齐：《垄断资本：论美国的经济和社会秩序》，南开大学政治经济学系译，商务印书馆，1977，第135页。

② 〔美〕约翰·贝拉米·福斯特：《资本主义的金融化》，王年咏、陈嘉丽译，《国外理论动态》2007年第7期。

③ 〔美〕约翰·贝拉米·福斯特：《论垄断金融资本》，《海派经济学》2010年第31辑。

法亨在 20 世纪初提出的以垄断性的银行资本为基础的金融资本，而是基于非金融公司大量涉足资本市场与货币市场，金融机构与非金融公司相互联合的时代背景，金融业的垄断资本与非金融业的垄断资本相结合而产生的垄断资本。垄断金融资本由此形成双重积累体制——实体经济中的生产资本的积累与虚拟经济中的货币资本的积累。"资本积累进程具有二重性，它既包括对实物资产的所有权，也包括对实物资产的虚拟要求权。在此背景下，资本主义经济体制自一开始就蕴含着实物资本积累与金融投机矛盾并存的可能性。"① 前者通过支配生产过程及其剩余产品和财富而进行"生产性积累"，后者通过支配已经生产出来的社会财富的分配而进行"非生产性积累"。福斯特还讨论了金融化和新自由主义之间的联系。他认为新自由主义是"垄断金融资本的意识形态对应物"，类似于凯恩斯主义在垄断资本主义阶段的作用。特别是，金融国际化促使资本流动和利率等某些领域得到解放，正如新自由主义经济意识形态所倡导的那样。因此，他将经济主要驱动力的作用赋予金融化，同时将新自由主义置于意识形态领域，以消除金融化的各种障碍。

大卫·科茨、塔布等左翼学者基于积累的社会结构（Social Structures of Accumulation，SSA）理论，厘清了新自由主义、资本积累与金融化之间的内在关系。所谓"积累的社会结构"，是指资本主义历史上每种以提升利润赚取能力和实现一个稳定的资本积累过程为中心的具有一致性的制度结构。这种制度结构是广义层面上的，具有经济、政治、意识形态或文化特征。"资本主义经济经历的长期扩张和停滞可以被理解为 SSA 形成和崩溃的方式，每一个 SSA 都标志着资本主义发展中的特定阶段。"② 随着时间的流逝，每种积累的社会结构都将从有利于利润赚取和积累转变为自身的障碍，引发一个时期的危机。科茨认为，第二次世界大战后所建立起来的以积极的政府经济调控、完善的社会福利制度、重要的劳资合作关系以及企业合作式竞争模式为主要内容的"管制资本主义"社会积累结构，在 70 年代被一

---

① 〔美〕约翰·贝拉米·福斯特：《资本主义的金融化》，王年咏、陈嘉丽译，《国外理论动态》2007 年第 7 期。
② 〔爱〕特伦斯·麦克唐纳、〔美〕迈克尔·里奇、〔美〕大卫·科茨主编《当代资本主义及其危机：21 世纪积累的社会结构理论》，童珊译，中国社会科学出版社，2014，第 57 页。

种新的社会积累结构所取代，即"新自由主义"资本主义。① 它包括清除商品、资本、贸易全球流动的障碍，政府退出经济调控，国有企业与公共服务的私有化、社会福利的市场化、企业之间自由放任的竞争模式、资强劳弱的劳资关系等。新自由主义的社会积累结构与制度重组催生了金融化。"作为资本主义长期趋势的金融化，受到过战后社会积累结构的制约，在 20世纪 70 年代末新自由主义开始重构时得到松绑。而一旦新自由主义积累结构建立起来，它就给金融化提供了有利的发展环境。"② 塔布将这一过程称为"当代积累的社会结构的金融化"，提出"金融是新自由主义社会结构的核心"③。金融化积累结构的重要特征表现为：新自由主义下金融管制的解除以及金融创新技术的发展，使得银行和其他金融机构可以不受限制地从事能够带来更高利润的金融活动；作为公司治理主导思想的股票市值最大化原则得以成功实现；企业与家庭个人可以通过次级抵押贷款、担保债务凭证、信用违约掉期等金融衍生品进入金融市场；金融部门的地位日益重要且突出，成为经济活动与利润来源的主导性因素。总而言之，新自由主义的社会积累结构是资本主义经济金融化发生的体制根源。

2. 资本调节视角中的经济金融化

阿格里塔（Michel Aglietta）、博耶（Robert Boyer）等法国左翼学者以马克思主义政治经济学为基础，吸收凯恩斯宏观经济学、布罗代尔的年鉴史学方法、波兰尼的经济人类学等思想资源，在研究资本主义经济长期演化的过程中提出了资本主义发展模式是由"积累制度"和"调节模式"结合而成的观点。"积累制度"是指价值和剩余价值生产和分配的组织方式；调节模式则是一个集规范、制度、传统、组织形式、行为类型、社会网络乃至文化观念于一体的复合体，其功能在于维持与再生产积累制度的稳定。它大致包括五个不同的方面：工资关系、企业形式、货币制度、国家，以及国际制度。积累制度和调节模式充分互补，因此能够允许相对长期的资

---

① 〔美〕大卫·科兹：《新自由资本主义的兴衰成败》，刘仁营、刘元琪译，中国人民大学出版社，2020，第 3 页。

② 〔美〕大卫·科茨：《金融化与新自由主义》，孙来斌、李轶译，《国外理论动态》2011 年第 11 期。

③ 〔爱〕特伦斯·麦克唐纳、〔美〕迈克尔·里奇、〔美〕大卫·科茨主编《当代资本主义及其危机：21 世纪积累的社会结构理论》，童珊译，中国社会科学出版社，2014，第 127 页。

本主义扩张。

资本主义在不同的发展阶段具有不同的积累制度，每一种积累制度都需要特定的调节模式，并受其支配。随着时间的推移，由于阶级、公司、治理和政治团体之间的冲突，调节模式的内部矛盾会反馈到积累机制上，最终导致结构性危机。从一种发展模式到另一种发展模式的转变是不连续的、创造性的以及破坏性的，并且需要通过阶级冲突和制度变革来调节。调节学派创造了"福特主义积累制度"这一术语，用来描述第二次世界大战后资本主义的长期稳定增长，其基础是资本和劳动力之间前所未有的妥协。福特主义可以广义地描述为一种基于有利于大规模生产和大规模消费的经济和制度环境的发展模式。但是，20世纪70年代初，福特主义积累制度和发展模式进入了结构性危机，表现为利润率的下降及其导致的生产力发展危机。为应对危机，资本主义货币金融体制、公司治理体制、劳资关系体制等调节机制发生了重大变革，形成了一个"金融主导的积累体制"，"相较于福特制而言，这一体制赋予了存量、变量对金融的决定作用，以及金融收益对盈利决策的决定作用"①。

布雷顿森林体系的瓦解标志着作为居于首位的调节制度——货币金融体制发生了有利于资本，特别是金融资本全球流动、金融自由化与金融创新的重要变革。金融系统中两大创新的主导地位上升，一是在评估风险和资产定价方面的创新，二是以股票市场为关键的新型融资方式。在金融自由化、金融市场扩张、金融创新的激励下，无论是金融机构还是非金融公司的融资，都越来越依赖于金融市场。公司的治理结构也从追求经营效益的长期性与稳定性转变为追求股利、股息至上的股东效益最大化。这就加速了公司治理的金融化。第二次世界大战后以劳资妥协为核心的福特主义劳资关系被新自由主义破坏和瓦解，取而代之的是劳工力量削弱、不稳定就业、不平等加剧的弹性化劳资关系。这种劳资关系朝着有利于金融业食利者阶层的方向发展，强化了食利者在财富与收入分配中的霸权地位。

3. 资本权力视角中的经济金融化

资本即权力，"资本是资产阶级社会的支配一切的经济权力"②，这种权

---

① 〔法〕罗伯特·博耶：《资本主义政治经济学：调节与危机理论》，桂泽元译，中国经济出版社，2021，第98页。

② 《马克思恩格斯选集》第2卷，人民出版社，2012，第707页。

力"不是一种个人力量，而是一种社会力量"①。法国学者迪梅尼与莱维基于新自由主义的政治属性，认为金融化根本不是一种新的经济发展模式，而是第二次世界大战后一度被削弱的金融资本霸权力量的恢复，代表着金融资本家阶级的统治力量，是资本权力的当代表现。

迪梅尼与莱维在探讨新自由主义改革的根源时就明确指出："新自由主义是资本家阶级和资本主义制度愿望的表达，在资本主义制度下，资本家阶级的权力集中了，我们统称为'金融'。"② 在新自由主义背景下，金融是资本家阶级，特别是金融资本家阶级保证其利益和提高其影响力的根本方式。他们从阶级关系的维度将金融资本界定为"资本所有者的上层和金融机构组成的异质实体"③。他们的财产具体化为持有的证券（股票、债券和国库券等）和拥有的金融机构（中央银行、商业银行、基金公司等）。因此，金融霸权则是那些最富有的资本所有者和金融机构对整个经济与社会关系的控制与支配。这种霸权会随着资本主义政治经济关系的发展而不断变化。在第二次世界大战后的国家资本主义时期，在凯恩斯主义的指导下，国家投资基础设施、保护劳动力市场与改善民生等福利制度的推行，有效地限制了金融资本家阶级的霸权。但是随着 20 世纪 70 年代布雷顿森林体系的瓦解以及汇率浮动制、资本国际运动自由化、金融监管解除、社会福利私人化与市场化等一系列新自由主义改革的全面推行，社会阶级关系与权力结构被重新塑造。一方面是劳动力市场的破坏，劳工阶级的集体政治力量被严重削弱，这些社会弱势阶级是金融危机的主要受害者和承担者；另一方面是金融霸权势力重新获得主导地位，管理者阶级的上层也转而加入这一金融霸权势力，二者融合成为新自由主义时期的统治阶级。④ 其主要表现在财富收入的来源与性质上，即通过股票、基金、期货等金融产品以及金融市场来获得更高的金融收入与更多的金融财富。因此，新自由主义时

---

① 《马克思恩格斯选集》第 1 卷，人民出版社，2012，第 415 页。

② 〔法〕多米尼克·莱维、热拉尔·迪梅尼：《资本复活——新自由主义改革的根源》，徐则荣译，中国社会科学出版社，2017，第 1 页。

③ 〔法〕热拉尔·迪蒙、多米尼克·莱维：《新自由主义与第二个金融霸权时期》，丁为民等译，《国外理论动态》2005 年第 10 期。

④ 〔法〕热拉尔·迪梅尼、多米尼克·莱维：《新自由主义与当代资本主义中的金融资本势力的上升》，载刘元琪主编《资本主义经济金融化与国际金融危机》，经济科学出版社，2009，第 167~182 页。

期的经济金融化本质上就是金融资本家这样一个特定食利者阶层的收入、财富和权力的恢复及其政治、经济实力的不断增强。

阿锐基将金融资本的权力视角扩展到资本主义世界体系中，认为金融化是每个资本主义体系积累周期都会出现的历史性现象，"自从世界资本主义在中世纪晚期的欧洲萌芽以后，金融扩张就是屡见不鲜的现象"①。阿锐基的这一观点可以追溯到法国年鉴史学代表人物布罗代尔对资本主义的长时段分析中。布罗代尔在三卷本的《十五至十八世纪的物质文明、经济和资本主义》中，基于对现代早期以来资本主义世界贸易扩张的考察，提出了一种金融在资本主义历史上反复兴起的模式。阿锐基采纳了这一见解，并将其与资本主义演变中的历史霸权理论分析有机结合起来。

阿锐基认为，以金融扩张为特征的金融化，既是资本主义体系积累周期的连续性象征，也是其突变象征。阿锐基对于金融化与资本主义体系积累周期的关系的总观点包括两个方面。一是从内在逻辑角度出发，提出资本主义体系积累周期表现为物质扩张阶段（马克思所谓资本积累的 M—C 阶段）与金融扩张阶段（马克思所谓资本积累的 C—M′阶段）的交替更迭。在物质扩张阶段，货币资本使越来越多的商品开始运作；在金融扩张阶段，越来越多的货币资本从商品形式中游离出来。积累通过金融交易自我运动。这两个阶段组成了一个完整的资本主义体系积累周期。二是从权力属性角度出发，提出金融资本对于资本主义世界霸权形成的重要作用。所谓"世界霸权"，"特指一个国家对主权国家体系行使领导和支配职能的权力"②。它依赖于经济、政治、军事、文化意识形态的综合力量。而控制资金流动与世界货币发行权、取得世界金融中心地位则是世界霸权形成和运转的重要条件。"在整个资本主义时代，金融扩张表明了世界规模的积累已经从一种体制转换成为另一种体制。"③ 资本主义世界经济往往包含一种以周期性模式演变的霸权力量。随着生产和贸易实力的下降以及金融领域实力的提

---

① 〔意〕杰奥瓦尼·阿锐基：《漫长的 20 世纪：金钱、权力与我们社会的根源》，姚乃强、严维明、韩振荣译，江苏人民出版社，2001，第 1 页。
② 〔意〕杰奥瓦尼·阿锐基：《漫长的 20 世纪：金钱、权力与我们社会的根源》，姚乃强、严维明、韩振荣译，江苏人民出版社，2001，第 34 页。
③ 〔意〕杰奥瓦尼·阿锐基：《漫长的 20 世纪：金钱、权力与我们社会的根源》，姚乃强、严维明、韩振荣译，江苏人民出版社，2001，第 2 页。

升，霸权国家会相互取而代之。因此，金融化代表着某一特定霸权国家周期性轨迹中的某种征兆。

基于上述观点，阿锐基具体分析了从热那亚体系积累周期到美国体系积累周期的演变中金融扩张的不同表现。在 14 世纪开始的热那亚体系积累周期中，以意大利佛罗伦萨的大银行家为中心建立的"巨额融资"体系为新兴资本主义的生产、贸易、财政、军事、宗教等活动提供了充足的资金来源，大大促进了资本积累的发展。在 17 世纪的荷兰体系积累周期中，阿姆斯特丹发达的证券交易所与银行系统起到了关键性的作用。它满足全欧洲对闲散资金和贷款的需求，掌握了大量流动资金的控制权，为资本积累提供了强大的资金保障。在 19 世纪的英国体系积累周期中，作为世界首家中央银行的英格兰银行、英镑的世界货币地位、伦敦城的金融信贷公司成为英国作为世界帝国的三大支柱。在 20 世纪的美国体系积累周期中，作为世界货币的美元、美联储与华尔街的金融机构、美国主导的国际货币基金组织与世界银行，使得美国享有了对世界流动资金的控制权，这成为美国霸权的主要金融条件。更为重要的是，在美国体系积累周期中，过去以私人资本家为基础的英镑本位的世界货币体系被"一个主要考虑福利、安全和权力为动机的政府组织网络所接管"[1]，即美国政府掌握了世界货币的发行权，从而大大提高了美国金融霸权的控制力与影响力，这是当代金融扩张或金融化的最新特征。

4. 资本生产视角中的经济金融化

在资本主义剩余价值的生产过程中，随着科学技术的发展与资本有机构成的提高，利润率呈现下降趋势。美国"经济马克思主义"学者罗伯特·布伦纳与法国著名左翼学者哈曼，结合对第二次世界大战后资本主义利润率的研究，认为金融化是当代资本主义利润率下降的必然产物。

布伦纳根据当代资本主义的生产率、GDP、人均 GDP、实际工资以及投资增长率，认为"自 1973 年以来的经济表现确实构成了一个长波的经济衰退期，并一直持续到千年之交"[2]。利润率下降的主要原因在于全球范围

---

① 〔意〕杰奥瓦尼·阿锐基：《漫长的 20 世纪：金钱、权力与我们社会的根源》，姚乃强、严维明、韩振荣译，江苏人民出版社，2001，第 342 页。
② 〔美〕罗伯特·布伦纳：《全球生产能力过剩与 1973 年以来的美国经济史》（上），孙宗伟、许建康译，《国外理论动态》2006 年第 2 期。

内长期存在的制造业生产能力过剩。在这一背景下，资本主义国家推行了一系列刺激需求与经济的财政金融政策，包括维持低利率、放松借贷与金融管制、鼓励对金融资产的投资等。那些利润受到挤压的企业在加强技术创新的同时，也纷纷涌进房地产等虚拟经济部门。同时，为保持利润率而不断进行的裁员降薪使得工人阶级收入减少，不得不通过消费信贷维持生计。"于是，（20世纪）90年代晚期产生了历史性的股票市场泡沫，紧接着又产生了21世纪头几年的房地产和信用市场泡沫。"① 由此，在国家、企业与个人的多重因素的推动下，资本主义经济结构与生产组织经历了一个以"资产价格凯恩斯主义"为特征的金融化转型。布伦纳进一步揭示了金融化与国际次贷危机之间的内在关联。他认为危机的根源恰恰在于利润率的长期下降并难以恢复，而金融化不能从根本上扭转这一趋势。因为实体经济持续衰退，放松金融管制、促进金融化的后果就是金融业的恶性竞争加剧、金融风险的大量堆积，这导致盈利更加困难，助长投机与冒险行为，反过来进一步损害实体经济。所以，"自20世纪70年代以来，每一次所谓的金融扩张都会迅速地以一场灾难性的金融危机告终"②。

　　哈曼与布伦纳的观点基本一致。哈曼在研究第二次世界大战后资本主义的主要发展趋势时，系统比较了这一时期全球人均GDP增长率、欧洲与美国公司的资本—劳动力比率以及美国、日本、法国制造业的纯利润率，认为"在整个系统中，总投资增长的速度大大领先于价值产生的速度。但利润来自价值，除非资本家们能增加流向自己的价值份额，减少流向工人的价值份额，否则就会出现利润投资比率下降的趋势——这就是马克思著名的'利润率下降趋势'。过去30年的数据表明这种趋势在制造业仍然发挥作用"③。利润率的下降导致各个行业的资本家之间的竞争加剧、资本家对工人的剥削控制加强以及整个经济金融系统的不稳定加强。这三个方面都刺激了经济金融化。首先，金融资本家在资本竞争中处于优势地位。在

---

① 〔美〕罗伯特·布伦纳：《生产能力过剩才是世界金融危机的根本原因》，载刘元琪主编《资本主义经济金融化与国际金融危机》，经济科学出版社，2009，第231页。
② 〔美〕罗伯特·布伦纳：《生产能力过剩才是世界金融危机的根本原因》，载刘元琪主编《资本主义经济金融化与国际金融危机》，经济科学出版社，2009，第233页。
③ 〔英〕克里斯·哈曼：《战后资本主义的主要发展趋势》，载刘元琪主编《资本主义经济金融化与国际金融危机》，经济科学出版社，2009，第267页。

国内，金融资本家凭借对金融市场的控制，排挤产业资本家，分割更多的利润份额。产业资本家也力图挤入金融市场，分得一杯羹，"工业资本家已转向金融投资，以便利用他们的剩余资本盈利……工业资本试图通过'金融化'恢复它过去的利润率"①。在全球层面，发达国家凭借金融霸权，支撑其国内经济。其次，金融资本家集团通过打击劳动力市场、社会福利市场化与私人化运作，放松金融监管，迫使工人阶级不得不通过消费信贷与房地产借贷，与金融市场牢牢捆绑，并以"强占的方式"对工人阶级进行剥夺。这就是金融化会成为第二次世界大战后资本主义的主要发展趋势的根源所在。

（二）马克思主义政治经济学范式下经济金融化研究对日常生活金融化的启示

经济金融化已经成为国外马克思主义政治经济学家与激进左翼学者用来概括与剖析发达资本主义经济系统性特征的核心概念工具。他们基于马克思主义政治经济学的原理、立场、观点与方法，从当代资本主义生产方式、经营管理方式、资本积累方式、权力运作方式、调节方式等角度入手，从宏观层面深入揭示了当代资本主义经济金融化转型的内在机理与发展趋势。这对于我们开展当代资本主义日常生活金融化研究具有重要的理论启示。

一方面，必须牢牢坚持运用马克思主义政治经济学研究与批判当代资本主义日常生活金融化。虽然列斐伏尔、赫勒等西方马克思主义者在理论自觉的意义上正式确立了"日常生活批判"的合法性，并在后来的研究中提出要对日常生活进行微观、具体、深入的分析，但其理论立场、视域与方法始终没有完全脱离类哲学、文化哲学、社会哲学、社会批判理论的概念思辨的桎梏，缺乏从政治经济学批判的维度展开的对日常生活在资本主义不同发展阶段所表现出的内涵、结构、特点、机制的具体的、历史的、现实的分析，从而削弱了日常生活批判的具体历史性与现实针对性。正如有学者所言："现实告诉我们，单纯地从事文化和意识形态批判，不把这种

---

① 〔英〕克里斯·哈曼：《关于新自由主义理论研究的反思》，载刘元琪主编《资本主义经济金融化与国际金融危机》，经济科学出版社，2009，第313页。

批判与政治经济的批判结合在一起，或者说不把这种批判推进到政治经济的层面，不把这种批判落实到政治经济的现实上来，那么这种批判往往会干扰我们对社会真正弊端的认识，无法真正抓住社会问题的要害，最终便不能实现我们作为批判者的最初宗旨。"① 国外马克思主义政治经济学家与激进左翼学者立足当代资本主义生产组织与经济结构客观运动规律及其发展动态，充分运用马克思主义政治经济学的原理与方法，以"经济金融化"这一核心范畴去说明当代资本主义经济新变化、回答新问题、揭示新规律，有力地弥补了西方马克思主义者因脱离政治经济学批判而陷入单纯的文化批判、意识形态批判、哲学批判的理论缺陷。由此，在对当代资本主义日常生活金融化的研究中，我们必须坚持马克思主义政治经济学的指导地位，"使马克思的理论得到最深刻、最全面、最详尽的证明和运用的是他的经济学说"②，从政治经济学批判层面展开资本主义日常生活金融化研究，从"资本主义生产方式以及和它相适应的生产关系和交换关系"出发，揭示日常生活金融化与当代资本主义生产力、生产关系、经济基础、上层建筑之间的内在关联。

另一方面，从马克思主义政治经济学维度展开对当代资本主义日常生活的批判，必须揭示日常生活金融化背后的资本逻辑。国外马克思主义政治经济学家与激进左翼学者对经济金融化背后的资本积累、资本调节、资本权力、资本生产的分析，意味着我们必须深入思考日常生活金融化与当代金融垄断资本的关系问题。首先，日常生活金融化与当代金融垄断资本的积累形态、机制与方式之间存在何种关联？换言之，当代金融垄断资本是如何、为什么通过日常生活金融化实现其自身的积累？日常生活金融化又是通过什么样的机制与环节，助推当代金融垄断资本的再生产的？其次，日常生活金融化所蕴含的权力、霸权特征，当代金融垄断资本的"支配一切的经济权力"如何在衣食住行、生老病死等日常消费、交往与观念的金融化中加剧对无产阶级劳动者的支配与控制？这表明，内在于日常生活所有层面的弥散化、微观化的权力结构和控制机制，构成了所谓微观政治。

---

① 陈学明等：《西方马克思主义在中国的历程与影响研究》，天津人民出版社，2020，第704~705页。

② 《列宁选集》第 2 卷，人民出版社，2012，第 428 页。

而社会的运行和控制则开始表现为这种中心化的宏观权力和多态化的微观权力相互交织、相互制约的网络。最后，在资本利润率下降趋势面前，日常生活金融化起着何种作用？日常生活是否已经成为当代金融垄断资本解决生产能力严重过剩、重新分割与分配剩余价值、克服利润率下降的重要场所？日常生活金融化是否能从根本上扭转与克服这一资本主义生产方式的根本趋势？只有深入研究与解答这些重要问题，才能从实质意义上推进对当代资本主义日常生活金融化的政治经济学批判。

二　后凯恩斯主义经济学范式下经济金融化研究及其启示

（一）后凯恩斯主义经济学范式下经济金融化研究的核心观点

后凯恩斯主义经济学家基于资本主义经济是一种以积累货币为根本目的的"货币生产经济"的核心理念，摒弃了主流新古典经济学的"货币中性论""货币面纱论"，强调货币金融在宏观经济结构与发展动态中的枢纽作用，并从内生货币、金融不稳定、股东价值导向和食利者阶层这几个方面探讨了当代资本主义经济金融化的内在机理。

（1）内生货币与金融化。在后凯恩斯主义看来，货币的本质就是一种社会关系，一种债务与信用关系："货币是一种负债。它只是某种形式的记录，而不必有任何物质存在形式，实际上现在大部分已经成为计算机中的某些电子账目。"[1] 因而货币的供给不是由国家法律决定，而是由经济运行中的需求所决定，由信用所驱动的。货币代表内在于私人部门的资产和负债，是以私人内部债务为基础的。根据这一理论，在中央银行准备金的保障下，任何商业银行和非银行金融机构都具有创造货币的能力。银行系统发放的任何贷款都是一种创造货币的行为。而且具有逐利本性的银行系统本身就存在扩大放贷、牟取利润的冲动。特别是在经济上升时期，银行会认为借款人违约风险比较低，而以较低的利率和息差，鼓励借款人申请贷款。此时货币的内生属性、银行的流动性偏好与借款人的乐观预期结合在一起，就可能刺激银行系统加大放贷力度，企业从实体部门转向金融市场进行融资，以积累资金，家庭与个人等消费者也无限制地举债消费，从而

---

[1] 李宝伟等：《货币、金融信用与宏观流动性》，中国金融出版社，2015，第64页。

形成一种债务驱动型的消费和投资模式。"只要抵押资产是看涨或乐观预期的，即便在高负债率情况下家庭仍能不断获得信贷。对信贷发行机构而言，再资本化和循环信贷降低了信贷成本并将市场风险转移给广大的家庭投资者。在低利率政策刺激下，金融机构不断放松信贷发放标准，使抵押信贷波及广泛的低收入家庭。"① 内生货币引发信贷规模几何级数增长，形成了以低利率、低成本、高杠杆、高负债为特征的经济金融化。

（2）金融不稳定与金融化。在内生货币理论的基础上，后凯恩斯主义代表人物明斯基进一步厘清了当代资本主义的金融属性及其内在不稳定与经济金融化之间的关联。在他看来，虽然资本主义经济是一个集生产体系与金融体系于一体的结合体，但两者的相互关系及地位并非恒定不变。在当代资本主义经济运行中，内生货币供给与金融资源调配功能越发重要，资本主义的金融属性得到显著增强，逐渐形成了一个以金融相互关系和现金流网络为基础的"金融票据的世界"，一个庞大的"华尔街图景"②。它的正常运作完全依赖于政府、企业、家庭、个人从能够创收的经济活动中获得现金流。任何生产经营活动都以获得货币投入为开端，以现金流收益为目标，资本资产不再被视为某种具体有形的东西，而是能够在未来产生稳定收益的现金流。任何投融资都是围绕着预期现金流收益展开的金融行为。因此，基于现金流的金融体系与金融活动是维持当代资本主义经济运行活力与生机的重要保障，也是催生经济金融化的结构基础。在此意义上，明斯基明确断言，"美国和其他资本主义经济如今是一个金融化的经济"，或者说是一个以证券化为特征的"基金经理资本主义"③。但是明斯基同时指出，围绕着现金流与投融资的金融资本主义内在地具有脆弱性与不稳定性。这是因为金融体系并非孤立存在，而是受到宏观经济结构与微观经济行动的双重影响。在宏观层面，当一个经济体无法保持充分就业、价格稳定、利润稳定时，它便面临金融不稳定的风险；在微观层面，"当现金流、资本化率和支付承诺的轻微改变对私人经济主体履行他们的财务承诺的能

① 崔学东：《当代资本主义金融化与金融危机——异端经济学金融化研究述评》，《社会科学战线》2009年第7期。
② 转引自李黎力《明斯基经济思想研究》，商务印书馆，2018，第120~122页。
③ 转引自李黎力《资本积累和金融化：明斯基与垄断资本学派》，《中国人民大学学报》2017年第1期。

力产生明显的不利影响时，金融体系便是脆弱的"①。而这种私人经济主体的财务状况又与三种融资方式所占比重直接关联。明斯基根据"收入—债务"关系，将融资方式分为三种类型。一是未来现金流足够还本付息、安全性较高的对冲性融资；二是现金流不足以支付到期债务，利用短期资金为长期头寸融资的投机性融资；三是现金流不能还本付息，需要通过借新债还旧债这种高风险方式进行的庞氏融资。明斯基指出："经济中对冲性融资、投机性融资和庞氏融资的权重是经济稳定性的一个决定性因素。"② 投机性融资和庞氏融资在经济中所占比重越大，金融结构的脆弱性与不稳定性就越大。这种脆弱性与不稳定性积累到一定程度，就必然通过金融危机来释放。从这一维度看，当代资本主义金融危机的屡屡爆发，实质上是投机性融资与庞氏融资主导下的经济金融化的必然后果。它表明"具有复杂、发达而又不断发展的金融体系的资本主义经济，容易滋生和助长不协调的土壤"③。

（3）股东价值导向与金融化。诸多后凯恩斯主义学者都指出，金融化是 20 世纪 70 年代以来资本主义公司治理结构与治理理念由生产导向转向股东价值导向的必然产物。在第二次世界大战后建立的福特制生产模式及管理资本主义制度下，公司的收益分配主要遵循"保留和再投资"（Retain and Reinvest）的原则，即公司倾向于保留其赚取的利润和雇佣的员工，并将这些资源再投资于物质资本和补充人力资源。以收入和资本消耗补贴为形式的保留为公司增长提供了财务基础，而开发和利用生产性资源的管理组织的建立则使对工厂、设备和人员的投资获得了成功。这一原则体现了所谓"凯恩斯妥协"，即"通过凯恩斯主义国家干预限制银行等金融机构对非金融公司的持股比例，经理等技术结构对企业决策的实际控制，基于规模和范围经济的企业间寡占竞争，劳资协商谈判，追求增长和充分就业的宏观政策等体制安排，以寻求阶级利益的妥协和平衡"④。但

---

① 转引自李黎力《明斯基经济思想研究》，商务印书馆，2018，第 148 页。
② 〔美〕海曼·P. 明斯基：《稳定不稳定的经济：一种金融不稳定视角》，石宝峰、张慧卉译，清华大学出版社，2015，第 183 页。
③ 〔美〕海曼·P. 明斯基：《稳定不稳定的经济：一种金融不稳定视角》，石宝峰、张慧卉译，清华大学出版社，2015，第 9 页。
④ 崔学东：《当代资本主义金融化与金融危机——异端经济学金融化研究述评》，《社会科学战线》2009 年第 7 期。

是进入 20 世纪 70 年代，秉持新自由主义与有效市场假说的金融经济学家提出了一种"委托代理"的公司治理理论，认为在公司治理中，股东是委托人，经理是他们的代理人。企业主要是由股东出资形成的，股东创办企业的目的是扩大财富，他们是企业的所有者，理所当然地，企业的发展应该追求股东财富最大化。与此同时，对公司股东价值的追求得到了一个新来源——机构投资者的支持。放松管制的金融环境使得机构投资者作为公司股票主要持有者的地位崛起。股票从个人家庭转移到共同基金、养老基金和人寿保险公司等机构投资者手中，赋予股东更大的集体权力来影响他们持有的公司股票的收益率和市值。由此，股东价值导向成为资本主义公司治理的"意识形态"①，也是企业经营行为金融化的重要原因。因为根据股东价值导向的逻辑，如果公司经理不能有效分配资源和回报来维持股东资产的价值，那么"自由现金流"应该分配给股东，股东可以将这些资源分配到他们最有效的替代用途上。这些用途往往就是公司通过货币金融市场回购自己的股票以提高其稀缺价值和股价。公司高层经理人的薪酬结构也从固定薪酬转向包含股票期权等形式。行使这些期权和持有股票而获得的收益成为高级经理人薪酬收入中越来越重要的部分。经理不再被视为熟练的专业人员，而是股东财富最大化的代理人。通过杠杆收购、股票回购等来增加投资者投资组合的价值，成为企业行为与商业战略的第一要务。这些因素共同刺激了企业经营行为的金融化。

（4）食利者阶层与金融化。后凯恩斯主义学者爱泼斯坦对"金融化"给出了一个比较宽泛的操作性定义，即"金融动机、金融市场、金融参与者和金融机构在国内及国际经济运行中的地位不断提升"②。这一经济运行趋势意味着凯恩斯笔下"安乐死的食利者"的政治、经济势力的恢复与增强。凯恩斯基于有效需求理论，曾经提出"食利者阶层"的增长会导致有效需求不足，抑制实业资本家的投资和盈利能力，从而影响宏观经济的发展。因此，他主张以经济的"安乐死"，即以经济衰退引发资本边际效率、实际利率与食利性投资收益下降的方式来消除食利者。后凯恩斯

---

① William Lazonick and Mary O'sullivan，"Maximizing Shareholder Value：A New Ideology for Corporate Governance"，*Economy and Society*，Vol. 29，No. 1（2000）.

② 〔美〕戈拉德·A. 爱泼斯坦：《金融化与世界经济》，载刘元琪主编《资本主义经济金融化与国际金融危机》，经济科学出版社，2009，第 136 页。

主义金融化分析的一大特点是广泛的实证工作,试图显示金融活动对经济的有害影响,因为投资被导向金融而不是生产。爱泼斯坦等人根据对 20 世纪 80 年代以来经合组织成员国经济金融化的分配效应的实证分析,发现以金融机构和金融资产持有者为主体的新食利者阶层在金融市场的资本所得占国民收入的份额大幅增长。与之相反,工人阶级的劳动收入所占份额大幅减少。杜恩霍普特(Duenhaupt)在爱泼斯坦的基础上,以美国和德国的经验数据,进一步确认了食利者收入份额的发展确实与这两个不同国家的金融化发展相当一致。① 在美国,金融化发生在 20 世纪 80 年代初,当时食利者的收入份额呈现相应的增长,并保持在较高水平。在德国,金融化过程开始的时间要晚得多——在 20 世纪 90 年代初——之后是一个更加渐进的转变,食利者收入份额的发展完美地反映了这一点:从 20 世纪 90 年代开始,食利者的收入份额随着时间的推移逐渐增长。金融化所引发的不同阶级、阶层收入的功能性分配效应是诸多因素共同作用的结果。这里面包括固定汇率的布雷顿森林体系的崩溃,放松金融市场管制和自由化,为满足对冲需求而出现的货币互换,期权和期货合约等以衍生品形式存在的新金融工具,公司治理中股东价值运动的兴起等。食利者阶层已经成为当代资本主义经济金融化的新利益群体。新食利者阶层收入份额的增长与劳动力收入份额的减少,凸显了伴随金融化的社会阶级间收入与财富分配的紧张关系。对后凯恩斯主义者来说,金融化代表了过去几十年里国家采取的新自由主义经济政策致使食利者取得支配地位。食利者的支配地位加强了以牺牲工业利润为代价的金融活动,限制了可动用的投资资金,降低了工业资本家的回报,导致资本主义国家的投资和产出下降。简而言之,后凯恩斯主义者认识到,在金融化时期,停滞或下降的生产与繁荣的金融之间存在分析性联系。

(二) 后凯恩斯主义经济学范式下经济金融化研究对日常生活金融化的启示

如果说基于生产与资本逻辑的马克思主义政治经济学对经济金融化的

---

① Petra Duenhaupt, "Financialization and the Rentier Income Share-evidence from the USA and Germany", *International Review of Applied Economics*, Vol. 26, No. 4 (2012).

研究是宏观的、本质的、框架式的话，那么基于分配与需求逻辑的后凯恩斯主义的分析则更偏重于微观、现实与具体。它对当代资本主义日常生活金融化研究的启示也在于此——从分配与需求的层面去挖掘日常生活金融化的微观机制。

一方面，后凯恩斯主义对货币金融在资本主义，特别是当代资本主义中的核心地位的强调，启示我们需要着重关注在非生产领域的日常生活需求中货币金融关系、信用债务关系的内在嵌入机制。虽然马克思主义经典作家与部分西方马克思主义者都曾明确指出商品、货币、资本对资本主义日常生活的大规模入侵所导致的异化、物化、殖民化等现象，但这毕竟是在本质与抽象意义上的一般性概括，缺乏微观与具体机制的考察与分析。而后凯恩斯主义强调资本主义经济本质上是一种"货币生产经济"，"货币是以一种实质性的和特殊的方式进入经济体系之中的"①，金融化本质上是货币生产的高级阶段，那么我们也可以认定日常生活金融化实质上依然是当代资本主义的货币生产逻辑与金融属性的体现与深化。因此，对于资本主义日常生活金融化的分析，如果不认真研究货币金融在日常生活中起作用的具体机制与路径，阐明日常生活中各种各样的需求与现代货币形态、金融产品、金融技术、金融机构、金融市场的互动调节关系，那么这种分析就必然是干枯的、抽象的，与现实没有直接联系。在此意义上，明斯基提出的研究发达资本主义的"华尔街范式"或"金融城范式"，可以借鉴来研究日常生活中的个人、家庭与企业、政府之间通过货币金融媒介和现金流实现的沟通与互动。"在我们的经济中，'华尔街'的行为决定了投资的速度和方向。一个着眼于'华尔街'的经济模型不同于标准的经济理论模型，因为它看到的首先是一个金融相互关系和现金流的网络，而其次才是生产和分配机制。就将我们这种类型的经济体理论化而言，相比于传统的'物物交换范式'，'华尔街范式'是一个更好的起点。"② 当代资本主义日常生活金融化的研究纲领不能抽象掉货币金融关系，而是应当把它们当作本质要素纳入其中。

---

① 〔美〕斯蒂芬·罗西斯：《后凯恩斯主义货币经济学》，余永定、吴国宝、宋湘燕译，中国社会科学出版社，1991，第26页。
② 转引自李黎力《明斯基经济思想研究》，商务印书馆，2018，第120页。

另一方面，后凯恩斯主义对现金流、融资方式、股东价值导向、食利者阶层与经济金融化关系的分析，也为我们分析日常生活中的家庭与个人的货币金融关系提供了具体议题。明斯基指出，经济的稳定性取决于私人经济主体的现金流与其债务支付能力的关系。同样，人们日常生活的稳定性也依赖于家庭与个人的未来劳动工资收入、盈利能力以及现金流能够支持其债务的偿付。从此维度看，日常生活危机根源于日常现金流与偿本付息之间的严重不匹配。明斯基对现代融资方式的分类虽然主要针对的是企业的融资行为，但是随着货币金融关系对当代资本主义日常生活的大规模入侵，越来越多的家庭与个人卷入了房贷理财、股票债券等投融资活动。在这个过程中，明斯基所提出的对冲性融资、投机性融资与庞氏融资方式是否以及如何影响了日常生活的消费、交往与观念，是值得深入研究的。在此背景下，日常生活领域所具有的代际传递、文化传承、情感满足等社会性功能逐渐消退，取而代之的是以教育投资、人力投资、关系投资、健康投资为导向的经济金融功能，类似于公司治理中的股东价值导向。衣食住行、娱乐休闲、生老病死等日常生活领域蜕变为新的投融资对象，家庭与个人蜕变为一个个微型的、原子化的投融资单位，越来越追求高风险、投机性的资本收益。这些变化必将对家庭财富结构、个人资本所得与劳动所得的比重等关系到社会收入分配与阶级结构的因素产生深刻的影响。因此，厘清这些变化与影响背后的机理、范围、程度，有助于推进当代资本主义日常生活金融化的微观研究。

第三节 当代资本主义日常生活金融化的理论界定

马克思主义日常生活批判从唯物史观与政治经济学批判维度确立了日常生活研究的科学方法论，确立了日常生活在资本主义总体结构中的重要地位与作用。当代资本主义经济金融化研究对经济金融化的资本逻辑及其内在机制的政治经济学分析，为我们展开当代资本主义日常生活金融化研究提供了恰切而具体的分析对象与路径。那么，究竟什么是日常生活金融化？要合理界定它的内涵、对象与范围，需要借助于马克思主义日常生活批判理论对日常生活概念的阐释与当代资本主义经济金融化理论对金融化概念的界定。

一 日常生活概念

日常生活是每个人置身于其中的最熟悉的事物。但是何谓"日常生活"呢？马克思主义经典作家并没有对日常生活概念作出明确的定义，但是他们论及了三个层面上的日常生活含义：一是常识经验意义上的人类社会生活中每天都会发生的那些惯常性、重复性活动；二是唯物史观意义上的作为社会历史基础的满足吃穿住用等生存需要的日常活动；三是政治经济学意义上的劳动力再生产的活动领域。

列斐伏尔在《日常生活批判》第1卷中将日常生活理解为高级的、专门化、制度化、组织化、结构化实践活动的剩余物，是人类生活组织的经验形态："日常生活一定要作为一个整体来定义，通过分析，在所有清晰的、高级的、专门的、组织起来的活动都明确之后，还有剩余。考虑到高级活动的专门化和它们的技术性，高级活动之间留下了一种'技术性真空'，日常生活填充了这个空间。"[1] 日常生活是与每个人息息相关的、最直接的生存领域和生活领域。在日常生活中，人与人的社会关系总和才有了完整的表现形态。日常生活是各种各样的社会活动与关系得以生成与表现的汇聚地、纽带及共同的基础。

东欧新马克思主义学者赫勒从再生产的角度出发，首次明确将日常生活定义为"那些同时使社会再生产成为可能的个体再生产的集合"[2]。她认为，日常生活中的衣食住行、饮食男女等作为个体再生产的要素，是社会再生产的基础。没有个体再生产，任何社会都无法存在。因此，日常生活存在于每一个社会历史发展阶段。无论社会发展到什么程度，无论每个人在社会劳动分工中处于什么位置，都有自己的日常生活。从此意义上说，日常生活是人类社会存在的条件，是"总体的人在其中得以形成的活动"[3]。

基于赫勒的阐释，国内有学者在与非日常生活的对比中，进一步将日常生活定义为总是同个体生命的延续，即个体生存直接相关，旨在维持个体生存和再生产的各种活动的总称；而非日常生活则是旨在维持社会再生

---

[1] 〔法〕亨利·列斐伏尔：《日常生活批判》第1卷，叶齐茂、倪晓晖译，社会科学文献出版社，2017，第90页。

[2] 〔匈〕阿格妮丝·赫勒：《日常生活》，黑龙江大学出版社，2010，第3页。

[3] 〔匈〕阿格妮丝·赫勒：《日常生活》，黑龙江大学出版社，2010，第45页。

产或类的再生产的各种活动的总称。日常生活领域被划分为三个相互关联、相互影响的基本层次：一是以衣食住行、饮食男女、养老保健等个体的肉体生命延续为宗旨的日常消费活动；二是以杂谈闲聊、礼尚往来等日常语言为媒介，以血缘关系和天然情感为基础的日常交往活动；三是伴随着日常消费与日常交往的日常观念活动。

上述思想家与学者对日常生活的界定，虽有侧重点的差异，但都揭示了日常生活的本质内涵，即日常生活总是在个人的直接环境中发生并与之相关联，是与每个人的生存息息相关的领域，是每个人都以某种方式从事的旨在维持个体生存和再生产的最基本的活动。它是处在科学、艺术和哲学等自觉的人类精神生产领域，以及政治参与、经济组织、科学研究等制度化领域之外，由最一般、最经常、最不可或缺的生存方式，即日常消费活动、日常交往活动和日常观念活动构成的日常生活世界，包括"语言、言谈、交往、交互作用、工作、想象、意识、理解、解释等人类生存的必要条件"[1]。这些条件对生活于其中的人们来说是不可或缺的，对于社会历史发展来说也是基础性和根本性的。日常生活不仅是由琐碎的、平凡的日常活动组成的，而且构成了人类生活的核心及社会关系产生和再现的空间。

日常生活具有三个基本特质。一是高度的熟悉性、重复性、强制性、认同性、非反思性与自然性。例如，每天起床、购物、上班、洗衣、做饭、闲聊娱乐等。这种日常生活的基本循环组织构成了日常生活行为的基本维度，"人们单是为了能够生活就必须每日每时去完成它，现在和几千年前都是这样"[2]。或者如科西克所形象揭示的："在日常里，活动与生活方式都转变为本能的、下意识的、无意识的和未经思考的活动与生活的机制：物、人、运动、工作、环境、世界，所有这些的真实性与可靠性都没有得到认识，它们未经考察、未被发现、而只是简单地在那里，被当成存货，被当成已知世界的组成部分。"[3]

二是日常生活是一种同质化、整齐划一的线性时空："日常的时间近似

---

① 〔匈〕阿格妮丝·赫勒：《日常生活》，黑龙江大学出版社，2010，中译者序言第3页。

② 《马克思恩格斯选集》第1卷，人民出版社，1995，第79页。

③ 〔捷〕科西克：《具体的辩证法——关于人与世界问题的研究》，傅小平译，社会科学文献出版社，1989，第53页。

于丝毫不做区分的直线性，这种观念之盛行可能与工作场所中盛行的各种形式的经验有关。这样一种观念提供给我们的是时间性的流水线。"① 这就是说，日常生活中的各种活动就像工厂里的流水线一样，在固定的场所、按照固定的时间进行生产。因此，日常生活是人们可靠的、熟悉的、直接经验的、可重复的、可依赖的世界。

三是日常生活的普遍重复性和循环结构，并不意味着日常生活完全是一个被动的、消极的、被操纵与被控制的世界。因为在面临日常生活中的各种矛盾、问题、困扰和挑战时，人们能够采取各种方式与策略去主动应对、抵抗、改变，去积极表达自己的利益诉求。所以，日常生活蕴藏着能动的、积极的，甚至是革命性的因素。从马克思到列斐伏尔再到德赛都，都把日常生活阐述为重要的斗争场所和实现可能性的必然起点。看似平凡、普通的日常生活完全可能成为斗争、反抗和变革更高层面的经济、政治、社会文化结构的场所。因此，日常生活既延续着旧有生活的"条件"，也蕴含着创造新的生活的"可能性"。

二　金融化概念②

自20世纪90年代以来，"金融化"就成为国外马克思主义政治经济学家与激进左翼学者频繁使用的一个用于分析与阐释当代资本主义经济新变化、新特征、新趋势的重要概念。不同学科、不同流派的学者出于不同的理论与观察视角，对金融化内涵的理解是不同的。

以保罗·斯威齐、哈里·马格多夫与约翰·福斯特为代表的每月评论派将金融化与解决资本主义生产停滞联系在一起，指出正是资本主义生产的停滞才使金融资本扩张成为可能，而不是金融资本的扩张导致了资本主义生产的停滞，福斯特在1997年的《再谈（或少谈）全球化》的论文中，对金融化作出了简洁的表述："1974～1975年经济衰退以来，当代资本主义的发展历程呈现了三个重大趋势：（1）全球经济增速总体减缓；（2）跨国

---

① 〔英〕本·海默尔：《日常生活与文化理论导论》，王志宏译，商务印书馆，2008，第13页。
② 欧阳彬：《全球金融危机与当代资本主义金融化研究》，对外经济贸易大学出版社，2015，导论。

垄断（或寡头垄断）公司在全球扩展；（3）资本积累过程的金融化现象。"① 进入 21 世纪，随着金融资本的全球扩张，福斯特对金融化的理论基础作了进一步的挖掘，并在此基础上对金融化与当代资本主义的关系进行了说明。

布伦纳从资本主义全球生产能力过剩的角度出发，将金融化理解为一种资本积累模式——利润主要是通过金融渠道而非贸易和商品生产生成的。这一积累模式是解决当代资本主义生产能力过剩的重要方式。他还结合美国经济史，指出当美国政府企图通过政府财政赤字支出、宽松的信贷环境以及美元贬值的政策帮助自己走出利润率下降困境的尝试在 20 世纪 70 年代失败以后，80 年代初美国经济增长的主旋律便转向了金融业。自那时起，美国经济每一个主要倾向的发展都有利于金融业的勃兴。② 美国学者克里纳普也持大致一致的看法。他也实证分析了 20 世纪 70 年代以来，继服务业、信息经济、后工业经济兴起后美国经济的新特征——金融化。美国企业（无论是金融企业还是非金融企业）的利润越来越多地来自金融渠道而非贸易和商品生产。因此他将金融化定义为一种积累模式。"在这种模式中，利润主要是通过金融渠道而非贸易和商品生产生成。这里的'金融'是指与为了获得未来利息、股息和资本收益的流动资金的供应（或转移）有关的活动。"③

后凯恩斯主义者爱泼斯坦给出的"金融化"定义是，金融动机、金融市场、金融参与者和金融机构在国内及国际经济运行中的地位不断提升。④ 这个定义虽然缺乏特异性，但是包含了金融化过程的许多特征。他强调经济活动中金融活动所占比重的增长——资本倾向于金融投资而非生产投资。他以经合组织成员国为样本，重点实证考察了金融机构及金融资产的收益占国民收入比重的变化。结果表明，20 世纪 80~90 年代，绝大多数经合组

① 转引自〔美〕约翰·贝拉米·福斯特《资本主义的金融化》，王年咏、陈喜丽译，《国外理论动态》2007 年第 7 期。
② 〔美〕罗伯特·布伦纳：《全球生产能力过剩与 1973 年以来的美国经济史》（上），陈宗伟、许建康译，《国外理论动态》2006 年第 2 期。
③ 〔美〕克里普纳：《美国经济的金融化》（上），丁为民等译，《国外理论动态》2008 年第 6 期。
④ 〔美〕戈拉德·A. 爱泼斯坦：《金融化与世界经济》，温爱莲译，《国外理论动态》2007 年第 7 期。

织成员国的食利者"资本利得（占国民收入的）份额"远高于 70 年代。这说明金融化产生了严重的分配效应。罗纳德·多尔也强调在金融化中股票、利息的作用，他认为金融化指的是"金融工业在经济活动总量中逐步加强的优势，金融控制者在公司管理中不断增强的优势，金融资产在总资产中的优势，市场化的证券，特别是股票在金融资产中的优势，证券市场化的波动成为考察商业运作的一个主要因素"①。英国学者法因在参与为期五年的"金融化、经济、社会和可持续发展"（Financialisation, Economy, Society and Sustainable Development, FESSUD）多学科研究项目时，以八个特征揭示金融化：①金融市场、金融机构和金融工具的扩张；②金融放松管制和自由化；③金融创新的增长；④金融对制造业的主导地位增强；⑤政府、企业和家庭对金融市场协调机制的依赖；⑥以住房资本收益为抵押；⑦金融渗透到更广泛的社会领域；⑧依赖市场的文化。②

法国调节学派从资本主义每一发展阶段的特定积累过程与调节体制的互动关系出发，指出 20 世纪 70 年代中期，在石油危机的冲击下，福特主义积累体制陷入危机，新的积累体制——金融资产积累体制应运而生，也就是资本主义金融化。在这一新的积累体制中，企业行为变化的中心是股利。机构股东的治理将促使企业最大限度地追求股利的最大化。"股东价值"在企业诸多目标中占据支配性的地位。同时，股票市场成为使企业投资产生社会效益的场所。股市中的收入比通常收入更快地使股民家庭的净资产数额增加。③ 法国学者热拉尔·迪梅尼和多米尼克·莱维从资本主义社会变迁的角度出发，将金融化理解为"金融资本"（由资本所有者的上层和金融机构组成）权力的重新恢复和扩张。④

从学者对金融化概念的多样化解析中，我们可以发现四个相似之处。第一，从研究背景看，金融化代表着发达资本主义经济的结构转型与未来发展趋势。因此，必须在非金融企业、金融企业与工人家庭的基本关系中

---

① 〔英〕罗纳德·多尔：《股票资本主义：福利资本主义》，李岩、李晓桦译，社会科学文献出版社，2002，第 252 页。

② Fine Ben, "The Material and Culture of Financialisation", *New Political Economy*, Vol. 22, No. 4 (2017): 371-382.

③ 李其庆：《法国调节学派评析》，《经济社会体制比较》2004 年第 2 期。

④ 〔法〕热拉尔·迪蒙、多米尼克·莱维：《新自由主义与第二个金融霸权时期》，丁为民等译，《国外理论动态》2005 年第 10 期。

寻找其根源。第二，从研究对象看，金融化研究者并没有将金融化视为生产性经济的附庸或面纱，也不是一种单纯的寄生或投机活动，而是涵盖了支持资本主义积累所必需的过程、机制、市场和机构，有其相对自主的运动规律。金融的自主化实质上是资本自我扩张本性的典型表现。第三，从研究立场看，研究者们采取批判性的视角与立场，认为金融势力的增长往往与宏观经济不稳定、阶级不平等加剧、民主责任制削弱等其他经济社会问题密切相关。第四，从研究视野看，与主流经济学将金融仅仅作为一个单纯的经济问题来研究不同，金融化研究者基于金融作为社会创造世界的一部分的嵌入性认识，将金融发展与政治、经济、社会关系和文化的变化联系起来，阐明其内在的因果关系。

基于上述学者的研究，本书认为，所谓金融化，是指体现当代资本主义经济本质的金融垄断资本在资本主义经济中地位急剧提升并逐渐占据统治地位，金融垄断资本积累代替了一般产业资本积累，成为资本积累的主导方式，并且不断向社会、政治、文化、国际关系等领域全面渗透与扩张，从而形成一个有利于金融垄断资本的全球积累体系的发展过程。在金融垄断资本的驱动下，各种规模与层级的金融制度、金融市场、金融机构、金融组织、金融行为、金融技术、金融话语、金融观念的主导地位都在日益提升，从而导致国家、企业、社会、家庭的结构性转型。

三　日常生活金融化概念

作为个体再生产的要素，日常生活是社会历史的前提与基础，"但是，这并非说日常生活的内涵和结构对所有社会中的所有个体都是同一的。个人的再生产总是具体个人的再生产：在特定社会中占据特定地位的具体人的再生产。再生产一个奴隶或牧民所需要的活动与再生产一个城邦居民或一个城市工人所需要的活动是迥然不同的"①。赫勒这段话有力地揭示了日常生活的历史发展性与具体现实性。这就意味着在不同的物质生产方式与社会经济结构下，个体再生产的要素与方式是不同的，日常生活的内涵与结构也随之发生改变。

作为标识当代资本主义经济发展阶段性特征的核心范畴，金融化在资

---

① 〔匈〕阿格妮丝·赫勒：《日常生活》，黑龙江大学出版社，2010，第3页。

本积累方式上呈现为虚拟的金融垄断资本取代产业资本成为资本主导形态；在产业结构上呈现为金融部门在国民经济中的地位提升并日益支配实体经济；在利润模式上呈现为由生产商品转向金融服务；在公司治理上呈现为股东价值最大化成为核心理念；在阶级关系上呈现为金融精英等特定阶层的收入、财富和权力的恢复。金融垄断资本扩张的本性必然会渗入人们的日常生活中，控制人们在闲暇时间里的各种活动，进而为金融垄断资本的再生产服务，达到获取利润的目的。

因此，结合上述两个方面的理解，我们可以这样界定日常生活金融化：在当代资本主义经济金融化的时代背景下，金融垄断资本日益增长的物质权力越过常规的经济与金融的边界，全面侵入人们的日常生活，成为日常生活内在的、起支配作用的活动图式与组织机制。具体来说，金融市场、金融机构、金融技术、金融知识、金融行为、金融标准、金融动机成为重构个人活动、家庭组织、娱乐消费、人际交往、价值观念的生产与再生产的重要因素，由此导致金融化的日常消费、日常交往、日常观念、日常思维、日常知识、日常心理等成为一种重复性、习惯性、熟悉性、持续性的存在方式，在人们的日常生活世界中享有优先性和支配性。[①]

基于上述概念界定，我们继续阐释日常生活金融化的对象范围、内容结构与功能属性。首先，从对象范围看，日常生活金融化是经济金融化时代资本主义日常生活的一个基本特征。如前所述，日常生活是一个历史性概念，在不同的社会生产方式下，个体再生产具有不同的内容，这也赋予日常生活不同的特征与表现形式。在经典作家所处的自由资本主义时代，再生产一个劳动力或雇佣工人需要商品、货币、贸易、市场，因而马克思、恩格斯强调了日常生活呈现的商品化、货币化与市场化特征。在20世纪初的帝国主义时期，随着证券交易所的不断壮大与扩张，垄断资本发展成熟。打着"财产普及化""股票民主化"的幌子，通过发行小额股票，诱导广大民众购买股票、参与金融活动，让雇佣工人变身为股民，成为帝国主义时期垄断资本实现再生产的重要途径。第二次世界大战后，随着凯恩斯主义政策的推行、福利社会的建立、有组织的工会运动的发展等，资本主义日常生活呈现民主化、福利化特征。20世纪70年代以来，在金融垄断资本形

---

① 欧阳彬：《当代资本主义日常生活金融化批判》，《马克思主义研究》2018年第5期。

成、新自由主义推行、信息通信技术革命、国际货币金融体制变革、金融技术创新、大众财经传媒扩张等诸多因素的共同作用下，金融标准、金融理念、金融流程、金融技术、金融隐喻、金融叙事、金融价值观超越经济金融领域，向日常生活领域全面渗透，并重塑其内在结构与运行机制，从而导致当代资本主义日常生活呈现金融化的时代特征。正如美国左翼学者克里普纳所言："一个不可磨灭的印象是我们已经生活在金融世界。"[1]

其次，从内容结构看，结合马克思主义经典作家、西方马克思主义者与国内学者对日常生活所涵盖内容的理解，我们可以将日常生活金融化划分为三个层次。一是日常消费活动的金融化，包括衣食住行、饮食男女、养老保健等以个体的肉体生命延续为宗旨的日常生活资料的获取与消费的金融化。例如，英、美等国住房抵押贷款证券化兴起的背后，就是住房已经不再仅仅是一种维持劳动力再生产的日常消费资料，更是持续提供收入流的金融资产。二是日常交往活动的金融化，即体现日常生活中人与人之间的互动关系与主体间性的金融化。诸如家庭作为基本生活空间，现在越发成为集风险管理、资产组合、投融资于一体的金融单元。三是日常观念活动的金融化，包括日常知识、日常认识、日常思维等体现人们在日常生活中普遍性、自发性、重复性、模仿性的观念意识的金融化，即主体观念与行为的金融化。人们不仅愿意接受金融风险、乐于进行金融信贷投资，而且像金融经济学家一样思考与看待他们自己的其他日常活动。与经济、政治、阶级关系的金融化相比，日常消费、交往与观念的金融化总是发生并表现于特定的时空结构中。在空间上，日常生活金融化表现为金融市场、金融技术、金融机构等金融因素对个人的直接生活环境，即家庭、社区等相对固定、狭窄和封闭的空间的大规模渗透。"家庭债务的增长可以被视为新自由主义特有的金融化和全球化发展趋势中的一个组成部分。"[2] 在时间上，日常生活金融化表现为个人从生到死的各个生命阶段、事业阶段都依赖于金融市场、金融组织、金融产品、金融知识与金融观念等的有效运作。英美健康金融市场中专门为吸烟者提供的基于年金的养老金计划是这种意

---

[1] 〔美〕克里普纳：《美国经济的金融化》（上），丁为民等译，《国外理论动态》2008年第6期。
[2] 〔法〕热拉尔·迪梅尼尔、多米尼克·莱维：《新自由主义的危机》，魏怡译，商务印书馆，2015，第191页。

义上的日常生活金融化的一个案例，因为它允许金融机构将个人在生命不同阶段的发病率和剩余健康资本化。

最后，从功能属性看，日常生活金融化是满足当代金融垄断资本增殖的需要，实现当代金融垄断资本再生产的重要环节与途径。日常生活的根本属性就是在满足个体生存与再生产的过程中，实现社会再生产，"事情是这样的：以一定的方式进行生产活动的一定的个人，发生一定的社会关系和政治关系……社会结构和国家总是从一定的个人的生活过程中产生的"①。从这一维度看，当代资本主义经济、政治、社会等的总体金融化既作用于、体现于日常生活金融化，又植根于日常生活金融化。一方面，日常生活金融化是当代金融垄断资本不断扩张的本性在资本主义日常生活层面所呈现出来的具体形式，体现着宏观的、中心化的、总体性的当代资本主义金融化向社会生活和个人生活的所有层面的全面渗透。"确信无疑的是，国际金融体系已经影响到了每一个人。我们平常可以进去或远离的普通赌场和全球巨额融资赌场最大的不同是，后者使我们所有人都毫无选择地被卷入了每日的游戏中。"② 另一方面，日常生活金融化作为当代金融垄断资本积累与增殖的重要渠道，被整合进当代金融垄断资本的再生产过程，在日常生活层面再生产金融化积累方式所需要的劳动力与社会关系，这也是当代资本主义金融化得以有效、稳定、持续运作所不可或缺的重要环节与基础。正如哈维对当代资本主义个人生活债务化效应的描述："现在阶级敌人的面貌越来越模糊，而债务的触角却延伸到生活的各个角落，每个口袋里塞着信用卡的人都在为资本主义债务添砖加瓦。"③ 总而言之，在微观层面的日常生活金融化与在宏观层面的经济结构、民族国家与全球市场的金融化之间构成了既共生又寄生的再生产关系，"日常生活实践活动是分散的、零碎的，都是就一个个别的或具体的、确定的社会活动而言的日常实践活动，在这些林林总总的日常实践活动中，社会整体由社会部分体现出来，反之

---

① 《马克思恩格斯选集》第 1 卷，人民出版社，2012，第 151 页。
② 〔英〕苏珊·斯特兰奇：《赌场资本主义》，李红梅译，社会科学文献出版社，2000，第 2 页。
③ 〔美〕大卫·哈维：《马克思与〈资本论〉》，周大昕译，中信出版社，2018，第 122~123 页。

亦然"①。日常生活金融化是通向与再现作为总体的当代资本主义的社会结构与发展过程的必要环节。

---

① 〔法〕亨利·列斐伏尔:《日常生活批判》第 1 卷，叶齐茂、倪晓晖译，社会科学文献出版社，2017，第 53 页。

第二章　日常生活金融化的动力机制

资本主义自产生以来就是一种在空间与时间上不断扩张的社会制度。金融化本身就是资本主义全部历史及其逻辑的系统性结果。而日常生活金融化的生成，从宏观背景看，也是当代资本主义金融化所体现的金融垄断资本向政治、社会生活空间全面扩张的必然产物。但是，我们还需要结合当代资本主义经济社会发展的具体因素，从微观上厘清其生成的内在动力机制，进一步阐明金融化如何成为当代资本主义日常生活的基本组织原则。

第一节　国际金融垄断资本的日常化增殖逻辑

从根本上说，"物质生活的生产方式制约着整个社会生活、政治生活和精神生活的过程"①。无限制追逐剩余价值的资本扩张本性与资本主义生产方式的金融化转型必然驱使金融垄断资本打破一切经济和社会生活的界限，全面渗入人们日常生活。从根本上说，日常生活金融化是国际金融垄断资本在新的社会历史条件下社会化、日常化、衍生化增殖逻辑的具体体现与内在需要。

一　国际金融垄断资本向劳动力再生产领域的扩张

如前所述，金融化的资本根源是国际金融垄断资本的生成与积累。而所谓国际金融垄断资本，是凭借资本所有权享有剩余索取权（股息、利息、分红等收入）的食利性虚拟资本与支配产业资本的金融资本的有机结合。从此维度看，日常生活金融化的资本根源是马克思所指出的食利性的生息资本及其特殊转化形式——虚拟资本。生息资本与虚拟资本不仅主导当代

---

① 《马克思恩格斯文集》第 2 卷，人民出版社，2009，第 597 页。

资本主义经济生产，而且通过向家庭、教育、养老、卫生保健、娱乐休闲等劳动力再生产领域的全面扩张与深度渗透，构成了国际金融垄断资本剥夺性积累的重要环节。正如弗雷泽所言："金融资本主义体制正在重新调整资本主义在经济、政治、社会和自然之间的结构分界。其结果就是资本的影响延伸到资本得以可能的背景条件之中，即延伸到社会再生产和自然环境之中。"[①]

1. 马克思的生息资本与虚拟资本理论

一般而言，马克思把积累看作产业资本通过经济结构与生产组织的调整与重构进行的数量扩张，例如股份公司、跨国企业等更大规模的组织。然而，至关重要的是，资本重组的速度和节奏取决于工业资本家自身以外的机构，取决于市场和金融中其他形式的资本重组，如商业资本、生息资本、虚拟资本等。作为职能资本的一种派生形式，生息资本是以获取利息为目的的货币资本的独立化形态。它的出现以商品经济发展到货币所有权与货币使用权相分离为前提。当货币所有者在保留货币所有权的条件下，把货币转让给他人使用，自己凭借货币所有权分享他人的未来收益时，货币就转化为资本的一种特殊形式，即生息资本。所以生息资本就是借助于货币使用价值的暂时转让而实现价值增值的资本。它的古老形式是高利贷资本。当它与资本主义信用相结合时，就转化为借贷资本。马克思明确指出："生息资本的形成，它和产业资本的分离，是产业资本本身的发展，资本主义生产方式本身的发展的必然产物。"[②] 作为生息资本，其运动形式是G—G′，也就是说"把货币放出即贷出一定时期，然后把它连同利息（剩余价值）一起收回，是生息资本本身所具有的运动的全部形式"[③]。而虚拟资本是在生息资本的基础上产生的。生息资本在运动中滋生了利息的概念，似乎每一个确定的和有规则的货币收入都表现为一个资本的利息，而不论这种收入是不是由一个资本生出。马克思称这种现象为"收入的资本化"。因此，这种独立于现实的资本运动之外、以有价证券的形式存在、能给持有者按期带来一定收入的资本就是虚拟资本。虚拟资本之所以是虚拟的，

① 〔美〕南希·弗雷泽：《合法化危机？论金融资本主义的政治矛盾》，载江洋主编《资本主义的危机与矛盾》，中国人民大学出版社，2021，第189页。
② 《马克思恩格斯全集》第35卷，人民出版社，2013，第324页。
③ 《马克思恩格斯选集》第2卷，人民出版社，2012，第546页。

是因为国债、股票、商业票据等有价证券是虚拟资本的具体存在形式，它没有价值，只是所有权或者债权证书，不是现实的资本。虚拟资本代表"对未来生产的累计索偿，合法所有权"，更具体地说，是"所有权赋予持有人权利的当前和预期未来收入的支配，并以现行利率资本化"。虚拟资本的价值"始终只是资本化的收益，也就是一个幻想的资本按现有利息率计算可得的收益"①。

生息资本与虚拟资本的出现对资本主义具有双重作用。一方面，它们大大便利了资本主义的支付结算，扩大了工商业的资金来源与资本规模，促进了信贷消费与商业流通。例如，在修建铁路、运河或其他对扩大资本主义利润至关重要的大型公共基础设施时，金融信贷系统的发展有助于克服单个资本家长期投资中的巨大风险，积聚资金，使资本积累更加有效。但另一方面，生息资本与虚拟资本是建立在"未来商品化"的基础上的——将未来风险作为商品出售，它们本质上是不稳定的、寄生性的、投机性的，因而"它再生产出了一种新的金融贵族，一种新的寄生虫，——发起人、创业人和徒有其名的董事；并在创立公司、发行股票和进行股票交易方面再生产出了一整套投机和欺诈活动"②。

2. 生息资本与虚拟资本的当代扩张

虽然马克思对生息资本和虚拟资本的作用的分析主要着眼于资本主义生产与扩大再生产，围绕着借贷资本与产业资本的关系而展开，但是这也给我们考察日常生活金融化提供了重要理论启示。20世纪70年代以来，生息资本与虚拟资本在资本主义社会中的作用范围有了巨大的扩展：已经溢出经济生产领域，在劳动力再生产领域中发挥了"剥夺性积累"的作用。

马克思主义认为，人的自身生命与生活资料的生产与再生产构成了社会历史发展的前提基础。在资本主义条件下，人的再生产表现为维持工人及其家庭生存、教育、技能培训所需要的各种生活资料的再生产，即劳动力的再生产。工人通过日常交换与消费，不断获得衣食住行等生活资料，从而不断作为资本的劳动力出现。"至于工人的消费，那么这种消费只再生

---

① 《马克思恩格斯选集》第 2 卷，人民出版社，2012，第 577 页。
② 《马克思恩格斯选集》第 2 卷，人民出版社，2012，第 569 页。

产一种东西，就是作为活劳动能力的工人本身。"① 这是资本主义社会再生产的重要组成。而日常生活则是劳动力再生产的基本领域。按照赫勒的说法，日常生活就是"那些同时使社会再生产成为可能的个体再生产要素的集合"②。当代资本主义日常生活金融化的重要根源就在于马克思所处时代的生息资本、虚拟资本借助于各种信用制度、信贷产品、金融技术向日常消费、交往以及观念领域不断渗透，将个人与家庭的工资收入作为金融掠夺对象与金融利润来源，实行剥夺性积累。

一方面，20 世纪 70 年代以来的资本主义金融化实质上是虚拟资本、生息资本在资本积累中占据中心地位的过程。虚拟资本、生息资本日益增长的力量不仅源于金融领域自身的巨大变革，而且还在于它与社会其他部分的关系发生的重要变化，即生息资本开始转向日常消费领域。通过消费信贷，生息资本不仅刺激商品生产与流通、促进剩余价值的实现，更重要的是，贷款被借款人用来创造收入。在资本主义日常消费中起着重要作用的各种抵押贷款、信用卡贷款、汽车贷款、大学教育贷款等，不仅是满足中低收入阶层与群体的日常需求、刺激日常消费的重要手段，更重要的是，通过金融产品证券化的全球交易以及其他涉及可证券化的收入流的交易，越来越多种类和数量的金融资产得以形成，并且在不断交易中推动资产价格上涨，从中牟取暴利，实现马克思所说的"收入的资本化"。

以次级抵押贷款为例，数据表明，2006 年美国次贷发放额 6000 亿美元，占当年房贷总额的 21%，优质贷款比例降到 36%。2006 年底，美国未偿还次贷额达 1.5 万亿美元，占全美未偿还房贷总额的 15%。根据美联储 2004 年的统计，1994~2003 年，次贷发放额增长近 10 倍，年均增长 25%，是抵押市场中增长最快的部分。2003~2004 年，次贷发放额大幅增加，年增长率分别为 56% 和 60%，2005 年达创纪录的 6650 亿美元。经过 20 多年发展，美国次贷规模已超过万亿美元，高速发展导致累积风险日益增大。权威民间机构估算，截至 2007 年 7 月末，次贷余额约为 1.4 万亿美元，占美国抵押市场约 10%，其中约 1/3 发生拖欠。由此估算，发生拖欠的次贷约为 4700 亿美元，占抵押市场的 3.3%。到 2007 年夏，在扣除通货膨胀因素之

① 《马克思恩格斯全集》第 31 卷，人民出版社，1998，第 71 页。
② 〔匈〕阿格妮丝·赫勒：《日常生活》，黑龙江大学出版社，2010，第 3 页。

后，美国房地产价格与 1995 年相比上涨了 70%。据估计，在当时美国房地产总价值（21 万亿美元）中，有 8 万亿美元的泡沫成分（相当于总价值的 38%）。①

房地产市场的巨大扩张，表面上似乎是满足个人与家庭对住房的需求，但实质上是金融垄断资本以维系社会再生产的方式实行"剥夺性积累"。大卫·哈维在《新帝国主义》一书中就深入分析过美国住房市场背后的剥夺性积累。一处劣质房产在被金融机构以极低价格购买后，经过表面的装修，在金融机构所安排的按揭贷款的帮助下，会以昂贵的价格被出售给一个渴望实现"居者有其屋"的低收入家庭。但是这个家庭通常难以按期付款或应付严重的维修问题，那么这栋房子就会被收回。"由此而产生的结果是掠夺了低收入家庭，骗取了他们数额小得可怜的存款，这就是剥夺性积累。这种类型的活动比比皆是，它们使一个阶级掌握了财富，而另一个阶级则失去了财富。"②

另一方面，随着资本主义信用制度与信息通信技术的发展，马克思当年以国债、股票、商业票据为载体的虚拟资本已更新为各种健康保险、养老基金、教育基金以及期货、期权等金融衍生产品。这些金融产品和工具刺激了金融市场的虚假繁荣，培养了对资产价格不断上涨的预期，创造了由此产生的财富效应，从而诱导越来越多的个人与家庭参与金融市场的投资与投机。当代资本主义打着金融创新的旗号，通过兜售一系列复杂的金融衍生产品，例如资产抵押证券（ABS）、债券担保工具（CDO）和信用违约掉期（CDS）通过伪装成人们进行资产管理、对抗通胀、实现资产保值增值的重要途径，进一步榨取广大人民群众的个人收入。正如西方著名马克思主义学者福斯特所说："资本所有者面临的困境是，在盈利性投资机会日益稀缺的情形下，如何营运巨额可支配盈余？20 世纪 70 年代以来，他们采取的主要应对措施是扩大金融产品需求，将金融产品作为货币资本保值增值的方式之一。这一进程的供给方相继推出了期货、期权、衍生产品、对

① 朱安东、尹哲：《长波理论视野中的美国金融危机》，《马克思主义与现实》2008 年第 4 期。
② 〔美〕大卫·哈维：《新帝国主义》，初立忠、沈晓雷译，社会科学文献出版社，2009，第 124 页。

冲基金等一系列新的金融工具。结果，金融投机甚嚣尘上，并持续至今。"①
不仅如此，资本主义国家还通过政策鼓励工人阶级将个人收入储蓄用于股
票、债券市场投资。1978 年美国 401（k）条款允许养老金存款用于股票市
场投资。这样一来，教育、养老、保健等劳动力的再生产领域变成了金融
垄断资本的提款机，不仅使个人与家庭获得维持生活的机会，还成为金融
市场流动性的重要来源，促进了金融化资本主义的价值生产。

毫无疑问，从性质上来看，无论是股票、债券还是各种金融衍生品，
都是占有工人剩余劳动的所有权证书，是剥削工人的资本，正如马克思所
说的："有价证券不仅是对资本价值的所有权证书，从而也是对这种价值的
未来再生产的所有权证书，而且同时是对未来的价值增殖的所有权证书，
即对整个资本家阶级必然从工人阶级身上榨取的剩余价值的份额（利息等
等）的所有权证书。"② 现代虚拟资本转向流通领域，直接、系统地从个人
和家庭的收入中提取收益，形成金融剥夺与剥夺性积累。

二　国际金融垄断资本的时空修复机制

以剩余价值最大化为目标的资本主义社会，即使是构成日常生活的时
间和空间范畴，也在按照资本的逻辑进行重构。资本的时空逻辑是，通过
科技与机器的大规模运用，有效地调整劳动时间，最大限度地提高生产率，
控制劳动者的生产时间和再生产时间，缩短资本的周转和流通时间，减少
空间障碍造成的损失，将生活场所变成资本的空间。因此，资本逻辑所具
有的加速时间与扩展空间的属性是促进资本主义积累关系发展、修复与延
续的重要机制。

国际金融垄断资本向日常消费领域扩张的背后，是其积累机制在新自
由主义条件下有了新的形式。从 20 世纪 70 年代开始，为克服经济停滞、生
产能力过剩、平均利润率下降等严重问题，资本主义的积累与利润模式从
贸易和商品生产转向金融。虚拟的金融垄断资本逐渐脱离产业资本而自我
独立、自我循环、自我膨胀，成为资本主义生产的"第一推动力"和"持

---

① 〔美〕约翰·贝拉米·福斯特：《资本主义的金融化》，王年咏、陈嘉丽译，《国外理论动态》2007 年第 7 期。

② 《马克思恩格斯全集》第 49 卷，人民出版社，1982，第 418~419 页。

续的动力"。国际金融垄断资本为消化资本过度积累所导致的劳动剩余与资本剩余，采取了哈维所谓的"时间—空间双重修复机制"。日常生活金融化则是金融垄断资本时空修复进一步深化与拓展的结果，是金融垄断资本剥夺性积累的重要组成。

1. 哈维的资本时空修复理论

哈维基于马克思关于利润率不断下降并导致资本过度积累危机的理论，认为过度积累危机是资本主义内部的长期趋势。技术变革与生产力水平的提高会创造更多的剩余资本，资本家需要寻找到新的盈利途径和方法，以应对他们生产出来的不断增加的剩余价值。当大量剩余资本无法被有效吸收和利用时，就会出现大规模、系统性的贬值和破坏危机。要克服这一危机，就必须吸收剩余资本，吸收剩余资本的方式大致有两种："（a）通过投资长期资本项目或社会支出（如教育和科研）来进行时间转移，以推迟资本价值在未来重新进入流通领域的时间；（b）通过在别处开发新的市场，以新的生产能力和新的资源、社会和劳动可能性来进行空间转移。"[①] 前一种方式是资本的"时间修复"，后一种方式是资本的"空间修复"。简而言之，新的投资领域可以为利润率下降提供暂时的时空解决方案。

在时间修复方面，资本通过"三级循环"吸收剩余资本，即以直接生产和消费为主的初级循环、由固定资本和消费基金构成的二级循环、以社会支出和科技研发为主的三级循环。资本的三级循环都指向基础设施等长期性的固定资本投资，可以吸收大量剩余资本，延长价值收回的时间，从而避免某一时期资本的过度积累。这些时间上的转移与现代金融系统密切相关，因为它们都是通过信用体系或依靠国家的债务融资来推动的。

在空间修复方面，资本或者是通过国家内部的转移，将剩余资本投放到被主流市场忽视的其他区域，或者是通过国家间的转移进行资本输出。地理空间的扩张与世界市场的形成成为吸收剩余资本的重要路径。这也就是资本主义要不断进行地理扩张的根本动力。所以，"时间转移与空间转移的结合（比如信贷融资的外国直接投资）为解决剩余资本吸收问题提供了

---

① 〔美〕大卫·哈维：《新帝国主义》，初立忠、沈晓雷译，社会科学文献出版社，2009，第89页。

基础广泛和影响深远的方法，即使从长远看这种方法是暂时的"①。

2. 国际金融垄断资本的时间修复

从哈维的视角看，国际金融垄断资本向日常生活全面渗透，本身就是其时空修复机制所导致的必然结果。在时间修复方面，资本作为运动中的价值，总是受到周转时间延长而贬值的威胁。当 20 世纪 70～80 年代福特主义过渡时期产生的货币资本盈余不能再通过固定资本和社会支出的长期投资来被吸收时，国际金融垄断资本就会脱离直接的生产和消费领域（初级循环），不仅进入二级循环，还进入三级循环，以推迟国际金融垄断资本在未来重新进入流通领域的时间。

但是，资本在二级循环中存在一个基本矛盾。一方面，房地产等基础设施资产是非流动性的、有形的、昂贵的，导致资金在这一环节持存时间相对较久；另一方面，资本是流动的、抽象的，追求快速利润回报。正是这种不动产和流动资本之间的二元性或内在矛盾，导致资本在二级、三级循环中过度积累，"也就是说，住房、工作场所、工厂和港口设施，以及教育系统的容纳能力都将出现盈余"②。这时，二级循环和三级循环内部的过度积累会成为经济危机的导火索。例如，1973～1975 年危机的起点就是世界范围内房地产市场的崩溃，特别是纽约房地产市场。于是，新的信贷工具和债务工具被开发出来，将未来的资产折现到现在，并通过资产证券化等金融创新技术，将流动性较差、标准化程度较低、本地性较强、周期性较长的固定资产转变为可流动、可定价、可预期、标准化、同质化的金融资产，以便能在全球证券市场上轻松交易、转售。这样，金融垄断资本将进入所谓的"四级循环"，即资本在金融市场内部进行自我循环。③ 这是一个与其他资本循环根本不同的循环方式，因为它不是生产者市场或消费者市场，而是一个专为赚钱而设计的市场，并且开始主导其他循环形式。也就是说，金融市场的自我循环不再是为了促进其他市场的发展，而是在货币、

---

① 〔美〕大卫·哈维：《新帝国主义"新"在何处?》，覃诗雅译，《国外理论动态》2017 年第 7 期。

② 〔美〕大卫·哈维：《新帝国主义》，初立忠、沈晓雷译，社会科学文献出版社，2009，第 91 页。

③ Manuel B. Aalbers，"The Financialization of Home and the Mortgage Market Crisis"，*Competition & Change*，Vol. 12，No. 2（2008）：148–166.

信贷、期货的交易中直接吸收大量剩余资本、推高资产价格。在这一循环中，不仅金融企业与非金融企业越来越多地参与金融市场，而且个人与家庭也不断参与金融市场的投资投机，以期资产保值增值。例如，住房抵押贷款市场最初被设计为信贷市场，以促进资本向二级循环转移。这不仅有利于房主，也有利于房地产市场和信贷市场的所有其他参与者，包括建筑公司、房地产中介、银行和其他贷款机构，甚至还有国家。但是，随着资产证券化和次级抵押贷款市场的兴起，以及信用评分和基于风险的定价技术的改进，不仅投资者有能力比较各地、各国间住房抵押贷款证券的价格、风险和预期盈利能力，并将其与其他可能进行的投资进行比较，而且也赋予了个人和家庭更多获得住房抵押贷款的机会，刺激了个人与家庭的购房欲望，从而推高了房价和资产价格，形成虚拟的财富效应。英、美等发达资本主义国家中的许多家庭认为，他们的资产增长更多是通过拥有住房实现的，而不是通过任何其他形式的个人资产积累。当实际工资几乎跟不上通胀，无法满足日常生活需求时，是住房增值刺激了实体经济，维系了日常生活的再生产。正如哈维所言："我们发现 2002 年美国新增国内生产总值的大约 20% 来自消费者重新为他们膨胀了的住房价格筹措抵押贷款和将他们赚取的额外薪水用于直接消费（这实际上是将过度积累的资本全部投入初级循环）。单在 2002 年第三季度，英国消费者就借了 190 亿美元以应对房屋价格的上涨，从而保证自己的消费。"①

住房抵押贷款市场的扩张由此进入了一个新阶段，在这个阶段，住房抵押贷款市场不再仅仅促进资本向二级市场转移——不再纯粹是为了促进住房所有权——而是越来越多地旨在促进资本向四级金融市场的转移。抵押贷款市场的金融化不仅意味着资本从初级循环到二级循环的转换，还意味着资本从二级循环到四级循环的转换。其结果是次级循环越来越多地与四级循环关联越发紧密。房地产一直依赖于金融，但今天房地产市场的投资比以往任何时候都更加依赖于金融市场的四级循环。在四级循环中出现的抵押贷款市场的金融化成为维持金融垄断资本积累机制的重要部分，标志着个人与家庭的日常生活与金融市场的命运更加紧密地联系在一起。

---

① 〔美〕大卫·哈维：《新帝国主义》，初立忠、沈晓雷译，社会科学文献出版社，2009，第92页。

3. 国际金融垄断资本的空间修复

哈维将虚拟资本所具有的高流动性、高投机性与现代货币金融体系的特点结合，进一步提出金融垄断资本具有迅速迁徙至资本积累条件更有利的地理区域的空间定位能力。一方面，借助于现代信息技术、国际金融体系与金融创新工具，资本可以瞬间环绕全球，寻找新的投资机会；另一方面，那些获利机会小或高风险的领域，将被资本排斥，或者被迫为获得金融服务而付出巨大成本。金融垄断资本的空间修复也体现在这两个方面。

一是经济活动逐渐脱离生产与劳动，渗入健康养老、休闲娱乐、婚姻家庭、抚养教育等日常生活领域，在这些领域开发新的金融市场，销售金融产品，以新的生产能力和资源来进行空间转移。例如，作为当代资本主义金融市场重要组成的养老基金，就是各种专门的投资机构通过发行受益凭证的方式，吸引广大劳动者将自己的养老积蓄集中起来，交由专业的货币经理去购买股票或者债券以获取金融收益，这是金融垄断资本在养老领域进行长期投资的具体表现。因为西方社会的老龄化、庞大的老龄人口与寿命的延长使得过剩的金融垄断资本能够在较长时期内保持价值。同时，将为满足日常生活需求所开发的各种住房抵押贷款、汽车贷款、学生贷款、消费信贷、信用卡贷款等信贷资产进行证券化，提高其信用评级，以进一步将其出售给第三方投资者，同样是吸收过剩资本、延缓资本贬值、克服过度积累的空间修复方式。例如，20 世纪 80 年代兴起的住房抵押贷款证券化就有力地规避了以往地区性房地产市场的空间限制，将空间固定的住房资产从地方性积累网络中抽离出来，转变为可在全球市场流动与交易的高机动性金融资产。因为资产证券化，本质上是将流动性差的个人贷款转换成流动性好的有价证券进行买卖。这导致了投资活动与地区的彻底分离。参与资产证券化的投资者预计借款人将能够赚取足够的资金，继续有序地偿还贷款，实现资产的保值增值。

二是金融垄断资本打着"金融包容性""信贷民主化"的旗号，向资本主义国家的社会边缘群体、"相对过剩人口"提供信贷，以换取高贷款利率以及佣金，并将之作为吸收过度积累的资本并实现其空间转移的重要途径。一方面，当代资本主义国家向过去受信贷排斥与歧视的社会边缘群体，如穷人、妇女、移民、失业者、少数族裔等发放各种形式的小额贷款、次级贷款与消费信贷。与此同时，这些群体为了维持生活水平，也不得不主动寻求并被迫接受高利率、高成本、高风险、掠夺性、剥削性的贷款。数据显示，虽然债务在美国无处不在，但最显著的增长发生在社会边缘群体中。妇女特别是有孩子的单身妇女，债务水平往往最高，2007 年的年人均还款额为 12795 美元。黑人妇女是美国债务水平最高的人群之一，2007 年黑人/非洲裔美国单亲家庭的平均担保债务为 113000 美元，比 1992 年的 22000 美元增加了约 4 倍。而且，这些人群所负担的利息比其他贷款高出 85000~186000 美元。[①] 金融垄断资本就是利用民族、种族、性别以及阶级等的不平等来获取暴利的。最为典型的就是高度集中于边缘群体及其社区的次级抵押贷款市场。学者们的研究显示，即使控制了收入水平和债务杠杆等方面的因素，少数族裔获取次级贷款的成本依然远高于具有相同条件的白人。在美国中西部的大城市，相同财务特征下，非洲裔、西班牙裔美国人被推入高成本次级信贷的可能性是白人的 4 倍。这种差距的巨大程度等同于对其征收种族税。[②] 国际金融垄断资本通过持续向贫困劳动者提供这些高利率、掠夺性的信贷攫取了巨额收益。这种从贫困劳动者身上榨取高额利息、佣金和费用的信贷导向型积累，已经成为一个利润丰厚、快速扩张的行业，即所谓"贫困融资"（Poverty Capital）、"贫困产业"（Poverty Industry）或"边缘经济"（Fringe Economy）。[③]

另一方面，由于资本流动性与资本主义发展的不平衡性，贫困融资不仅发生在资本主义中心国家，也发生在资本主义外围地区。一项研究表明，全球大约有 24 亿成年人没有使用正式的金融服务。这些人口中的绝大多数生活在非洲、亚洲、拉丁美洲、中东等欠发达地区。这一研究结果与世界银行编制的全球 Findex 数据库报告相呼应，该报告称，全球 50%的成年人

---

① Genevieve LeBaron and Adrienne Roberts, "Confining Social Insecurity: Neoliberalism and the Rise of the 21st Century Debtors' Prison", *Politics & Gender*, Vol. 8, No. 1 (2012): 25-49.

② Joe T. Darden and Elvin Wyly, "Cartographic Editorial-Mapping the Racial/Ethnic Topography of Subprime Inequality in Urban America", *Urban Geography*, Vol. 31, No. 4 (2010).

③ M. Hudson, *Merchants of Misery: How Corporate America Profits from Poverty* (Common Courage Press, 1996); Ananya Roy, *Poverty Capital: Microfinance and the Making of Development* (New York: Routledge, 2010); Susanne Soederberg, *Debtfare States and the Poverty Industry* (London: Routledge, 2014); Howard Karger, *Shortchanged: Life and Debt in the Fringe Economy* (Berrett-Koehler Publishers, 2005).

没有任何正式的金融账户。① 这些生活在全球金融边缘的人群日益成为金融垄断资本榨取与牟利的对象。资本主义中心国家通过国际货币基金组织、世界银行、美洲开发银行和 20 国集团等金融机构与组织，向外围国家提供各种附带苛刻条件的贷款援助，进行金融垄断资本输出。在这一过程中，资本主义中心国家通过住房信贷、小额保险、发薪日贷款、商业化小额信贷等金融产品和服务，将外围国家的低收入贫困人口、边缘群体及其日常生活，转换成能够产生金融化收入流的对象，纳入金融垄断资本空间修复的范围。从孟加拉国小额信贷机构提供的小额信贷，到秘鲁私立大学提供的未来学费贷款，再到墨西哥的住房抵押贷款。这些金融产品和服务构建了外围国家穷人对中心国家信贷资金的依赖关系，成为金融垄断资本对外围国家日常生活进行全面殖民的重要工具。

因此，日常生活的金融化可以被视为"资本积累在时空中的分子化过程"②：金融垄断资本在连续的、日常的时空中的流动方式。它将人们在生产劳动以外的日常活动，如饮食起居、休闲娱乐、家庭消费等，统统整合进金融垄断资本的价值增值过程中，以实现最大限度攫取利润的目的。

第二节　劳动力市场的弹性重组

新自由主义的市场化、私有化与自由化是当代资本主义金融化的重要推手。它在劳动力市场的主要表现就是通过打压有组织的劳工力量、增加具有灵活性和不稳定性的工作，加强对劳动力市场的规训与约束，使得广大劳动者无法通过赚取工资来维系日常生活，不得不走向广泛依赖昂贵的消费信贷度日的金融化道路。

一　打击劳工力量，改变劳资格局

劳资关系作为资本主义的核心关系，直接影响人们日常生活的性质与发展水平。"在资本主义条件下，有两种办法可以使劳资关系稳定下来，一

---

① Rob Aitken, *Fringe Finance: Crossing and Contesting the Borders of Global Capital*（Routledge, 2015）, p. 4.
② 〔美〕大卫·哈维：《新帝国主义》，初立忠、沈晓雷译，社会科学文献出版社，2009，第24页。

种是通过两方的妥协，另一种是资本家对劳工的统治力量足够强大以至于劳工没有能力捍卫自己的利益。"① 第二次世界大战后，福特主义资本主义或管制资本主义采取的是第一种方式，而新自由主义则是基于资本对劳动的完全统治。主张新自由主义的撒切尔政府与里根政府，认为 20 世纪 70 年代以来的通胀和失业不是货币过度供给的结果，而是严格的劳动力市场法律、加强的工会权力和不断提高的工资预期所导致的结果。

在此观念的指导下，新自由主义国家从立法、行政、市场三个方面打击工会力量。一是撤销以往的法律豁免权，以严格限制工会罢工，减少罢工者及其家庭的社会保障福利；鼓动资方积极与工会对抗，起诉工会罢工行为"违法"；司法机构加速诉讼审理，对工会的"违法行为"往往以法律规定的最大限度进行惩罚。二是利用国家行政力量直接打击工会运动和组织。美国的国家劳动关系委员会在一系列劳资纠纷中直接站在了劳工的对立面，做出了许多不利于工会的裁决，例如裁决雇主在关闭工厂时不用与工会进行谈判；授权企业管理方把工作岗位向没有工会的地方转移而无须与工会商量。最为直接的就是 1981 年镇压空中交通管制员工会罢工事件。美国政府出动了军事人员接管机场管制，永久性开除了 1 万多名管制员，拘捕了很多罢工领导人。"该事件对企业意义重大——直接打压工会很久以来一直被视作禁忌，而今是合法的了。"② 三是资产阶级由于利润率过低而实行"投资罢工"，将工厂和资本转移到海外，造成庞大的失业军，同时降低工人工资，改变劳动力市场的供给格局，加剧劳动力市场的竞争，使工会处于不利地位。在新自由主义国家政权的打击下，工会组织被瓦解、力量被削弱，工会运动被压制。2010 年，11.9% 的工人属于工会；而 1983 年，这个数字是 20.1%。在私营部门，工会会员率从 1975 年的 25% 下降到 2010 年的 6.9%，这是自 1901 年以来的最低水平。在传统工会势力强大的行业，如制造业、采矿业、建筑业和运输业，工会的覆盖率也在降低。工会会员的减少伴随着工会效率的降低。从 1969 年到 1979 年，平均每年大约有 95 万工人参加罢工；相比之下，从 1987 年到 1996 年，只有不到 50 万工人参

① 〔美〕大卫·科兹：《新自由资本主义的兴衰成败》，刘仁营、刘元琪译，中国人民大学出版社，2020，第 35 页。
② 〔美〕大卫·科兹：《新自由资本主义的兴衰成败》，刘仁营、刘元琪译，中国人民大学出版社，2020，第 43 页。

加了罢工。停工次数从 1950~1960 年的 3517 次缓慢下降到 1961~1970 年的 2829 次、1971~1980 年的 2888 次、1981~1990 年的 831 次、1991~2000 年的 347 次、2001~2010 年的 201 次以及 2011~2012 年的 11 次。①这种新的劳资力量格局的变化在就业、福利和工资上得到了具体体现。在里根执政的 1982 年秋，失业率上升到两位数，并且长期居高不下。同一时期，美国政府还削减了失业保险金，提高了失业保险的实际税率，缩短了失业保险金的实际受益期。整个 20 世纪 80 年代，失业者中参与失业保险的比例都在下降。1982 年的失业率远高于 1975 年，但是只有 45% 的失业者领到了失业保险金。之后的 1987 年和 1988 年，大约只有 32% 的失业者从失业保险中获益。自 1981 年起，名义工资增长率逐渐下降。在新的劳动合同谈判中，1981 年名义工资增长率为 11%，而到了 1986 年第一季度，名义工资增长率仅为 0.8%。而实际工资则比 1978 年的水平还低 6%。② 由于实际收入增长的停滞和政府及雇主提供的福利的减少，广大工薪家庭不得不通过过度举债来维持他们的日常生活。

二　劳动力市场弹性机制与不稳定工作

新自由主义的推行与工会力量的削弱也重组了以劳资妥协为核心特征的战后资本主义劳动力市场，导致其越来越呈现"灵活性"与"不稳定"的特征："工人因愈发灵活的工作而变得越来越缺乏稳定性和制度性的保障，他们的劳动合同的时效性不断缩短，长期失业人数总量持续增长，劳动者个体常常陷入对失业的担心和焦虑之中，他们只能成为企业的合同工、临时工和外包工。"③ 这就意味着稳定的工资收入越来越无法应对日常生活的更多、更大的需求与风险，使得工薪阶层不得不转向高利率、剥夺性的信贷关系。消费信贷成为广大工薪阶层替代正常工资和其他社会收入的社会救济方式。正如哈维所言："工人阶级获得的工资与其可以支配的数额之

---

① Tayyab Mahmud, "Debt and Discipline", *American Quarterly*, Vol. 64, No. 3 (2012): 469 - 494.
② 志君:《重新解读资本主义的历史演化：基于 21 世纪马克思主义的视角》，中国社会科学出版社，2018，第 623 页。
③ 姚建华、苏熠慧:《回归劳动：全球经济中不稳定的劳工》，社会科学文献出版社，2019，第 2 页。

间的'缺口'通过信用卡业的蓬勃发展以及不断增加的信贷额得到了弥补。"①

马克思主义认为，随着机器的大规模运用、技术的进步、社会劳动生产率的提高，以及资本有机构成的提高，资本主义社会会出现"相对人口过剩"。它包括流动的过剩人口、潜在的过剩人口和停滞的过剩人口。流动的过剩人口主要指城市和工业中心临时失业的工人；潜在的过剩人口是指农业过剩人口；停滞的过剩人口是指没有固定职业，依靠从事家庭劳动和打零工等勉强维持生活，就业极不稳定的人。"相对人口过剩"是资本积累的一般规律。随着资本积累形式的金融化转型，新自由主义时期劳动力市场出现了以工作关系不稳定、就业不充分、固定工资收入不确定为特征的所谓"劳动力市场弹性机制"。这是马克思主义经典作家所描述的"相对人口过剩"，特别是"停滞的过剩人口"现象在新自由主义时期的最新表现。

按照美国左翼学者斯坦丁的分析，作为新自由主义劳动力市场结构性重组的必然产物的"劳动力市场的弹性机制"，在实践中具有三种表现。一是数量上的弹性，即以临时工、兼职工、合同工、实习生、外包工为主的各种灵活的用工形式开始替代长期固定的劳动力雇佣模式。他们属于大量未登记在册、没有签署正式合同的"影子劳工"，主要靠一个个项目或短期合同维持生计。二是功能上的弹性，即工作任务的快速调整和频繁变动，不断接受强加于他们的、不可预期的工作任务、工作岗位与工作场所。全球外包也逐渐兴起，形成了复杂的产业链。三是工资上的弹性，即原本具有规律性、稳定性、可预测的固定工资被不稳定、不可预测的弹性的货币工资所取代。因此，个人的收入越来越难以获得保障，具有明显的不稳定性。② 劳动力市场的弹性机制导致"不稳定工作"越来越成为资本主义社会的突出现象，即存在大量非正式与临时工作、短期合同或无合同用工、较少的工作保障、更频繁的工作变动、缺乏工会组织、缺乏救济金保障等问题。

自 20 世纪 80 年代以来，以不确定、低收入和有限的社会福利与权利为

---

① 〔美〕大卫·哈维：《资本之谜——人人需要知道的资本主义真相》，陈静译，电子工业出版社，2011，第 17 页。
② 姚建华、苏熠慧：《回归劳动：全球经济中不稳定的劳工》，社会科学文献出版社，2019，第 30~33 页。

特征的"灵活用工"和"不稳定工作"在全球劳动力市场中急剧增加。美国从事临时工作的人数在 2010～2013 年增加了 28%，日本临时劳动者在 2013 年也达到了 1900 万人，超过全体劳动者的 1/3。① 阿恩·卡勒伯格对美国的不稳定工作状况进行了数据统计和实证分析。他指出，美国延续至今的"不稳定工作"时代始于 20 世纪 70 年代。资本主义国家新自由主义进程与技术进步加速了全球市场经济的整合，企业面临着更加残酷的竞争，裁员成为雇主重组策略的常规方式。服务业逐渐成为中心产业。同时，全球化提供了将工作外包给低工资国家，以及通过移民增加新的劳动力储备的机会。在此背景下，美国的"不稳定工作"持续增加。一是 6 个月以上的长期失业人数增长迅速。超过 3000 万的全职工人在 20 世纪 80 年代到 2004 年间被迫失业。二是可感知的工作保障性不断下降。数据显示，对于"你觉得你有多大的可能会失去工作或者被解雇"这个问题的积极回答从 1977 年的 65% 下降到 2001 年的 55%。三是非正式工和临时工的迅速增长。用工临时帮助机构的数量从 1972 年到 20 世纪 90 年代晚期每年以超过 11% 的速度增长，它们所占的美国雇佣劳动力的比例从 1972 年的不足 0.3% 上升到 1998 年的接近 2.5%。②

　　劳动力市场的弹性机制及其所导致的"不稳定工作"严重影响了工薪阶层的工资收入。实证数据表明，自经济金融化以来，美国工人的实际工资水平一直处于下降状态。1971 年，美国企业工人平均工资为每小时 17.6 美元，至 2007 年下降到 10 美元，降幅达 43%。③"自 20 世纪 70 年代后期开始，美国产业工人的实际工资停止了增长。从此前 90 年的记录来看，这是一场深刻的变化。尽管制造业的生产率在不断提高（1978～2007 年年递增率为 3.26%），然而实际支付给制造业工人的工资几乎没有多大变化，有时甚至还有所下降（1978～2007 年每年下降的速度大约是 0.37%）。"④ 工资收入水平的下降也削弱了劳工群体的劳动与固定工资在维系日常生活需要

① 王金秋：《资本积累体制、劳动力商品化与灵活雇佣》，《当代经济研究》2017 年第 1 期。
② 姚建华、苏熠慧：《回归劳动：全球经济中不稳定的劳工》，社会科学文献出版社，2019，第 105～108 页。
③ 栾文莲：《金融化加剧了资本主义社会的矛盾与危机》，《世界经济与政治》2016 年第 7 期。
④ 〔美〕斯蒂芬·雷斯尼克、理查德·沃尔夫：《经济危机：一种马克思主义的解读——兼与凯恩斯主义经济学和新古典主义经济学比较》，孙来斌、申海龙译，《国外理论动态》2010 年第 10 期。

中的重要性与稳定性，"不稳定工作意味着对法定工资的否定，以及固定工与合同工之间的巨大工资差异。工人无法用工资进行长期金融储蓄来保障他们的生活、处理紧急事件，或结婚并组建一个独立的家庭"①。这导致他们的劳动收入低下、工资水平提升停滞、社会保障条件恶化，越来越多的人不得不通过各种信贷方式满足日常生活需要。"经济不平等和无保障性威胁到社会的基础，因为工人买不起自己生产出来的产品。这导致了悲观主义情绪的蔓延和对个人生活标准满意程度的不断下滑，因为人们不得不将收入更多地花费在必需品上，例如保险、住房，并且贷款和破产的数量也在增长。"② 这种劳动力市场所导致的经济不平等、无保障性和不稳定性成为推动日常生活金融化的重要因素。

第三节　国家治理结构的新自由主义转向

正如金融化的兴起绝非当代资本主义经济自由发展的自然产物，而是资本主义国家推行新自由主义政策体制、放松金融管制与实施宽松货币政策创造了有利于金融化的重要条件一样，新自由主义的任务就是通过国家政策和行为，将各种有助于日常生活市场化、商品化、货币化与金融化的法律、政策、体制创造出来。这就是哈维所说的："简言之，新自由主义化就是将一切都金融化。这一过程深化了金融，后者从此不仅掌控其他一切经济领域，而且掌控国家机器和日常生活。"③ 具体来说，新自由主义国家通过信贷民主化与公共福利私有化，扩大和加强了市场效率与金融逻辑对人们社会生活的影响，成为塑造日常生活金融化的核心政治力量与治理结构。

一　信贷民主化

如前所述，主流金融机构通过向低收入、边缘化人群提供高利率、掠

---

① 姚建华、苏熠慧：《回归劳动：全球经济中不稳定的劳工》，社会科学文献出版社，2019，第141页。
② 姚建华、苏熠慧：《回归劳动：全球经济中不稳定的劳工》，社会科学文献出版社，2019，第108页。
③ 〔美〕大卫·哈维：《新自由主义简史》，王钦译，上海译文出版社，2010，第38页。

夺性贷款来牟取暴利，已经成为当代资本主义的重要产业。各种发薪日贷款、信用卡贷款等金融产品与工具日益成为满足基本生活需要的重要手段，在越来越多人的日常生活中扮演了重要角色。这种日常生活金融化的背后，是一种资本主义国家通过以信贷民主化为核心的政策与法律积极推进的新自由主义权力结构。

所谓信贷民主化，就是中低收入个人和家庭等"信贷受限"群体能够获得以前无法获得的信贷资金，丰富并深化他们进入资本市场的机会、渠道与方式，从而促进经济自由与民主。国家和金融服务提供商越来越多地鼓励个人和家庭直接或通过各种基金购买适当的证券，他们的资产组合将通过抵押贷款、信用卡贷款等形式得以平衡。通过这种方式，家庭储蓄以"剪息票"的方式满足一系列金融需求，例如为退休或子女的大学教育，以及避免失业、健康不良或房价下跌带来的风险和个人灾难做准备。与此同时，通过证券化等方式扩大债务规模，增加了息票（Coupon）的供应。由此，资本市场可以取代由国家或大型福利机构所设立的公共、准公共的税收安排或强制性缴款模式以及风险分担机制，并可以获取以前以银行存款形式被持有的家庭储蓄。"信用民主化是一项杰出的吸引人的发展。它使得每个家庭都能够根据未来的收入进行贷款并将他们的消费和支出在不同的时期进行平衡；同时也让小企业家具备事业起步的能力：许多小型风险投资都是从信用卡透支开始的。"[1]

按照美国学者卡尔德对消费信贷史的研究，大众融资或者说向工薪阶层发放消费信贷，出现于 20 世纪 20 年代，源于对美国梦的追逐："自从 20 世纪 20 年代以来，在追求美好生活的过程中，至关重要的因素是获得消费信贷的渠道。消费信贷为美国梦融资；通过这一渠道，货币被借给买车者和购房者，借给旅游者和度假者，借给就餐者和购物者，借给就医的人，借给使用公用事业设备的客户。"[2] 在此期间，美国各州出现了各种合法的小额贷款。例如，公司和工会为其雇员和会员建立了信用合作社。商业银行家认识到小额贷款市场的可行性，并开设了小额贷款部门。还出现

---

① 〔美〕拉古拉迈·拉詹：《断层线：全球经济潜在的危机》，刘念等译，中信出版社，2011，第 202 页。
② 〔美〕伦德尔·卡尔德：《融资美国梦：消费信贷文化史》，严忠志译，上海人民出版社，2007，第 6 页。

了个人财务公司、销售融资公司、信贷协会等一些面向个人融资的金融机构。

这一时期的信贷民主化并不代表每个人的信贷投资渠道与收益分享是平等的。消费信贷仍然受到对象、利率、传统观念等诸多因素的制约。消费信贷的对象是性别化、阶层化与种族化的："金融机构在提供信贷方面把握的原则是男人优于女人，白人优于黑人，中产阶级优于工人阶级。"① 信贷主要面向在大型组织与公司中有稳定工作的已婚男性，例如政府公务员、铁路工人、电车司机和保险公司职员等。消费信贷的利率带有高利贷的色彩，许多放贷机构的经营原则是收取市场能够承受的最高利息。同时，消费信贷还受到清教主义节俭价值观、负债罪恶感的污名化影响。所以，"处于世纪之交的美国信贷制度可以这样来加以总结：有钱人能容易地借到更多钱，穷光蛋却发现自己借贷无门。更准确地说，商人出于生意和个人需要拜访银行家，蓝领和底层白领被迫在非法条件下从秘密放贷者那里付出高利进行借贷。这种情况损害了民主制度的公平标准"②。"信贷受限"的个体消费者显然不符合新自由主义基于平等的个人主义假设，即所有个人——尽管拥有不同的资源禀赋和资产——都可以成为合格的市场主体，借款人和贷款人将在平等交换的基础上以互利的方式互动。

从20世纪60年代末开始，美国持续不断地采取了诸多行政、法律措施来扩大和深化包括边缘群体在内的更多个人和家庭进入资本市场的渠道，促进信贷民主化。1964年，美国经济机会办公室在纽约和芝加哥等大城市推出了低收入信用合作社，帮助低收入群体等被银行排斥的人群获得贷款。1968年，美国制定了《公平住房法》（Fair Housing Act），禁止金融机构根据种族、肤色、宗教、性别等，对房屋租赁及买卖的消费者进行融资歧视。《1968年信贷真相法案》（Truth in Lending Act of 1968）是关于消费信贷交易条件公开的法案，要求债权人向消费者提供关于债权人如何收取信贷费用的准确和有意义的信息。1969年，美联储规定实施《1968年信贷真相法案》的各种条件，即《Z条例》，进一步详细规定了清楚、公开的消费信贷

---

① 辛乔利：《现代金融创新史：从大萧条到美丽新世界》，社会科学文献出版社，2019，第103页。
② 〔美〕伦德尔·卡尔德：《融资美国梦：消费信贷文化史》，严忠志译，上海人民出版社，2007，第123页。

交易条件。1974 年出台的《平等信贷机会法》（Equal Credit Opportunity Act）旨在确保所有申请信贷的个人都能得到平等待遇，在决定是否发放贷款以及在贷款发放过程中如何设定贷款利率、利息或罚金时，禁止基于种族、宗教、国籍、性别、婚姻状况、年龄的歧视。1977 年颁布的旨在消除发放住房贷款时基于所谓不安全区域划定"红线"做法的《社区再投资法》（Community Reinvestment Act），要求银行在接受存款的所有社区发放信贷，禁止对中低收入家庭和一些草根项目设置红线。该法案有效地将次级住房贷款扩展到广大的低收入借款人市场。《1977 年住房与社区发展法案》（Housing and Community Development Act of 1977）鼓励商业银行和信贷机构向低收入和一般收入人群放贷，并将其作为银行检查工作的一项内容。1988 年美国通过的《公平信用和贷记卡公开法》（Fair Credit and Charge Card Disclosure Act）要求发卡机构必须扩大征信对象，公开贷记卡的性质信息，向受信人表达清楚，不因用户使用卡消费而收取额外的费用。《1988 年房屋信贷消费者保护法》（Home Equity Loan Consumer Protection Act of 1988）修订了《1968 年信贷真相法案》，要求披露由消费者住宅担保的任何开放式信贷计划，提升个人消费者金融产品和服务市场的透明度、公平性。《1992 年联邦住宅企业金融安全和健全法案》（Federal Housing Enterprises Financial Safety and Soundness Act of 1992）要求房利美等金融机构将它们的借款的一部分用于支持这类贷款。新自由主义的这些立法极大放宽了信贷支持的对象与范围，"新的立法促使房利美和房地美改变了支持抵押贷款发放的条件，旨在使更多人都能够负担得起借款。目标是结束对中低收入人群聚居区，尤其是黑人社区的歧视"①。

与此同时，资本主义国家还通过建立一系列针对边缘群体信贷的金融管理机构，进一步扩大信贷民主化的范围。在大萧条时期，为了向中低收入家庭提供购房贷款信用保险，为贷方提供损失保护，美国政府成立了联邦住房管理局（FHA），并成立了房利美（Fannie Mae），推动"经济适用房"市场的发展，购买银行的抵押贷款，从而为它们提供了流动性以扩大抵押贷款业务范围。这种公共支持促进了银行的扩张。随着工资在 20 世纪

① 〔法〕热拉尔·迪梅尼尔、多米尼克·莱维：《新自由主义的危机》，魏怡译，商务印书馆，2015，第 210 页。

70年代开始停滞不前，并且市场逐渐饱和，公共政策促使金融部门吸引新的借款人（尤其是少数族裔）并开发新的金融工具，促进了抵押贷款市场的扩大。专门为低收入人群和少数族裔群体提供信贷产品与服务的吉利美（Ginnie Mae）在1968年推出了抵押贷款支持证券。它们收集了住房抵押贷款并进行捆绑销售。投资者按照购买的比例得到相应的每月本金和利息，由于吉利美是政府机构，这项投资被认为是没有违约风险的。这吸引了许多投资者，并促进了贷款人和借款人进入市场，住房抵押贷款的流动性显著提升。1970年，美国政府根据《1970年紧急住房金融法案》（Emergency Home Finance Act of 1970）设立的房地美（Freddie Mac）则在此基础上更进一步，它们将这种流动性带到私人抵押贷款市场，将私人抵押贷款进行打包出售并承诺按时向投资者支付本金和利息，还发行了具有不同期限、利率和信用级别的抵押担保债券，以满足不同风险偏好投资者的需求，进一步激活了抵押贷款二级市场的效率与活力。房利美和房地美发明的这些金融衍生工具更多地关注了低收入人群和少数族裔群体。扩大的借款人基础和抵押贷款支持证券化，将越来越多的工人阶级和少数族裔纳入住房信贷的范围。同样的金融逻辑也发生在汽车、家电、家具、首饰、玩具、影视等日用消费信贷领域。

哈维在反思美国次贷危机的《资本之谜》一书中，很好地总结了这一过程："这一次，金融机构的触角伸向了低收入人群。像房利美和房地美这样的企业都被施以政治压力，要求它们对每个人放松贷款的限制条件。于是，信贷额度极度充裕的金融机构开始大规模放贷，即使它们的贷款对象根本没有稳定的收入来源。毕竟，如果没有贷款的话，身负债务的房地产开发商正在建造的那些精美的洋房、漂亮的公寓又该卖给谁呢？"①

总之，这些法案与金融管理机构不断消除阻碍美国中低收入人群和地区获得信贷的种族、性别、阶层、区域等障碍，使这些过去被主流金融机构排斥的边缘群体获得了以前无法获得的信贷机会，并且鼓励这些人群通过举债参与信贷金融活动。个人与家庭的资产组合通过抵押贷款、信用卡贷款等形式的适当借款进行平衡，以鼓励个人与家庭管理资产负债表并合

---

① 〔美〕大卫·哈维：《资本之谜——人人需要知道的资本主义真相》，陈静译，电子工业出版社，2011，第18页。

理安排当前收入和支出。越来越多的个人与家庭通过投资金融市场来满足日常生活中的一系列金融需求，例如为退休和子女的大学教育储蓄，以及避免失业、健康不良或房价下跌带来的风险和个人灾难。伴随资本市场的发展而来的信贷民主化进一步扩大了金融工具、金融产品、金融市场的适用对象范围，增强了金融部门在人们日常生活中的影响。

二　公共福利私有化

新自由主义范式相信，在一个政府干预最少的资本主义社会里，自由市场、强大的私有产权和个人责任会为所有人带来繁荣。于是，新自由主义国家打着市场个人主义与自由主义的旗号，对资本主义公共服务与社会福利体制进行了全面市场化、私有化与个体化改造，将社会保障和社会福利等政府与其他公共机构应对其公民承担的社会责任转变为市场中个人的经济责任，鼓励与诱导人们通过信贷金融市场来替代政府的社会福利。教育、住房、医疗、养老金的供应都逐一被私有化与金融化，人们被迫在充满风险的金融市场中对自己的社会福利项目进行金融决策，承担其保值增值的金融责任。新自由主义对福利国家再分配功能的削减与压缩得到了"私人化"的补充——通过私人信贷创造总需求。学者称之为"私有化的凯恩斯主义"①。

第二次世界大战后，资本主义国家为应对经济系统中总需求的失调，建立了所谓资本和劳动力之间的凯恩斯主义妥协。随着这一转变，资本主义国家形成了涉及住房、健康、教育、养老、医疗等诸多方面的社会福利体制。然而，由于凯恩斯主义无力应对20世纪70年代出现的高通胀与高失业问题，它遭到了以弗里德曼为代表的货币主义的攻击与取代。货币主义基于通胀是货币供给过度扩张的结果的观点，认为社会福利体制的发展导致了过度的政府支出，而过度的政府支出又引起了通胀的资金供给或货币供给过剩。同时，通胀引发的不确定性使得投资者顾虑重重，从而进一步减少了产出和就业。因此，解决高通胀与高失业问题的办法就是通过削减政府支出和实施保守的货币政策来恢复金融稳定。对庞大的社会福利体制进行瘦身，也就成为削减政府支出的题中应有之义。与此同时，在金融全

---

① 参见〔英〕科林·克劳奇《新自由主义不死之谜》，渭艳译，中国人民大学出版社，2013。

球化与自由化的背景下，资本主义国家越来越发现自己处于一种不得不为获得金融投资者的青睐而竞争的地位，因此越来越多地模仿私人公司的竞争行为。为了吸引投资者，许多资本主义国家削减了企业税，降低了高收入税率。里根政府于1981年通过减税法案，全面降低企业税率，对大公司和高收入的富人进行了大规模减税。在20个主要的经合组织国家中，平均公司税从1985年的44%下降到2009年的29%。资本主义国家税收收入的减少迫使政府裁减公共部门人员、削减社会福利支出与公共投资。根据美国国会预算办公室的计算，相比1981年之前的社会福利支出，有子女家庭的补贴和失业者、贫困者的食品补贴从1982年至1985年削减了13%，儿童营养补贴削减了28%，住房补贴削减了4.4%，医疗福利削减了5%，就业和培训基金削减了35%，社区服务基金削减了39%。从1980年到1985年，主要社会福利支出在美国联邦预算支出中的占比从51.3%减少到47.9%。同时，美国政府对领取社会福利的人员实施了更为严厉的资格审查制度，大幅减少了领取社会福利的人数。以领取失业保险的人数为例，从1982年到1984年减少了150万人。有近一半原来享有家庭补贴资格的低收入家庭在新的审查制度下失去了领取家庭补贴的资格，而另外约40%继续享有资格的家庭的补贴数额也被削减。[1]

　　资本主义政府一方面大幅削减社会福利支出，另一方面又以促进私人资产所有权的名义，引入一种所谓基于资产的福利政策（Asset-based Welfare）[2]，来弥补公共福利的缺失，并诱导个人与家庭更加积极地参与金融市场。公共福利的目标是在收入不足的时期支持消费，而基于资产的福利则是通过促进资产所有权来提高经济参与度。它要求个人与家庭通过住房所有权、储蓄和养老金投资等方式积累资产，为自己提供金融保障，而不是依赖政府的直接转移支付。金融投资取代了社会福利，成为个人生活质量的"担保人"。

　　在英美的养老金革命中，"固定福利"养老金计划逐渐被面向市场的"固定缴款"计划［特别是401（k）计划］所取代。1981年，在拥有公司养

---

① 志君：《重新解读资本主义的历史演化：基于21世纪马克思主义的视角》，中国社会科学出版社，2018，第619~620页。

② Hillig Ariane，"Everyday Financialization：The Case of UK Households"，*Environment and Planning A: Economy and Space*，Vol. 51，No. 7（2019）：1460-1478.

老金计划的员工中，81% 是固定福利计划，到 2003 年，这一数据下降到 38%。通用汽车公司在 2006 年为其员工冻结了固定福利计划，转向 401（k）计划，同时很多其他的公司也采取了同样的办法。① 传统养老金随着工作服务年限的增长而增长，需要雇主留出足够的资金来履行其对员工的退休承诺。而 401（k）计划则是一种由雇员、雇主共同缴费建立起来的完全基金式的养老保险制度。401（k）计划通常会向雇员提供一份共同基金的清单，涵盖一系列资产类别（包括次级资产），雇员可以从中创建他们自己的投资组合。雇员退休后养老金的领取金额取决于缴费和投资收益状况。这一退休计划取代了过去由雇主一方单独为雇员提供退休福利的局面，形成了雇主与雇员共同负担退休福利的格局。它突出了在养老金保值增值中的个人责任。因为养老金的"所有权"现在属于个体劳动者，而不是他的雇主或国家。养老金及其投资收益被视为个人的重要资产。实现养老金保值增值的最佳方式是投资金融市场。每一个个体劳动者负责决定他的缴费规模和投资选择，都有责任通过积极的股权投资为他们自由舒适的退休生活提供必要的财务保障。当然，他也要承担回报可能不足以支付他退休收入的风险。401（k）计划将养老金责任与风险私有化和个体化，充分体现了社会福利私有化和市场化的新自由主义意识形态，强化了个人劳动者与金融市场的依赖关系。②

英国发展了住房终身抵押贷款，允许家庭在退休期间利用其房屋作为收入来源，以其房屋权益为抵押进行借款，并在出售房屋时偿还。这一贷款的目的就是用市场化的住房所有权的收益替代国家养老金的收入，从而让住房所有权成为一种社会保险机制。英国政府为鼓励个人与家庭购买住房，利用不断上升的房地产价值作为未来金融保障的来源和保证，还推出了向首次购房者提供政府贷款的帮助购买计划。此外，2005 年英国政府启动了儿童信托基金计划。根据这一计划，新生子女的父母将根据收入，获得 250 英镑或 500 英镑的代金券。他们可以将这些代金券投资到由他们选择

---

① 〔美〕杰拉尔德·戴维斯：《金融改变一个国家》，李建军、汪川译，机械工业出版社，2011，第 170 页。

② Waine Barbara，"Ownership and Security: Individualised Pensions and Pension Policy in the United Kingdom and the United States"，*Competition & Change*，Vol. 10，No. 3（2006）：321-337.

的银行或建房互助协会管理的指定账户。信托基金在一定总额的限制内可以增加。政府将在孩子 7 岁和 11 岁时补足差额。在孩子 18 岁成年之后，他们可以自由选择使用该基金。从住房所有权到儿童信托基金，个人与家庭如同管理一个包含了多种资产的投资组合，目的是通过参与金融活动，让个人与家庭为自己的社会生活承担起更多的金融责任和风险，"也就是说，家庭通常持有了全部市场的一个截面，它们的财富与整个市场紧密联系，而不是仅仅和某一个特定公司相联系"①。

社会福利的削减与基于资产的福利政策的实施是促进日常生活金融化的一体两面：社会福利削减迫使广大中低收入人群转向信贷市场以满足日常生活需要，住房所有权、储蓄、养老基金的市场化在一定程度上填补了社会福利体系的空白。在这双重因素的作用下，个人与家庭越来越多地与金融产品互动，金融动机渗透进日常生活的方方面面。

第四节　金融信息技术的精准化

20 世纪 70 年代以来信息通信技术的大发展是促进资本主义金融化的重要因素之一。金融信息网络日益复杂（如数字钱包、信用评分系统），金融交易速度越来越快（高频交易），衍生金融工具（期货、期权等）的投机行为也日益增多。这是一个复杂的多层面系统，嵌入人际网络、地理区域和物理空间、社会结构、政治结构和文化形式中，不仅全面塑造了当代资本主义的经济结构，而且也深刻改变了人们的日常生活，"在过去的 40 年间，当代的金融资本已经在信息技术的辅助下彻底重塑了时空性，还因此扰乱了资本流通的其他形式，也扰乱了日常生活"②。特别是面向个人与家庭的各种金融信息技术、金融衍生工具与新型信贷产品的广泛出现，将更广泛的各个阶层、种族、性别、民族、社区的人群纳入当代资本主义金融积累与循环系统，从而构成了日常生活金融化的技术基础设施。

---

① 〔美〕杰拉尔德·戴维斯：《金融改变一个国家》，李建军、汪川译，机械工业出版社，2011，第 178 页。

② 〔美〕大卫·哈维：《资本的限度》，张寅译，中信出版社，2017，第 23 页。

一　金融信息技术

当代信息技术的发展，为各国金融机构和各个国际金融中心进行全球操作和传递信息提供了巨大便利，而且极大地降低了金融交易和价值评估的成本，从根本上改变了金融市场与金融业务。尤其是随着信息处理技术、社交网络技术、智能移动技术与金融的有机结合，基于风险定价的信用评分技术以及互联网金融交易技术在个人与家庭生活中大规模运用，加速了日常生活的金融化。

1. 基于风险定价的信用评分技术

资本主义经济是一种信用经济。商业信用、银行信用、国家信用等信用关系的发展是资本生产和扩张的重要条件，它们促进了利润率的平均化、节省了流通费用、缩短了流通时间、加速了资本的集中与积聚、提高了企业及社会的生产效率、建立了新的社会生产组织形式。马克思曾经指出："一种崭新的力量——信用事业，随同资本主义的生产而形成起来。起初，它作为积累的小小的助手不声不响地挤了进来，通过一根根无形的线把那些分散在社会表面上的大大小小的货币资金吸引到单个的或联合的资本家手中；但是很快它就成了竞争斗争中的一个新的可怕的武器；最后，它转化为一个实现资本集中的庞大的社会机构。"[1] 信用技术、信用制度越发展，资本家对社会各阶级的货币储蓄的支配权力也就越大，货币资本投入生产与流通的额度也就越大，资本积累的速度也就越快，利润也就越多。所以，资本主义就会尽其所能地推动信用技术、信用制度不断发展，不断创新。

就消费信用而言，最大的障碍就是信用风险。由于存在信息不对称，贷款人无从把握客户信用，很难确定能否收回贷款。这就需要第三方信用中介机构收集和分析客户信息，为金融机构发放消费信贷提供重要参考。1899 年，美国出现了为商家提供个人信用信息服务的零售信用公司（Retail Credit Company）。此后，个人征信业务迅速发展。20 世纪 50 年代，美国有超过 1500 家独立的地方信用局，它们利用邻居、朋友、同事的介绍等渠道，搜集家庭收入、职业、婚姻和债务等方面的信息，建立较为完整的个人信用信息档案。

---

[1]　《马克思恩格斯选集》第 2 卷，人民出版社，2012，第 281 页。

20 世纪 70 年代以来的信息通信技术给资本主义信用体制带来了新的变革：从主观的、定性的、叙述性的信用评估模式转向客观的、定量的、数据驱动的信用评分模式。它在消费信贷中的大规模运用，使得银行等金融机构可以通过测算各种各样的可计算风险并将风险定价，创造出更广泛、更精准地满足个人与家庭日常需要的信贷产品，从而有力地推动了日常生活金融化。

20 世纪 70 年代以前，美国面向个人与家庭的征信主要是由商家自己管理。他们为知名的长期稳定客户开设信贷账户。在贷款决策中起着重要作用的消费者个人信用和声誉，由商家的信贷评估专员或社区主要成员（如律师、银行职员、邮政员工等）基于个人观察、访谈与交往关系，收集关于借款人的性格、职业、家庭和生活习惯等信息，从而形成具有主观性、叙述性的个人信用报告。① 1956 年，工程师比尔·费尔（Bill Fair）和数学家厄尔·伊萨克（Earl lsaac）成立 Fair Isaac 公司，发明了著名的 FICO 信用评分方法，运用数学模型对个人信用报告中所含信息进行量化分析，以实现对消费者信贷申请的自动化审批。70 年代以后，随着信息通信技术的普遍应用，信用数据的收集、处理与分析变得更加快捷、准确、容易、及时。这为建立一个可供普遍参考的标准化个人信用信息数据库，以便精确查询现有及潜在征信人的个人财务状况提供了强有力的技术支撑，并导致信用体系的根本性变化：从评估到评分，从解释到实证分析，从可信的叙述到概率统计，从道德判断到客观的预测。这也促进了 FICO 的完善，FICO 也成为当代资本主义信用系统的典型。该系统不依赖于对征信人道德品质的定性评估，而是依赖于信用机构在追踪、搜集、整理、检测个人社会生活信息的量化历史基础上所设计的标准化、客观化评级模型。信用评分技术在大众消费信贷市场的发展和应用，意味着在构建可信赖的消费者采信机制的过程中，从个人信任向机构信任的转变。

FICO 评分系统已经成为美国最通用的个人信用评分系统。FICO 分数是美国最广泛使用的个人信用分数。FICO 最高分为 850，最低分为 300，平均值为 720。如果分数低于 600，则个人属于"风险"类别。如今，美国有三

---

① Donncha Marron, " ' Lending by Numbers': Credit Scoring and the Constitution of Risk within American Consumer Credit", *Economy and Society*, Vol. 36, No. 1 (2007): 103-133.

家提供 FICO 评分的全国性机构：Experian、TransUnion 和 Equifax。它们各自维持着约 1.9 亿份信用报告，并从包括银行和金融公司在内的大约 1 万个数据提供者那里获取信息，每年会发布约 10 亿份信用报告。[①] 这些信用报告涵盖了个人社会生活的几乎所有信息：一是个人识别信息，例如姓名（包括以前使用的其他姓名）、当前和以前的地址、社会保险号、出生日期和电话号码；二是债权人报告的消费者名下的交易账户情况，包括信贷类型、信贷限额/贷款金额、账户余额、支付历史、拖欠情况、收款情况和活动日期；三是财务性质的公共记录信息，包括破产、判决以及州和联邦税收留置权状态；四是债务购买者或收款机构的第三方收款信息；五是在过去两年中就业相关用途的信息，以及至少在过去一年中信贷用途和大多数非就业用途的信息，如租户甄别、保险、社会福利等；六是个人收入/资产数据、利率等信用条款、逮捕和定罪记录（职业筛选机构等专业信用评级机构可能包括这些信息）、婚姻记录、收养记录以及未导致判决的民事诉讼记录。基于信用报告，金融机构就能对消费者的信用价值、信用状况、信用能力作出较为准确的判断。

　　基于 FICO 的信用评分对于促进日常生活金融化最大的作用在于，通过一种计算手段精确识别消费信贷中的违约风险，计量和管理信用持卡人未来履行未偿债务的不确定性，并将其转化为一种可计算、可定价的风险，从而有助于金融机构快速、便捷、准确地发放各种信贷产品，促进循环消费信贷的大规模发展。信用评分的目的是计算信用持卡人在给定其习惯、学历、职业、健康、家庭、住宅、社区等情况下违约的概率。这个概率是根据支付能力、支付意愿以及所谓的"稳定性"和"可问责性"来计算的。建立在概率统计、算法分析与计算机数据处理基础上的 FICO 评分系统，以其所谓的客观性与准确性，代替了以往贷款发放者的主观评价，以新的方式反映了人们已知的违约可能性。贷款机构将根据违约概率制定并发放不同利率的信贷产品，以最大限度地满足不同信用评分等级人群的信贷需求。在这方面常见的是所谓"基于风险的定价"，即根据对借款人违约可能性的计算对借款人进行分类、规划、定位，并基于这些分类收取分级利率。同一张卡的不同持有人支付的利率根据其信用评分而变化，这是衡量其信用/

---

① 杜森森：《美国个人信用评分系统及其启示》，《南方金融》2008 年第 8 期。

违约风险的主要手段。例如，具有不良信用记录、不稳定收入的信贷申请人通常需要支付的利率要高于信用记录良好、收入稳定的申请人。简言之，对信用分数低的借款人收取较高的利率（"坏风险"），对信用分数高的借款人收取较低的利率（"好风险"）。

基于风险定价的信用评分在一定程度上提高了贷款人对未来不确定风险的计算、控制与管理能力，这为向更多借款人提供更多贷款奠定了基础。换言之，随着基于风险的定价的扩展，一方面，以前被排除在外的个人与家庭现在能以更低的价格获得信贷，因此有可能消费更多的信贷。另一方面，过去被正式视为不可接受风险的个人与家庭现在以更高的利率被包括在内，获得了以前被剥夺的信贷机会。正如学者所言："随着贷款人对他们预测违约的能力越来越有信心，他们也越来越愿意以相对较高的价格向风险较高的借款人发放信贷。"①

例如，在次级抵押贷款市场出售的抵押贷款组合通常按风险状况分类，因为风险决定了它们的售价（基于风险的定价）。因此，抵押贷款机构根据贷款申请人对贷款人和投资者构成的风险对贷款申请人进行分类。如果贷款人想在二级市场出售他们的抵押贷款组合，信用评分是必不可少的。而且通过对得分低的借款人收取较高的利率和对得分高的借款人收取较低的利率，扩大了信贷市场。总之，基于风险定价的信用评分不是信贷一刀切，而是在风险量化的基础上将信贷分类，并在各级市场上按类别转售，特别是以高利率为代价为所谓次级贷款人群提供越来越多的信贷产品，导致低收入人群的信贷数量大幅增加，他们可使用的循环信贷额度大幅提升，大大加深了这些人群日常生活的金融化。

2. 互联网金融交易技术

作为信息通信技术与金融深度融合的产物，互联网金融不仅重塑了传统金融产品、金融业务、金融组织与金融服务，而且也对日常生活产生了深刻影响。其中，点对点信贷（Peer-to-Peer Lending，P2P Lending）与基于App 的移动金融技术，更是加速了日常生活金融化。

P2P 网络借贷是个人与个人之间以互联网信息平台为基础直接进行的资

---

① Manuel B. Aalbers, "The Financialization of Home and the Mortgage Market Crisis", *Competition & Change*, Vol. 12, No. 2 (2008): 148-166.

金借贷活动，是一种将小额资金聚集起来借贷给有资金需求的人群的一种小额借贷模式。2005 年 3 月，全球首个关注个人贷款业务的 P2P 借贷平台——Zopa 在英国诞生。Zopa 是 "Zone of Possible Agreement"（可能出现的协议空间）的缩写，其商业模式是通过网络平台聚集众多投资者的小额资金，贷款给有资金需求的人群，靠收取手续费盈利。借款人在平台上提供诸如贷款金额、价格和还款日期等信息，互不相识的投资者根据自身需求向其提供没有担保的贷款，获取利息回报。Zopa 此后迅速发展，成为英国规模最大的 P2P 借贷平台。2018 年 2 月 Zopa 累计成交 30.6 亿英镑。此外还有 RateSetter，成交金额超过 20 亿英镑。到 2010 年，英国 P2P 行业的放贷量为 4000 万英镑，到 2013 年就增长到 5.7 亿英镑，2017 年底超过 80 亿英镑，其中面向个人的贷款额度高达 29.9 亿英镑。[①]

　　以 Prosper Funding 和 Lending Club 为代表的美国 P2P 借贷平台在很短的时间内也取得了巨大发展。贷款平台的核心在于通过智能化软件简化贷款流程。在大数据采集、分析和预测的基础上，贷款平台通过算法直接将借款人与贷款人进行匹配，并自动完成审核、批准、定价、信用评分和资金支付。简言之，就是贷款平台替代了传统银行中的信贷员、审批人，摆脱了传统银行在申请手续方面的烦琐和官僚作风，将贷款审批流程从几周缩短到几分钟，而且贷款平台对借款人的信息是公开的、透明的，通过实时监控借款人资信和经营方面的动态变化来管理风险。2006 年成立的 Prosper Funding 在短短 9 周内，会员数就超过 10 万人，发放了超过 2000 万美元的贷款。从 2011 年到 2016 年，借款额从 7500 万美元增长到 22.18 亿美元。Lending Club 的借款额从 2011 年的 2.5 亿美元增长到 2016 年的 86.6 亿美元。[②] 除此之外，包括日本的 Aqush、韩国的 Pcpfunding、德国的 Auxmoney、西班牙的 Comunitae 等在内的知名 P2P 借贷平台纷纷崛起，越来越多的网络借贷平台涌现。

　　移动金融客户端应用软件，即移动金融 App，是移动互联网、社交网络、物联网等新兴信息技术与金融相互结合的产物。它通过使用移动智能终端（各类智能手机、笔记本电脑、平板电脑等）来处理各种金融信贷业

---

① https://p2pfa.org.uk/data/.

② https://www.lendingclub.com/；https://www.prosper.com/.

务。它将金融服务与移动通信相结合，具有成本低廉、随身便捷的特点，能够使人们不受时间和地点的限制享受优质的金融服务。它涉及的金融业务包括移动银行、移动支付、移动证券、移动保险等。移动金融最早产生于 1997 年的美国，当时使用 SMS 消息形式支付购买可口可乐产品。1998年，移动金融领域出现了手机付费的电子内容下载服务。1999 年，菲律宾的 Smart Money 和日本的 NTT DoCoMo 的 i-Mode 网络服务分别成为两大国家范围内的移动金融平台。从 2006 年开始，美国 AT&T 公司与高通公司的子公司 Firethorn 合作，为移动用户提供手机银行服务，涵盖日常消费的查询、转账、收款等业务。以 Square、PayPal 与 Google Wallet 为代表的互联网公司，不断推出移动支付产品。目前，美国每月有 1500 万用户使用手机银行。[①]

　　以 P2P 网络借贷与移动金融为代表的互联网金融技术之所以能够促进日常生活金融化，一是在于借助互联网技术和大数据技术，互联网金融技术提高了金融信息处理速度和存储能力，能够将借贷双方的资金需求信息进行有效匹配，提高信贷资金匹配的效度与速度，分散资金借贷风险，更有效地整合资金。在英国，80% ~ 90% 的发薪日贷款是通过网站和移动应用程序获得的。这些应用程序与自动配对并快速审批的系统相连，可通过智能手机、笔记本电脑、平板电脑等进行访问。贷款通常不采用现金的形式，而是在线转到借款人银行账户中。[②] 二是互联网金融平台服务范围广，覆盖多元化的金融市场主体，特别是大量传统借贷市场不涉及的边缘人群，例如信用等级不高、收入较低的人群，被银行拒绝贷款的学生群体。例如，2005 年美国成立第一个面向贫困地区人群提供在线小额贷款服务的非营利组织 Kiva；2011 年美国旧金山成立专做大学生网贷的 P2P 借贷公司 SoFi。所以，"大部分借款人都是在受到银行冷落后，不约而同地来到贷款平台：有些父母利用贷款平台解决了为儿子买车或买房的首付款；有些家庭借助贷款平台解决了房屋装修和家庭购置大件所需的资金问题；也有些人解决

---

① 李麟、钱峰:《移动金融：创建移动互联网时代新金融模式》，清华大学出版社，2013，第 54~55 页。

② Paul Langley, Ben Anderson, James Ash, Rachel Gordon, "Indebted Life and Money Culture: Payday Lending in the United Kingdom", *Economy and Society*, Vol. 48, No. 1 (2019): 30 - 51.

了开餐馆、美容院、咖啡馆或度假所需的资金问题；还有一大部分借款人通过平台借钱的目的在于偿还债务"①。三是互联网金融平台对广大中小投资者极具吸引力。因为通过这些贷款平台，普通投资者可以获得高于货币市场基金和债券的稳定收益，不仅比股票波动小，门槛还低，最低投资金额仅为 25 美元。美国的一些贷款平台为了方便投资者分散风险，还采用类似资产证券化的模式——贷款人并不直接向借款人提供贷款，而是购买由平台发行的票据。这样一来，贷款人可以投资多笔贷款。有的平台还提供贷款票据的二级市场交易，投资者可以根据自己的偏好，建立贷款组合。四是互联网金融技术能够有效降低信贷金融活动的交易成本。例如 P2P 借贷与传统贷款的区别在于，它提供了一个新的贷款交易模式，通过直接连接借款人和贷款人绕过传统中介，特别是在技术进步的帮助下，贷款交易通过 P2P 借贷平台在网上进行。在这方面，其超越传统贷款模式，允许借款人和贷款人直接相互联系，而无须首先与中介机构（银行或信用合作社）联系。这对于借贷双方来说，都显著降低了交易成本。五是互联网金融技术突破了传统金融机构与金融业务的时空限制，能够随时随地进行金融信贷交易。基于 App 的移动金融技术使得智能手机成为个人便携式银行金库和信贷创建者，将各种金融业务置入每一个人的口袋，成为每一个人日常生活的一部分。正如学者所言："我们的金融生活从我们自己保留的东西（即个人银行作为一种我们在自己家里或银行机构从事的专门的私人活动）逐渐转变为我们和其他人一起做的事情（即银行业务是一种公开的社交活动，我们在智能手机上、在公共场合和朋友一起吃饭时进行）。"② 互联网金融技术已经深度嵌入人们的日常生活。

二　金融衍生工具

在金融垄断资本逐利本性的驱动下，以华尔街为代表的当代资本主义金融垄断资本不仅利用信息技术改变了传统的金融信用评估方式，而且创造出以资产证券化为主要内容的金融衍生工具。这些工具将满足人们日常

---

① 辛乔利：《现代金融创新史：从大萧条到美丽新世界》，社会科学文献出版社，2019，第711~712 页。

② M. Tiessen, "The Appetites of App-Based Finance: Affective and Speculative Futures", *Cultural Studies*, Vol. 29, No. 5 (2015): 869-886.

生活需要的各种金融产品进行切割、打包、出售,在改变金融机构的融资方式、给投资者创造丰厚利润的同时,也促进了个人与家庭更密切地融入金融市场。

资产证券化是指金融机构(发起人)将未实现的基于债务人按约履行义务获得的未来现金流转让给发行人,发行人将这些资产集中到一定规模,形成一个资产池,并通过技术化手段将其分割成若干份等额资产,以具有证券特征的形式在市场上发行并使之可以流通转让,以获取流动性资金的行为。① 资产证券化被认为是有别于银行融资的市场融资方式,是通过除银行机构以外的金融市场中的信用中介实现直接融资的过程。证券化培育出一个崭新的金融生态,从根本上改变了金融机构的融资方式。商业银行、投资银行以及证券化链条上的各类中介以此为起点驶向传统银行体系以外的另一条高速公路。

在这一过程中,信息技术起了重要作用。先进的信息技术手段使从全世界各地输入的信息在短时间内便能够实现快速、廉价输出,提高了金融交易的效率,扩大了交易的范围,突破了交易空间和时间的限制,创造了全球性的金融市场,也改善了市场获取证券信息的条件。这些成为资产证券化交易结构形成的关键保障条件,刺激了资产证券化的发展。风险计算技术也是资产证券化的一个重要的推动力。借助于各种风险计算工具,资产证券化中存在的信用风险、流动性风险和利率风险等各种风险不再是一种可能的障碍、危险或损失,而是一种可以接受、利用甚至以此牟利的机会。这样,资产证券化将信贷风险从发起者转移到投资者,后者以承担这些风险的形式获得利息溢价。自1970年美国政府国民抵押协会首次发行以抵押贷款组合为基础资产的抵押支持证券以来,资产证券化逐渐成为一种被广泛采用的金融衍生工具并得以迅猛发展。

首先,资产证券化对当代资本主义日常生活的影响在于,它几乎覆盖了所有涉及人们日常生活需要的信贷领域。1972年,美国政府授权成立了学生贷款营销协会——萨利美(Sallie Mae),负责购买学生贷款,并将其证券化。1985年,美国所罗门兄弟公司发行了第一笔由汽车贷款产生

---

① 〔美〕扈企平:《资产证券化:理论与实务》,李健译,中国人民大学出版社,2007,第5页。

的现金流支持证券。1986 年，所罗门兄弟公司又发行了信用卡应收款支持证券。1997 年，洛杉矶投行以英国著名摇滚歌手大卫·鲍威的唱片的未来版税收入为支持，发行了年息为 7.9%、价值 5500 万美元的证券，称为鲍威债，这是首次将无形资产打包发行证券的尝试。这些日常信贷产品的证券化使得信贷产品越来越多地走进更加多样化、更广泛的人群与社区，同时通过银行等中介机构将其与全球金融体系联系得更加紧密。

其次，日常消费信贷产品的证券化是建立在作为基础资产的借款人的未来可靠现金流的基础上的。这意味着借款人需要在循环信贷中保持长期还款与持续负债。它使个人与家庭在更容易地获得信贷的同时，也迫使他们在日常生活中更长时间地依赖消费信贷。以信用卡应收款证券化为例，信用卡贷款没有固定还款金额，期限短，平均为 30 天。持卡人每刷一次卡，实际上等于发卡机构给这位消费者发放了一次短期无担保贷款，从而产生短期应收款，消费者需要在下个月将刷卡金额还清。但是借款人通常在贷款到期后不断"展期"，将短期债务当作长期资金循环使用。而且人们使用信用卡的次数越多，他们就越有可能超支而没有付清全部余额。这样，发卡机构就会自动提供融资，继续放贷，并从中持续收取手续费与利息。于是，消费信贷证券化发行人专注于捕捉或创造持久的循环债务人。例如，开发预先核准的邮寄决策、即时在线信贷决策以及零余额转账等营销工具；实施信贷消费积分计划，鼓励持卡人更广泛地使用信用卡。这些做法为个人与家庭消费提供了越来越多的信贷。美联储"19 国集团"（G19）[①] 的消费贷款指标显示，未偿贷款总额占个人消费支出的比例由 1989 年的 20.47% 上升到 2008 年的 25.54%。1995 年，证券化资金池总额为 2000 亿美元，在 7 年内增加了两倍，2002 年达到 6000 亿美元。在 2007 年全球信贷危机爆发前夕，证券化无担保债务总额达到了 6900 亿美元的峰值。[②] 资产证券化使发行人能够从同一股本中不断创造新的信贷来源，但这一过程取决于贷款组合中是否存在大量未付清余额的借款人，依赖于这些

---

① "19 国集团"（G19），通常是指一个假设的概念或者是在特定情境下的描述，并不是一个正式的国际组织名称。在提到"G19"的时候，是指二十国集团（G20）中的除了美国以外的其他成员国。

② Johnna Montgomerie, "The Pursuit of (Past) Happiness? Middle-class Indebtedness and American Financialisation", *New Political Economy*, Vol. 14, No. 1 (2009): 1–24.

借款人可靠和可预测的未来现金流。如果没有可靠的未来现金流，贷款人就无法重新发行资产支持证券，就无法对贷款池进行进一步地资本化。这就表明，资产证券化使信贷发行人依赖持续的消费者债务来实现未来的扩张和盈利。这也是债务水平高的个人能够持续获得更多信贷的原因。因此，面向个人与家庭借贷的资产证券化既是一个持续性的创造私人信贷的过程，也是一个不断诱导与胁迫消费者将日常消费借贷与金融市场捆绑的过程。

最后，购买资产证券化产品的人群从稳定收入的中产阶级向广大的低收入贫困人群扩散。以住房抵押贷款证券化（Mortgage-Backed Securities，MBS）为例，金融机构（主要是商业银行）把自己所持有的流动性较差但具有未来现金流的住房抵押贷款汇聚重组为抵押贷款组合，由证券机构以现金方式购入，经过担保或信用增级后以证券的形式出售给投资者。但是由于 20 世纪 90 年代初利率的上升，标准住房抵押贷款需求减少。于是美国华尔街的金融机构将目光投向了低收入、少数族裔、受教育水平低、金融知识匮乏的家庭和个人。通过基于风险定价的信用评分技术，金融机构诱导与说服贫困的移民、非裔和拉丁裔家庭继续持有住房贷款，以便将住房抵押贷款重新打包出售。与此同时，新自由主义的紧缩政策导致福利缩减、收入降低，个人与家庭需要通过信贷来维持生活。而在 20 世纪 80 年代，放松金融体系的管制鼓励了金融机构扩大信贷范围。英美国家的人们，特别是低收入的边缘人群，越来越依赖于借助财产所有权的抵押来抵消工资和生活水平下降的影响。次级抵押贷款市场随之蓬勃发展。2000 年，美国次级抵押贷款总额为 1300 亿美元，其中 550 亿美元被打包成次级抵押贷款债券，而到 2005 年，银行次级贷款总额达到 6250 亿美元，其中超过 5000 亿美元被抵押。① 基于家庭借贷的资产证券化吸收了大量的个人借款人。

三 新型信贷产品

消费社会学家卡尔德在研究美国 20 世纪 20~30 年代面向大众消费的

---

① 〔美〕迈克尔·刘易斯：《大空头》，何正云译，中信出版社，2015，第 30 页。

"信贷革命"时曾经指出:"分期付款方式是信贷革命兴起过程中的重要象征。"① 因为它让更多的人能够负担得起汽车、电视、洗衣机等耐用消费品的消费,增加了消费购买力,刺激了消费社会的形成。这种消费信贷产品的创新在 20 世纪 70 年代后又迎来了另一个高潮,即出现了以循环信贷和边缘信贷为主要内容,以短期和小额为主要特征,以中低收入人群为主要对象的新型信贷产品。这些产品不仅标志着 20 世纪初零售消费信贷的重要进展,而且在当代资本主义日常生活的信贷化与金融化中发挥了重要作用。

1. 循环信贷

循环信贷(Revolving Credit)是一种按日计息的小额无担保贷款。人们可以根据自己的财务状况,在每月信用卡当期账单的还款日前,自行决定还款金额的多少。当偿还的金额等于或高于当期账单的最低还款额,但低于本期应还额时,剩余延后还款的金额就是循环信用余额。与分期付款相比,循环信贷不需要支付固定金额。借款人可以在预先批准的信用额度内,根据自己的实际状况,自由地选择贷或不贷、贷多或贷少。它允许以任何方式和任何次数再次提取、偿还和重新贷款,直到该贷款到期。

循环信贷可以追溯到 20 世纪初零售百货公司、石油公司和航空公司提供的购物券、储值卡或记账卡。储值卡可以用于购买储值卡零售商提供的任何类型的商品或服务。但是这些储值卡的"通用性"受到严格的限制,因为发行者或服务商都是非银行机构。第一张提供循环信贷服务的通用信用卡由美洲银行于 1958 年提供。它增加了循环消费信贷的功能。持卡人不仅可以像记账卡那样付账,而且可以在月底收到账单时不必全部付清,余额滚入下个月,银行对余额收取利息。但是由于受到发卡银行按收入划分的贷款限额、政府对无担保信贷利率上限的限定等因素的影响,直到 20 世纪 80 年代,循环信贷才逐渐普遍化,并且成为银行机构盈利的重要部分。据统计,从 1978 年底到 2006 年底,按通胀调整后的未偿还循环贷款增长了 600%,比通胀调整后的消费者收入增长要快得多。1978 年,未偿还循环贷款与非循环贷款的比率为 15%。到 2006 年,这一比率增加了一倍,达到约

---

① 〔美〕伦德尔·卡尔德:《融资美国梦:消费信贷文化史》,严忠志译,上海人民出版社,2007,第 155 页。

36%。① 到90年代中期，美国大约2/3的信用卡用户使用循环信贷，并且每个月都有余额，要支付未付金额的利息；1/3是"便利用户"，他们每月会全额还清贷款。同时，在2009年美国对信用卡额度施加限制的《信用卡履责、责任和公开法》出台之前的数十年，个人与家庭使用的循环信贷占可支配收入的百分比从1970年的0.5%上升到2007年次贷危机前的8%。②

循环信贷对于日常生活金融化的促进作用体现在四个方面。一是在信贷方式上，因为循环信贷没有固定还款期限，没有到期日，也没有指定的付款时间表，所以它以无担保、无抵押、随借随还的机动灵活的特点迅速吸引了包括中低收入社会阶层在内的大量人群。二是在信贷对象上，以个人信用卡为载体的循环信贷的对象不仅囊括了传统的中产阶级，而且扩大到越来越多的低收入的边缘人群、贫困人群。从1989年到2001年，低收入家庭的消费信贷迅速膨胀，信用卡债务增长了惊人的184%。③ 三是在信贷使用上，循环信贷逐渐取代了生活工资、个人储蓄和社会福利，成为人们支付衣食住行、养老、医疗、保健等基本生活需要的重要安全网，特别是当人们处于生病、离婚或失业等困境时。一项2012年的研究表明，在年收入低于50000美元的美国家庭中，有45%的家庭依靠信用卡支付基本生活费用，因为他们的支票账户或储蓄账户中没有足够的钱。④ 四是在信贷时间上，发行商将其营销活动的重点从原先每月底全额付清账款的"便利用户"，转向使用循环信贷的"循环用户"。从循环信贷业务中赚钱的关键不在于收回原始贷款，而是在最长的时间内从尽可能多的人那里收取最高水平的利息和费用。因此，发行商通常会为循环用户提供更高的信用额度、更长的还款周期、更低的优惠利率，以及更长地从一张卡到另一张卡的余额转移免息期。例如，在英国，持卡人结清未偿余额的平均时间从1997年的3个月增加到2002年的5个月。同时，近450万持卡人使用优惠利率，

---

① D. J. Lamdin, "Does Consumer Sentiment Foretell Revolving Credit Use?", *Journal of Family and Economic Issues*, Vol. 29 (2008): 279-280.

② Raveendranathan Gajendran and Stefanidis Georgios, "The Unprecedented Fall in U. S. Revolving Credit", *McMaster University Economics*, Vol. 5 (2020): 1-50.

③ Susanne Soederberg, *Debtfare States and the Poverty Industry* (Routledge, 2014), p. 87.

④ Amy Traub and Catherine Ruetschlin, *The Plastic Safety Net: Findings from the 2012 National Survey on Credit Card Debt of Low-and Middle-Income Households* (New York: Demos, 2012), pp. 9-10.

将他们的循环余额转移到另一张卡上。循环信贷通过在个人家庭、发卡机构和金融市场之间创建一个独特的、持续的、稳定的关系网络，不仅增加了发行商的利息收入，而且也迫使人们更长时间、更深程度地陷入信贷金融活动。

2. 边缘信贷

20 世纪 70 年代以来，金融垄断资本在资本积累的时空修复过程中，逐渐将金融服务与信贷产品的对象从传统的收入稳定的中产阶级主流人群，扩大到过去受主流金融排斥的边缘人群，形成了一种所谓"替代性金融服务"或"边缘信贷"（Fringe Credit）。[①]

20 世纪 90 年代以来，边缘信贷机构的数量、制度化程度和覆盖面都有了惊人的发展。据统计，自 20 世纪 90 年代末到 21 世纪初中期，发薪日贷款总额增长了近 5 倍，达到近 500 亿美元；每年有大约 1200 万美国家庭借助发薪日贷款解决短期的资金需求。[②] 美国支票兑现代理人每年处理 600 亿美元的交易，自有出租服务业务规模 46 亿美元，当铺业务规模 33 亿元。[③] 边缘信贷机构的数量也显著增加。支票兑现和发薪日贷款运营商已在美国开设了约 20000 家网点，每年处理超过 100 亿美元的贷款。特别是发薪日贷款运营商经历了快速增长。虽然 1992 年美国已知的发薪日贷款网点只有 300 家，但到 1999 年，已有 8000 多家不同类型的网点。美国著名的发薪日贷款公司艾茨克普（EZCORP）目前拥有遍布美国、澳大利亚、墨西哥、加拿大和英国的 1400 家网点和分支机构，年营收 10.1 亿美元，营业利润 1.39 亿美元。2011 年，EZCORP 通过其在美国和墨西哥的门店、各种在线平台提供了总计 7.5 亿美元的各种形式的消费金融产品。2005 年，有超过 15000 家发薪日贷款机构产生了超过 43 亿美元的手续费收入。[④]

发薪日贷款的核心是由全球化的主流投资机构——对冲基金、大型全球银行和投资基金——所构成的信贷网络。全球化的信贷网络已经将发薪

---

① Rob Aitken, "Regul（ariz）ation of Fringe Credit: Payday Lending and the Borders of Global Financial Practice", *Competition & Change*, Vol. 14, No. 2 (2010): 80-96.

② 巴曙松等：《美国发薪日贷款演变、监管及启示》，《金融监管研究》2018 年第 3 期。

③ Rob Aitken, "Regul（ariz）ation of Fringe Credit: Payday Lending and the Borders of Global Financial Practice", *Competition & Change*, Vol. 14, No. 2 (2010): 80-96.

④ Rob Aitken, "Capital at Its Fringes", *New Political Economy*, Vol. 11, No. 4 (2006): 479-498.

日贷款从一种独特的英美做法转变为一种在东欧、墨西哥、拉丁美洲和其他地区迅速扩张的全球信贷形式。美国的美元金融集团（Dollar Financial Group）是全球最大的边缘信贷服务跨国提供商，同时也是英国和加拿大最大的短期贷款提供商。2005 年，其国际收入占总收入的 60%。创建于 1988 年的美国第一金融服务公司是一家提供发薪日贷款和典当行服务的全球性大型金融机构，在美国 14 个州以及萨尔瓦多、危地马拉与墨西哥经营着超过 1000 家营业点。其零售金融商店和典当行购买和销售各种各样的珠宝、电器、运动用品、乐器等商品，并提供资产质押的个人小额消费贷款，年收入为 1.8 亿美元，并且以每年 20% 以上的速度增长。特别是南美的墨西哥，正在成为发薪日贷款快速增长的重点地区。2001 年，美国零售巨头沃尔玛在墨西哥开设的银行专门为低收入人群办理包括发薪日贷款在内的消费贷款业务。到 2009 年，墨西哥沃尔玛银行已经开设了近 200 家分行，建立了一个庞大的发薪日贷款网络。[①]

　　尽管边缘信贷市场并不是一个资本大量流动的场所，但它是一个将越来越多的人群及其日常生活纳入全球金融体系的重要中介形式。以发薪日贷款[②]为例，它以信贷方式的便利性、信贷时间的连续性、信贷对象的扩展性与信贷使用的无限制性，促进了日常生活的金融化。从信贷方式看，相比传统银行，发薪日贷款申请程序简单易行，借款人只需要提供家庭住址、支票账户、驾照、社会保险号、工资单的存根以及发薪日信息，不需要信用报告，通常在一个小时之内就能完成交易。特别是互联网移动技术与发薪日贷款的结合，进一步提高了发薪日贷款的便利性。在英国，80%~90% 的发薪日贷款是通过网站和移动应用程序获得的。这些移动应用程序能够对借贷信息进行自动配对，并与快速审批系统相连。申请人可通过笔记本电脑、平板电脑或智能手机进行访问。从信贷时间看，由于发薪日贷款利率高，借款人多为低收入人群，收入不稳定，因而很多借款人逾期无力偿还，不得不延期还款。这就意味着借款人的发薪日贷款期限延长，并且很可能会再贷款一笔用于支付前一笔贷款，从而陷入一个难以摆脱的螺旋式

---

① Rob Aitken, "Regul（ariz）ation of Fringe Credit: Payday Lending and the Borders of Global Financial Practice", *Competition & Change*, Vol.14, No.2（2010）: 80-96.

② 所谓发薪日贷款，是一种小额、短期、无担保的贷款，借款人承诺在几周之后偿还贷款，且通常是用他们下月的薪水支票来支付。

债务循环。发薪日贷款的短期借贷长期化强化了借款人对金融体系的依赖。从信贷对象看，发薪日贷款机构更加关注被主流金融机构所忽视的边缘人群与社区，例如低学历人群、低收入家庭、单身女性、黑人等有色人种，以及少数族裔聚居的社区。数据显示，黑人向发薪日贷款机构申请贷款的可能性是白人的 2 倍。在少数族裔占 70% 的社区，银行数量只有少数族裔占 10% 以下的社区的 1/3。但是发薪日贷款机构的数量，前者是后者的 4 倍。[①]这些数据表明，边缘化的发薪日贷款人通过更便利的地理位置，比从商业银行获得贷款更容易。从信贷使用看，贷款方对发薪日贷款没有场景和用途上的限制，发薪日贷款已经成为消费者缓解日常生活资金短缺的重要手段，主要用于日常花费（53%）、租金（10%）和应对突发事件（16%）。[②]这也增加了金融信贷对人们日常生活消费的影响。

可以说，边缘信贷正在打破主流金融市场划定的封闭活动空间，将那些无法获得信贷保险、没有基本银行账户的金融排斥者、边缘群体纳入其中，力求将这些特定群体转变为能够产生金融化收入流的价值对象。

第五节　日常信贷消费文化的合法化

日常生活金融化的形成有其重要的文化逻辑，即由资本主义制度的本性所决定和派生的消费主义文化与生活方式。资本主义的消费文化与垄断性、虚拟性、投机性、食利性的金融垄断资本相结合，催生了信贷消费文化，让金融成为人们的一种消费习惯，成为当代日常生活中正常和自然的部分。信贷消费文化为建立在金融市场基础上的金融化生活铺平了道路。

一　消费主义文化

消费主义是资本主义形成与发展过程中，在现代工业文明的发展与物质财富丰裕的基础上，形成的一种价值观念和生活方式。主要表现为"片面重视物质消费、物欲至上、享乐第一，忽视精神价值、忽视人的发展，

---

① 李猛：《发薪日贷款：特点、争论和启示》，《国际经贸探索》2008 年第 5 期。
② 巴曙松等：《美国发薪日贷款演变、监管及启示》，《金融监管研究》2018 年第 3 期。

崇尚物欲、崇尚感官刺激的价值观念与奢侈无度的生活方式"①。

消费主义文化与生活方式的出现，表面上看是科技的进步、经济的发展、物质的丰裕、大众社会的形成、广告传媒的诱导的结果，但是，实质上，资本增殖的本性与需求才是消费主义形成的经济基础与内在要求。资本追逐剩余价值最大化与加强对劳动工人的剥削必然造成商品生产"相对过剩"。消费掉这些相对过剩的商品，也就成为实现剩余价值的前提条件。随着生产能力的提高，资本不断地扩张并且不断地生产出新的商品，这就要求在流通领域内扩大消费范围。"第一，要求在量上扩大现有的消费；第二，要求把现有的消费推广到更大的范围来造成新的需要；第三，要求生产出新的需要，发现和创造出新的使用价值。"② 因此，对于资本来说，商品的消费本身不是最终目的，因为"这种消费属于生产过程，它本身表现为生产的要素，即设定价值的要素"③。也就是说，资本虽然生产和创造满足人的需要的使用价值，但这是由交换价值来决定的使用价值，即消费要受到资本生产的支配和限制，受到交换价值的统治。在资本逻辑支配下生产出商品后，为了将这些商品销售出去，资本利用商业广告传媒，激发大众的虚假消费需求；建立信贷消费制度，培育大众的超前消费行为方式；宣扬现实享乐主义价值观，诱导大众形成消费即美好生活的生活信念。人们的消费行为并不是为了满足自身的真实需求和获得商品的使用价值，而是为了资本扩张的自我实现和交换价值的再生产。因此，美国学者施韦卡特认为，这种特殊的消费刺激是资本主义市场经济制度的产物，是发达资本主义所特有的。"在我们的生活中，需求刺激是如此日常化，以至于我们没有去充分意识到此种现象有多独特——在生产的早期模式里不存在，在某些当代模式里也不存在。在原始或封建社会，没有人会有理由地诱导人们增加他们的消费。无论是奴隶主还是奴隶、地主还是农奴，都没有半点兴趣要劝导人们吃更多的面包、喝更多的酒。在指令性计划经济里，也没有生产经营者这么去做，因为生产指标是由一个独立的机构来确定的。确实，对一个来自外星的访问者来说，最令他们莫名惊诧的是，在这样一个

① 尹世杰：《消费文化学》，湖北人民出版社，2002，第18页。
② 《马克思恩格斯全集》第30卷，人民出版社，1995，第388页。
③ 《马克思恩格斯全集》第30卷，人民出版社，1995，第535页。

如此多的人拥有如此少的东西的地球上，如此多的努力致力于劝服那些拥有许多的人消费得更多。"① 然而，"在市场经济里，需求刺激是其体制的有机组成部分。由于资金回报是同销售挂钩的，因此存在一种不可遏制的趋向——推销（术）的趋势。当然，这种趋势的强度因特定的环境而差异极大。在资本主义发展早期，当新兴的资本主义的农场主和工场主参与到同小土地所有者和手工业者的成功竞争时，还没有太大的必要去刺激需求。在那里，市场竞争的是以较低的价格提供商品。但当传统的市场变得饱和，资本主义生产把农民和手工业阶级转化为工资劳动力时，开拓新市场、开发新产品——新的销售技巧（推销术）——的压力变得越来越强大。越来越多的人、越来越多的资源都致力于商品的销售"②。不断创造新的需求是永无休止地扩大的资本积累过程得以持续的一个重要前提条件。可见，消费主义文化与生活方式本质上是资本逻辑刻意制造出来的、服务于资本再生产体系的附属性意识，是披上了普遍意识外衣之后牢牢地被资本逻辑支配着的工具性意识。"消费主义的价值倾向实际上是与资本主义制度的客观逻辑相一致的。消费主义适应了资本增值的需要，是资本增值的一种必然结果，也是资本增值的一种主动的文化策略。"③

　　总而言之，资本不仅仅是一种生产方式，"资本是一种生活方式。作为一种主导性的社会关系，它塑造着人们的愿望、身份、价值和信仰。这并不是一种自然现象，而是包括维持和捍卫高消费文化的积极过程"④。在资本利润最大化的逻辑下，生产不断扩张，而避免出现生产过剩危机的主要办法就是扩大个人消费需求。因此，在日常生活中强化以透支消费、借贷消费为特征的消费主义文化与生活方式，成为资本主义解决利润率下降与生产过剩的主要策略。换言之，日常生活的消费主义是维持资本主义再生产的必要条件。这种文化观念与生活方式不仅可以满足资本最大限度地追逐短期利益的欲望，而且也能暂时以远期利益提前满足消费者当下的物质

---

① 〔美〕戴维·施韦卡特：《反对资本主义》，李智等译，中国人民大学出版社，2008，第102页。

② 〔美〕戴维·施韦卡特：《反对资本主义》，李智等译，中国人民大学出版社，2008，第104页。

③ 李金蓉：《消费主义与资本主义文明》，《当代思潮》2003年第1期。

④ 陈喜贵：《资本主义、剥削与公正》，中国人民大学出版社，2021，第291页。

需求，因而无论是对于唯利是图的资本家还是囊中羞涩的普通劳动者来说，都无疑是极为合适的。消费主义与消费社会为金融信贷技术的创新发展提供了原动力。为满足全社会对购物的火热需求，消费金融应运而生。除了有房住、有车开外，人们不再满足于将手里的余钱存进银行吃利息，而是通过不同类型的投资工具获得高于银行利息的回报。金融机构则顺势设计了一系列面向普通民众的日常化、多样化投资信贷工具，满足大众对金融资产保值增值的需求。消费主义由此成为刺激与催生日常生活金融化的重要文化观念与生活方式。

二　信贷消费文化

消费主义文化构成了日常生活金融化的重要文化语境。但是，更为关键的是，在实际工资下降、社会福利削减的情况下，个人与家庭之所以还继续愿意借贷消费，是因为信贷金融活动在人们的日常生活中的文化形象被认可与肯定，从而形成了一种在日常生活中广为流行的信贷消费文化。

日常生活金融化的一个重要表现是资本主义国家个人与家庭日常债务规模的急剧扩张。据统计，一个典型的美国蓝领工人的工资收入的大约40%用于住房信贷，另外大约15%被用于支付其他的日常生活债务，如学生贷款、汽车贷款、信用卡贷款以及零售信贷等。同时，家庭居民户的债务负担比率持续上升。2005年，美国家庭债务已达11.5万亿美元，数额相当于家庭年可支配收入的127%，这是史无前例的。[①]　那么，如此高的、前所未有的个人和家庭日常借贷水平怎么会变得司空见惯、平淡无奇呢？一个重要原因在于信贷金融所体现的投资冒险精神被认同为自我价值的重要体现，从而取代了节俭与谨慎的资本主义清教伦理观，成为当代资本主义新精神。在文化上，信贷债务已经从一种必须避免的个体软弱性、依赖性行为转变为理性经济人的主体性标志，是经济行为成熟和金融素养良好的表现。

按照卡尔德对美国消费信贷文化史的分析，18~19世纪资本主义消费文化是以节俭、克制、勤劳与谨慎为核心的清教伦理观。其中，储蓄是由节俭精神构建的美好生活一般模式的重要部分。储蓄的实践和克制的理想

①　〔美〕威廉·塔布：《美国债务膨胀、经济泡沫与新帝国主义》，吴娓、付强译，《国外理论动态》2006年第11期。

引导了消费活动。因此，在这种情况下，以谨慎、节俭和自力更生的存款储蓄为特征的财务自律是创造和获得快乐、自我肯定的方式。在这种文化语境中，储蓄、量入为出与信贷消费是格格不入的。清教伦理特别强调个人有责任避免使人虚弱的借贷。在这里，通过借贷获得的便利违背了禁欲主义、自我控制和自力更生的要求，代表着一种自我否定。因此，信贷金融被视为奢侈、浪费、挥霍、享乐、贪婪、缺乏自律、不劳而获的一种类似赌博投机的被谴责的社会行为，受到严格限制。

但是，19世纪末20世纪初，随着分期付款与小额信贷的出现，消费信贷的创新和增长开始逐渐侵蚀节俭与储蓄的清教伦理观。美国梦中的美好生活意味着拥有与消费相关的大量商品。对于广大普通民众而言，这需要信贷与负债，"上帝递给亚当一本支票簿，一张信用卡或者赊购卡。在给美国梦融资的过程中，债务和信贷起了重要作用"[1]。在此过程中，信贷消费的推广者们开始采用各种方式去洗刷传统文化中信贷金融的污名化标签。"信贷革命的创新者们痛苦地意识到消费贷款行业的前辈——典当商和高利贷发放者——身上背负的恶名，于是利用广告和'教育性'公关活动使发放贷款和借贷脱离城市生活的阴影。在那个过程中，他们使家庭信贷成为20世纪20年代得到最大促进的消费服务之一。"[2] 于是，推广者们努力将信贷投资与赌博投机区别开来，展现借贷如何扩大个人和集体消费者的物质福利和安全，将信贷金融活动塑造成冷静，善于观察、捕捉时机以及深思熟虑的理性行动，并作为体现个人努力进取、实现美国梦的重要方式。"从学校老师、军队士兵、乡村医生到公司职员都期待着为子孙的教育和生活提供资助，将辛勤劳作挣来的血汗钱投入股市，有些人甚至将一生的积蓄投入股市。全社会都陶醉在'纸财富'的幻觉中，一时间，投机取代勤劳成为实现美国梦的核心。"[3] 投资借贷行为开始逐渐摆脱了几百年来一直笼罩其上的道德耻辱。

---

① 〔美〕伦德尔·卡尔德：《融资美国梦：消费信贷文化史》，严忠志译，上海人民出版社，2007，第10页。
② 〔美〕伦德尔·卡尔德：《融资美国梦：消费信贷文化史》，严忠志译，上海人民出版社，2007，第17页。
③ 辛乔利：《现代金融创新史：从大萧条到美丽新世界》，社会科学文献出版社，2019，第10页。

此后,"先买后付款""利用我们的轻松付款方法"这类口号已经成为美国消费群体的标准用语。信贷金融活动被道德化、自然化,被视为获得成功与富足生活的最佳途径,并成为社会大众期望的日常活动。在 20 世纪30 年代大萧条之前的资本市场投机狂潮中,股市的火爆引发了全社会炒股的狂热。当时,一个名叫杜兰的股票交易员在 3 个月内赚了 5000 万美元的消息,经过各类媒体的渲染,在社会上形成了轰动效应。"与此同时,银行家和交易员的社会形象转眼之间也发生了根本性改变,从奸诈、贪婪的掮客摇身一变成为红极一时的明星,个个被当成事业成功人士。"[①]

如果说,20 世纪初期消费文化的主要内涵是认可将借贷消费作为个人成功与美好生活的积极标志,那么,20 世纪 70 年代以来消费文化的最重要的变化是指向信贷金融本身的消费行为,即在股票、债券、基金、保险等金融市场中进行的借贷投资活动被赋予了体现个人权利与自由、保障民主的新的时代内涵,强调参与金融市场既是个人自主能力与自我责任的重要体现,也是实现个人经济民主权利的重要方式。按照艾特肯(Aitken)的研究,这个消费文化转变过程从第二次世界大战后就开始了。[②] 以纽约证券交易所为代表的美国金融机构通过广告媒体、宣传手册、广播电影电视、经济教育计划等方式努力推广一种面向大众日常生活的股权投资文化。一是将美国经济描绘成一个由普通民众的投资所推动的独特空间,即把美国经济描绘成一个大众投资经济;二是促进广大民众参与以纽约证券交易所为中心的金融市场,即促进大众投资。时任纽约证券交易所总裁基思·芬斯顿(Keith Funston)明确表示:"如果我们凭借自身信念的力量去追求自己的目标,我们终将接近自己的理想,那将是一个小股东的国度,每一个公民都可以通过个人所有制成为国家物质财富的既得利益者,这是一个真正的人民民主国度。"[③]

第二次世界大战后发展起来的现代金融学,以概率统计、理性计算、

---

① 辛乔利:《现代金融创新史:从大萧条到美丽新世界》,社会科学文献出版社,2019,第 10 页。

② Rob Aitken, *Performing Capital: Toward a Cultural Economy of Popular and Global Finance* (New York: Palgrave Macmillan, 2007).

③ 转引自〔美〕诺顿·雷默、杰西·唐宁《投资:一部历史》,张田、舒林译,中信出版社,2017,第 100 页。

风险控制、量化收益等为风格特征，大大扭转了人们对信贷金融活动"贪婪、疯狂、狡诈"的非理性印象与观念，使人们将之与赌博投机区分开来，赋予了金融更为积极、理性的内涵形象。正如著名金融史专家金德尔伯格所指出的，早期资本主义金融发展史充满了疯狂、恐惧、掠夺、贪婪、愚蠢、欺诈等非理性狂热行为，"疯狂、惊恐和崩溃，是一种经济环境的结果。这种环境滋生着贪婪、诡计和掠夺，而不是对金科玉律的虔诚信仰"①。例如，法国第一次重大的金融危机，即密西西比泡沫，就是在法国财政部的钥匙被交给臭名昭著的赌徒约翰·劳（John Law）时引发的。在股票崩盘中倾家荡产的法国民众不仅认定约翰·劳是头号骗子，而且还使得"银行"这个名词在法国民众中彻底失去信誉。金融信贷被人们视为一种道德堕落行为而遭到排斥、蔑视与谴责。因此，长久以来，股票市场、投资银行和其他金融活动合法化与大众化的核心就是将非理性赌博投机与理性的科学行为进行严格区分。前者是指贪婪的赌徒听天由命，服从命运安排；后者是指谨慎和有洞察力的投资者运用理性知识与计算方法来掌控自我。

这一区别与转变从 19 世纪末就开始了。以《金融时报》（*Financial Times*）、《华尔街日报》（*The Wall Street Journcl*）为代表的财经类期刊、报纸、操作手册、指南书籍大量出现。这些财经读物以将金融投资与自然科学进行类比的方式，强调金融市场不是任意摆布、杂乱无章的混合体，而是像自然物理现象一样遵循客观法则与规律，每个金融投资者都可以作为金融市场规律的理性观察者与行动者出现。金融活动以"金融投资科学"（Science of Financial Investments）的话语形象，力图表明金融投资行为在经济上有回报，在社会上是合法的，在道德上是可接受的，将金融整合到公认的日常知识秩序中，从而吸引更多的人参与金融市场活动。② 金融投资行为的科学形象在现代金融学的形成与发展中得到了更加充分与鲜明的体现。包括莫迪利亚尼-米勒理论、均值方差理论、市场有效性假说、资本资产定价模型、套利定价理论、布莱克-斯科尔斯公式等在内的现代金融学理论，以其定量化、精确化、工程化的风险—收益框架，使得投资者追求金融利

---

① 〔美〕查尔斯·P. 金德尔伯格：《疯狂、惊恐和崩溃：金融危机史》，朱隽、叶翔译，中国金融出版社，2007，第 1 页。

② Alex Preda, *Framing Finance: The Boundaries of Markets and Modern Capitalism*（The University of Chicago Press，2009），pp. 88-93.

润的行为合理化。提出与建立这些理论观点的诸多学者获得了诺贝尔经济学奖。在这些金融理论的指引下，华尔街开发设计了一系列的金融衍生工具，有力刺激了全球衍生品市场的繁荣发展。现代金融学理论与实践的巨大效应彻底改变了金融信贷的非理性话语与形象，赋予了其更为理性、科学的文化内涵。

这种信贷投资文化的核心理念就是认为经济社会秩序的稳定不是通过控制社会公民来实现的，而是通过允许公民拥有和管理资产来实现的，以此作为个人经济民主与社会稳定的关键。财产所有权是个人直接体验经济责任的特殊场所之一。它为个人提供直接的所有权经验，并赋予个人将财产作为一种经济资源加以管理的责任。换言之，财产所有权是重要的公民权利，可以帮助人们在日常生活中积极参与经济生活、融入社会结构，从而有助于确保经济民主与社会稳定。而随着第二次世界大战后股票、债券等金融市场的发展，财产所有权的公民理念与股权投资开始结合。一种特殊的所有权形式——公司股票所有权——成为推广大众投资文化的关键。在这种文化理念中，股票所有权是构建适当社会公民形式与经济民主实践的关键。提高金融市场的普遍参与水平可以提升经济民主和公民身份的稳定性，并且是确保有意义的"大众所有制"形式的基本条件。在这种利益和文化背景下，发展致力于扩大股票所有权的文化成为纽约证券交易所的首要政策，并且深刻影响了美国普通民众的日常生活。人们越来越习惯于将部分储蓄冒险投资于股票、债券市场，并获得直接的个人股份，以此作为体现个人经济民主与自由权利的重要方式，"数以百万计的美国人受此诱惑，接受了这一计划，几乎美国一半人口的经济保障和股票市场挂上了钩。金融成为美国社会的新宗教，其信仰者坚信这样一条理念：指数基金是安全的、能够带来报酬的资金存放地……现在世界成了一个股票市场，而我们全都成了交易员，每天买卖各种'资产'，为的就是获得成功"①。这种文化理念在促成普通民众对金融投资与信贷的积极态度方面起着重要的调节作用。可以说，日常生活金融化就是日常金融投资、大众的财产所有权、经济民主实践与公民权利观念相互结合的必然产物。

---

① 〔美〕杰拉尔德·戴维斯：《金融改变一个国家》，李建军、汪川译，机械工业出版社，2011，第5页。

第六节　金融传媒与金融教育的普及化

广告传媒与知识教育对日常观念的形成有很大作用。同理，信贷消费文化合法化的过程，同时也是借助广告传媒与知识教育对广大民众及其日常生活进行金融知识、金融观念、金融形象的灌输、传播与教育的过程。一是以《华尔街日报》、《金融时报》、彭博资讯、汤森路透、CNN 财经频道等英文主流财经媒体为核心的大众传媒，不间断地传送全球金融信息，刺激人们的财富欲望，引诱民众非理性地投身金融市场，成为日常生活金融化庞大的宣传机器和造市工具；二是打着普及民众金融知识、提高金融素养与能力、实现金融民主化的旗号，全面推行各种形式的全民金融教育计划，缩小金融与民众日常生活之间的认知距离，构成了日常生活金融化系统的教育方式。

一　财经传媒的普及传播

如前所述，信贷消费文化形成的关键在于改变大众观念与想象中借贷投资活动所具有的贪婪、冲动、自私、不自律、非理性的赌博形象，将其重新塑造成客观冷静、善于观察并捕捉时机、积极进取的理性行为，并作为体现个人权利与经济民主的重要方式。当代资本主义各种大众视听传媒，包括个人理财指南、报纸、杂志、书籍、网站、电影和有线电视等，在这一过程中起到了重要作用："视听传媒在社会价值观的发展和传播中也起到了基础性作用。这并不仅仅因为它们在很大程度上影响了世界的哪些事实和形象是我们能够看到的，而且还因为它们提供了政治、社会、种族、地理以及心理等我们用来使上述事实和形象更加易懂的概念和范畴。因此它们不仅帮助决定了我们看到的是什么样的世界，也决定了我们怎样看待这个世界。"[1]

首先，自 20 世纪 70 年代以来，资本主义社会中的财经媒体的数量、规模迅速增长，影响力日益增强。据英国著名的《威林斯报刊指南》统计，

---

[1] 〔德〕伯尔尼德·哈姆、〔加拿大〕拉塞尔·斯曼戴奇编《论文化帝国主义：文化统治的政治经济学》，曹新宇等译，商务印书馆，2020，第 159 页。

以印刷为基础的金融媒体扩张迅速。1984 年英国有 9 种专门针对个人理财的报刊，而到 1995 年则增至 23 种。① 这些报刊涉及的财经内容丰富，目标人群多样：既有针对利基市场，涉及从储蓄和股权投资到税收指南的专业化个人金融期刊，也有服务于年龄较大、拥有学位、收入高于平均水平、个人资产水平较高的男性和中产阶级读者的标准化大众市场的个人理财指南，还有一些全国性报刊，开辟了指向教育程度与收入水平较低的工薪阶层与贫困群体的个人金融建议和信息专栏。如《星期日泰晤士报》《独立报》《星期日邮报》《每日镜报》等都有固定的面向普通民众的个人金融专栏。各种面向老年人、家庭妇女等的财经电视节目也日益繁多。美国著名的财经媒体 CNBC，在欧洲、亚洲和美国拥有三个区域性财经报道网络，遍布全球 89 个国家，设有 129 个记者站，拥有 1700 名新闻采编人员，向全世界 3.85 亿家庭提供实时的金融市场报道和商业信息。CNBC 网站每月有 1300 万的独立访问者，每月页面浏览量超过 4.24 亿。② CNBC 的财经节目众多，包括"财经论坛"（Squawk Box）、"市场观察"（Market Watch）、"市场综述"（Market Wrap）和"商业中心"（Business Center）等，CNBC 还有网站、移动产品以及为 Apple Watch 和 Apple TV 打造的客户端。CNBC 通过关注实时金融信息、不断更新金融新闻、进行亲临现场的金融访谈，将全球金融信息带入普通民众的日常生活，成为人们想象他们生活在同一个金融世界的媒介。

其次，这些财经媒体通过将信贷消费者或金融投资者塑造成敢于冒险、敢于负责的个人主义式的英雄形象，不仅消解了传统观念中夏洛克式高利贷者的罪恶形象，而且吸引了广大民众积极参与信贷金融活动。英国的《每日邮报》开展了一系列旨在培养私人投资者的活动，每周都讲述一个人在金融成功之旅中的故事（通常是通过企业所有权或投资）。这些故事描绘了一个美好的股票市场形象，展示了股票市场作为一张成功的门票，能够让普通人，甚至是新手，迅速成为百万富翁。例如，让某个在股市中获得成功的普通家庭主妇现身说法，表明有特色的个人取得了不同程度的成功，

① Andrew Lcyshon, Nigel Thrift, "Reading Financial Services: Texts, Consumers, and Financial Literacy", *Environment and Planning D: Society and Space*, Vol. 16, No. 1 (1998): 29-55.

② Heresco Aaron John, *Shaping the Market: CNBC and the Discourses of Financialization* (The Pennsylvania State University-ProQuest Dissertations Publishing, 2014), p. 69.

但信息仍然一致：专业知识或财富对股票和股票的买卖来说并非必要。任何人都可以享受投资，获得成功。[1] 著名商战电影《华尔街》中的华尔街金融家戈登·盖柯成为流行文化的符号与偶像，以其如下名言广为人知："我很贪婪。但是，大多数人误解了贪婪。贪婪是强大的推动力。纵观历史，人类最伟大的成就都是由那些想要改善他们的处境的人推动的。这种推动力就是贪婪。贪婪不是一个好听的词，但是贪婪是好东西。"这些台词将华尔街的金融家及其贪婪粉饰为推动经济社会发展的动力，将金融精英的价值观念植入普通人的日常生活中。还有在财经人物传记出版物中，乔治·索罗斯、沃伦·巴菲特、彼得·林奇、吉姆·罗杰斯等被刻画为白手起家成为投资大师的美国梦象征，被冠以各种称谓，如"金融大鳄""股神""股票天使""债券之王"。他们被包装成通过个人勤奋努力、勇于冒险、合理规范、高度自律、精于计算来创造未来财富、实现人生价值的金融奇才或天才形象，塑造并赞颂了一种个人自由与力量的精神。如论者所言，"目前来看，金融交易依然占据着一种特殊的文化空间，在边缘处识别利润，具有男性气质的美德。在一个以时间为新前沿的世界里，交易者是冒险资本主义的典型代表"[2]。这些资本主义的文化英雄诱导人们积极参与金融活动、接受与容忍金融风险与竞争，将其作为每个人成功与自由的必要条件。而那些不能参与金融市场的人或者被视为懒惰或不聪明，或者被遗忘，因为他们没有抓住自己的金融未来。"这种实用主义气氛已经改变了我们的文化。现在，人们对成功的商业人士的尊重相对或更甚于对杰出科学家、艺术家或革命家的尊重。社会上出现了越来越多的实用主义者，他们将投资股票视为迅速致富的捷径。"[3] 这些新兴的金融精英推动了金融市场的普及。白手起家的个人在金融化浪潮中走向财富的故事成了一个广为传播的文化符号。报纸、杂志和电视都称赞敢于冒险的、精明的投资者和首席执行官在创造金融繁荣中的作用。金融的逻辑和话语成为重要的文化试金石。

---

[1] Amy Edwards, "'Financial Consumerism': Citizenship, Consumerism and Capital Ownership in the 1980s", *Contemporary British History*, Vol. 31, No. 2（2017）：210-229.

[2] 〔奥〕卡瑞恩·克诺尔·塞蒂娜、〔英〕亚力克斯·普瑞达主编《牛津金融社会学手册》，艾云、罗龙秋、向静林译，社会科学文献出版社，2019，第189页。

[3] 〔美〕罗伯特·希勒：《非理性繁荣》，廖理译，中国人民大学出版社，2004，第39页。

再次，财经媒体通过股票分析师、金融评论员、财经记者、投资理财顾问、金融专家的话语、知识与经验，向广大民众提供各种金融新闻、金融评论、金融机构分析、金融投资建议与方案，劝服人们相信信贷金融活动符合他们的最大利益。"报纸将以往庄重的财经版变成了强化的'金钱'版，改版后给出了很多对个人投资者很有用的建议。过去报纸的主题是有关某些企业的专题文章，这通常是某个行业或某个企业所关注的内容，而现在，主体则变成了对个人投资者的获利指南。在今天的这些文章中，分析师通常会对当前的投资新闻提出自己的看法。"[1] 这些金融分析师或专家打着金融投资学、金融心理学、行为金融学的旗号，一方面宣扬金融市场并不神秘，而是一个为所有人服务的民主化、大众化的市场，每个人都可以通过明智的资产管理和信贷投资来控制和改善自己的未来，实现金融自由；另一方面又劝导人们要学会在金融市场中为长期收益的承诺承担短期损失。个人必须愿意接受当前的金融风险，以确保自己未来的收益。著名的共同基金经理彼得·林奇写道："从事这一行 20 年让我相信，任何正常人，只要用惯了的 3% 的大脑，就能比普通的华尔街专家同样好地（如果不是更好的话）选股。如果你保持半醒状态，你可以在你的工作地点或附近的购物中心挑选投资项目，而且要在华尔街发现它们之前很久。"[2] 以现代专业金融知识装点的金融媒体成为一种强大的信息教育工具与金融消费广告，刺激了广大民众对股票、信贷等的投资需求，改变了人们理解金融及其关系的方式，向民众灌输与培育了能够促使其积极参与金融活动的金融合理性观念。如果阅读报纸已经成为每个国家公民每天晨起祈祷的一种形式，那么金融媒体每天都在强化金融福音及其在日常生活中的重要性。

复次，财经媒体与现代信息通信技术相结合，24 小时不间断地播放全球各种财经信息资讯，以全方位、立体化、多层次的传播手段，为广大民众营造了一个充满金融投资信息、图像、符号、话语的生活空间与氛围，并促使人们对此作出反应。以 CNBC 为例，该频道在欧洲、亚洲和美国拥有三个区域性财经报道网络，将各区域市场的信息和全球性的视野有机地结

---

① 〔美〕罗伯特·希勒：《非理性繁荣》，廖理译，中国人民大学出版社，2004，第 47 页。

② Harrington Brooke, *Pop Finance: Investment Clubs and the New Investor Populism* (Princeton University Press, 2008), p. 24.

合起来，使观众在任何时间、任何地点都能实时获得全球性的财经新闻。CNBC 每天面向北美进行 15 小时的商业节目直播（工作日早 4 点至晚 7 点），内容涵盖了 CNBC 在世界各地的分社报道的新闻。晚间播放以金融和商业为主题的纪录片和真人秀节目。在 CNBC 的世界观中，金融不再仅仅是为华尔街专业人士服务的，而是通过个人退休账户、共同基金、信用卡和货币市场账户渗透到数百万美国人的心中和家中。可以说，CNBC 既是一个独立的金融实体，又是一个金融话语生产和分配的重要场所。除此之外，在商店橱窗、咖啡馆、地铁站、图书馆等公共场所，都有显示最新金融数据的电脑屏幕。在报刊上，有各种各样的个人理财专栏。在电视网站上，有金融专家与普通投资者的对话交流，还有各种投资股市或房地产的大型真人秀节目，以邀请普通人参与金融市场的方式来暗示与劝服人们接受金融市场与金融产品。① 在校园，有各种面向学生群体的金融投资通俗讲座与社团俱乐部。一方面，这些金融信息传播方式与手段，扩大了金融信息资讯的受众范围。一个庞大的有能力获得金融信息资讯并理解与解释这些信息资讯的"金融受众"群体不断形成与扩大。它不仅包括传统的、受过教育的中产阶级，而且也覆盖了广大工薪阶层，乃至过去存在金融信息鸿沟与壁垒的边缘人群。另一方面，多标量、多渠道、多层次的金融信息内容与送达方式，在一定程度上减弱了金融产品的生产者与消费者之间长期存在的信息不对称，增进了金融消费者对金融市场与金融产品的了解与信任，从而拓宽了民众接触金融产品、进入金融市场的信息渠道。

最后，财经媒体还采用各种形象生动的时尚元素，将金融消费活动描绘成充满个人生活乐趣的休闲娱乐活动，吸引普通民众参与金融活动。例如，书店的"个人理财"栏目通常以品牌图书的系列展出为特色，而且还有配套的网站。这些网站通过动画、短视频指导他们理解金融市场，作出投资决策。全球财经畅销书《富爸爸 穷爸爸》（*Rich Dad Poor Dad*），发行至 109 个国家和地区，总销量超过 4000 万册，就是一个典型。它以一个孩童的成长经历为故事出发点，描绘出不同金融教育方式下的生活方式，吸引人们主动选择通过投资理财实现美好生活的道路。以《富爸爸 穷爸

---

① Nuria Lorenzo-Dus，"Buying and Selling：Mediating Persuasion in British Property Shows"，*Media*，*Culture & Society*，Vol. 28，No. 5（2006）：739-760.

爸》为原型开发的现金流游戏 The Rat Race，寓教于乐，通过模仿现实生活中的房地产投资、股票投资等，来告诉游戏玩家如何识别和把握投资理财的机会。玩家可以从充满乐趣的游戏中学到有关会计、财务、投资等多方面的知识，游戏将枯燥的财务知识和致富理念变得通俗、生动，通过不断地游戏训练以及学习游戏中所蕴含的富人的投资思维，人们在游戏中体味现实生活中的高风险投资，从而提高财务智商。通俗读物《比尔斯敦女士的常识投资指南：我们如何跑赢市场，你也可以的》（*The Beardstown Ladies' Common-Sense Investment Guide: How We Beat the Stock Market-And How You Can Too*）以普通美国人日常生活中的投资经历鼓舞了许多小投资者参与证券市场。因此，在 20 世纪 90 年代，以往古板的《华尔街日报》宣称，投资已经成为"美国最繁荣的娱乐行业"[1]。

按照英国学者克拉克等人的说法，"金融已经成为一种媒体事件"[2]。从传统纸媒到影视传媒，再到网络新媒体，它们以无处不在、无时不有的影响力，向广大民众灌输与传播着金融合理性与合法性的观念，将人们的日常生活世界塑造成一个金融化世界。对于利率、汇率、再融资、个人退休账户、大学储蓄账户、健康储蓄账户以及各种金融工具的讨论已经成为人们日常对话中的话题："许多人每天都关注价格走势，或者只是偶尔在线交易，或者去一个值得信赖的经纪人那里，看新闻，看价格图表，和朋友讨论市场……这些活动已经融入了我们的日常生活：金融数据在公共场所的屏幕上流动，市场评论源源不断地通过媒体传递，而投资是晚餐谈话的合适话题。"[3] 金融媒体描绘了一个沉浸于信贷、投资、投机的日常生活世界。在这个世界里，金融不再是一种仅仅为华尔街专业人士服务的"高冷"活动，而是一件既普通平常又令人兴奋、有趣的大众事件。因此，各种财经传媒对金融信息、金融市场、金融主体、金融行为的话语建构与符号想象，使得金融成为塑造人们日常体验的重要因素。

---

[1] Harrington Brooke, *Pop Finance: Investment Clubs and the New Investor Populism* （Princeton University Press, 2008）, p. 22.

[2] Gordon Clark, Nigel Thrift, Adam Tickell, "Performing Finance：The Industry, the Media and Its Image", *Review of International Political Economy*, Vol. 11, No. 2 （2004）：289-310.

[3] Alex Preda, *Framing Finance: The Boundaries of Markets and Modern Capitalism* （The University of Chicago Press, 2009）, p. 1.

二　金融教育的推广渗透

　　财经媒体所灌输的金融合理性观念要转化为现实的、具体的金融行为，需要克服的一个重要障碍是普通民众缺少必要的金融知识与能力，无法识别与选择适合自身的金融产品，从而无法作出理性的金融决策与行为。"如果我们希望实现真正的金融大众化，金融从业者就必须教会普通人使用金融工具，使他们了解金融服务的覆盖范围。这些知识不应仅局限在金融专家的手中。"① 一个日益金融化的世界要求人们在一生中作出更复杂的财务计算和决策。他们必须懂得如何理财，如何使用信贷，如何选择保险，如何纳税，以及如何为紧急情况、长期财务保障和发展进行储蓄。金融知识、金融素养与金融能力是一种基本的生活技能，应该在每个人的生命周期中加以推广。低水平的金融技能和金融知识被认为会给个人带来高昂且往往不可逆转的成本，以及对金融市场、经济和整个社会产生负面溢出效应。因此，通过教育对广大民众进行金融知识启蒙与普及，提高民众进行投资理财的决策能力与金融资产的有效管理能力，增强其在金融市场中的风险意识，即所谓"金融扫盲"或"消费者金融教育"，成为诸多发达资本主义国家推行公共的社会教育的重要部分，同时也在民众的金融能力与金融素养层面推动了日常生活金融化。

　　从金融教育的机构看，当代资本主义在 20 世纪 60～70 年代就着手建立从国家到地方政府再到社区学校的各种金融教育机构与组织，对广大民众进行全覆盖的金融教育。联邦存款保险公司、美联储、证券交易委员会等大力鼓励开展针对个人消费者的财经教育。1995 年，美国储蓄教育委员会、个人金融扫盲联盟相继成立，继续推动旨在提高个人消费者及青少年金融素养与能力的教育运动。2002 年，美国财政部成立金融教育办公室。2003年，金融素养和教育委员会成立，统筹联邦各个部门的金融教育，制定金融教育发展战略。2010 年，消费者金融保护局成立，负责评估金融教育成效。② 除国家层面外，一些金融学术机构与组织也积极参与金融教育运动。

---

① 〔美〕罗伯特·席勒：《新金融秩序：如何应对不确定的金融风险》，束宇译，中信出版社，2014，第 13 页。

② 李先军、于文汇：《美国构建理财教育体系的经验与启示》，《世界教育信息》2018 年第16 期。

1984 年，金融咨询与规划教育协会成立，并出版《金融咨询和规划期刊》。此外，美国消费者利益委员会、亚洲消费者和家庭经济学会等学术组织在消费者金融教育研究方面也非常活跃。另外，"美国地方、州、联邦政府、社区组织、公司、金融机构、银行、教堂、初等和高等教育机构以及军事机构均开展消费者金融教育的项目"①。在国际层面，经济合作与发展组织（OECD）也积极推进金融扫盲教育项目。2005 年，该组织发表了一份题为《提高金融素养：问题与政策分析》（*Improving Financial Literacy, Analysis of Issues and Policies*）的研究报告。该报告被称为"第一份关于金融教育的主要国际研究"，旨在阐明政府为何应考虑这一问题，并列出现有的加强金融教育的做法。这些从上到下、庞大而多样的金融教育机构与组织是推进金融社会化、组织化、日常化的重要组织形式。

从金融教育的目的看，金融教育的目标是一个涵盖金融知识、金融素养与金融价值观的三维矩阵。按照英国金融服务管理局（The Financial Services Authority，FSA）的说法，"我们有一个共同的愿景，就是公民能够更好地了解情况，接受教育，更有信心，能够对自己的金融事务承担更大的责任，并在金融服务市场发挥更积极的作用。我们的目标是向人们提供所需的技能和知识，使他们能够对自己的资金作出明智的决定，这样他们就可以控制自己的财务状况，并要求银行业提供更好的服务"②。首先，金融教育帮助民众获得更多、更丰富、更科学的金融知识与信息。这些知识与信息能够提升人们财务管理、金融决策的水平，促进其更多、更好、更有效地参与信贷金融市场。这包括了解和掌握收入、储蓄、借贷、投资和保险的基本知识，教人们如何利用经济概念作出个人财富最大化的决策等。其次，金融教育还要帮助民众提升金融素养。金融素养不仅仅是认知层面的金融知识，更多的是非认知层面的金融行为能力与态度。因为个人经常无法将金融教育中传授的知识、技能和资金管理理论付诸行动。这归因于对自身金融能力缺乏信心，对金融决策缺乏自我控制，以及对金融市场缺乏信任。因此，在许多国家，对资金管理能力的理解已经扩大到这些非认

---

① 肖经建：《美国消费者金融教育对中国的启示》，《清华金融评论》2017 年第 6 期。
② FSA, *Financial Capability in the UK: Delivering Change* (London：Financial Services Authority, 2007), p. 20.

知品质——信心、自控和信任。世界经济合作与发展组织就将金融态度和金融行为纳入金融教育的定义中，即"做出合理的金融决策并最终实现个人金融福祉所需的意识、知识、技能、态度和行为的结合"[①]。许多金融教育网站都设计有"如何规划你的经济未来""如何正确管理我们家庭的经济未来""如何为预期和意外的未来做好准备"等栏目。它们将合理规划未来的倾向和管理未来风险的能力作为金融素养的核心。最后，金融教育的最终目的是形成一种信赖金融的价值观，并将其作为个人理性、福祉、成功、自我价值实现的标志。具有这样价值观的人被视为有金融知识的金融公民（Finance-Informed Citizens）[②]，他们被认为有能力在经济与金融领域进行积极、有效的公民参与，了解并影响经济与金融政策。金融教育培养的金融公民构成日常生活金融化的重要参与主体。

从金融教育的内容看，金融教育的内容不仅仅是投资理财知识。英国金融服务管理局以"决策树"（Decision Trees）为基础编制了一个引导人们进行养老金投资的行为指南[③]，旨在帮助人们做出金融投资决定。其中设计了问答，问题以流程图的形式被提出，要求回答是/否或进行数字输入。在2002年《金融服务管理局指南》"审查你的金融投资计划是否恰当"的标题下，读者需要完成五个步骤的计算。第1步，个人在"目标退休收入"框中输入数字。这反映出读者对他们当前收入的一些重要计算，以及他们退休时财务状况的可能变化的预期。第2步，需要一个"预期国家养老金"的数字，个人预测可以从国家提供的养老金服务中获得多少份额。第3步，要求输入"估计职业养老金"数字，即个人估计职业收入的保障是多少。第4步，需要一个"估计私人养老金"的数字，即个人可以从购买的职业年金、个人或利益相关者养老金中获得多少。为了使读者能够得出这个数字，这里提供了一系列年金产品的年度养老金收入的大概数额的表格。第5步，个人被告知将他们在第2~4步的计算相加，然后从他们的"目标退休

---

① OECD, *OECD/INFE High-level Principles on National Strategies for Financial Education* (Paris: OECD Publishing, 2012), pp. 7-9.

② Lauren E. Willis, "Finance-Informed Citizens, Citizen-Informed Finance: An Essay Occasioned by the International Handbook of Financial Literacy", *Journal of Social Science Education*, Vol. 42 (2017): 16-27.

③ Paul Langley, *The Everyday Life of Global Finance: Saving and Borrowing in Anglo-America* (Oxford University Press, 2008), p. 99.

收入"（第1步）中减去，从而得到个人养老金的综合预测数值。这些测算就是希望唤起个人对自身退休养老保障的责任。而服务指南对此给出的建议往往是，为长期目标储蓄的最佳方式是主要进行股票或基于股票的投资。这样，就在个人的退休收入保障与日常投资之间建立了一种明显的对应关系。

从金融教育的对象看，金融教育既是一个覆盖从儿童到青少年再到中老年人，贯穿整个生命周期的全民教育工程，又是一个针对不同人群特点采取不同方式路径的特色教育项目。让个人习惯金融化不是一个可以等到晚年才开始的过程。让孩子们准备好生活在一个金融化的世界里，是金融教育的起步阶段。针对儿童的心理认知特点，以阅读和游戏等方式开展的金融教育最为常见。少儿版的"富爸爸现金流"、"百万富翁"、虚拟ATM模拟器、虚拟股票市场等游戏，通过提供形象生动、充满乐趣的金融环境，不仅让孩子们可以自由地探索和学习关于货币、银行、股票、房地产等的金融知识和技能，而且鼓励孩子们将金钱和财富视为个人成功与美德的标志。在英国，儿童满7周岁后，可由父母或者监护人代表孩子在银行或者Building Society金融机构开立储蓄账户，设立儿童信托基金。这些储蓄账户与基金通过向所有儿童提供获得金融资产的机会，与学校课程提供的金融教育相结合，培养孩子的储蓄习惯，使孩子们了解日常金融系统，增强金融意识。青少年是金融教育的重点对象。因为青少年不仅可能在金融产品、金融服务和金融市场方面面临日益复杂的问题，而且他们在成年后比其父母更有可能承担更多的金融风险，特别是他们可能在规划自己的退休储蓄和投资方面承担更多的金融责任。这意味着，他们需要尽早接受有关金融的专门教育课程，如个人财务开支计划、基本储蓄和投资等财务知识课程，同时将财务知识渗透到数学、物理、社会、历史等科目以及一些社会实践项目中。对于中老年人，主要由社区银行与非营利性组织举办各种公众讲座、论坛、研讨会、投资俱乐部等，帮助他们学习丰富的个人金融知识。针对少数族裔、低收入群体、退伍军人、残障人士、家庭妇女等特殊人群，美联储与国防部联合社区组织用当地语言在原住民聚集区和工作场所进行宣传，帮助原住民家庭获得按揭贷款融资和交易费用优惠。

总而言之，在当代资本主义社会个人的经济与社会保障越来越取决于自己的金融决策的背景下，金融知识、金融素养、金融价值观的教育实践与金融能力的培养自然成为个人参与金融活动、抵御不确定性与风险、维系日常生活正常运转的基本生活技能。金融教育塑造了人们对金融行为、金融产品、金融市场作为可知、可控、可管理的理性领域的习惯性认知与社会性想象。这些金融习惯作为日常生活中的重要认知工具，使人们相信可以通过金融技术来预估和管理未来的风险，鼓励个人作为主体积极参与金融实践，并转化为标准的金融行为者：一个"负责任的"和"有资格的"金融市场参与者，有动力和能力作出增加自身福利的金融决策，以便充分适应与积极融入金融化世界。在此意义上，金融教育成为推进日常生活金融化的重要认知和行为工具。

第三章　日常生活金融化的演变阶段

资本主义是一个具有阶段性发展的社会历史现象。日常生活金融化能够成为当代资本主义社会体制的重要特征，也是经历了一个不断形成、发展与演变的阶段性过程。从当代资本主义的整体性视角看，这一演化过程大致经历了三个既相互联系又相对独立的阶段，即从 20 世纪 70 年代初到 80 年代末的金融市场的大众化阶段、20 世纪 90 年代金融消费的社会化阶段与 21 世纪以来的金融社会的全面化阶段。

第一节　20 世纪 70 年代初到 80 年代末
金融市场的大众化阶段

20 世纪 70 年代，资本主义开始向新自由主义与金融化体制转型。为配合新自由主义的"经济自由化""财产私有化""资源市场化""福利个人化""全球一体化"理念，资本主义国家鼓吹推行所谓让人人拥有所有权、人人成为资本家的"大众资本主义"。在此背景下，资本主义对经济体制与金融市场进行了大规模的私有化改造与大众化推广，使资本，特别是金融垄断资本的力量得以向人们的日常生活领域渗透与扩张。这标志着当代资本主义日常生活金融化序幕的拉开。

一　大众资本主义

所谓"大众资本主义"（Popular Capitalism），或"人民资本主义"（People Capitalism），就是企图通过雇员股东化、股份个人化、股权分散化，实现全社会人人持股、人人都是资本家的"所有权大众化""资本民主化"①。这种趋势与思潮在第二次世界大战后随着资本主义股份公司与金融市场的发展出现。当时，股份公司成为资本主义企业的普遍组织形式。作为企业筹措资金、促进资本积聚的一种方式，资本家开始大量发行小额股票，积极鼓励雇员购买企业股票，并将其作为参与企业经营管理与收入分红的重要手段，甚至视为拥有企业所有权的重要象征。美国许多企业发售面值从 25 美分到 10 美元不等的"便士股票""人民股票"等小额股票。如通用汽车公司资产高达 1800 亿美元，却发行了 1.75 美元的小额股票，泛美航空公司发行的股票小到 25 美分，以此吸引广大民众购买股票，参与金融市场。美国股票持有人数从 1952 年的 640 万人增加到 1962 年的 1700 万人左右。于是，部分资产阶级学者将这种持股人数大规模增长、股权逐渐分散化的现象称为"人民资本主义"，宣称资本主义进入"人人都是资本家""拥有可以生活的资本财产所有权"的民主社会。②

进入 20 世纪 70 年代，英国撒切尔政府与美国里根政府将"大众资本主义"与新自由主义的"自由化""私有化""市场化"理念相结合，进一步迷惑广大民众，诱导他们进入金融市场。这一时期"大众资本主义"的重要特点是打着尊重个人自由与私有产权、自由市场万能论的旗号，宣扬个人负责养老金、住房所有权和社会福利比持续的国家资助更为可取、更加实用和更有效率。通过对公共资源、社会福利、教育、医疗、养老金供给的市场化与私有化，更广泛地传播股份所有权的个人化，并将人们的日常生活与资本市场紧密捆绑起来。

一方面，新自由主义资本主义对关系人们日常生活的公共资源等进行了全面市场化与私有化。1980 年上台的英国撒切尔政府尤其注重将原有的国有资产私有化，对社会经济特别是私营经济去调控化，加强市场竞争与自由运作。英国飞机制造公司、英国电信公司、英国航空公司以及钢铁、电气、煤气、石油、煤矿、自来水、公共汽车、公共住房等行业都在大规模私有化过程中被变卖了。英国私有化改造最为成功的就是公共住房私有化。英国当时拥有西欧最大的公共住房储备，这是几十年来国家对公共住

---

① 赵汇：《股权分散化丝毫不改变资本主义的本质——"人民资本主义论"辨析》，《高校理论战线》1998 年第 1 期。

② 张培刚：《对〈资本家宣言〉的批判》，《经济研究》1963 年第 8 期。

房直接投资的结果。早在 1938 年，英国政府就已经建造了 100 多万套公共住房。此外，第二次世界大战后，工党政府和保守党政府都扩大了公共住房的存量。因此，公共住房私有化成为第一届撒切尔政府的一个关键目标。其住房重组的核心是"购买权"政策。这项政策被纳入 1980 年的《住房法案》（the Housing Act of 1980），该法案允许居住在公共住房中的房客以根据居住时间计算的折扣购买房产。由于最高折扣可达 70%，这项政策具有很强的公众吸引力。除了经济激励之外，撒切尔政府还颁布了一些规定，以促进人们获得抵押贷款。与此同时，撒切尔政府还通过强调个人利益、自主权和责任的个人主义话语来增强对公共住房私有化的支持。在 1979 年 5 月苏格兰保守党会议的一次演讲中，撒切尔警告选民，未能实施"购买权"政策意味着数百万公民将"面临支付余生租金的前景，最终将一无所获"，"也没有什么可以传给他们的子孙"。在另一次演讲中，撒切尔将住房问题与以恢复私有制为英国社会关键组织原则的新自由主义运动联系起来，将住房私有化框定为走向个人自由和责任的新自由主义之旅。[1] 住房的私有化被视为数百万英国公民真正自主并对自己的生活负责的巨大机会："大规模公共住房廉价卖给住户，成功加强了整个运动的正当性；十年内私有房主数量大幅增加。这满足了人们历来把拥有个人房地产视为工人阶级美梦的愿望，并在房产市场引进了一种新的（通常是投机的）动力，中产阶级对此颇为赞赏，他们看到自己的资产价值上升了——至少是在 20 世纪 90 年代初房地产崩溃之前。"[2] 这些公共基础设施在很多方面都是人们日常生活的必需品。公共资源的市场化也加速了日常生活的市场化。

另一方面，新自由主义资本主义也开始大规模削弱福利国家，进一步将人们推向通过金融市场满足日常生活需求的轨道。因为"虽然市场中的人身和个体自由得到保障，每个个体却要为自己的行为和生活安康负责。这一原则扩展到许多领域，包括福利、教育、医疗卫生甚至养老金"[3]。1981 年上台的里根政府的政策重点之一就是通过削减预算、松绑资本、打击劳工以及在关键位置上任命反对管制、坚持自由市场导向的管理人员，

---

① Daniel Béland, *Framing the Ownership Society: Ideas, Institutions, and Neo-Liberal Social Policy* (Annual Meeting of Research Committee, 2005).

② 〔美〕大卫·哈维：《新自由主义简史》，王钦译，上海译文出版社，2010，第 70~71 页。

③ 〔美〕大卫·哈维：《新自由主义简史》，王钦译，上海译文出版社，2010，第 75 页。

全面削减教育、医疗、卫生、养老、保健等社会福利。哈维在《新自由主义简史》中以纽约的城市危机为例，表明了福利制度的瓦解对人们日常生活造成的重要冲击。20 世纪 70 年代，由于联邦政府资助的削减，纽约市用于社会福利支出的财政预算赤字扩大。以花旗银行为代表的金融机构以资金援助的名义全面接管了纽约城市预算管理机构。他们首先要求用城市收入还清债务，剩余资金用于基本服务。造成的结果是纽约市公共机构能力被削弱，被迫进行工资冻结，削减公共职务和社会供给（教育、公共医疗、运输服务），强行征收学费（学费第一次被引入纽约城市大学系统），以及将养老金投资于城市债券。① 在这一过程中，金融机构通过公共资源与社会福利的市场化，在满足投资机构的利润要求的同时，加强了金融市场对人们日常生活需求的控制与影响，"纽约市的很多社会基础设施被削减，而物质基础设施（如地铁系统）由于缺乏投资或维修变得颓败不堪。纽约的日常生活变得十分艰苦，市民意气消沉"②。

二 金融市场大众化

这一时期，新自由主义与"大众资本主义"相互媾和，在金融市场中出现了所谓以金融服务业自由化为主要特征的"金融大爆炸"。它对日常生活金融化的影响具体表现为：一是继续推行促进直接股票所有权私有化的政策，建立所谓"股东社会"（Shareholder Society）；二是通过共同基金市场、养老金市场、住房抵押贷款市场，促进金融市场的大众化。

撒切尔政府和里根政府的私有化计划将广泛的国有产业、公共服务和公用事业改造成为私有化的股份制公司，同时创造了许多个人股东。这个私有化的过程就是诱导人们用自己的储蓄参与股票市场与金融化的过程。正如 1983～1986 年英国撒切尔政府的财政部财务秘书、私有化政策的重要设计师约翰·摩尔（John Moore）所指出的，"我们的目标是建立我们拥有财产的民主制度，建立人民资本市场，将资本主义带到工作场所、大街上，甚至是家庭"③。正是向"普通人"推广股票所有权私有化的合理性、风险

---

① 〔美〕大卫·哈维：《新自由主义简史》，王钦译，上海译文出版社，2010，第 52～53 页。

② 〔美〕大卫·哈维：《新自由主义简史》，王钦译，上海译文出版社，2010，第 54 页。

③ J. Moore，"British Privatization: Taking Capitalism to the People"，*Harvard Business Review*，Vol. 70，No. 1（1992）：115-124.

和潜在回报，强调让他们用自己的钱去冒险是正确的做法，为私有化计划的成功提供了基础。事实上，英国连续的私有化计划的股份分配程序明确优先考虑那些在许多情况下首次涉足股权投资的个人的申请。例如，1986年英国《住宅合作社法》（Building Societies Act 1986）作为英国金融服务去监管化的重要组成，导致许多住宅社团股份化，并以银行为模型进行重组。从 1989 年的阿比国民银行（Abbey National）开始，一批英国最大的住宅社团上市并成为股份银行。住宅社团的股份化将其储蓄型的成员转变成投资型的新银行股东，从而促进了股票所有权的个人化。

在美国，共同基金（Mutual fund）随着 20 世纪 70 年代金融自由化浪潮而获得了较大发展，将普通民众的日常储蓄与资本市场更加紧密地联系在一起。共同基金是一种集合投资工具，而集合投资的理念主要源于 18 世纪后期的欧洲，当时为解决海外殖民扩张中所面临的各种风险，需要将中小投资者手中分散的资金聚集在一起形成投资信托基金。顾名思义，该基金的初衷就是动员更多的公众参与投资，通过小股募集、积少成多，创造多样化投资机会，分散风险。这是现代共同基金的雏形。虽然当时的投资信托基金声称是为中小投资者服务，但是由于手续费、年费较高，基金份额门槛也较高，而且基金不透露任何股票和债券的持有信息，因此，投资信托基金发展并不明显。直到 20 世纪 20 年代，美国成立了世界上第一支开放式共同基金"马萨诸塞投资者信托基金"（Massachusetts Investors Trust），克服了上述问题，标志着现代意义上的共同基金的形成。随后，美国政府相继出台《1934 年证券交易法案》（Securities Exchange Act of 1934）、《1940年投资公司法》（Investment Company Act of 1940）等法律，加强对共同基金的法律监管，进一步促进了共同基金的迅猛发展。

一般认为，共同基金是投资信托公司汇集个体投资者的日常储蓄，并根据招股说明书中规定的目标，将这些储蓄投资于证券投资组合。个体投资者拥有该基金的股份或"单位"，但对其资产没有所有权主张。作为一种为小额财产所有者提供投资渠道的集资式投资工具，共同基金以其份额灵活、投资简易、交易成本低、安全性高、长期收益稳定等特点，在 20 世纪 70 年代获得了长足发展。投资公司相继推出了各种满足不同投资者需要的、具有不同投资目标与特点的共同基金产品，推动了共同基金市场的扩张。一是共同基金的品种不断更新。1971 年，美国基金业推出了投资于商业票据、国债和可转让存单等短期产品的货币市场基金。"这意味着小投资者的短期资金也可以获得货币市场利率，而不是把它存在银行里获得很低的利息甚至没有利息。"① 1976 年，货币市场基金持有客户资产达 30 亿美元，在1980 年就很快增加到 800 亿美元规模；到 1981 年，货币市场基金已经成为美国最受欢迎的投资产品。除此之外，还出现了市政债券基金、长期债券基金、免税货币基金、国际债券基金等。二是共同基金市场的规模不断扩大。据统计，从 1974 年到 1987 年，美国共同基金的规模从 640 亿美元增加到 7000 亿美元。三是美国家庭持有共同基金的比例持续扩大，从 1980 年的5.7%增长到 1988 年的 24.4%。② 共同基金为那些资金不多、缺乏时间与专业投资知识的普通投资者提供了一个进入金融市场的快捷路径，获得了那些追求低风险的中小投资者与普通民众的青睐。"共同基金引导人们相信基金管理专家会带领他们有效地规避风险，从而促使更多天真的投资者参与到股市中来……越来越多的投资者相信：共同基金是稳固的、方便的、安全的。这一信念鼓励了许多一度畏惧股票市场的投资者走入市场，从而推动了股市的上行。"③

共同基金市场的扩大与美国养老金体制的变化密不可分。在新自由主义社会福利市场化与个体化的驱动下，美国于 20 世纪 80 年代初在养老金领域实施了 401（k）计划，即一种由雇员、雇主共同缴费建立起来的完全基金式的养老保险制度。按该计划，企业为员工设立专门的 401（k）账户，员工每月从工资中拿出一定比例的资金存入养老金账户，而企业一般也按一定的比例（但不能超过员工存入的数额）往这一账户存入相应资金。按照美国税收制度，这部分资金享有税收优惠政策，即个人和企业为养老金账户缴纳的费用可从应纳税基数中扣除。与此同时，企业为员工提供 3~4种不同的证券组合投资计划，员工可任选一种进行投资。员工退休时，可选择一次性领取、分期领取或转为存款等方式使用。在税收减免优惠与投资收益承诺的双重激励下，401（k）计划的参与者，即一般美国工薪阶层会尽可能往养老金账户里多存钱。在参加养老金计划的员工中，有 59%的

① 〔美〕杰瑞·马克汉姆：《美国金融史》第 3 卷，李涛、王淯凯译，中国金融出版社，2018，第 7 页。

② 陈晓丹：《美国共同基金的发展及其对中国的启示》，《特区经济》2008 年第 11 期。

③ 〔美〕罗伯特·希勒：《非理性繁荣》，李心丹等译，中国人民大学出版社，2008，第53页。

人选择了共同基金投资。显而易见，以 401（k）为代表的养老金体制的市场化改造不仅使得养老基金成为美国资本市场最大的机构投资者，扩大了金融市场，而且也迫使越来越多的工薪阶层通过参与金融市场投资和交易来获得回报，以满足与保障自己的退休养老生活需要。1985 年，美国 401（k）计划参加者的数量达到 1030 万人，计划总资产达 1050 亿美元。1990 年参加者的数量增加到 1900 万人，计划总资产达 3848.5 亿美元。1983~1993 年参加 401（k）计划的全职雇员比例从 3% 增加到 47%。① 养老体制的基金化以保值增值的名义，将广大民众纳入私人融资空间，促进了日常生活的金融化。

这一时期，美国房地产市场迎来了以资产证券化为主要内容的金融创新。1970 年，面向中低收入阶层的美国政府国民抵押协会（Ginnie Mae）发行了第一个住房抵押贷款支持证券（MBS）。住房抵押贷款证券以其风险的分散化、资产的流动性、信用的稳定性，很大程度上克服了传统房地产市场上住房抵押贷款所面临的高风险与低流动性的缺陷，因而在其诞生后获得迅速发展。联邦国民抵押协会（Fannie Mae）和联邦住房抵押贷款公司（Freddie Mac）分别于 1971 年和 1981 年发行了住房抵押贷款证券。从 1985 到 1988 年，MBS 发行量由 372.1 亿美元增加到 749.9 亿美元，年均增长率达 33.84%。② 这些住房抵押贷款证券提高了金融资产的流动性，拓宽了金融机构的资金来源，促进了美国个人住房抵押贷款业务的发展，激活了房地产二级市场，为普通美国人，尤其是低收入者，提供了通过信贷进入房地产市场更广阔的渠道与更多样的方式。

大众资本主义与金融市场的大众化，本质上是以市场，特别以金融市场为社会生活的组织原则，扩大了金融市场的覆盖面，开启了金融逻辑在当代资本主义的整个日常生活中不断扩散的新时代。

第二节 20 世纪 90 年代金融消费的社会化阶段

自 20 世纪 90 年代以来，随着信息通信技术革命、信息与通信技术

---

① 叶春：《美国 401k 计划研究》，武汉科技大学硕士学位论文，2006，第 5~6 页。
② 刘中显：《美国住房抵押贷款证券市场创建和发展的经验与教训》，《中国物价》2007 年第 9 期。

(Information and Communication Technology，ICT）产业的兴起与金融全球化进程的加快，以美国为代表的发达资本主义国家进入一个所谓"新经济"时期。这一时期，金融市场与信息通信技术、网络技术、数字技术的相互融合，进一步强化了金融垄断资本向日常生活渗透的力量。金融逻辑逐渐从银行和贸易领域扩展到更广泛的社会领域。大众股票市场的繁荣、零售金融的推广、个人信用卡业务的扩大都表明金融消费已经成为 90 年代人们日常消费的重要特征与方式。金融消费的社会化是推进日常生活金融化的重要阶段。

一　大众股票市场的繁荣

在 ICT 产业的带动下，资本主义国家的股价一路飙升，经历了一个所谓吸引大众投资的"非理性繁荣"时期：从 1995 年到 2000 年，从欧洲的英国、法国、德国到亚洲的日本、新加坡、韩国，再到拉美的巴西、智利、墨西哥都经历了相当大幅增长。"这实在是一个全球股票市场的繁荣时期。"①

在美国，反映主流工业实力的道琼斯 30 种工业股票指数从 1991 年初约 3000 点涨到 2000 年 1 月的 11700 点，平均每年上涨 16%。从 1990 年 10 月 11 日至 1998 年 7 月 17 日，道琼斯指数涨幅达 282%，成为道琼斯指数历史上最长和最大的牛市。体现网络技术发展的纳斯达克指数的平均股价在 1999 年甚至暴涨了 165%。1999 年，标准普尔 500 种股票的市盈率达到创纪录的 32 倍，远高于 1954~1994 年平均市盈率（16.7 倍）。② 股市上扬吸引了广大中小投资者、工薪阶层，甚至低收入人群。

与此同时，互联网技术被引入股票交易市场，改变了股票交易手段，降低了买卖股票的成本。股民可以通过互联网直接购买股票，免付手续费。股民还可以通过网络查询投资风险和收益情况，及时获悉财经信息，作出投资决策。"到 1990 年，已经有约 10 万名个人投资者使用自己的个人电脑来管理他们的投资组合。嘉信（Charles Schwab）公司开发的家庭交易系统

---

① 〔美〕罗伯特·希勒：《非理性繁荣》，李心丹等译，中国人民大学出版社，2008，第 3 页。
② 〔美〕罗伯特·希勒：《非理性繁荣》，李心丹等译，中国人民大学出版社，2008，第 2~4 页。

拥有 50000 名客户。该系统允许访问研究数据库，提供实时报价，并允许投资者下达实时交易指令，接受交易确认和跟踪其投资组合。"① 借助于互联网技术，出现了大量的日间交易者。业余的日间交易者与专业人士可以在同一市场里交易牟利。各种电子货币发展形成，货币也可以通过网络银行来划转。"1997 年美国有 370 万个网上账户，到 1999 年已达到 970 万个。网上交易以及以互联网为基础的相关信息和交流服务的不断发展，增加了人们对股市的关注。投资者在空闲时坐在客厅里就能得知价格的变化，工作时间以外的交易同样使人们增加了对市场的关注。"②

这一时期，共同基金也取得了更大的发展。"1982 年，也就是最近一次长期牛市开始的初期，美国仅有 340 支共同基金。到 1998 年，共同基金已经达到了 3513 支，比纽约证券交易所上市的股票还多。1982 年美国有 620 万个共同基金股东账户，大约每 10 个美国家庭有 1 个，而到了 2000 年，这样的股东账户上升到 1.641 亿个，几乎每个家庭都有 2 个账户。"③ 共同基金成为股民入市的重要渠道。而且，随着新兴技术产业的兴起及其对传统产业的升级改造，工人的失业率降低，整个国民收入的"蛋糕"变大，工薪阶层的收入与生活水平得到了一定程度上的提高，有更多闲余资金投入股票市场。各种广告、电视等媒体也加入这场资本的盛宴，不断宣扬股票是一种普通金融商品，人们购买股票如同在日常生活中购买房子或汽车一样普遍。投资者通过投资实现经济民主，这也是获得公司所有者身份的重要标志。

股价持续上涨的诱惑、交易方式的改进、民众收入的增加以及财经媒体的轰炸，导致越来越多的普通民众笃信股票是最好的投资方式，认为投资股票万无一失，稳赚不赔，将个人收入与积蓄投入股票市场，成为个人股东。一是从个人持股比重看，1989 年美国人直接或间接持有股票比例为 28%，到 1999 年，增长到 48.2%。1999 年，约 1.3 亿美国人拥有股票，其中 7000 万人直接拥有股票，其余 6000 万人通过共同基金等间接拥有股票。二是从股票在家庭资产中的份额看，美国家庭拥有的股票市值在 1980~

① 〔美〕杰瑞·马克汉姆：《美国金融史》第 3 卷，李涛、王滟凯译，中国金融出版社，2018，第 227 页。
② 〔美〕罗伯特·希勒：《非理性繁荣》，李心丹等译，中国人民大学出版社，2008，第55 页。
③ 〔美〕罗伯特·希勒：《非理性繁荣》，李心丹等译，中国人民大学出版社，2008，第52 页。

1999 年增加了 14 倍，从 1.1 万亿美元增加到 16.6 万亿美元。1998 年，股票占美国家庭金融资产比重从 1989 年的 28% 提高到 54%。三是各个收入阶层持有股票数量增加。1989~1995 年，年收入在 1 万~2.5 万美元的家庭中，股票持有率从 13% 增长到 25%；年收入在 2.5 万~5 万美元的家庭中，股票持有率从 33% 增长到 48%。[①] 针对这一现象，1999 年《财富》杂志的封面文章将美国称为"交易员的国度"："无论是在工作还是在家，无论是白天还是黑夜，每个人无时无刻不想着从股市分得一杯羹。现在正进行着一场革命，这场革命将改变我们投资、工作和生活的方式。我们的金钱不再由那些经纪商和基金经理控制。我们的钱将由我们自己控制。"[②] 美国股票市场打破了金融精英的垄断，成为全民参与、全民持股的民粹主义场所：一个由大众组成的新投资者群体正在形成。因此，《纽约时报》宣布了一个"股东民主"的新时代。《新闻周刊》称之为"20 世纪 90 年代伟大的社会运动之一"[③]。学者们称之为"工人资本主义时代""大众金融时代"[④]。股市吸引了越来越多的既不富裕也没有受过金融培训的普通民众，成为他们日常生活投资与消费的重要渠道。

二　零售金融的推广

20 世纪 90 年代以来，寻求融资的商业银行在信贷民主化的旗号下，以扩展信贷和资产所有权的对象与范围为重点，以发售与推广零售金融产品的方式，加大了对普通民众的金融宣传，并增强了吸引力。

商业银行的"零售革命"发生在银行运行机制与服务对象两个层面。从银行运行机制看，20 世纪 70 年代，商业银行的零售金融业务主要是，由柜台后面的银行职员负责资金存储与支出，而银行的经理则决定向家庭和企业贷款。到 90 年代末，商业银行分支机构由小隔间和工作站主导，理财顾问们在那里向个人销售抵押贷款和养老金计划等金融服务与产品，银行

---

① 甄炳禧：《美国新经济》，首都经济贸易大学出版社，2001，第 6 页。

② 〔美〕何柔宛：《清算：华尔街的日常生活》，翟宇航译，华东师范大学出版社，2018，第 47 页。

③ Harrington Brooke, *Pop Finance: Investment Clubs and the New Investor Populism* (Princeton University Press, 2008), p. 2.

④ Harrington Brooke, *Pop Finance: Investment Clubs and the New Investor Populism* (Princeton University Press, 2008), p. 2.

客服中心工作人员则使用标准流程在几分钟内通过电话引导金融消费者做出关于个人贷款与消费的决定。商业银行还借助互联网技术推出一系列的"家庭银行"系统："15家大银行与IBM联合组建了Intergrin金融网络作为发展家庭银行业务的基础平台。到1998年，有20多家银行能够提供让客户进行交易的互联网网站……到1997年，超过200万个家庭使用个人电脑进行银行交易。"① 利用这些技术手段，商业银行越来越多地通过零售金融方式向个人与家庭销售金融服务与产品，收取佣金与手续费，从而维持银行利润。在所有发达资本主义国家，银行的（非利息）手续费收入份额一直在大幅增长。据统计，法国、德国、意大利、美国、英国、荷兰这六个国家的费用收入在总收入中的简单平均份额从1984年的25.5%增长到2000年的44.3%。② 零售金融市场的规模也在不断扩大。在美国，"1992年，每三名成年人有两名，十个家庭有九个，会拥有某种形式的人寿保险。1995年，人寿保险的有效保额为125770亿美元。平均每个家庭的人寿保险金额为124100美元。到1996年，总共有1.54亿名美国人受到某种形式的人寿保险的保护"③。

从银行服务对象看，个人和家庭曾经被定义为拥有银行账户的客户，他们通常是小储户、支票账户用户和偶尔的借款者，因此借贷利率的差异是风险的主要来源。现在，他们被重新定义为零售金融产品（如各种抵押贷款、共同基金、个人保险、储蓄和养老金计划）的消费者，这些零售金融产品主要在出售时产生收入，此外还有由个人贷款后续产生的利息等相关收入。越来越多的个人与家庭都购买了这些零售金融产品，导致公司债券、保险以及直接或间接拥有的股票等风险资产在个人与家庭金融资产中所占的比重迅速增长。据统计，从1987年到2000年，风险资产在家庭金融资产的比重在意大利从29.7%增长到68.5%；法国从58%增长到72.7%；

① 〔美〕杰瑞·马克汉姆：《美国金融史》第3卷，李涛、王滔凯译，中国金融出版社，2018，第313页。
② Ismail Erturk and Stefano Solari, "Banks as Continuous Reinvention", *New Political Economy*, Vol. 12, No. 3（2007）：369-388.
③ 〔美〕杰瑞·马克汉姆：《美国金融史》第3卷，李涛、王滔凯译，中国金融出版社，2018，第248页。

英国从 68.1% 增长到 78.9%；德国从 52.8% 增长到 66%。[1] 与此同时，在信用评分技术的帮助下，金融风险评估的成本降低，零售金融的对象也从传统的中产阶级向低收入阶层扩展。"20 世纪末，发薪日贷款公司正在成为穷人当中非常流行的金融机构……1999 年 6 月，美国有近 8000 家这种贷款公司。"[2] 最为典型的是 20 世纪 90 年代中期兴起的面向低收入、信用评分低的人群的次级抵押贷款。由于监管方面的放松和利益驱动，美国次级抵押贷款市场的贷款公司采取了更加激进的战略，打着产品创新的旗号，相继推出了各种具有诱惑力但风险极高的次级抵押贷款产品。这些产品的特点是将固定利率和浮动利率相结合。其中具有代表性的产品有：无本金贷款、3 年可调整利率贷款、5 年可调整利率贷款、7 年可调整利率贷款、选择性可调整利率贷款等。贷款申请人在产品选择方面可以说是随心所欲，因为产品品种齐全，可以满足各类人群的需求。次级抵押贷款市场的发展刺激了低收入者的购房需求。1993~1998 年，次级抵押贷款产品的数量增加了10 倍。次级抵押贷款占抵押贷款市场的比重从 1994 年的 5% 增长至 2005 年的 20%。[3]

三　个人信用卡业务的扩大

在 20 世纪 90 年代零售金融产品的扩张中，面向个人消费者的信用卡业务范围扩大与产品增多是一个重要内容。作为一种携带方便、支付便捷、借贷容易、还款灵活的消费工具，它在满足人们食品、医疗、教育、养老、娱乐、保健等日常生活需求中的作用更加突出。它将人们的更多日常消费与金融产品、金融机构、金融市场牢牢地捆绑在一起。

尽管 1958 年美国银行发行了第一张通用循环信用卡 BankAmericard，标志着现代信用卡的正式诞生，但是由于个人信用评估难、申请手续繁多、防伪技术低下、消费功能有限等因素影响，直到 20 世纪 80 年代中后期才逐

①　Ismail Erturk and Stefano Solari, "Banks as Continuous Reinvention", *New Political Economy*, Vol. 12, No. 3 (2007): 369-388.

②　〔美〕杰瑞·马克汉姆：《美国金融史》第 3 卷，李涛、王渭凯译，中国金融出版社，2018，第 332 页。

③　朱颖、李配：《美国次级抵押贷款市场的发展和危机》，《国际商务》（对外经济贸易大学学报）2008 年第 1 期。

渐普及开来。80 年代末，拥有信用卡的家庭已经超过一半，达到 56%，平均欠款 2404 美元，在占 20% 的中等收入家庭中，62% 使用信用卡。[①] 进入 90 年代，美国信用卡行业迎来了全民普及的重要发展时期。

一是大型非金融企业通过交叉营销进入信用卡行业，扩大了市场竞争规模。1990 年 3 月，AT&T 凭借庞大的客户信息库，以终身不收费为特色，发行"普适卡"，成功进入信用卡市场，并迅速吸引了 GE（General Electric）、GM（General Motors）等大公司相继进入这一领域。

二是不断开发满足人们日常生活需求的新产品并投放市场。如在积分奖励卡的基础上，一种称为"认同卡"（Affinity Card）的新产品被开发出来。认同卡有两种类型：一种是生活方式卡，向有特殊兴趣的人推销，通常与慈善事业相关，并为慈善机构提供使用卡的报酬；另一种是个性化卡，它们试图利用公众对某些个人的迷恋，比如猫王或麦当娜。大多数认同卡发行商并不专注于"挖走"现有客户，相反，他们预计大多数新客户已经拥有多张信用卡，但会因为新奇而注册认同卡。这一营销活动之所以成功，是因为个性化卡为消费者提供了接受新卡的动力。除此之外，还有面向次级信用市场的抵押信用卡、代币卡等，这些产品扩大了信用卡的种类，满足了人们不同的日常生活需求。

三是信用卡的使用范围越来越广，功能越来越多。在很多情况下，信用卡取代了生活工资、储蓄和社会福利，成为人们满足食品、医疗、保健等日常生活需求的重要手段，特别是当人们处于生病、离婚或失业等经济困难时期。

四是信用卡使用量大幅增加。1989 年，所有美国家庭持有至少一张信用卡的比例是 69.7%，到 1995 年，这一比例上升到 76.6%。其中，家庭平均持有的信用卡数量超过了 5 张。1983~1992 年，美国所有家庭中持有某种信用卡债务（这意味着每月不支付余额）的百分比从 37% 上升到 43%。[②] 1998 年 10 月，消费者借款由 1992 年的 7700 亿美元提升到 1.3 万亿美元，其中 40% 来源于信用卡消费。当时，美国人平均手持三张信用卡，日常消

---

① 杨米沙：《美国信用卡发展史的深刻启发》，《中国信用卡》2004 年第 5 期。
② Edward J. Bird, *Credit Cards and the Poor* (University of Wisconsin-Madison: Institute for Research on Poverty), pp. 1148-1197.

费中的 25% 左右使用信用卡完成。①

　　五是信用卡产业迅速将贷款活动扩大到低收入的贫困人群，如移民、黑人、就业不足和失业的工人。整个 20 世纪 90 年代，贫困群体的消费信贷迅速增长。贫困人群持有信用卡的比例从 1989 年的 22.5% 增长到 1995 年的 38.9%。这些卡的平均实际余额从大约 700 美元上升到 1300 多美元。从 1989 年到 2001 年，低收入家庭的信用卡债务增长了惊人的 184%。② 贫困人群的信用卡债务往往涉及恶性债务循环，即每月支付高额费用和利息，而不是付清余额。对于少数主导信用卡行业的华尔街银行来说，信用卡行业已成为它们利润最丰厚的行业。

第三节　21 世纪以来金融社会的全面化阶段

　　2007 年次贷危机所引发的全球金融危机对当代资本主义社会、经济、政治与文化产生了严重冲击，成为自大萧条以来的"一场全球性的资本主义系统性危机"③。这也就从反面充分表明，金融化已经不仅仅是一个单纯的经济金融现象，还全面渗透到包括日常生活在内的当代资本主义整体性结构中。这主要是由于 21 世纪以来，在信息通信系统、支付系统、电子交易市场、网上个人金融系统、信用评分技术的强力驱动下，社会的金融化程度进一步加深。金融化逻辑成为当代社会生活的主导原则与运行方式。社会生活的"华尔街化"使得人们不得不感叹："一个不可磨灭的印象是我们已经生活在金融世界。"④ 这也意味着当代资本主义日常生活金融化进入成熟阶段。

一　所有者社会

　　在"大众资本主义""人民市场""信贷民主化"等口号的基础上，

① 〔美〕杰瑞·马克汉姆：《美国金融史》第 3 卷，李涛、王滑凯译，中国金融出版社，2018，第 305 页。

② Tamara Draut and Javier Silva, *Borrowing to Make Ends Meet: The Growth of Credit Card Debt in the 1990s* (New York: Demos, 2003).

③ 〔美〕乔尔·戈伊尔：《金融危机：一场全球性的资本主义系统性危机》，《当代世界与社会主义》2009 年第 2 期。

④ 〔美〕克里普纳：《美国经济的金融化》（上），《国外理论动态》2008 年第 6 期。

2005 年美国总统乔治·布什在第二个任期的就职演说中，更加明确提出
要建立一个"所有者社会"（Ownership Society），并将其作为第二任期的
核心任务："我们将会扩展住房和企业的所有权，扩展退休金和健康保健
的所有权。在自由世界中，我们的人民将接受生活的挑战。每一位公民都
是自己命运的代理人，我们会给每一个人更大的自由去面对欲望和恐惧，
让我们的国家更加繁荣、正义和公平。"① 按照这种观点，让个人从新金
融化社会的风险和机遇中受益，意味着增加他们获得金融产品与服务的机
会——比如住房抵押贷款——这样他们就可以应对"社会生活的挑战"。
这就是"所有者社会"。财产所有权被重新定义为工资和社会保障的主要
替代物。金融产品，尤其是住房资产，现在被视为基于资产的财富，随着
时间的推移，其价值会增加，可用于补充消费和福利需求。"所有者社
会"成为这一时期日常生活金融化展开与推进的核心理念。

　　"所有者社会"的理念植根于占有式个人主义和崇拜私有制的资本主
义的价值观。它将财产所有权与个人成功、安全与自由联系起来。所有权
意味着财富、权力、安全、免于匮乏和独立；反过来，这些东西给了个体
按照自己意愿设计生活所必需的空间和资源，分散了政治权力，从而提供
了个人安全、增加了个人自由。因此，个人的财产所有权成为社会文明、
稳定和维护民主制度的必要前提。而在各种财产所有权中，通过参与信贷
与金融市场获得股份所有权是其核心内容。时任美联储主席格林斯潘强
调："改善消费者获得信贷的机会……有明显的优势。毫无疑问，创新和
放松管制极大地扩大了几乎所有收入阶层的信贷供应。获得信贷使家庭能
够购买住房、处理紧急情况以及获得货物和服务……信用卡和分期付款贷
款也提供给绝大多数家庭。"② 经济学家希勒也建议利用金融技术建立一
个经济安全、金融大众化的社会，"将原本仅由华尔街的客户享有的特权
传播给所有沃尔玛的客户，我们需要将原本集中在金融中心的各类业务扩
展到世界每一个角落，我们需要将金融覆盖的领域从资金资本延展到人力

---

① 转引自〔美〕杰拉尔德·戴维斯《金融改变一个国家》，李建军、汪川译，机械工业出
　版社，2011，第 3~4 页。
② A. Greenspan, *Innovation and Structural Change Boost Access to Consumer Credit* (Address to
　Federal Reserve System's Fourth Annual Community Affairs Research Conference, 2005, 8
　April, Washington, DC).

资本，使金融能够协助人们应对日常生活中的真实风险"①。通过投资于股票市场的个人退休账户和健康储蓄账户，以及抵押贷款证券化所扩大的房屋所有权，来保障个人经济安全，用生计保险、住房权益保险等投资组合的多元化来对冲未来生活的风险。"美国总统乔治·布什曾经称美国社会为'所有者社会'。所谓的私有财产是指每个人拥有的财产，而不仅仅指资本家的财富。布什希望将住宅所有权扩大成为社会产权的一部分，并鼓励人们通过养老金账户投资于股票市场。私有财产的范畴将远远超出它传统的领域，延伸到保健账户和教育券制。经济学家认为私有财产的存在在调整人们的生活目标和创造忠实的公民等方面具有一定的效力，并且将这一论断运用于国家政策的制定。"② 由此可见，"所有者社会" 实质上就是一个用金融市场的原则来组织社会生活的 "金融社会"。在这个社会中，个人日常生活的所有方面都必须参与到金融市场的运作中。

　　布什政府不是第一个将股份所有权作为重要手段来建立所谓 "所有者社会" 的政府。如前所述，20 世纪 80 年代，撒切尔政府在 "大众资本主义" 的口号下就试图在英国实施 "股份制民主"，将国有政府企业私有化，其中一些股份留给小股东，并通过全国广告活动向公众营销。但在布什掌权时，美国已经在实现大量零售股份所有权的道路上走得很远。在 20 世纪 80 年代末和 90 年代，美国企业经营的养老金计划向 401（k）养老金计划的转变，家庭储蓄从低息银行账户向零售共同基金的广泛再分配，住房抵押贷款及其证券化的推行，大众股票市场的 "非理性繁荣" 以及个人信用卡业务的扩大等都在加速推进 "所有者社会" 的形成。1995 年，克林顿政府大力推行 "居者有其屋" 的公共政策，提出实现住房自有率在 20 世纪末达到历史最高水平的目标。这一政策的意义在于，"提高住房自有率不仅有利于家庭和社区，还能够促进经济发展，壮大中产阶级队伍。重新点燃每一个家庭的购房梦会让美国为迎接 21 世纪的机遇做好充足的准备"③。到 21

---

① 〔美〕罗伯特·希勒：《新金融秩序：如何应对不确定的金融风险》，束宇译，中信出版社，2013，第 2 页。

② 〔美〕罗伯特·希勒：《非理性繁荣》，李心丹等译，中国人民大学出版社，2008，第 37 页。

③ 〔美〕拉古拉迈·拉詹：《断层线——全球经济潜在的危机》，刘念等译，中信出版社，2011，第 51 页。

世纪初，大多数美国家庭成为股东或房主。从某种意义上来说，布什政府推出的"所有者社会"只是确认了已经在进行的趋势。

21世纪以来，美国"所有者社会"的发展趋势也越发明显。作为"所有者社会"重要标志的住房所有者，很多都有抵押贷款，而且债务一直在快速上升。在1984年，抵押贷款债务相当于个人可支配收入的40%，但在1998年增长到了60%，2005年更是达到80%。2005年，大约27%的美国家庭拥有股票或共同基金；近30%的人参与了401（k）计划，23%的人有个人退休账户或基金计划；大约65%的人在金融机构拥有计息资产；近70%的人拥有自己的主要住所，超过一半的家庭直接或间接拥有公司股票，股票、债券、共同基金和退休账户占家庭金融资产的2/3；近93%的家庭拥有某种金融资产，在户主年龄为35~64岁的家庭中，约60%拥有退休账户。[1] 不仅如此，布什政府还大力推行提高黑人、移民和少数族裔家庭住房拥有率的政策。例如，每年投入2亿美元的《2003年美国梦首付款援助法案》（American Dream Downpayment Act of 2003）。这项措施旨在每年帮助大约40000个家庭支付首付。此外，布什政府还提出了零首付倡议，这一措施将允许联邦住房管理局为没有首付的首次购房者提供抵押贷款保险。通过这些措施，布什政府的目标是到2020年，少数族裔家庭的数量将增加550万个。

"所有者社会"名义上是通过财产所有权的分散来扩大个人自由选择的权利，但是实质上是将所有权的扩大作为一种更好的金融投资交易方式，将社会生活的所有方面和所有人群都卷入金融化的框架。事实证明，作为"所有者社会"基础的住房抵押贷款证券化，最终成为这个"所有者社会"最深的"断层线"。"所有者社会"更多的是将风险转移到个人身上，对人们的安全感、幸福感和社会保护产生了灾难性的影响，而非实现信贷民主化，更不用说真正的自由民主发展了。

二 投资组合社会

构建金融市场组织与"所有者社会"的核心就是要求人们将满足住房、

---

[1] L. Randall Wray, *The Ownership Society: Social Security Is Only the Beginning* (Economics Public Policy Brief, Levy Economics Institute of Bard College), No. 82 (2005).

养老、保健、医疗、教育等日常生活需要的所有活动都变成一种投资组合活动，"教育和退休储蓄都投资到了共同基金中；投资到了每月要还款的信用卡中，与伦敦同业拆借利率挂钩；投资到了利用抵押贷款再融资和多种多样的信用产品中，让房屋的所有者从房屋的名义价值变化中体现"①。这就标志着一个将日常生活变成一种特定形式的资产投资组合形式的"投资组合社会"在21世纪悄然形成。

这一时期，以资产证券化为主要内容的金融创新在日常生活中的渗透与普及，是"投资组合社会"的重要特征。21世纪以来，随着房地产市场、股票市场的繁荣，信息通信技术与风险管理技术的成熟以及信用评级机构的完善、金融自由化全球化进程的加快，兴起于20世纪70年代的资产证券化的规模、影响、作用急剧扩大，已经从原先的房地产抵押贷款市场，向汽车贷款、信用卡应收款、教育贷款、商业贷款、养老基金、电话账单、人寿保险赔付、诉讼清偿等涉及日常生活需要的领域全面扩张。任何在日常生活中能带来稳定、未来现金流的事物都被资产证券化了。在这里，贷款人的资产负债表上，用于食品、房屋、汽车、医疗和其他日用消费品的借款作为资产出现。根据资产支持证券的运作机制，贷款人的指定资产池会被转移到一个特殊目的工具（SPV）上。这一工具有助于资产的持续转移，并能够将这些资产作为可交易证券发行。它们可以在特定条件下以商定的价格出售给第三方。原始贷款人支付这些证券的利息和本金的能力，取决于借款人还款产生的现金流。资产支持证券的发起人包括汽车制造商、商业银行、养老基金、住宅建筑社团等。在21世纪初，主要投资银行开始主要参与设置可发行证券的金融结构，并向投资者销售这些证券。主要的信用评级机构——穆迪投资者服务公司、标准普尔评级集团和惠誉投资者服务公司——也是资产支持证券的重要管理机构，能够对发行的证券进行评级。与此同时，律师事务所和会计师事务负责处理资产支持型证券方案所涉及的法律、监管、会计和税务事项。

在这些发展中，与日常生活联系最为紧密的住房抵押贷款成为最大的证券化资产类别。抵押贷款证券化是将住房按揭还款所产生的一系列未来债务

---

① 〔美〕杰拉尔德·戴维斯：《金融改变一个国家》，李建军、汪川译，机械工业出版社，2011，第4页。

打包成可商品化、可交易的资产，为证券的发行和本金及利息的支付提供基础。这一过程具体表现为：由证券化机构以现金方式购入，经过担保或信用增级后，以证券的形式出售给投资者。这一过程将原先不易被出售给投资者的、缺乏流动性但能够产生可预见性现金流的资产，转换成可以在市场上流动的证券。在每一套方案中，债务都是根据偿还的可能性进行排序的（如优惠贷款、次级贷款）。20世纪90年代，在抵押贷款支持证券成为由银行驱动的投机工具之前，个人借款人受到信用审查和最低存款规则的约束。2000~2005年，美国所有主要投资银行都不同程度地开始发行和交易与抵押贷款相关的金融工具。抵押经纪人大力推动向西班牙裔、非裔美国人和蓝领白人社区的个人和家庭发放新的次级贷款。住房抵押贷款证券化的急剧扩张日益成为资本主义金融市场的一个中心特征。美国债券市场协会（Bond Market Association，BMA）关于公共和私人债务未偿水平的数据显示，在2004年底，未偿国债的价值为3.944万亿美元，而抵押贷款支持证券的价值为5.473万亿美元。即使在2000年以来的联邦政府支出增加时期，未偿国债的价值增长了约1万亿美元，而房价飙升时期抵押贷款支持证券的价值增长了近2万亿美元。1993~2002年，美国资产支持证券发行（不包括抵押支持证券）增长了大约900%。更为值得注意的是，这一时期，在信用评分与风险管理技术的帮助下，面向广大低收入群体的次级抵押贷款市场的证券化也获得了迅速发展。2004年，美国次级抵押贷款证券市场的总价值超过2000亿美元，而1994年只有110亿美元。[1]

这一时期，另一个迅速扩张的、与日常生活息息相关的证券化领域是信用卡资产支持证券。如前所述，自20世纪90年代起，在资本主义日常生活中，信用卡的功能、使用范围和目标人群都在扩展。自然而然地，从信用卡应收款的稳定收入流中获利，成为资产证券化的目标。信用卡发行者通过出售贷款（消费者债务）获得资金，以便能够投资给更多个体消费者。在需求方面，机构投资者渴望购买信用卡资产支持证券，以获取预期可得的收入流。证券化通过将信用卡应收款捆绑在一起并将其证券化，增加了发行人可获得的信贷供应；将它们从资产负债表中移除，允许资金循环使

---

① Securitising Suburbia, "The Transformation of Anglo-American Mortgage Finance", *Competition & Change*, Vol. 10, No. 3 (2006): 283-299.

用，从而降低了资金的总体成本。这促使信用卡资产证券化市场迅速增长。信用卡发行商不再需要依赖存款来资本化贷款；相反，他们正在利用新发行的资产支持证券来对现有的信贷池进行再资本化。信用卡应收款证券化的第一个案例发生在 1986 年，但是和其他形式的资产支持证券一样，其在 20 世纪 90 年代末获得发展，并在 21 世纪日益扩张。从那时起，信用卡资产支持证券已经成为信用卡行业向消费者提供无担保贷款的主要工具。2002 年信用卡资产支持证券市场总值约为 4000 亿美元，2008 年增长到 9150 亿美元。①

正是在抵押贷款与信用卡应付款证券化的示范与带动下，任何能产生稳定和持续的收入流的日常生活事物，"现在几乎可以将任何东西用作更多投机性金融活动的平台——包括厨房水槽，正如我们将看到的——只要它代表稳定和持续的收入流"②。在资产证券化日常化的推动下，资本主义在 21 世纪迎来了一个"资产和所有权永无止境的永久性重组社会"："美国整个的社会生活都已经被证券化了，都变成了一种资本。关心我们老年生活的不是政府也不是公司，而是 401（k）计划。房子也不再仅仅是一个居所，而是能够在未来带来价格上升的期权。教育、天分和人格都成了'人力资本'。朋友、家庭和社区都成了'社会资本'，成为一种有回报的投资……在一个所有权社会中，个人的社会角色就是一个经纪商和投资组合的投资者。"③ 这也标志着当代资本主义日常生活金融化进入新的发展阶段。

---

① C. Morris, *The Trillion Dollar Meltdown: Easy Money, High Rollers, and the Great Credit Crash* (New York: Pegasus, 2008), p. 121.
② Andrew Leyshon and Nigel Thrift, "The Capitalization of Almost Everything: The Future of Finance and Capitalism", *Theory, Culture & Society*, Vol. 24, No. 7-8 (2007): 97-115.
③ 〔美〕杰拉尔德·戴维斯：《金融改变一个国家》，李建军、汪川译，机械工业出版社，2011，第 194~195 页。

第四章　日常生活金融化的结构特征

"一个不可磨灭的印象是我们已经生活在金融世界。"① 这个金融世界也包括金融化的日常生活世界。从结构要素看，这个金融化的日常生活世界不是一个杂乱无章的混沌，而是一个由日常消费金融化、日常交往金融化与日常观念金融化构成的有机整体：日常消费金融化是日常生活金融化的物质结构，日常交往金融化是日常生活金融化的关系结构，日常观念金融化是日常生活金融化的意识结构。三者共同构成了当代资本主义日常生活金融化的结构特征。

第一节　日常消费的金融化

如前所述，从马克思主义日常生活理论看，以衣食住行、饮食男女为主要内容，以维持个体肉体生命延续与生活运转为目的的日常生活资料的获取与消费，是日常生活得以维系的物质基础。或者说，在日常生活中，个人处于无意识的消费状态。当代资本主义日常生活金融化最显著的结构特征就是满足个人最基本生存需要的日常消费领域的金融化。从住房抵押贷款、信用卡债务、养老基金，到学生贷款、汽车贷款、小额信贷、生命保险，人们的日常生活所有领域都正在成为金融垄断资本加工与利用的对象，被设计、封装成为可评分、可定价、可交易的金融资产证券，并通过全球金融市场出售给世界任何地方的投资者。这些日常事物已不仅仅是人们生存与发展的基本权利，还能为投资者与国际金融垄断资本带来利润丰厚的未来现金流。

---

① 〔美〕克里普纳：《美国经济的金融化》（上），《国外理论动态》2008 年第 6 期。

一　日常消费资料的金融化

马克思基于唯物史观，深刻指出："因此我们首先应当确定一切人类生存的第一个前提，也就是一切历史的第一个前提，这个前提是：人们为了能够'创造历史'，必须能够生活。但是为了生活，首先就需要吃喝住穿以及其他一些东西。"[①] 当代资本主义金融化首先将维持生活的吃喝住穿等日常消费资料，变成了可以增殖牟利的未来现金流。或者说，在这个过程中，衡量与评估日常生活资料的价值标准，不是其对维持生命存在、个体成长、社会发展的贡献，而是其作为特定资产在金融市场上的绩效。可以说，"吃喝住穿以及其他一些东西"的金融化是当代资本主义日常消费金融化的最显著特征。

1. 食物金融化

"民以食为天"，食物的金融化是当代资本主义日常生活金融化在日常消费领域的首要特征，体现的是金融垄断资本向满足人们基本生存需要的食物领域的大规模入侵与殖民，同时也是资本主义生产方式改造人们饮食结构的当代表现。

从历史的角度看，资本主义形成与发展的历史，同时也是不断塑造与变革人类日常饮食来源、结构与方式的历史。法国年鉴学派代表人物布罗代尔在对15~18世纪资本主义日常生活结构史的历史社会学分析中指出，前资本主义社会人们的饮食主要是农业生产口所提供的稻米等农作物、植物的根茎以及水果等。这种饮食结构一直延伸到近代资本主义工业革命时期。随着社会生产力的迅速发展，粮食生产在人类历史上出现大量富余，加之养殖技术的进步，从而促成畜禽饲养业的发展，这让以肉、蛋、奶为主的饮食方式成为可能。"直到19世纪中叶，由于畜牧业推广了科学方法，由于美洲的腌肉和冻肉大批运到，欧洲才终于摆脱了肉食不足的困境。"[②] 第一个变化是饮食结构的变化，资本主义对人类饮食造成的第二个重要变化是食物的分配由传统社会的等级、身份与权力的方式转变为市场、商品

---

① 《马克思恩格斯选集》第1卷，人民出版社，2012，第158页。
② 〔法〕费尔南·布罗代尔：《15—18世纪的物质文明、经济和资本主义》第1卷，顾良、施康强译，商务印书馆，2017，第110页。

与货币的方式。传统社会中吃粮食或吃肉，往往是由个人的身份地位所决定的。这也就是德国谚语所说的，"什么人吃什么东西"。但是，资本主义农业生产与贸易体系将粮食变成了通过市场买卖与交易的大宗商品。从 17～18 世纪的安特卫普、威尼斯、热那亚开始，粮食的大宗贸易逐渐出现，粮食的大宗贸易只是在 18 世纪才日趋集中。1773 年饥荒时期，马赛粮食贸易几乎被少数商人所垄断。① 资本市场逐渐介入粮食的生产与分配。它为日常饮食带来的第三个重要变化就是通过农业技术的持续改良与市场的扩张，生产出一种有助于资本积累和劳动力再生产的廉价化的食物模式：资本增殖要求廉价劳动力，廉价劳动力的再生产需要廉价食物的供给，"廉价食物在某种意义上'便宜'是因为在商品系统中，用更少的平均劳动时间生产更多的卡路里"②。只要不断增加的廉价粮食为廉价劳动者提供保障，再加上廉价的能源与廉价的原材料，资本积累就能持续增长。

由此观之，资本主义生产方式对人们日常生活饮食结构产生的最深刻的影响，就是资本、资本市场在食物的结构、生产、分配、性质等方面所起的核心作用。而在当代资本主义金融化过程中，水、食物的生产、供应、分配越来越为金融垄断资本所控制，被改造成为具有未来持续现金流功能的金融衍生品，以满足预期利润率的大幅提高。在这种背景下，一种金融帝国式的食物制度正在形成。这种食物制度的核心特点是，将金融化经济体系的计算性机制全面投射到支配水、食物生产的一系列自然和社会关系上，以达到榨取金融价值的目的。

20 世纪 70 年代以来，在新自由主义政策的驱动下，资本主义国家的包括家庭用水在内的水的供应与分配方式发生了向市场化与私有化的重要变化：从国家提供的一种公共服务产品转变为具有经济价值的商品来进行买卖。因为在新自由主义支持者看来，私有化将使供水设施的产权更为清晰、供应管理更有效率、价格更能反映成本。因此，资本主义私人企业正在以多种形式深入参与供水系统的建设与管理。在英国 20 世纪 80 年代保守党政府推行的国有企业私有化政策中，将供水系统从公共服务转变为商业组织

---

① 〔法〕费尔南·布罗代尔：《15—18 世纪的物质文明、经济和资本主义》第 1 卷，顾良、施康强译，商务印书馆，2017，第 139 页。

② 〔美〕拉杰·帕特尔、〔美〕詹森·摩尔：《廉价的代价》，吴文忠等译，中信出版社，2018，第 141 页。

的私有化与市场化是其中的重要部分。最大的国有水务公司泰晤士水公司（Thames Water）与英格兰和威尔士的其他地区性水公司在 1989 年被私有化，所有权被转移到在伦敦证券交易所上市的私营公司。基于市场的监管已经取代了政府对供应体系的直接管理。法国的威立雅水务（Veolia Water）集团主导了世界上许多国家和地区的供水系统。供水系统的市场化与私有化将公共服务转变为可交易资产，为金融化奠定了基础。

由于家庭在供水公司或支付水费方面几乎没有选择，只能按固定的日期年复一年地支付水费。对于供应商，即私营水公司而言，这种安排为它们提供了一个稳定的、可预测的收入来源。家庭供水成为一种安全的、有保障的、可预期的未来现金流。这为家庭用水的资产证券化提供了现实条件。于是在金融机构与金融市场的操作下，家庭供水系统被转化为可交易的金融产品，被分解为独立的收益包，在分配一个风险系数的基础上被出售给寻求长期实际回报的投资者。至关重要的是，证券化出售的并不是家庭用水本身，而是人们日常用水的预期支付能力及其带来的长期收入。换言之，证券化代表了对未来从家庭水费账单中产生的现金流的索取权。于是，来自全球各地的机构投资者、投资银行以及主权财富基金越来越多地参与水资源收购与家庭供水系统的管理。

英国的泰晤士水务公司在 2006 年被一个由澳大利亚投资银行麦格理集团（Macquarie Group Limited）牵头的财团收购。麦格理集团将泰晤士水务公司的付账客户所对应的现金流作为基础资产打包在一起，发行债券，然后出售给投资者，并将泰晤士水务公司的所有现存债务转移到证券化结构中，从而简化了资本结构，降低了融资成本。在这个证券化过程中，各种金融机构与中介，从金融交易商、法律专家，再到信贷服务提供商、融资出租人、对冲交易对手以及金融担保提供商，都在客户现金流证券化的过程中发挥了作用。所有这些人都为他们的服务收取费用，这些费用最终从家庭日常用水的账单中支付。①

除了家庭供水的金融化外，目前许多发达国家已经建立了专门针对水

---

① John Allen, Michael Pryke, "Financialising Household Water: Thames Water, MEIF, and 'Ring-Fenced' Politics", *Cambridge Journal of Regions Economy and Society*, Vol. 6, No. 3 (2013): 419-439.

务投资的复杂金融工具体系。例如，有以水为目标的投资基金，如 SAM 可持续水务基金、Sarasin 可持续水务基金、Swisscanto 水务股票基金。总部位于日内瓦的资产管理公司（The Picet Group）运营着 8 支水务基金，持有水务行业公司的股份。一些主要投资银行提供"结构性水务产品"，包括英国水资源股票指数证书、BKB 水资源证书、ZKB 可持续水资源证书、瓦赫林水资源股票证书、瑞银水资源战略证书和沃顿贝尔水资源指数证书。此外，还有以水务为导向的共同基金和投资信托基金。作为重要日常生活资源的水的私有化、金融化实质上是由新自由主义国家推动的，为金融垄断资本开辟了新的积累领域，成为新一轮的"圈地运动"。

与日常用水的金融化相伴随的是食品生产与供应系统金融化的兴起。这种转变发生在当代资本主义的整个食品生产供应链中，包括资源投入供应、土地所有权、种植决策、商品交易、食品加工、运输和零售。与供水金融化类似，食品系统金融化最重要的表现就是金融机构运用各种金融工具，开发了一系列与食品和农业相关的金融衍生产品。这些新的投资工具有效地将食物和农田的自然和物理属性抽象为可定价、可交易的金融价值，促进了诸如农产品期货合约市场的形成，并造就了全球金融垄断资本投资与投机的重要场所。农业与食品部门的这种金融化极大地改变了食品供应体系。它以牺牲农业生产者和工人为代价，巩固了金融精英的财富和权力，加剧了全球工业食品体系的脆弱性。

从 20 世纪 80 年代开始，在高盛（Goldman Sachs）和德意志银行（Deutsche Bank）等主要金融投资者的压力下，美国政府响应新自由主义的要求，开始逐步放松对该国商品期货市场的管制。2000 年，《美国商品期货现代化法案》（Commodity Futures Modernization Act）的通过，开启了一个商品期货市场放松管制的新时代，也加强了金融行为者在农业商品市场中的作用，并使更多的投资者能够投资投机于粮食、农田和农业商品价格。这些投资者包括保险公司、养老基金、共同基金、主权财富基金、对冲基金以及大学和基金会捐赠基金。例如，机构投资者通过大型投资银行和商业公司提供的金融衍生产品来增加对农田的投资。农田对机构投资者的吸引力在于它不仅因其有限的供应而具有价值，而且还能从生产的农产品中产生收入流。这些特点吸引了大量秉持长期投资战略的机构投资者。法国农产品、食品贸易与加工巨头路易达孚集团（Louis Dreyfus Company）设立了

The Calyx Agro Fund 私募股权基金，投资于巴西和阿根廷农耕地的收购、开发、运营和销售。农耕地成为一种流动资本的形式，土地市场成为金融市场流通的一个特定分支。在这种情况下，土地被视为一种纯粹的金融资产，根据其产生的租金进行买卖。普通民众的养老基金也越来越依赖于农业和食品部门的金融投资。金融机构将农业和粮食相关投资产品作为个人投资组合多样化的一种手段进行营销。德意志银行、巴克莱（Barclays）和贝莱德（Blackrock）等主要金融机构向散户投资者提供专注于农业和食品供应链各个环节的指数基金。人们越来越多地通过他们的退休储蓄及其他投资与这类投资联系在一起，促进了农产品金融市场的发展。2006~2011 年，对农产品市场的投资几乎翻了一番，从 650 亿美元增加到 1260 亿美元。反过来，大宗商品市场投资投机行为的增加也刺激了全球食品价格的持续上涨。2000 年后，随着资金开始涌入大宗商品投资，食品价格开始上涨。到 2008 年，世界大米价格上涨了 200% 以上，小麦、玉米和大豆价格比 2000 年的水平上涨了 100% 以上。[①]

　　投资者对食品和农业公司的股权越来越感兴趣，出现了数百只股票型基金，这些基金通过交易在证券交易所上市框关公司的股票，并提供跟踪农业综合企业股票价值的指数基金，为投资者提供食品和农业投资渠道。世界最大的资产管理公司贝莱德于 2010 年成立了世界农业基金（World Agriculture Fund），该基金投资于一系列以农业为基础的资产，包括农产品期货公司，农田、农业开发公司及食品加工和贸易公司，并将这些资产打包成指数基金。到 2014 年，这些基金管理的总资产已达到约 450 亿美元。特别是大规模机构投资者纷纷涌向这些新的金融产品，他们通过众多股票投资产品向农业企业注入资金，如粮食和农业交易所交易基金（ETF），以及以农业为重点的共同基金等场外交易（OTC）指数产品。尤其是基于股票的指数基金已成为流行的投资工具，包括为整个农业食品供应链中的公司股票进行指数化的基金。这些以股权为基础的投资工具聚焦于主导农业食品供应链的大型农业企业，包括农业种子公司孟山都和先正达（Syngenta），农业设备公司迪尔（John Deere）和托罗（Toro），食品加工公

---

① S. Jennifer Clapp, Ryan Isakson, "Risky Returns: The Implications of Financialization in the Food System", *Development and Change*, Vol. 49, No. 2 (2018): 437-460.

司艾地盟（ADM）和邦吉（Bunge），大型食品公司百事可乐（PepsiCo）和家乐氏（Kellogg），国际快餐连锁公司温迪（Wendy's）和达美乐（Domino's Pizza），食品零售公司克罗格（Kroger）和西斯科（Sysco）等。这些基金强化了农业与食品生产与供应的金融化模式。

食品系统金融化的表现还包括主导食品生产链与供应链的食品公司本身越来越倾向于股东价值导向的治理结构与金融化运作方式。由于食品公司的主要股东越来越多地是大型资产管理公司以及寻求从不断增长的股票价值中获利的机构投资者管理基金，因此，为了满足这些强大股东的需求，食品公司的高管们一直在推行包括一系列金融活动在内的增长战略，这可以迅速提高利润。作为生产与制造谷物、糖类、肉类和其他食品的跨国集团，嘉吉公司（Cargill）在其网站上称自己是"食品、农业、金融和工业产品及服务的国际生产商和营销商"。嘉吉公司明确将年度利润的巨大增长归因于其金融活动，特别是商品期货交易活动。嘉吉公司还设立了金融子公司，提供多种投资产品，包括商品指数基金、资产管理服务、保险和房地产投资机会。美国学者波特（Band）和杜兰德（Durand）对全球10家主要零售商（其中8家从食品销售中获得了相当大的收入份额）按集团销售和收入进行的研究显示，尽管收入增长放缓，零售商还是增加了他们的股本回报率和分配给股东的利润份额。在波特和杜兰德分析的2002~2007年的8家食品零售公司中，有7家的金融资产占总资产的份额有所增长。平均来说，金融资产占总资产的份额从1996~2001年的大约20%增长到2002~2007年的30%。① 英国、澳大利亚和加拿大的一些食品零售连锁店不仅销售食品，而且还确立了自己作为信贷和银行服务供应商的地位。例如，加拿大第一大食品零售商劳伯劳斯集团（Loblaws）与万事达卡（MasterCard）合作提供信用卡。该公司还提供支票、储蓄账户、抵押贷款和共同基金，以及个人贷款和信用额度。它鼓励消费者从与信用卡积分中受益，他们可以用这些积分兑换免费食物。在网站上，公司指导消费者"购物、赚钱、兑换、重复"，将食品采购与同一供应商提供的信贷联系起来，锁定了消费者，并增强了他们对这些公司的金融安全和食品安全的信任。食品零售商

---

① C. Baud, C. Durand, "Financialization, Globalization and the Making of Profits by Leading Retailers", *Socio-Economic Review*, Vol. 10, No. 2（2012）：241-266.

的投资越来越侧重于金融资产，而不是有形资产，以提高金融盈利能力。

2. 住房金融化

住房是人们日常生活中一项基本需求，也是当代资本主义日常生活金融化的核心要素。在金融体系的演变历史中，住房抵押贷款支持证券（Residential Mortgage-Backed Securities，RMBS）的出现是一个非常重要的时刻，因为 RMBS 使得人们日常生活世界与全球化金融更加密切地关联。[①] 住房金融化最显著的表现就是在资产证券化与信用评分技术的支持下，当代资本主义住房抵押贷款市场从一个为需要信贷的房主提供便利的市场转变为一个促进全球投资的日常工具，成为金融垄断资本实现空间修复与日常修复的重要场所。

住房抵押贷款市场最初被设计为向缺乏资金的购房者提供信贷资金的信贷市场。住房抵押贷款市场一般分为由商业银行、保险公司、储蓄银行组成的一级市场，以及收购一级市场发行的住房抵押贷款所形成的二级市场。例如，在 1938 年的罗斯福新政中，《国民住房修正法案》创建了联邦国民抵押贷款协会，简称房利美（Fannie-Mae），该机构通过购买由联邦住宅署担保的一级市场贷款机构的贷款，为抵押贷款市场提供二级市场流动性，从而推动了住宅抵押贷款市场的发展。此后的吉利美、房地美等机构都与此类似，主要是为了增加购房者获得资金的信贷机会。

20 世纪 60~70 年代，资产证券化技术为住房抵押贷款市场的金融化打开了方便之门。住房所有权的交易成为一项复杂的金融活动。1968 年，吉利美发行了住房抵押担保证券；1971 年，房地美第一次发行了以一般抵押贷款为支持的担保证券；1983 年，房地美创造了第一份担保抵押债券。房利美和房地美扮演证券化者的角色：它们从贷款人那里购买抵押贷款组合，将其打包并作为抵押贷款证券转售给各种类型的私人与机构投资者。由于证券化越来越多地将抵押贷款市场与股票市场联系起来，证券化体现了抵押贷款市场的金融化。它增加了抵押贷款市场的波动性，因为股票市场本质上是波动性市场。证券化在很大程度上盘活了住房抵押贷款市场的存量

---

① 〔美〕肖恩·芬奇、安迪·莱申：《致命的抵押权：抵押贷款的时间和空间》，载〔奥〕卡瑞恩·克诺尔·塞蒂娜、〔英〕亚力克斯·普瑞达主编《牛津金融社会学手册》，艾云、罗龙秋、向静林译，社会科学文献出版社，2019，第 382 页。

资产，降低了融资成本，实现了风险分散，同时住房抵押贷款证券有政府或准政府机构的担保，具有高流动性与低风险性特征，"资产证券化为社区银行将其发放给本地居民的住房抵押贷款出售给政府资助企业提供了途径，使它们不必担心局部市场风险"[①]，因而吸引了大量私营金融机构进入抵押贷款二级市场。

在二级抵押贷款市场出售的抵押贷款组合通常会按风险状况进行分类，因为风险决定了它们的售价（基于风险的定价）。抵押贷款机构根据贷款申请人对贷款人和投资者构成的风险对其进行分类。住房成本和其他金融义务与收入的比例决定了申请人能够偿还抵押贷款的可能性，但放债人也试图评估他们是否愿意偿还抵押贷款。这一过程涉及许多因素的组合，将其简化为数值，就是所谓的信用评分。如果贷款人想在二级市场出售他们的抵押贷款组合，信用评分是必不可少的。信用评分技术增强了贷款人预测违约风险的信心，因而他们也越来越愿意以相对较高的价格向风险较高的借款人发放信贷，以及以相对较低的价格向风险较低的借款人发放信贷。基于风险的定价为抵押贷款的标准化翻开了新的一章，不是通过使用贷款一刀切，而是通过使用信用评分将贷款分为几类，并在二级市场上按类别转售，由此还衍生出面向低收入者、不良信用者的次级抵押贷款市场的繁荣。事实上，二级抵押贷款市场增长最快的部分是次级抵押贷款证券，即信用评分为高风险的抵押贷款证券。美国学者迈恩与苏非在研究信用评分对底特律地区住房抵押贷款市场的影响时，发现在 2000 年底特律西部地区居民的住房抵押贷款申请有 45% 遭到拒绝，但是进入 21 世纪后，这一区域获得住房抵押贷款突然变得极其容易了。2002~2005 年，住房抵押贷款增长了 22%。贷款人更加主动地向那些以前基本上无法获得信贷的借款人发放住房抵押贷款。正如底特律房地产经纪人协会负责人所说："每个人都在卖住房抵押贷款，每条街道都有许多住房抵押贷款办事处。前一天还在超市从事打包的工人，隔一天就开始向我母亲推销住房抵押贷款了。这是怎么回事？"[②] 事实上，就是信用评分技术让贷款人相信能够控制边缘借款人的违约概率。从 2002 年到 2005 年，住房抵押贷款不断涌向低信用评分地区，

---

① 〔美〕迈恩、苏非：《房债》，何志强、邢增艺译，中信出版社，2015，第 92 页。
② 〔美〕迈恩、苏非：《房债》，何志强、邢增艺译，中信出版社，2015，第 74 页。

使得这些地区的住房抵押贷款每年增长超过 30%。住房抵押贷款市场的扩张可见一斑。

住房抵押贷款需要标准化，以便在二级抵押贷款市场进行打包定价。信用评分不仅有利于基于风险的定价，也有利于抵押贷款证券化。这两个因素充分满足了可交易品变得更具流动性的金融化要求。因此，住房抵押贷款金融化规模不断扩大。根据美国证券行业与金融市场协会（the Securities Industry and Financial Markets Association，SIFMA）的统计，在次贷危机发生之前，1985~2006 年，住房抵押贷款证券市场规模的年复合增长率为 14.58%，而同期美国市政债券、国债、公司债券、联邦机构债券和货币市场证券的年复合增长率却分别只有 4.94%、5.38%、9.67%、11.06% 和 7.75%。[①] 2005 年，美国住房抵押贷款证券的发行额接近 2 万亿美元，占抵押贷款市场的 2/3。尽管欧洲引入抵押贷款证券的时间比美国晚得多，但抵押贷款证券市场正在快速增长：在不到 4 年的时间里增长了两倍，达到 3260 亿欧元。尽管发生了抵押贷款市场危机，但 2007 年的估计值仍高达 5310 亿欧元。二级抵押贷款市场证券化在英国、西班牙、荷兰和意大利越来越成熟。例如，在荷兰，2005 年 15% 的抵押贷款市场被证券化，而且这一比例每年都在增长；当年发行的住房抵押贷款证券价值 360 亿欧元。英国是欧洲最大的住房按揭证券市场，2005 年发行的按揭证券价值 1450 亿欧元。[②]

总而言之，在金融化过程中，第二次世界大战后福特制下资本主义国家形成的独立抵押贷款市场及其专业的、通常是区域性的、以"发起和持有"模式运作的组合贷款机构已经转变为新自由主义金融化抵押贷款市场，其特征是更广泛的全国性经营抵押贷款机构，包括不同类型的银行和非银行机构。由于它们采用的是"发起—分销"模式，它们越来越依赖于二级市场的股权，并利用资产证券化扩张市场以寻求更大的收益。可以说，抵押贷款市场的扩张与其说是为了增加住房拥有量，满足民众的日常需求，不如说是为了推进利润增长的新自由主义议程。它使得住房与房屋所有权

[①] 袁嫒：《美国住房抵押贷款证券化及其对中国的启示》，首都经济贸易大学硕士学位论文，2012。

[②] Manuel B. Aalbers，"The Financialization of Home and the Mortgage Market Crisis"，*Competition & Change*，Vol. 12，No. 2（2008）：148-166.

的含义从根本上被重新评估与理解：不再被视为一种社会权利、日常需求与情感归属，而是明确地被金融术语定义为杠杆投资的工具、积累财富的手段和金融投机的对象。

3. 医疗保健金融化

与人们的生命健康相关的医疗保健是日常生活消费的重要领域。伴随着当代资本主义经济金融化扩张而来的是金融行为者和金融市场越来越多地渗透到医疗保健供应和融资系统中。对医疗保健的金融投资不仅有助于社会福利的改善，而且也是资本营利的重要场所。这是当代资本主义日常生活金融化的重要表现。

作为资本主义社会福利与保障体系的重要部分，医疗保健在第二次世界大战后的一段时间内一直是国家提供的保障人们基本健康权利的重要公共服务内容。但是，自 20 世纪 70 年代以来，由于资本市场的全球一体化、新自由主义政策的传播、国家从公共福利供应中的退出，以及将金融市场与社会领域连接起来的新金融工具（如衍生工具和证券化）的扩散，各国政府采取了削减成本，限制预算，将公共卫生供应市场化、私有化与金融化等措施。各种金融机构、金融行为者（各类投资基金、银行、人寿保险公司和拥有大量资产的个人）逐渐涉足公共卫生与医疗保健服务的供应与融资系统。与供水、食品、住房一样，公共卫生与医疗保健产品与服务越来越被视为稳定的未来现金流，被转化和改造为可供国内和跨国私人资本交易的金融资产。

一是医院与卫生系统越来越依赖金融市场满足其日益增长的融资需求。自 20 世纪 70 年代以来，发达国家日益严重的老龄化趋势对医疗卫生资源产生了越来越大的需求。同时，在快速发展的医疗技术的推动下，更换和翻新老化设施，以及对新诊断和治疗设备不断增长的需求增加了医院与卫生系统对资本融资的需求。特别是非营利性公立医院，很少有能够通过运营自身现金流来满足这些资本需求的。在这种情况下，许多非营利的公立医院不得不转向金融市场、金融机构，寻求低成本融资以满足其不断增长的资金预算需求。一项对美国 25 个最大的非营利医疗机构的融资模式的研究显示，非营利医疗保健机构不断增长的资本预算主要依赖于市政债券市场上的各种形式的长期债券工具作为其主要的债务融资方式。这些债券工具包括可变利率债券（Variable Rate Bond）、利率互换（Interest Rate Swap）、拍卖利率证券（Auction Rate Securities）、浮动利率债券（Floating Rate Debt）等。非营利医疗机构广泛使用免税长期债务工具是美国市政证券市场长期增长的一个组成部分。美国市政债券市场在过去20年中经历了一段显著的增长时期。未偿市政债券的数量从1980年的不到4000亿美元增长到2007年底的2.4万亿美元，而2007年发行的新债券和票据超过4870亿美元。[①] 这些非营利医疗系统在各种债券和股权证券上投入了大量资源，作为满足预期偿债要求、为资本投资需求提供资金以及为正常运营提供流动准备金的重要手段。在法国，包括德克夏银行、凯茜·德·帕尔涅银行、法国农业信贷银行、法国兴业银行和法国信贷银行在内的私人银行主导了公立医院的贷款需求。截至2012年，私人银行提供给公立医院的结构性贷款价值达到15亿欧元。[②] 金融市场提供了在新自由主义紧缩政策导致公共卫生预算削减的情况下，通过借入额外资金来解决融资问题的可能性。

二是私人股权资本通过投资、收购、兼并等方式建立营利性私人健康管理公司或医疗机构，直接进入医疗卫生领域。世界银行的私人股本投资部门国际金融公司（International Finance Corporation，IFC）在这一过程中发挥着核心作用，1998~2013年，国际金融公司对全球医疗卫生系统投入19亿美元，包括对医药连锁店、健康保险公司、医疗信息技术和医学教育的投资。到2017年，接受国际金融公司投资的公司拥有1.42亿医疗保健用户，国际金融公司的目标是到2030年将这一数字增加8倍。国际金融公司一位主要股票专家最近发表的一篇文章指出，就投资回报而言，健康行业是其表现最好的行业之一。[③] 在英国，养和医疗集团（Priory Medical Group）是国家医疗服务体系（National Health Service，NHS）心理健康服务的最大私人提供商之一，在英国拥有超过300个医疗服务设施和约7200张医院床位。2011年1月，养和医疗集团被全球最大的私募股权投资机构安宏资本（Advent International）以9亿英镑从苏格兰皇家银行收购，其中约6亿英镑

① Louis Stewart, Pamela Smith, "An Examination of Contemporary Financing Practices and the Global Financial Crisis on Non Profit Multi Hospital Systems", *Journal of Health Care Finance*, Vol. 37, No. 3 (2011): 1-24.
② Ana Carolina Cordilha, "Public Health Systems in the Age of Financialization: Lessons from the French Case", *Review of Social Economy*, Vol. 81, No. 2 (2021): 246-273.
③ Benjamin M. Hunter, Susan F. Murray, "Deconstructing the Financialization of Healthcare", *Development and Change*, Vol. 50, No. 5 (2019): 1263-1278.

是通过高收益债券融资的。成立于 1977 年，致力于治疗精神健康问题、学习障碍和药物滥用的专科医院合作医疗公司（Partnerships in Care，PiC），在 2014 年 6 月被英国私募集团盛峰资本（Cinven）以约 3.94 亿美元的价格出售给美国阿卡迪亚医疗保健公司。交易的结果是，收购宣布时，阿卡迪亚医疗保健公司在纳斯达克的股价上涨了 15%。

三是金融投资者，如商业银行、保险公司或养老基金，积极参与医疗保健领域基础设施建设的所谓"私人主动融资"（Private Finance Initiative，PFI）。作为公私伙伴关系（Public Private Partnerships，PPP）的一种创新类型与模式，私人主动融资指政府部门根据社会对基础设施的需求，提出需要建设的项目，通过招投标，由获得特许权的私营部门进行公共基础设施项目的建设与运营，并在特许期（通常为 30 年左右）结束时将所经营的项目完好地、无债务地归还政府，而私营部门则从政府部门或从接受服务方收取费用以回收成本。这种融资模式被一些西方发达国家运用到医院与卫生系统的基础设施中。在 PFI 计划中，私营部门为医院的设计、建造和运营提供资金，然后在几十年的时间内通过收取医院与卫生部门使用医疗设施的服务费收回资金。英国国家医疗服务体系率先引入这种融资模式。自 1992 年以来，对 NHS 的大部分新资本投资都是通过 PFI 计划进行的。私人融资基础设施项目的融资安排在政治上很有吸引力，因为它们允许在不使用政府资金的情况下建设基础设施。从 1997 年到 2010 年，工党政府大大推进了对它们的使用。到 2012 年，英国卫生部的 PFI 计划比任何其他政府部门都多——总共 118 个，资本价值为 116 亿欧元。大多数 PFI 投资的 90% 资金来自债务。① 在英国，这是一种最直接地在提供医疗服务中金融化的方式。

二　日常生命过程的金融化

日常生活消费除了衣食住行等物质资料的消费外，还有另一种维系个体生命与种的延续的活动，即"种的繁衍"："生产本身又有两种。一方面是生活资料即食物、衣服、住房以及为此所必需的工具的生产；另一方面

---

① Kate Bayliss，"The Financialisation of Health in England：Lessons from the Water Sector"，*FESSUD. Working Paper Series*，Vol. 131（2016）：1-55.

是人自身的生产，即种的繁衍。"① 当代资本主义日常消费金融化在"种的繁衍"方面的表现就是将儿童抚育、青年教育与老年保育做成一个个金融产品，从而将人的整个生命活动与过程金融化。

1. 儿童抚育的金融化

如前所述，在当代资本主义日常生活金融化的形成因素中，金融教育，特别是对儿童的金融教育，是其重要内容。就日常消费而言，儿童是一个非常重要的消费群体。儿童的抚育在日常生活消费中占据着重要位置，蕴含着巨大的盈利空间与机会，自然也成为各类金融机构进行金融开发的重要领域。

尽管美国著名经济社会学家泽利泽在《给无价的孩子定价》一书中指出，从早期资本主义的童工到19世纪末儿童保险的出现，表明"孩子生命日益增长的货币化和商业化"②，但将儿童视为经济主体并不是一个全新的现象。然而，将儿童当作一个消费金融主体，用现代金融工具将儿童成长、教育和未来发展所需要的要素做成一个个可定价、可交易的金融产品，则是当代资本主义金融化条件下，儿童抚育金融化的最显著表现。在这方面，欧美资本主义国家围绕着儿童金融市场开发了儿童银行服务业、儿童保险服务业、以儿童为受益主体的信托基金等。

澳洲联邦银行旗下的 ASB 银行开发了全球首款由银行推出的针对儿童设计的无现金化智能存钱罐"Clever Kash"。作为一款软硬件结合的智能化儿童金融产品，Clever Kash 是一头黄色小象，也是孩子的金钱小管家。孩子们再也不需要把现金硬币抓在手里，小象可显示小孩的银行账户余额。家长可以通过 ASB 网上银行手机 App 实时把虚拟钞票或硬币划到 Clever Kash。Clever Kash 这个智能存钱罐就能马上在肚子上的屏幕更新账户余额。小象肚子还会记录孩子是否达到他的省钱计划。按照 ASB 首席架构师 James Bergin 的说法："如果小孩没机会摸到、感受、看到钱，很难去教你的孩子用钱之道。我们唯一能做的就是让理财变成更丰富更有形的体验。"从 2015 年 9 月至今，Clever Kash 已经通过 250 个新西兰家庭试用，如今已有超过

① 《马克思恩格斯选集》第 4 卷，人民出版社，2012，第 13 页。
② 〔美〕维维安娜·泽利泽：《给无价的孩子定价》，王水雄等译，华东师范大学出版社，2018，第 13 页。

48000 个新西兰家庭注册向 ASB 银行申请。①

　　2005 年 1 月，英国工党政府为提高青少年经济能力，推行了基于资产的福利战略（Asset-Based Welfare），并开始实施儿童信托基金（Child Trust Fund，CTF）政策。CTF 面向 2002 年 9 月 1 日以后出生并居住在英国的所有婴儿提供。政府向父母提供 250 英镑的补助金，他们可以用这笔钱为孩子开立一个为期 18 年的特别账户。这些账户有各种不同类型供父母选择：公司股票、现金存款账户、债券或其他股权投资。低收入家庭的婴儿有资格获得额外的 250 英镑。父母有长达一年的时间开立 CTF 账户，之后政府将介入并代表孩子开立一个账户。每年可将多达 1200 英镑存入现金转拨基金。政府在孩子 7 岁和 11 岁时补足基金。18 年后，年轻人可以随心所欲地使用他们的账户。CTF 力图通过向所有儿童提供一种金融资产，即一种用于培训、教育和财产等重要资源的"储蓄"，来纠正出生时财富的不平衡，培养儿童的储蓄习惯与金融能力，并为年轻人提供在他们开始生产生活时获得金融资产的机会。这将使孩子们了解与自己储蓄账户有关的现金转移支付，帮助他们利用自己的账户进行未来储蓄和投资，并鼓励未来的规划。按照时任英国首相布莱尔的说法，"我们所有的孩子……都应该有一个正确的人生开始的机会。让人们养成储蓄的习惯，确保孩子们有一个真正的金融跳板，是其中至关重要的一部分"。同样地，英国财政大臣也称，儿童信托基金将"从最早的几年起培养金融能力和负责任的储蓄文化"，这是一个"金融行业从小就与个人——以及他们的大家庭——建立关系的机会"②。各种宣传材料上写着："儿童信托基金将为下一代在成年后提供真正的金融优势，这可能形成终身投资习惯的基础，为他们的工作生活提供资金。""今天是玩具，明天是儿童信托基金""投资于他们的未来""好父母、好基金、好未来。"③ CTF 政策将父母的抚育责任、儿童的未来发展与金融市场捆绑起来，促进了一种新的金融消费方式。该政策也引发了其他资本主义国家的效仿。在美国、新西兰和法国，都有政策制定者转向 CTF，试图为儿童抚

---

① 新西兰 ASB 银行官方微博，http：//blog. sina. com. cn/u/5793529094。

② Alan Finlayson，"Characterizing New Labour：The Case of the Child Trust Fund"，*Public Administration*，Vol. 86，No. 1（2008）：95-110.

③ Alan Finlayson，"Financialisation，Financial Literacy and Asset-Based Welfare"，*The British Journal of Politics and International Relations*，Vol. 11，No. 3（2009）：400-421.

育引入类似的金融政策。

无论是儿童银行产品，还是儿童信托基金都表明，儿童融入金融世界的渠道与机会有了相当程度的扩展与增长。当代资本主义金融机构力图通过银行储蓄、信托基金在儿童、未来与金融投资之间建立起紧密关系。从更广泛的意义上看，这些金融工具与活动在无形中增加投资和开发金融资产的人数，并将像儿童这些被传统金融所忽视的人群纳入主流金融领域，扩大金融市场的覆盖面。所有这些都是更广阔的当代资本主义日常生活金融化的一部分。

2. 青年成长的金融化

自 20 世纪 70 年代以来，随着资本主义金融市场管制的放松、消费主义文化的盛行以及各种新形式信贷的不断引入，具有较强消费需求（如完成学业、买房和结婚）的青年人，成为金融组织、金融机构与金融市场重点关注的目标群体。信贷消费已成为资本主义社会青年人群的普遍现象。特别是在教育领域，由于新自由主义紧缩政策导致对教育、卫生等公共设施投入的减少，通过教育贷款支持完成学业，越来越成为西方国家青年人日常信贷消费的核心内容。

研究显示，进入新千年以来，随着新自由主义塑造的宽松信贷环境，以美国为代表的资本主义社会的年轻人处于一个前所未有的信贷获取和负债急剧上升的时代。信贷消费型生活方式正成为年轻人的主流。在参与信贷的方式上，除了传统的消费信贷（抵押贷款、信用卡、分期付款贷款）外，一些新的信贷形式也不断出现，如发薪日贷款以及网上银行和移动电话服务提供的现金预付款，它们以其小额、便捷、快速的优势，正成为年轻人所青睐的信贷方式。在一项对 1610 名 18~29 岁芬兰消费者使用即时小额贷款（Instant Loans）和其他消费信贷服务的情况在线调查中，26% 的受访者曾使用过 2~3 次即时贷款，超过半数的受访者曾使用过 4~5 次（18%）或更多（35%）的即时贷款。超过一半的受访者获得了 4~5 倍甚至更多的即时小额贷款。[①] 在信贷消费的规模方面，2001 年，85% 的美国年轻人至少

---

① M. Autio, T. A. Wilska, R. Kaartinen and J. Lähteenmaa, "The Use of Small Instant Loans among Young Adults—A Gateway to a Consumer Insolvency", *International Journal of Consumer Studies*, Vol. 33, No. 4 (2009): 407-415.

背负债务，而在所有家庭中这一比例为 75.1%。以 25 ~ 34 岁个人为户主的美国年轻家庭的平均债务水平为 55616 美元。1992 ~ 2001 年，18 ~ 24 岁年轻人的信用卡债务水平急剧上升了 104%，平均达到 2985 美元。这个年龄段的年轻人将近 30% 的收入用于偿还债务，是 1992 年平均支出比例的两倍。在收入低于 5 万美元的年轻家庭中（占年轻家庭的 2/3），近 1/7 的家庭陷入债务困境。25 ~ 34 岁年轻人的信用卡债务增加了 55%，达到 4088 美元。在收入低于 5 万美元的年轻成年家庭（占年轻家庭的 2/3）中，近 1/5 的信用卡债务家庭陷入债务困境，他们将收入的 40% 以上用于偿还债务。[1] 与此同时，年轻人的债务在收入中的占比份额也逐年增长。据统计，1992 年美国 35 岁以下年轻家庭的各项债务，包括消费债务、抵押债务在内的，占总收入的 100.1%，1998 年增加到 122%，2007 年达到 177%。未偿债务总额从 1992 年的 30354 美元增长到 2007 年的 88554 美元。[2] 在信贷消费的内容方面，年轻人的信贷用途已经从住房抵押贷款转向无担保债务，主要是信用卡债务与学生贷款债务。特别是学生教育贷款，成为年轻人信贷增长的主要形式。在第二次世界大战后美国婴儿潮期间出生的一代人中，教育债务只占家庭债务的 5%，而在 1983 ~ 1995 年出生的"Y 世代"中，教育债务占家庭债务的 22%。[3]

教育信贷的增长，特别是高等教育信贷的迅猛增长，可以说是青年金融化的一个核心特征。与供水、食品、住房、医疗等社会福利保障的市场化、私有化、金融化一样，高等教育被视为个人消费者的私人利益和金融资产，其投资回报率被视为毕业后更高的收入。因此，英美高等教育已经迅速地从第二次世界大战后以教育补助金为基础的公共税收模式转变为以助学贷款为基础的市场化与金融化模式。[4] 首先，随着不断增长的学生需求和迅速上涨的学费，学生贷款行业在过去几十年中稳步增长。从贷款总额

---

[1] Tamara Draut, Javier Silva, *Generation Broke: The Growth of Debt among Young Americans* (New York: Demos, 2004).

[2] Johnna Montgomerie, "The American Debt Safety-Net", *Public Administration*, Vol. 91, No. 4 (2013): 871-888.

[3] Jason N. Houle, "A Generation Indebted: Young Adult Debt across Three Cohorts", *Social Problems*, Vol. 61, No. 3 (2014): 448-465.

[4] Andrew McGettigan, *The Great University Gamble: Money, Markets and the Future of Higher Education* (London: Pluto Press, 2013), p. 9.

看，美国 1995~1996 学年学生贷款总额为 290 亿美元，2005~2006 学年增长到近 800 亿美元，到 2012 年 4 月，达到 1 万亿美元，超过了所有其他形式的无担保消费债务的总额，是自 2008 年底家庭债务达到顶峰以来唯一显著增加的消费债务形式。[①] 英国市场调研机构 GFK NOP 进行的一项在线研究显示，英国平均毕业生债务水平在 10 年间持续上升，从 1994 年的 2212 英镑上升到 2004 年的 13501 英镑。[②] 从贷款学生比例看，在 20 世纪 90 年代早期，美国只有大约 30% 的学生借钱支付大学学费；2010 年，超过 65% 的学生贷款，超过 4000 万美国人目前至少持有一笔学生贷款。2010~2011 年毕业的大学毕业生中有 2/3 有学生贷款债务，平均为 25250 美元，比上一年增长了 5%。2010 年，四年制大学毕业时的平均债务从 15500 美元到 31050 美元不等。[③] 在英国，自 2000 年到 2007 年，学生债务增长了 58%，2/3 的学生在校负债，平均债务约为 5300 英镑。[④] 学生贷款行业是高等教育的重要资金来源。在美国，学生贷款行业由两大类贷款和贷款人组成：由联邦政府发放的公共学生贷款和由商业银行发放的私人学生贷款。

在高等教育金融化中，另一个重要特征是助学贷款资产支持证券（Student Loan Asset-backed Securities，SLABS）的兴起与扩张。助学贷款资产支持证券是资产证券化（ABS）技术与助学贷款相结合的产物。ABS 被视为一种高效的融资方法，可以降低贷款人的风险，是实现次级借款人金融包容性的重要工具，特别是对因信用记录、收入、抵押品等不足而被视为高风险的学生群体尤其有用。ABS 将学生贷款作为特定现金流，转化为可交易的证券资产。随着教育成本资金需求的增长，贷款人利用学生贷款资产支持证券市场来帮助提供这种资金。数据表明，自 20 世纪 80 年代以来，

① Susanne Soederberg, *Debtfare States and the Poverty Industry* (London: Routledge, 2014), p. 104.

② Pru Marriott, "An Analysis of First Experience Students' Financial Awareness and Attitude to Debt in a Post – 1992 UK University", *Higher Education Quarterly*, Vol. 61, No. 4 (2007): 498 – 519.

③ Susanne Soederberg, "Student Loans, Debtfare and the Commodification of Debt: The Politics of Securitization and the Displacement of Risk", *Critical Sociology*, Vol. 40, No. 5 (2014): 689 – 709.

④ Pru Marriott, "An Analysis of First Experience Students' Financial Awareness and Attitude to Debt in a Post – 1992 UK University", *Higher Education Quarterly*, Vol. 61, No. 4 (2007): 498 – 519.

证券化市场已成为资金从投资者流向学生的主要渠道。1998 年，美国每年的学生贷款市场规模约为 400 亿美元，其中约 120 亿美元（30%）被证券化。到 2006 年，新贷款跃升至约 750 亿美元，占 2006 年学生贷款总额的 100% 以上。助学贷款资产支持证券成为学生贷款行业的支柱。它与住房抵押贷款、汽车贷款和信用卡应收款共同构成通过资产支持证券化融资的四大核心资产。[1]

3. 老年退休的金融化

美国著名管理学家德鲁克将退休基金资本主义、养老金资本主义（Pension Fund Capitalism）作为后资本主义社会的一种形态和趋势，认为第二次世界大战后养老基金规模的扩大、影响力的增强，赋予了普通美国人间接持有许多美国企业股权的能力，"大大削弱了旧时'大资本家'呼风唤雨的能力"[2]。而随着 20 世纪 70 年代以来资本主义金融自由化的发展，养老金体制也迎来了金融化大变革。这场"养老金革命"的核心理念是：为未来退休提供收入的关键不是私人储蓄和节俭行为，而是促进金融市场投资的产品和服务。劳动者也不再依赖职业福利和社会保障的集体保险，而是通过基于股权的共同基金投资创建并自我管理一个资金库，以便退休养老之用。由此，金融市场在提供养老金福利以及养老基金的保值增值中所起的作用越来越大，养老基金也成为金融市场越来越重要的机构投资者。养老基金逐渐呈现金融化趋势，成为日常生活金融化在老年退休阶段的重要标志。

首先，自 20 世纪 70 年代以来，资本主义国家的养老金规模不断扩张，为养老体系的金融化提供了庞大的资金池。据统计，1993 年，全球养老基金的储蓄总额为 10 万亿美元，其中 6 万亿美元归美国养老基金所有，7500 亿美元归英国基金所有，4000 亿美元归荷兰养老基金所有。到了 2000年，美国养老基金的资产已增至 7 万亿美元，英国养老基金的资产约为 1 万亿美元，而荷兰持有的股份则高达 5000 亿美元。养老金储蓄总额甚至超过

① R. L. Fried, J. P. Breheny, "Tuition isn't the Only Thing Increasing: The Growth of the Student Loan ABS Market", *The Journal of Structured Finance*, Vol. 11, No. 1 (2005): 40-45.
② 〔美〕德鲁克：《后资本主义社会》，傅振焜译，东方出版社，2009，第 52 页。

了纽约、伦敦和东京股市总资本的总和。① 从 2001 年到 2014 年，欧盟国家养老基金资产占国内生产总值（GDP）的份额也是逐渐增长：英国从 68% 增长到 96%、丹麦从 26.5% 增长到 48.6%、芬兰从 47.9% 增长到 51%、瑞士从 93.8% 增长到 120.3%、冰岛从 81.7% 增长到 146.8%、荷兰从 96.4% 增长到 159.3%。② 养老基金为购买证券，即股票以及公司和政府票据注入了巨大的资金流。养老基金开始主导资本市场，正如管理大师彼得·德鲁克在 1976 年著名预测的那样，导致了"养老金革命"，"养老基金已经成为美国的新巨头"。③

其次，养老基金成为金融市场的最大机构投资者。它增加了个人未来老年收入对金融市场的依赖，最为直接地体现了老年退休阶段的金融化。在美国，构成养老金体系的"三只板凳"，即国家设立的公共养老金、雇主设立的私人养老金以及个人自行管理的个人退休账户（IRA），都积极参与股票、债券市场的金融投资，是资本市场的最大机构投资者。特别是私人养老金与个人退休账户的大部分资产都投入金融市场。早在 1974 年，美国养老基金就拥有价值 1400 亿~1500 亿美元的上市公司股票，而当时美国股票市场上市公司的交易市值大约是 5000 亿美元。美国养老基金大约拥有相当于美国上市公司总市值 30% 的股票。④ 2009 年，在州及地方政府高达 2.68 万亿美元的养老资产中，公司股票占据了 58.3% 的比重，共同基金资产占比 8.5%；美国最大的地方政府公共养老基金——加利福尼亚公共雇员养老基金，到 2010 年底的养老资产规模为 2200 亿美元，其中股票投资占比就接近 70%。⑤ 企业雇主 DB 型养老计划也大半投向共同基金和股票资产，其总体资产配置结构与 DC 型养老计划非常接近。

最后，与养老金金融化相关的另一个重要发展是养老金资产投资方式的转变。过去，养老金资产主要投资于固定收益类资产如政府和公司债券，

---

① Ewald Engelen, "The Logic of Funding European Pension Restructuring and the Dangers of Financialisation", *Environment and Planning A: Economy and Space*, Vol. 35, No. 8（2003）: 1357-1372.

② Bruno Bonizzi, "Pension funds and financialisation in the European Union", *Revista De Economía Mundial*, Vol. 46（2017）: 71-90.

③ 〔美〕德鲁克:《养老金革命》，沈国华译，机械工业出版社，2016，第 39 页。

④ 〔美〕德鲁克:《养老金革命》，沈国华译，机械工业出版社，2016，第 11 页。

⑤ 田向阳、张磊:《养老基金为美国资本市场稳定基石》，《中国证券报》2012 年 1 月 20 日。

这类资产提供了可预测且有保障的回报。传统观念认为，养老金缴款应仅投资于安全资产类别，因为员工的退休收入直接依赖于这些资产产生的回报。然而，自20世纪60年代以来，在现代资产组合理论与有效市场假说的影响下，金融专业人士逐渐摒弃了特定资产类别固有风险的观点。相反，他们根据投资者的风险偏好来调整整个投资组合的风险水平，并强调投资组合中资产的多样化有助于最小化损失风险。投资者应努力使他们的投资组合能够代表整个市场。因此，养老基金的投资对象逐渐转向高风险、高收益的其他资产类别，如公司股票、对冲基金、房地产和外国资产等。例如，美国的私人养老基金在20世纪50年代的投资组合主要是固定收益资产（如国债和公司债券），而自2000年以来，共同基金开始主导私人养老基金的投资组合。公司债券的份额从1950年的50%下降到2014年的不到10%，而共同基金的份额则从1950年的2%上升到接近40%，公司股票的份额也从1950年的2%上升到2014年的30%。[①]

在当代资本主义养老金体系的金融化过程中，养老基金被作为金融资产投资于金融市场，这迫使个人越来越依赖国际金融市场作为其养老金的资金来源，从而将个人晚年退休生活保障与金融市场建立了直接的联系，加强了日常生命过程的金融化趋势。

第二节　日常交往的金融化

人们的衣食住行、饮食男女等日常生活资料的获取与消费总是在特定的空间领域中与特定的人群发生各种关系，这就形成了日常交往。它主要是在由家庭、村落、社区等天然共同体为代表的直接生活环境中，家人、邻人、朋友之间以礼尚往来、娱乐休闲为形式的活动。资本主义金融化在改变人们日常消费方式的同时，也在改变人们的日常交往方式。从家庭环境到社区服务，再到休闲娱乐，都越来越围绕着市场，特别是金融市场而展开。如今，"接受教育被说成是人力资本投资，和邻居认识被说成是社会资本投资。房子不再是社区联系的纽带，而成为税收优惠的期权……现在，

---

① Natascha van der Zwan, "Financialisation and the Pension System: Lessons from the United States and the Netherlands", *Journal of Modern European History*, Vol. 15, No. 4 (2017): 554-584.

世界仿佛成了一个股票市场，而我们全都成了交易员，每天买卖各种'资本'，为的就是获得成功"①。

一　家庭环境的金融化

从生活环境看，无论是过去还是现在，家庭都是日常交往最主要也是最重要的活动场所，担负着获取日常生活资料、人的繁衍以及提供情感支持的重要日常功能。从资本主义角度看，家庭也是劳动力再生产的必要条件。马克思认为资本主义对人们日常交往的影响首先就表现在家庭关系的商品化与货币化："资产阶级撕下了罩在家庭关系上的温情脉脉的面纱，把这种关系变成了纯粹的金钱关系。"② 在资本主义金融化过程中，随着日常消费资料与生命抚育活动越来越依赖于金融市场与金融工具，家庭逐渐走到了金融创新的前沿，成为一个微型的金融单位，越来越积极参与投资、投机与借贷活动，既作为金融债权的消费者又作为生产者。家庭在金融化过程中获得了新的含义：家庭不仅仅是一个日常居住、交往的场所，更是一种个人必须培育的长期投资形式，成为一个金融化的主体，以确保其未来的经济福利。家庭的金融化是日常交往金融化最为突出的结构特征。

1. 作为投资人的家庭

家庭的金融化首先表现在，家庭越来越被视为一个需要对金融投资与金融风险进行战略性自我计算、管理与决策的金融单位。如前所述，随着新自由主义紧缩政策的实施，国家逐渐削减社会保障与公共服务部门，个人与家庭不得不依赖金融市场，承担起对食品、住房、医疗、教育和退休养老的更多责任。这些日常消费资料的金融化意味着家庭需要更加精细地评估与计算预期收入中用于支付住房贷款利息的比例、贷款的时间、固定或浮动利率贷款、消费信贷期权的管理以及首选的养老金投资计划等。特别是随着允许人们对冲住房、医疗和教育投资风险的金融衍生产品的出现，家庭需要在金融上更加精确地选择金融产品、识别金融风险、从事金融投资。人们期望家庭通过积累资产和进行投资来承担未来的风险。或者说，

---

① 〔美〕杰拉尔德·戴维斯：《金融改变一个国家》，李建军、汪川译，机械工业出版社，2011，第 5 页。
② 《马克思恩格斯选集》第 1 卷，人民出版社，2012，第 403 页。

家庭是一个意识到风险和利润机会的日常资本家。

因此，虽然家庭长期以来一直从事股票投资和消费信贷，但是在金融化时代，这些不仅在规模和范围上扩大了，而且性质也发生了重要变化：家庭现在不仅面临着是否储蓄、借贷的选择，更重要的是将金融投资战略作为指导其经济社会生活的行动指南与工具箱，与瞬息万变的全球金融市场紧密相连。如戴维斯所描述的："如今的购房者（至少是那些花时间研究贷款文件的购房者）可能不得不研究汇率、联邦储蓄银行和伦敦银行同业拆借利率以在更广阔的经济世界中调整他们的币种。位于欧元区之外的东欧购房者更加关注这些利益，因为他们中很大一部分借用具有较低利率的外币来购房。就像银行家一样，这些购房者实际上在进行着'套利交易'操作，他们所面临的风险是由汇率变动所导致的还款数额的上升或下降。这种操作也不仅仅只发生在东欧：一个伦敦的商人用日元为其在佛罗里达的房子办理了房贷。也许在历史上从来没有过，日常的家庭消费与中央银行的行为有着如此直接的联系。"① 在这种金融战略中，住房从一种储蓄被重新定义为一种可以积极管理的金融资产。

统计数据也证实，无论是在内部日常运作与资产结构方面，还是在对国民经济产生影响的社会性投资方面，当代资本主义社会的家庭都日益作为一个投资人的金融单位而存在，它们通过向金融市场持续性地提供大量资金，成为金融垄断资本的支柱。由于个人与家庭越来越多地被教育基金、养老基金、共同基金和抵押贷款等方式吸引到金融市场，家庭储蓄从银行账户转移到了货币市场账户和股权共同基金等更容易受到市场风险影响的金融资产中。美国家庭投资股市的比例从 1983 年的 20% 上升到 2001 年的 52%。在 35 岁以下的人作为主力的家庭中，约一半的家庭持有股票，而在 1983 年这一比例只是 1/8。在养老基金的使用上，有一半的 401（k）计划参与者选择将雇主公司的股票作为投资项，有 16% 的 60 多岁的人将 80% 以上的资产投资于股票市场。② 这些数据表明，更多的家庭积极采用金融杠杆作为一种战略，通过投资资产来提高他们在财富分配与社会阶层中的地位。

---

① 〔美〕杰拉尔德·戴维斯：《金融改变一个国家》，李建军、汪川译，机械工业出版社，2011，第 176 页。
② 〔美〕杰拉尔德·戴维斯：《金融改变一个国家》，李建军、汪川译，机械工业出版社，2011，第 177~178 页。

　　家庭参与金融市场导致利息、股息等财产性收入在家庭收入结构中的比重快速上升，而劳动收入比重持续减少。据统计，美国家庭利息收入总额从 1972 年的 148.2 亿美元上升至 1991 年的 2189.5 亿美元，增长了 13.77 倍，年增长率高达 68.87%。2016 年又上涨至 4047.74 亿美元，相对 1991 年又翻了一番。利息收入占可支配收入的比重，1973 年为 6.4%，1985 年攀升至 19.2%，此后略有减少，从 2000 年到 2016 年维持在 11%~15% 之间。与此相反，劳动报酬占可支配收入的比重从 1972 年的 15% 减少到 2016 年的不足 10%。[①] 财产性收入的增加也意味着家庭的金融资产（包括投资基金、股票、保险、年金和养老金）占家庭财富的百分比日益上升。美国家庭金融资产组合百分比在 1989 年是 31.1%，2001 年则上升到 42.6%，2010 年是 37.8%。其中，退休账户、股票以及共同基金所占比重较高，并且一直呈现上升趋势。从拥有金融资产的家庭数量看，从 1989 年的 89% 上升到 2010 年的 94%。[②] 家庭部门金融资产占 GDP 比重也是逐渐上升。美国从 1975 年的 2.6% 上升到 2015 年的约 4%，日本从 1998 年的 0.8% 上升到 2013 年的 1%，德国从 1999 年的 0.55% 上升到 2013 年的 0.75%。[③] 财产性收入与劳动收入的反向关系一方面表明饮食、住房、教育、医疗、养老等日常消费资料的金融化迫使家庭参与金融市场与金融投资，另一方面也表明了企业治理结构的金融化，即股东价值导向使企业越发倾向于持有金融资产以求获得更多利息、股息，从而减少了支付给劳动者的实际工资。

　　2. 作为借款人的家庭

　　在当代资本主义社会，新自由主义的推行、福利国家的退却、劳动力市场的不稳定、实际工资收入的停滞、医疗教育成本上升，导致工薪家庭不得不依赖消费信贷来承担包括食品、医疗、住房和教育在内的日常生活支付成本。与此同时，金融自由化所带来的商业银行业务对象的调整、新金融产品的开发与消费信贷环境的宽松，更加诱导家庭与个人积极参与信贷活动。家庭日益将私人借贷作为应对收入停滞、福利削减、风险私有化和经济压力的防御性策略与补偿性反应。

---

① 崔顺伟等：《美国经济金融化的政治经济学分析》，经济管理出版社，2017，第 90 页。
② 鲁春义：《资本金融化转移的特征、机制与经济关系》，立信会计出版社，2015，第 80 页。
③ 马慎萧：《资本主义金融化转型机制研究》，经济科学出版社，2018，第 91 页。

一方面，家庭负债类型繁多，从住房抵押贷款、教育贷款、汽车贷款、医疗贷款到循环信用卡贷款，形成了一个庞大的日常生活债务链。在美国，与住房抵押贷款有关的债务现在占家庭总债务的 80%，其余的无抵押循环消费债务由信用卡、汽车贷款和学生贷款组成。从 1999 年到 2008 年，家庭抵押债务总额从 3.3 万亿美元增加到 10 万亿美元，非抵押的消费债务也大幅上升，从 1.3 万亿美元增加到 2.5 万亿美元，几乎翻了一番。[1] 与美国类似，英国 2005 年每个家庭负担的抵押贷款类型的债务平均为 54358 英镑，而每个成年人的平均收入为 28742 英镑，债务约为平均收入的 190%。而以信用卡债务、汽车债务等为主的无担保的消费型债务同样增长迅速。消费信贷的年增长率为 8.2%，而有担保贷款的年增长率为 2.2%。在无担保消费信贷市场中，大约 32%（约 510 亿美元）的贷款是由家庭信贷机构、发薪日贷款人和典当行等收取最高费用和利息的私人公司提供的。[2] 各种抵押债务与消费债务现在已经成为家庭用来抵消他们无力承担的日常生活消费成本的一个重要手段，构成了一张新型的社会安全网。

另一方面，家庭负债总额庞大，呈现逐渐上升的趋势。在美国，由于家庭承担了越来越广泛的信用卡、抵押贷款、学生贷款和发薪日贷款，家庭实际债务水平中位数从 1989 年到 2007 年增长了 179%。从 2000 年到 2007 年，美国的家庭债务急剧上升，7 年间总量翻了一番，达到创纪录的 14 万亿美元。并且家庭杠杆率（家庭债务占包括转移支付在内的可支配收入的百分比）从 1983 年的 68% 上升到 1995 年的 91%，2004 年飙升到 115%，2007 年达到 119%。[3] 家庭杠杆率大幅攀升并非美国独有，数据显示，这种趋势在其他资本主义国家也很常见。从 1997 年到 2007 年，丹麦从 140% 增长到 199%、爱尔兰从 135% 增长到 191%、荷兰从 130% 增长到 185%。从 1997 年到 2007 年，美国家庭杠杆率增长了 42 个百分点。同期，其他国家

[1] Meta Brown, Andrew Haughwout, Donghoon Lee, and Wilbert van der Klaauw, *The Financial Crisis at the Kitchen Table: Trends in Household Debt and Credit* (FRB of New York Staff Report, No. 480, 2010).

[2] A. Roberts, "Household Debt and the Financialization of Social Reproduction: Theorizing the UK Housing and Hunger Crises", *Risking Capitalism*, Vol. 31 (2016): 135-164.

[3] Edward N. Wolff, *Recent Trends in Household Wealth in the United States: Rising debt and the Middle-class Squeeze An Update to 2007* (Levy Economics Institute Working Paper Serise, No. 159, 2010).

的家庭杠杆率增幅更大，包括爱尔兰增长 85 个百分点、荷兰增长 82 个百分点、丹麦增长 69 个百分点、葡萄牙增长 65 个百分点、西班牙增长 52 个百分点、英国增长 52 个百分点、挪威增长 50 个百分点。[①] 在金融危机后，家庭杠杆率也继续保持增长。2016 年底，丹麦家庭债务占可支配收入为 2.6 倍，荷兰为 2.3 倍；在澳大利亚、加拿大、塞浦路斯、爱尔兰、卢森堡、韩国和瑞典，家庭债务占可支配收入的比例在 1.5 倍到 2 倍之间。[②] 这些数据表明，家庭对贷款、债务和账单的大量持续性支付为金融市场提供了充足的流动性。凯恩斯时代致力于劳动力再生产的家庭正在转变为金融市场的流动性、风险管理资产的供应商。

二　社区服务的金融化

在前资本主义社会中，人们日常交往主要局限在家庭和村落的封闭的亲缘共同体中。但是，资本主义生产方式与交通通信方式大大拓展了人们日常交往的范围。"过去那种地方的和民族的自给自足和闭关自守状态，被各民族的各方面的互相往来和各方面的互相依赖所代替了。"[③] 建立在地缘关系基础上的社区，也成为人们日常交往的重要领域。如果说马克思指出 19 世纪资本主义将家庭关系都货币化与商品化，那么 20 世纪 70 年代以来的金融化则将社区活动与服务变成了一种具有投资价值的资本关系或"社会资本"："社会学家不再把人际关系描绘成商品关系，而是描绘成资本关系。社会资本是一种主要的比喻方式，它可以把家庭、朋友和社区关系全部变成投资工具。"[④]

20 世纪 70 年代以来，新自由主义资本主义国家在削减公共服务与社会福利供给的同时，也引入了私人企业提供社区服务外包的市场化机制，从而开启了社区服务与志愿活动的金融化进程。进入 21 世纪，在服务外包的基础上，政府动员金融市场，引入风险投资作为社区服务与志愿组织的融

---

① R. Glick, K. J. Lansing, "Global Household Leverage, House Prices, and Consumption", *FRBSF Economic Letter*, Vol. 1 (2010).

② M. Coletta, R. De Bonis, and S. Piermattei, "Household Debt in OECD Countries: The Role of Supply-Side and Demand-Side Factors", *Soc Indic Res*, Vol. 143 (2019): 1185-1217.

③《马克思恩格斯选集》第 1 卷，人民出版社，2012，第 404 页。

④〔美〕杰拉尔德·戴维斯：《金融改变一个国家》，李建军、汪川译，机械工业出版社，2011，第 25 页。

资方式，即社会投资利用"可偿还融资模型"扩大社区服务提供商通过股权、贷款或社区股份获得融资的机会，并利用社会投资模型衡量其价值创造，随后通过直接销售商品和服务或通过获得政府合同产生收入。提供公共服务的第三方组织必须证明其服务取得的成果，才能收到合同付款。这里的中心是对国家在社会再生产领域的作用进行深刻重构：社会公共支出，例如教育或卫生支出，不再被认为是给个人与社会带来公共利益的消费品的支出，也不是一种再分配，因为这可能削弱经济刺激，从而抑制财富的产生。相反，社会支出被认为是一种投资，是一种将来会产生经济或社会回报的投资。它被认为是经济增长和发展的潜在驱动力。因此，在这一新机制中，社会政策被理解为一种生产要素与金融要素的结合，是对未来的投资，而不是单纯的社会保护与福利供给。这种社会投资有助于缓解三个层面的危机：一是通过解决贫困、就业、犯罪等社会问题缓解社会再生产危机；二是通过投资刺激经济增长，为投资者带来回报，缓解资本积累危机；三是通过更好地采购公共产品和服务，缓解国家财政危机。

在此背景下，以社会影响力债券（Social Impact Bond, SIB）为金融工具、社会投资市场为平台的社会金融（social finance）逐渐兴起。2000 年 4 月，英国时任财政大臣戈登·布朗邀请英国风险投资业的创始人罗纳德·科恩爵士成立社会投资工作小组（Social Investment Task Force），以评估金融和经济在社区发展中的作用。此后，社会投资工作小组连续发布研究报告，要求金融投资者不仅要关心最大化他们的财务回报或管理他们的风险，还要为产生社会效益的结果进行投资。报告强调，风险资本可以利用资本主义的企业家精神、创新和资本，有效提高社区服务与志愿活动的效率。同时，倡导私人资本对社区服务进行股权投资，提出通过创建社会投资银行、发行社会影响债券等金融机构与工具，提供社区再投资法等政策建议，以加强社会投资市场的基础设施建设，引导金融部门积极参与社区的投资。

2010 年，英国非营利组织社会金融（Social Finance）以债务融资的方式从慈善信托、基金会、投资者、其他民间组织及金融机构筹集了 500 万英镑，推出了世界上首个社会影响力债券（SIB）项目。该项目用于资助包括慈善组织和社会企业在内的专业社会服务机构，为彼得伯勒监狱内约 3000 名刑期在 12 个月以内的男性犯人提供"一站式服务"（One-stop Service），包括饮食、住房、培训课程、心理支持等，全方位帮助他们重新融入社会。

如果社区服务干预措施成功达到规定的项目要求，政府将支付一笔回报，其中包括社会投资银行投资者投入的本金，以及一笔有上限的、浮动的成功奖励。自首批社会影响力债券于 2010 年发行以来，这种模式在英国已广泛应用于社区服务的诸多方面。

在英国伦敦的希灵登区（Hillingdon），社会临终关怀服务通过 SIB 引入社会投资。SIB 的目的是防止可避免的住院，并帮助临终患者死在他们感到最舒适的地方。投资者根据"改善对临终个人的护理"和"死于其首选死亡地点的服务用户人数"获得报酬。预计单个患者最大支付总额为 190 万英镑。目前，英国每年有 35 万人需要临终关怀护理，这相当于总人口的1%。SIB 为社区服务机构提供开发支持和前期投资，以支持开发和提供改进的基于社区的临终关怀护理服务。与此类似，SIB 还为独居老人改善社交状况与健康状况提供融资服务。① 最近的一项英国 SIB 关注的是让问题青少年脱离寄养。2012 年 11 月下旬，埃塞克斯郡议会启动了一项社会保险基金，该基金筹集了 310 万英镑，用于在未来 5 年内让至少 100 名问题青少年与家人团聚，并离开寄宿或专门的寄养机构。埃塞克斯郡议会将利用这一SIB 的收益为青少年支付强化家庭治疗费用。如果埃塞克斯 SIB 成功地将100 名青少年排除在政府资助的护理体系之外，并使他们与家人住在一起 5年，SIB 投资者可以获得 8%～12% 的年回报率。② 2012 年，英国政府成立了专门从事社会投资的公益性金融机构，即大社会资本（Big Society Capital），该机构未来的任务就是创造一个"社会投资的繁荣市场"，转变社会组织的资本供应，实现金融资本的社会转向。大社会资本从大社会信托（Big Society Trust）和四家英国银行（巴克莱、汇丰、劳埃德银行集团和苏格兰皇家银行）筹集了 6 亿英镑初始资本，进一步加大对社区服务与公益活动的投资力度。随着先期项目的成熟，英国已经成为 SIB 发展最快的国家。根据英国内阁办公室社会影响债券中心的数据，截至 2016 年 6 月，英国有 32

① Leslie Huckfield, "The Financialization of Community Development: The Role of Social Finance", *Community Development Journal*, Vol. 56, No. 1 (2020): 100-118.

② Deborah Burand, "Globalizing Social Finance: How Social Impact Bonds and Social Impact Performance Guarantees Can Scale Development", *N. Y. U. J. L. & Bus*, Vol. 9 (2013): 447-502.

个 SIB 在使用，投资 SIB 的私人投资者预计年回报率为 15%～30%。[①]

继在英国本土取得成功后，美国、加拿大、墨西哥、澳大利亚也相继采用这一办法。在 2011 年，美国成立 Social Finance US，通过该机构将 SIB 引入美国市场。在国家层面上，奥巴马政府拨出政府资金支持社会影响力融资实践。2013 年，美国在纽约市推出第一个 SIB 项目——纽约市赖克斯岛（NYC's Rikers Island）累犯减少计划。随后，美国在各州都展开了实践：犹他州高质量学前教育计划（Utah High Quality Preschool Program）、马萨诸塞州长期无家可归者项目（Massachusetts Chronic Homelessness Pay for Success Initiative）、芝加哥儿童-父母中心项目（Chicago Child-Parent Center Pay for Success Initiative）等。[②]

作为现代金融资本与社区服务相结合的产物，SIB 已经广泛运用于问题人群再教育、就业技能培训、心理健康服务、老年护理、临终护理、儿童护理等社区服务领域。它表明了在资本主义金融化扩张过程中，社会服务与志愿活动对金融市场的融资依赖。这种金融依赖使人们在社区中的日常交往不再是一种公共福利，而是成为能为投资者带来收益的投资工具与金融资产。

三　休闲娱乐的金融化

休闲娱乐是日常交往的重要形式。用于娱乐和休息的余暇时间是人的自由全面发展的重要表现。但是，以无限追逐剩余价值为本性的资本主义生产方式将人们的文化娱乐与闲暇时间都改造为能够创造剩余价值的商业化与标准化的"文化工业"。20 世纪 70 年代以来，以机构投资者、企业风险投资和私募股权投资公司为载体的金融垄断资本通过对影视、音乐、游戏等大众日常休闲娱乐方式的全面渗透与扩张，建构出以"金融化的好莱坞"（Financialized Hollywood）为标志的文化工业的金融化[③]，也象征着当

---

① Emma Dowling, "In the Wake of Austerity: Social Impact Bonds and the Financialisation of the Welfare State in Britain", *New Political Economy*, Vol. 22, No. 3 (2016): 294–310.

② 刘蕾等：《社会影响力债券：利用社会资本解决社会问题》，《公共管理与政策评论》2020 年第 1 期。

③ Andrew de Waard, "Financialized Hollywood: Institutional Investment, Venture Capital, and Private Equity in the Film and Television Industry", *Journal of Cinema and Media Studies*, Vol. 59, No. 4 (2020): 54–84.

代资本主义日常交往方式的金融化。

从 2004 年以来，美国金融机构对电影、电视和音乐行业发起了一场规模巨大的金融扩张与渗透。机构投资者、私募股权投资公司在文化产业的每个部门都实施了一系列的杠杆收购，包括主要的音乐公司（华纳、百代）、广播网络（Cumulus，Clear Channel/iHeartMedia）、影视制作和发行公司（米高梅、米拉麦克斯、Univision、迪克·克拉克制作公司）、影院公司（AMC，Odeon）、演艺经纪机构（CCA，WME，IMG）、娱乐咨询公司（Nielsen）和娱乐报刊机构（Variety，The Hollywood Reporter，Billboard）。从 2004 年到 2019 年，世界上的三大投资机构——贝莱德（Black Rock）、先锋（Vanguard）、道富银行（State Street）——是迪士尼、时代华纳、索尼、奈飞、福克斯、哥伦比亚广播公司、康卡斯特、威瑞森电信等娱乐传播公司的最大机构股东。有学者认为："如果我们将文化产业中正在发生的流媒体转型描述为'内容战争'，在好莱坞、硅谷和麦迪逊大道都有隐喻性的'战线'，那么这场冲突中沉默的军火商就是华尔街和投资者阶层。"[①]

好莱坞金融化的主要模式是机构投资者、私募股权投资公司通常以 5 ~ 10 年的期限运营投资基金，以目标公司的影视娱乐资产为抵押或基于其现金流筹集巨额资金，进行杠杆收购，重组目标公司，对公司进行优质资产剥离，以最大限度地提高效率，然后以高利润率出售精简后的公司或其资产。在整个流程中，影视企业被视为投机资本的载体，而非影视产品的生产者。

2004 年，华纳音乐集团被贝恩资本（Bain Capital）和另外两家私募股权公司以 26 亿美元收购，这是私募股权公司在音乐行业的第一次重大举措，被视为大众文化娱乐产业金融化的开端。2011 年，私募股权公司又以每股 8.25 美元、总额 33 亿美元的价格将华纳音乐集团出售给另一家美国公司（Access Industries）。2007 年，私募股权公司泰丰资本（Terra Firma Capital Partners）利用债务融资，以 47 亿美元的价格收购了英国著名音乐公司百代唱片（Electric and Musical Industries Ltd，EMI）。私募股权收购华纳音乐集

---

① Andrew de Waard，"Wall Street's Content Wars：Financing Media Consolidation"，in Denise Mann（ed.），*Content Wars：Tech Empires vs. Media Empires*（Oakland，CA：University of California Press，2021）.

团与百代唱片，是因为这两家作为世界上最大的唱片公司，拥有包括遍布全球的音乐艺人、音乐品牌、歌曲在内的最丰富的音乐资料库。在版权的保护下，这些音乐资料库可以不断被制作为唱片、流媒体、数字音乐，以付费商品的形式，源源不断地带来稳定的现金流，使投资者获得丰厚利润。特别是唱片业正处于从实体购买和数字下载向流媒体平台的急剧转变之中。一些流媒体音乐平台，如瑞典的声田音乐（Spotify）和美国的潘多拉（Pandora）等公司的流媒体音乐收入在 2014 年超过了美国的 CD 收入，在 2015 年超过了 iTunes 和其他公司的数字下载收入。流媒体技术时代为投资者带来了一个利润丰厚的新现金流。此外，大数据技术的发展也为音乐金融化提供了重要支撑。大数据技术以可视化、数量化的方式记录、追踪、挖掘所有在线广播与歌曲的搜索、收听、下载、点赞、收藏、转发以及其他社交数据。美国一家名为 The Echo Nest 的音乐智能公司通过机器来自动记录、分析用户听了哪些歌曲，哪些歌曲听了很长时间，哪些歌曲听了很短时间，哪些歌曲没有听就跳过了，哪些歌曲是用户收集的，哪些歌曲是朋友分享的，以此推断用户的音乐风格偏好，实现音乐的个性化推荐。另一家音乐数据公司 Big Champagne 能够将下载歌曲跟用户的 IP 地址配对，得出什么人在什么地方下载什么歌曲等数据资料。这些数据不仅能够帮助唱片公司了解哪些作曲家和歌曲值得在营销方面加大投资，策划相关市场推广活动，而且也有助于精准锁定与打击特定区域、特定人群的盗版行为。因此，许多音乐巨头都纷纷开始收购数据分析公司：全球最大的演唱会与舞台推广公司现场国度（Live Nation Entertainment）在 2011 年以约 3000 万美元收购了 Big Champagne。2014 年，流媒体音乐公司 Spotify 以 1 亿美元收购了 The Echo Nest。大数据将音乐行业变成了一个基于数据流量标记和业绩指标进行投资交易的金融市场。

影视行业的金融化也继续沿用了这一基本模式。2005 年，康卡斯特（Comcast）、索尼、普罗维登斯资产合作公司（Providence Equity Partners）、德克萨斯太平洋集团（Texas Pacific Group）等私募财团组建了米高梅控股公司，以 48.5 亿美元的杠杆收购了负债累累的米高梅电影公司。每个投资集团在米高梅公司中都获得了相当大的股份：普罗维登斯占 34%、德太资本占 23%、康卡斯特占 21%、索尼占 14%。私募股权公司看中的不是米高梅制作电影的生产能力，而是它拥有的庞大的电影资料库。无论是对电影公司还是观众，电影资料库都是一项可靠、多样化的资产。私募股权公司将好莱坞电影资料库视为投资机会。例如，华纳兄弟拥有最广泛的电影库之一，拥有 7000 多部故事片的版权。它通过各种发行窗口将这些电影资料货币化，如电视、有线电视、按次付费、DVD/蓝光、数字销售/租赁和流媒体，包括自己的华纳档案服务，该服务提供每月付费的经典电影和电视资料库访问权限。收购米高梅，最直接的就是让索尼充实自己已有的电影资料库，其价值会达到 40 亿~50 亿美元。收购后，索尼将掌握 7600 部电影资产，这将使它超越时代华纳，跃居第一。① 将所拥有的庞大电影资料库制作成 DVD 发售、付费视频点播（VOD）娱乐模式和互联网宽带付费下载，这些全新的收入流将为投资者带来丰厚的收益。

贝莱德、贝恩、先锋、凯雷等机构投资者和私募股权公司的并购活动可以被视为影视文化产业金融化的外部力量。大型文化媒体公司本身也利用企业风险投资进行内部金融化。许多著名的影视媒体公司一直在进行大量集中的风险资本投资，例如迪士尼在互联网媒体公司 Vice Media 中拥有 4 亿美元股份，NBC 环球影业在网络新闻媒体公司 Buzzfeed 中拥有 2 亿美元股份。与此同时，文化媒体公司还创建了半独立的风险投资机构，在虚拟现实、流媒体技术等相关领域进行风险更高的投资，如贝塔斯曼数字媒体投资公司（Bertelsmann Digital Media Investments）持有虚拟现实内容制造商 Virtual VR 的股份；康卡斯特风险投资公司（Comcast Ventures）持有直播流媒体移动软件公司 Meerkat 的股份；时代华纳投资公司持有在线女性杂志 Bustle 的股份。这些媒体公司的金融部门比其主营部门发展得更快。它们的金融活动、产品和全球规模已经变得比传统的母公司更像投资银行和对冲基金。

以追逐短期利润为目标，以杠杆收购为方式，以影视资产化为内容，以风险投资为手段，金融市场和金融工具正在将人们在日常生活中休闲娱乐活动转变成一种可交易的金融资产，深刻改变了人们的日常交往的性质与方式。

---

① 马丽萍：《追踪：索尼并购米高梅》，《生活周刊》网站，http：//www.lifeweek.com.cn/2004/1010/9846.shtml。

第三节 日常观念的金融化

正如马克思所言:"人们的观念、观点和概念,一句话,人们的意识,随着人们的生活条件、人们的社会关系、人们的社会存在的改变而改变。"[①] 随着当代资本主义日常消费生活的金融化与日常交往关系的金融化,以习惯、习俗、经验、常识、想象为基本图式的自在的、重复性的日常观念也逐渐金融化。它主要表现在投资观念、风险观念、衍生观念等与金融化密切关系的观念意识与思维方式上,这些观念不再仅仅是局限在华尔街的金融机构与金融精英的专业化、学科化的理论思维,而是作为一种普遍的、大众的、常识性的、习惯性的日常观念与思维,被自觉或不自觉地广泛运用到日常生活的许多领域和方面。这就是英国学者杰夫·摩根(Geoff Mulgan)所说的:"资本主义的定义性理念就是寻求可以被交换的并转化为金钱的价值。这使得金融成为生活中的通用货币,看待任何事情都要透过这个镜片。"[②]

一 投资观念的日常化

随着人们对衣食住行、养老、医疗、保健、教育等方面的金融市场与金融产品的系统性依赖的加强,曾经为少数金融精英所持有的投资观念正在泛化与普及化。越来越多的人相信金融市场是未来的福利机构,金融投资有利于个人福祉和整个社会的福祉。金融交易和投资展现了确保未来和扩大繁荣的手段。于是,人们不仅积极参与金融市场的投资,而且将这种投资观念扩展到经济领域以外的其他社会活动与事务中。以风险评估、灵活资产组合、动态套期保值为核心的金融投资理念,已经深入人心,"在21世纪美国,理解个人在社会经济生活中的角色,自己指导人们在新经济中谋生的主要象征就是投资"[③]。在投资观念中,储蓄失去了原有的吸引力,

---

① 《马克思恩格斯选集》第1卷,人民出版社,2012,第419~420页。
② 〔英〕摩根:《蝗虫与蜜蜂:未来资本主义的掠夺者与创造者》,钱峰译,中国人民大学出版社,2014,第191页。
③ 〔美〕杰拉尔德·戴维斯:《金融改变一个国家》,李建军、汪川译,机械工业出版社,2011,第161页。

债务信贷投资被视为经济增长、社会发展、生活幸福的动力引擎。这一投资观念的日常化可以在当代资本主义日常生活中的住房观念与职业生涯观念中得到充分体现。

1. 住房观念的投资化

从最一般意义上说，住房是一个人拥有"家"或"家庭"的重要标志，是获得情感满足、心理慰藉的重要场所。在美国，拥有个人住房被视为生活稳定和安全的标志，也是向上流动的标志。更是被作为实现美国梦的重要内容："那些获得房屋所有权的人与没有获得房子的人相比，随后便具有了一些资产阶级的特征。获得房子的人更有可能相信努力工作会有回报，他们会有更多的孩子，而他们的孩子会上更好的学校，他们的房子也会被更好地装修和维护。"① 但是，在住房金融化的过程中，住房与住房所有权在个人和家庭生活中的经济文化意义正在改变：住房不再被视为家庭亲密关系的庇护所，而是一个借以获取收入的资产，一个非常重要的投资对象和快速赚钱的重要机会。随着房子的价值增加，他们重新融资或获得了房屋产权贷款。这笔钱可以用来资助消费活动，比如购买更贵的汽车，升级现有的房子，或者作为退休收入的补充来替代福利。特别是在就业越来越不稳定的新自由主义时期，随着国家从一系列社会风险和责任的管理中退出，住房财富成为确保未来金融安全的关键工具。英国的一项研究发现，在许多群体中，特别是年轻人中，住房财富经常被视为解决所有未来金融需求的方法。消费者已经痴迷于把房子作为他们主要财富储存的想法，认为它是现金流和养老金计划的结合。

在投资观念中，住房不是别的，就是一种用于投资的可保值增值的金融资产。一种房屋金融文化正在形成。研究显示，从1989年到2007年，美国家庭债务与收入增长的大部分来源于三个方面：自主住宅抵押贷款、这些住宅的房屋净值贷款以及家庭购买的其他房地产，包括第二套住房和商业地产。房屋净值债务是2001~2007年增长最快的债务类型。这反映了这一时期的房地产泡沫，当时许多家庭利用不断上涨的房价，通过不断增加的股本借钱。从2002年到2007年，家庭从住房净值贷款中平均每年提取超

---

① 〔美〕杰拉尔德·戴维斯：《金融改变一个国家》，李建军、汪川译，机械工业出版社，2011，第175页。

过 5000 亿美元的权益。从住房净值贷款的用途看，主要用于两个方面：一是投资和房屋装修，二是支付日常生活费用和账单。从 1992 年到 2007 年，将资金用于前者的家庭比例从 9% 上升到 19%，用于后者的家庭比例从 3% 上升到 11%。与之对照的是，用于教育、医疗的家庭比例也没有显著变化，始终保持在 1%~2%。① 对这些消费者来说，房子不再被简单地理解为头上的屋顶：这是一项资产，一项投资，以及一笔能够增长并实现回报的股本，所有的注意力都集中在未来房产价值的增值上。越来越多的家庭正在将住房视为一台提款机，一种增值创收的投资工具和金融资产，利用住房债务杠杆化来最大限度地提高其市场价值。

2. 教育观念的投资化

随着教育特别是高等教育的金融化，人们对教育的理解也从作为一种公民权利与公共服务，转变为一种基于成本—收益计算的个人投资，即人力资本的投资活动。教育的收益是根据个人的经济条件来计算的，学位、学历都被当作一种在未来可以变现、增值的商品或期货。规模愈加庞大、昂贵的学生贷款则是需要付出的经济成本。

20 世纪 70 年代以来的新自由主义与金融化强调的个体化、市场化、私有化，日益成为支配当代资本主义教育系统的主导话语，极大削弱了教育在促进公共服务、民主参与、社会流动、自由平等方面的社会职能。在这种话语中，教育屈从于商业利益和市场逻辑，被视为那些有支付能力的人的一项个人投资。教育机构和它们所教的学生应该对市场负责，并满足市场的需求。教育唯一合法的功能是使学生成为有市场收益的人，这样他们就能获得工作。教育和由此获得的学位只是供个人消费的商品，目的是让个人在就业方面更有竞争力。学生是消费者，他们进入教育市场购买教育和学位，唯一的目的是赚钱，而不是获得全面的教育。如果一个学位不太可能带来一份高薪工作，那么这个学位就被视为毫无价值。如学者所指出的，在这种观念下，教育不过成了一种人力资源的抵押品（Mortgaging Human Potential），"对教育机会平等的历史支持和对教育社会效益的信念已

---

① Alan Greenspan, James Kennedy, "Sources and Uses of Equity Extracted from Homes", *Oxford Review of Economic Policy*, Vol. 24, No. 1 (2008): 120-144.

经退缩，转而支持教育是一种私人经济效益的信念"①。

既然教育是个人获益的一种投资行为，那么自然也应该由个人自行承担这一行为的经济成本，即那些拥有私人财富或愿意承担教育贷款的个人应该承担，而不是依赖政府的公共资金。教育由公共产品变为私人投资的观念转变体现在资本主义国家的教育财政体系中，这些国家越来越强调学生的私人贷款而不是公共资金补助。1965 年，美国通过了一个基于社会需求与公共资助的《高等教育法案》（the Higher Education Act, HEA）。该法案提供了三种类型的学生经济援助：助学金、贷款和勤工俭学计划，以加强对贫困学生的资助。但是从 80 年代中期开始，该法案以新自由主义方式被重新修订。政府一方面大幅缩减了教育助学金的公共份额，另一方面为填补助学金削减造成的资金缺口，不断扩大个人教育贷款的比例，鼓励商业银行等金融机构向中低收入家庭提供更多的学生贷款来资助他们的教育。通过减少对公立教育机构的直接补贴和对学生助学金的援助，美国有效地将教育的成本转移到了中低收入学生及其家庭身上。据统计，2012 年 3 月，美国个人教育贷款债务总额超过 1 万亿美元，其中约有 300 亿美元来自私人贷款，其余来自联邦政府贷款。这比 2003 年增加了大约 6630 亿美元。2010 年毕业的大学生中有超过 2/3 的人背负学生贷款债务。学生贷款债务的余额已经超过了汽车债务和信用卡债务，成为除抵押贷款外最大的消费者债务形式。②

3. 职业生涯的投资化

教育的投资化同时也就意味着职业生涯的投资化。所不同的是，职业生涯的投资化更深刻地体现了现代金融理论的影响。作为现代金融投资支柱的马科维茨的投资组合理论提出，在投资过程中要实现最小化（甚至消除）总风险敞口，就必须通过将资源分配给各种资产来将风险和回报联系起来。在资本主义金融化过程中，这一现代投资理论不仅在金融市场获得了很大成功，而且也被人们运用到职业规划与生活中，形成了一种投资化的职业观，正如一个人不应该把所有的钱都投资在一只股票上一样，一个人也不应该把所有的时间和劳动都投资在一个公司或一个雇主身上。所有

① Linda E. Coco, "Mortgaging Human Potential: Student Indebtedness and the Practices of the Neoliberal State", *Southwestern Law Review*, Vol. 42, No. 3 (2013): 565-604.

② Linda E. Coco, "Mortgaging Human Potential: Student Indebtedness and the Practices of the Neoliberal State", *Southwestern Law Review*, Vol. 42, No. 3 (2013): 565-604.

的工作都倾向于从"职业前景"的角度来看待，即关注一个人职业生涯的未来，而不仅仅是以往的工作经验。在工作中人们更关注工作的"资本收益"，即个人发展和创造的新资产，如知识、技术、信息和人脉，而不仅仅是现金报酬。工作越来越被视为赚钱和积累金钱的手段，而不是一种创造性的、丰富的活动。这种将工作视为购买特定资产的一系列行为以及这些资产带来的报酬的观点提高了工作变换的流动性。对灵活性和流动性的关注——不要过度投资于一个渠道——不仅成为投资组合的特征，也成为职业生涯规划的特征。这从一个侧面表明了金融观念对社会日常意识的深入渗透。

第二次世界大战后资本主义国家所形成的福特制生产模式、强大的劳工组织以及社会福利体制使得人们对于职业规划的看法是：个人应该在一个公司或组织中稳定就业，退休后领取养老金，以此作为持续服务和社会流动性逐渐提高的激励。但是随着经济金融化、劳工组织的瓦解与不稳定劳动力市场的出现，人们对职业规划的理解出现了新的变化。人们不再坚持在一个公司或企业中稳定、长期地就业，而是将自身学历、技能、年龄、经验、业绩等因素视为一个资产组合，配置到灵活多样、持续流动的职业选择中，以职业选择的金融化寻求职业收益的最大化。欧洲著名管理大师查尔斯·汉迪将之命名为"投资组合工作"（Portfolio Working）。

根据汉迪的观点，投资组合工作者是在多个公司的多个领域中拥有多个工作或合同的人。"投资组合工作是不同项目的集合，但它是一个有主题的集合。"[1] 投资组合工作者为许多不同的客户工作，而不是固定地为一个雇主工作。收费也是根据服务的时间、地点、质量、性质、任务、产出等因素来灵活决定。汉迪认为"投资组合工作"是一种流动的、充满活力的自营职业形式。它满足了雇主对低成本、灵活性用工的需求，同时也满足了雇员个人在未来生活中的选择和控制需求。因为它让个人可以自由地定制自己的职业。他们可以随心所欲地选择工作，将工作与自己的兴趣相结合，设计完美、平衡的生活方式。这些人员包括摄影师、专利代理人、律师、会计师、医生、技术顾问、管理顾问、管道工、电工、理发师、艺术家、作家、编辑、翻译、寿险顾问、地产经纪、广告中介、直销人士等。

---

① Charles B. Handy, *The Age of Unreason* (Random House, 1995), p. 146.

"投资组合工作"实质上模仿了现代投资组合理论的基本逻辑：从对可用资源和不确定性未来的分析开始，将自身可用资源分成不同的产品，配置到经过风险评估的多样化工作岗位中。

据统计，从 20 世纪 80 年代开始，投资组合工作者数量急剧上升，从 1981 年到 1991 年增加了 100 万人，达到 330 万人。整个 90 年代，这一数字相当稳定地维持在 330 万人。与此同时，他们在总劳动力中的比例已从 1979 年的 7.7%增长到 1997 年的 13%。在这些人中，65%的人说，他们这样工作是出于自愿选择，而不仅仅是因为他们无法找到长期工作。[①] 瓦伊茨曼（Wajcman）和马丁（Martin）发现，在澳大利亚的六个大公司中，尽管等级制的组织职业生涯最为普遍，但一小部分年轻经理将寻求投资组合工作作为职业成功的手段。[②] 英国的政府部门、竞选团体和政策组织还将投资组合工作的概念应用于退休人员的资助，希望 50 岁以上的人从事自营职业、合同工作、自由职业、咨询和兼职工作，认为在职业生涯的最后阶段，投资组合工作为个人提供了选择、机会和独立性。

随着投资组合工作成为驾驭当代生活普遍不稳定的首选方式，合理的生活计划和长期稳定性逐渐消失。将金融投资组合视为一种工作与生活模式，投资于应对经济生活不稳定性，成为保障未来的一种方式。它体现的是当代资本主义日常生活金融化的观念逻辑。

二　风险观念的日常化

金融投资是一个充满风险的过程：既利用金融市场、金融工具、金融产品来分散风险、抵御风险，也在这一过程中暴露风险、产生风险。风险的识别、计算、定价和包装成为全球范围内现代金融市场快速扩张的核心。随着日常消费与日常交往的金融化，金融将社会生活塑造成一个充满不稳定性与风险的地方：从储蓄账户到医疗保健，再到职业岗位，稳定与可靠已经让位于风险和动荡。如马克思所言："一切等级的和固定的东西都烟消

---

① Janet Fraser, Michael Gold, "'Portfolio Workers': Autonomy and Control amongst Freelance Translators", *Work, Employment Society*, Vol. 15, No. 4 (2001): 679-697.

② J. Wajcman B. Martin, "My Company or My Career: Managerial Achievement and Loyalty", *British Journal of Sociology*, Vol. 52, No. 4 (2001): 559-578.

云散了。"① 这就要求处于风险与不稳定中的人们必须具有强烈的风险意识：要掌控自己的命运，不能消极地规避风险，而是要积极管理风险、主动拥抱风险、理性计算风险，将个人资产投资到具有适当风险水平与高回报率潜力的金融工具中，以保障未来的安全与福祉。

与主观性的、不可测量或预测的不确定性不同，风险是由统计概率表示的一种在未来遭遇伤害、蒙受损失和发生损害的概率或可能性。② 风险所体现出的未来时间指向上的概率以及未来结果消极影响的程度均可以通过客观量化的科学方法进行测算，也即所谓风险评估。20 世纪 80～90 年代，计算风险价值 (Value at Risk，VaR)、信用评分技术 (Credit Scoring System) 被引入金融市场的风险评估，形成金融化过程中的风险管理与定价机制。它所反映的是资本资产所带来的未来风险与回报的一种关系，将风险偏好不同的资金供给方和资金需求方匹配起来。一般来说，两者呈正向关系，风险越大，溢价越大，收益越高。风险定价包含了一套完全不同的关于未来可计算性和可预测性的认识论假设，代表了计算和定义信用风险的基本范式转变。在这个框架下，风险不是一个必须最小化的威胁，而是一个可以计算、管理和用于产生利润的中性变量，是可以用于金融资本盈利的机会和方式。风险的可分类、可计算和可衡量属性，为金融投资，乃至投机交易行为提供了明确的道德辩护，因为在这一过程中投资者以积极的风险承担者的姿态与方式测量、对冲不确定的未来，并主动承担相应的自我责任。金融市场的参与者被视为追求高回报而冒险的勇敢者、对未来精明计算的理性者与负责任的行动者，受到社会文化的支持与鼓励。这样，一种通过风险管理与风险定价来盈利的风险文化或风险意识随之产生，并且随着金融市场在日常生活中的扩张而向日常观念领域蔓延。

风险管理的概念已成为社会生活许多领域的常识性解释和表述的中心主题，风险评估和管理技术已被引入并制度化，成为众多生活领域的关键组织工具。例如，人们在日常生活中始终面临着患病的风险。在以往，人们总是通过积极参与体育活动、运动锻炼来降低疾病的风险。现在，在金融投资中的风险管理与风险定价技术的影响下，人们逐渐形成了一种对身

---

① 《马克思恩格斯选集》第 1 卷，人民出版社，2012，第 403 页。
② 郭晓亭等：《风险概念及其数量刻画》，《数量经济技术经济研究》2004 年第 2 期。

体健康的投资化、风险化理解，即身体越来越被视为个人致力于疾病风险管理与健康保健收益的对象。从疾病风险管理角度看，疾病被视为是个人在饮食、营养、生活方式、运动方式等方面投资不足所造成的风险高暴露。而要降低患病风险，获得未来健康收益，则需要更加积极参与对饮食结构、医疗药物、生命保险等方面的投资活动。不遵循这种身体健康的风险投资模式，必然结果就是获得医疗保健和疾病治疗的机会减少。

这种健康观念的投资化、风险化引发了传统的医疗行业、人寿保险市场的一系列重要变革，出现了许多作为对身体健康与疾病风险预防性管理、长期性投资的金融保险产品。在英国，从 20 世纪 90 年代中期开始，健康行为和生活方式被纳入长期保险市场。保险公司基于饮酒、吸烟、肥胖、久坐不动等不良生活方式对身体健康、疾病、退休后的患病率乃至死亡率的影响的精确计算，进行风险分类或风险定价，然后设计开发出包括增强型养老金年金①在内的新的保险产品。这些产品都旨在为健康状况不佳的退休人员和那些生活方式被认为有风险的人提供高于正常水平的养老金收入。

1995 年，两家专业保险公司提出了一个简单的建议：由于不健康的吸烟者可能比健康的不吸烟者死得更早，拥有养老金的吸烟者可以获得带有增强条款的年金，这将提供比标准年金更高的月收入，因为它不需要支付那么长时间。于是，保险公司推出了第一款增强型养老金年金产品，受到拥有大量养老金的吸烟者的追捧。随后，保险公司还开发出针对肥胖人群的人寿保险产品，即根据体重指数（衡量肥胖的标准）差异来进行保费定价，体重指数上升，患病风险上升，保费成本也会上升。增强型年金可承保的健康影响因素种类与范围不断扩大，包括肥胖、酗酒、中度甚至重度医疗状况，如癌症、心血管疾病、肾衰竭和中风。这些基于风险管理与定价的增强型年金在英国的受欢迎程度激增，市场规模迅速扩大。到 2013 年底，达到近 40 亿英镑，按保费规模计算，约占英国整个年金市场的 1/3。②除了增强型年金市场外，2004 年英国最大的人寿保险公司保诚集团提出了一项基于积极参与身体健康活动的积分奖励的保诚健康（PruHealth）计划。

---

① 养老金年金是指保险公司同意向养老金领取者支付约定的定期收入或养老金，以换取投保人在工作期间积累的养老资金。
② Mick James, "Enhanced Annuities: Caring for At-Retirement Needs", *Society of Actuaries Reinsurance News*, Vol. 84（2016）: 24-26.

投保人通过每天做健康的活动，或者改变不健康的生活方式而获得活力积分。这些活动包括从相对平凡的事情，如购买新鲜水果和蔬菜，到定期的健康检查、去健身房，以及体重指数和血压的可量化改善。每年赢得的点数和达到的活力状态（青铜、白银、黄金或白金），代表着相应患病风险的概率。据此，投保人可以节省 25%～100% 的续保保费。

无论是增强型养老金年金产品的购买者还是保诚健康的活力计划的参与者，实际上都是对自身健康进行长期风险管理与定价的"投资者"：未来疾病的发生概率可以通过精明的投资、长期规划和预防性风险管理来控制。他们将金融估值观念引入日常生活，使得运动、身体、健康和生命本身的价值转化为一种金融价值。他们在自己的日常生活中引入了一种金融估值观念，即任何运动、身体、健康和生命本身的价值都可以转化为一种金融价值。同时这也意味着他们不应该将毕生积蓄存入低收益率的银行账户，而是要投资于具有适当风险水平与较高回报率的金融市场，以求保障自己未来的健康、安全与福祉。

三　衍生观念的日常化

在金融化的当代经济中，面对金融市场波动性越来越大的冲击，金融领域日益增长的盈利水平要求建立一种机制来控制由各种金融参数的急剧变动所产生的金融风险。由此，衍生品应运而生。正如诞生于 19 世纪的有限责任公司，部分是为了提供更强有力和可持续的风险分担机制，衍生品也为不确定的金融环境提供了确定性的外表，构成了一种可以改善和优化更广泛的特定金融风险的弹性机制。作为风险管理与风险定价的重要工具，金融衍生品已经作为一种内化于资本主义金融逻辑的计算和市场交易形式而普遍存在。更为重要的是，随着金融衍生品在全球金融市场中的急剧膨胀与日常生活对全球金融市场的系统性依赖关系的加强，金融衍生品背后的观念逻辑也日益成为人们理解与思考日常生活的重要思维方式。

所谓衍生品，就是用来将原本离散的、往往是相当不同的金融属性整合在一起的金融合约。[①] 衍生品的核心和普遍特征是它们能够将任何资产拆

---

① 〔英〕迪克·布莱恩、〔澳〕迈克尔·拉弗蒂：《金融衍生品：资本、货币与竞争》，韩乾、薛晓明译，北京大学出版社，2020，第 9 页。

分或分解为多种资产属性，目的是寻求金融投资的更多、更长远、更精准、更安全的收益。人们可以在不交易资产本身的情况下交易这些属性。商品、资产和金融证券的某些特性可以用衍生品分割、定价并交易。谷物、股票、债券、能源等，所有这些资产本身并未被交易，交易的只是其属性。换言之，衍生品的定价和买卖不会引起衍生品所对应的基础资产所有权的任何变更；相反，衍生品合约的盈亏，只取决于该衍生品合约对应的基础资产"价格"的变化。① 这种金融衍生品背后的思维逻辑就是将曾经被认为是整体的事物、事件或活动分解为一系列单独的构成属性，在离散而精确地测量这些属性的基础上定价、交易、牟利的过程。这种"衍生逻辑"不仅成为当代资本主义经济金融化的基础逻辑，而且也在人们对日常生活事物的观念理解中发挥着越来越明显的影响。

　　衍生观念日常化的一个显著表现是日常生活中的天气已经被作为金融衍生品进行大规模定价交易。在这个过程中，天气被分解为温度、降雨、霜冻、降雪和飓风等各个属性。每个属性都是通过一个指数（度、英寸/厘米等）在不同的地点测量的。在这里，作为潜在的"资产"的天气本身不会被交易，定价与交易的是基于温度或降雨的期货、期权和期权合约，它们暴露于天气属性变化的风险。1999 年，芝加哥商业交易所（CME）正式将天气衍生品引入场内进行交易，推出了四个美国城市的 HDD（取暖指数）和 CDD（制冷指数）期货、期权及期权合约，交易双方通过交易经纪人进行交易。芝加哥商品交易所（CME）目前为美国 24 个城市、欧洲 11 个城市、加拿大 6 个城市、日本和澳大利亚各 3 个城市交易温度期货、期权及期权。2001 年，伦敦国际金融期货交易所（LIFFE）推出了伦敦、巴黎和柏林三个城市的每日气温汇编指数的合约，并通过其电子交易平台 LIFFE Connect 进行交易。当前，天气衍生品市场发展迅速，已经覆盖到北美、欧洲、日本等地区。天气风险管理协会（Weather Risk Management Association，WRMA）的调查显示，2013~2014 年的天气衍生品市场交易量增长了 20%，达到 118 亿美元，仅 CME 交易的夏季合约就增加了 25%。②

① 〔英〕迪克·布莱恩、〔澳〕迈克尔·拉弗蒂：《金融衍生品：资本、货币与竞争》，韩乾、薛晓明译，北京大学出版社，2020，第 10 页。

② 孟一坤：《天气衍生品研究综述》，《金融评论》2015 年第 4 期。

　　健康保险是衍生品在日常生活中应用的一个明显例证。在现代健康保险产品开发中，人体被分解成一系列附带损害风险的属性：视力、听力、四肢、关节，甚至寿命。治疗也构成一系列风险属性：住院时间、治疗次数和复杂性。这些属性中的每一个都是健康保险中的一个选项。对个人属性的"拆分"过程，也是对个人的健康风险状况进行精确评估和定价的过程。这不仅对健康保险提供商的盈利能力，而且对整个金融市场都很重要。这些健康保险政策本身正在成为资产支持证券的基础资产。在资产支持证券中，健康保险合同付款（"医疗保健应收款"）被证券化并出售给国际金融市场。其衍生维度在于，它们交易的是医疗保健融资的风险，而非医疗保健本身。

　　衍生逻辑还日益向体育、影视娱乐、游戏等日常交往领域广泛渗透。足球博彩曾经是投注最终结果的问题：谁会赢。但是现在，一场足球比赛被分解为一系列属性，这些属性被配置和定价为"风险"：半场得分是多少、得分的差异是多少、谁先得分、比分的单双数等。谁最终赢得了整场比赛只是比赛中的一个属性。大众文学、影视作品的制作过程不断运用金融化的"衍生逻辑"，通过前传、续集、改编、特许经营、翻拍、参考、致敬、采样等方式，提取旧的内容中可以进行分拆、重组、定价、交易的部分，"衍生"出新的内容、属性与形式。例如，《速度与激情》系列、《侏罗纪世界》系列、《小黄人》系列、《漫威电影宇宙》系列、《星球大战》系列、《变形金刚》系列，以及《加勒比海盗》《指环王》的剧集改编，《权力的游戏》的前传改编，还有从这些影视作品中衍生出来的广告、音乐、服饰、玩具、游戏、主题乐园等文化资产。这些好莱坞文化工业的超级"IP"王国的形成背后，体现的是金融衍生品的运行逻辑：衍生工具将任何资产分解或拆分成单个属性，并在不交易资产本身的情况下进行交易。当持有各种知识产权的文化产业集团利用文化资产之间的流动性进行转换时，这种衍生逻辑就会进入影视娱乐领域。

　　除此之外，资本主义金融市场正在将衍生逻辑更多地运用到家庭生活中，去发现与分解家庭的各种新属性，并将其定价交易。各种各样的定期家庭支付，如住房抵押贷款支付、住房租金、汽车贷款、信用卡贷款、学生贷款，以及天然气、电力、水和手机等生活必需品的支出，都可以分解出来，配置为可在全球金融市场中交易的金融衍生产品。因此，那些抵押贷款、租金、汽车贷款、信用卡贷款和公用事业费用的固定家庭支出不再仅仅是直接"服务提供商"和客户之间的合同关系，它们越来越成为全球交易资产支持型证券的基础。这些类型的证券表明了衍生观念在当代资本主义日常生活中的普遍化。

第五章　日常生活金融化的运作机制

在金融垄断资本的全面扩张下，金融市场、金融工具、金融机构等与日常生活消费、交往、观念的紧密结合，已经成为当代资本主义日常生活的结构性特征。那么，这些金融因素在日常生活中究竟如何相互结合、组织协调和运行变化，以持续、有效、深入地发挥构建日常生活的作用呢？回答这一问题，需要进一步厘清日常生活金融化的内在运作机制。从总体性视域看，日常生活金融化依赖于宏观层面的金融网络的控制机制、中观层面的金融权力的治理机制与微观层面的金融主体的生产机制。正是这三大机制的相互结合与有效运作，使得当代资本主义日常生活金融化过程与结构正常化、规范化和自然化。

第一节　金融网络的控制机制

正如全球金融是一个扎根于金融市场、金融机构、金融组织、金融工具、金融技术、金融信息、金融服务之间相互作用的复杂网络一样，日常生活金融化的有效运作也依赖于具有特定属性与功能的社会网络，即日常信贷网络、日常数据网络与日常时空网络。这些网络维系与强化了日常生活消费、交往与观念对金融市场的系统性依赖，形成了控制与操纵日常生活的强大力量。

一　日常信贷网络

如前所述，在20世纪70年代以来的资本主义日常生活金融化过程中，人们的日常储蓄、投资、理财的习惯、节奏、规模发生了显著变化：一方面，通过对各种股票、债券、基金、期货的投资，更多个人和家庭的储蓄和资产保值增值与金融市场紧密联系在一起；另一方面，为购买食物、住房、医疗、教育等日常消费资料而出现的借贷行为，也将人们的日常生活与金融市场捆绑在一起。这涉及信贷的实际含义的转变：它不再仅仅是被新自由主义挤压的个人用来补偿绝对购买力下降的防御性工具，而且是所有人通过杠杆投资提高其社会经济地位的一种可获得的竞争性方式。而让人们的日常生活与金融市场之间这种前所未有的紧密关系得以持续有效运行的关键因素之一，就是以员工持股、养老基金、共同基金为主要形式的日常投资网络与以抵押贷款、分期贷款、循环贷款、次级贷款、小额贷款为主要内容的日常借贷网络的发展与成熟。

1. 日常投资网络

在当代资本主义社会中，员工持股、养老基金、共同基金的大量存在与普及，首先为没有直接所有权的个人在金融市场上提供了股权投资的便捷渠道。特别是共同基金（Mutual Fund）在日常投资网络中作用突出。共同基金是一种为小额财产所有者提供投资，经销可随时兑换成现金的股票的集合投资工具。相对于机构投资者而言，共同基金为普通个人的日常投资提供了一个便捷安全的渠道。就投资数额来说，与其他投资工具动辄数十万美元相比，共同基金投资下限较低，一般数千美元即可。作为一种集资式的投资工具，它将人们日常生活中的许多小钱凑成大钱，然后交给专人或专业机构操作管理以获取利润。就投资风险而言，共同基金实行多元化投资策略，一般将资金分散于不同的股票、不同的投资工具，甚至不同的金融市场（区域、国家）中，以达到真正的风险分散。就投资管理而言，共同基金公司聘有专业基金经理人及研究团队从事市场研究，对国内外的总体、个体投资环境，以及个别公司状况都有深入了解。就投资方式而言，共同基金变现相当灵活：当投资人不想投资时，可随时选择退出。共同基金的上述优势及其宣传推广吸引了大量普通民众，"在众多投资者中正在形成这样的观点：共同基金是稳定、方便且安全的"①。这一观点鼓励了许多一度畏惧股票市场的投资者走入市场。1982 年，美国仅有 340 支共同基金；到 1998 年，共同基金已经达到了 3513 支，比纽约证券交易所上市的股票还多；1982 年，美国有 620 万个共同基金股东账户，大约每 10 个美国家庭就有 1 个；而到了 2000 年，这样的股东账户上升到 1.641 亿个，几乎每个家

---

① 〔美〕罗伯特·希勒：《非理性繁荣》，李心丹等译，中国人民大学出版社，2008，第 53 页。

庭都有 2 个账户；2003 年账户数量增加至 1.741 亿个。①

日常投资网络要吸引人们的广泛加入，不仅需要投资人具备一定的经济能力，以及具备简易、便捷、灵活的金融产品与工具，而且需要人们对金融市场中的风险、收益与日常生活的关系有特定的理解与认知。在这方面，日常投资网络以特定计算工具塑造与改变了人们对风险的日常认知。"风险"在金融领域是一个无处不在的范畴。人们对风险的认识与理解的差异往往会深刻影响其金融行为。当把风险视为需要避免的障碍、危险或损失时，人们往往会从谨慎、节俭、克制的角度出发，将资金主要用于个人储蓄或保险。而当把风险看作一种可以获得高回报的机会时，人们则会更积极主动地参与金融投资活动。日常投资网络则通过一系列计算工具，对同一资产类别内竞争性投资绩效进行评估，以此来确定风险与回报之间的数量关系，从而改变了人们对风险的消极态度，激励其在投资中承受风险、拥抱风险，以期获得回报。

例如，共同基金在投资过程中运用所谓"基本面分析"（Fundamental Analysis）和"选股"（Stock Picking）等工具预测股票价格的未来走势，以及根据公司的其他经济数据分析股票的当前价值，从而决定买入或卖出股票。这些工具包括市盈率（Price/Earnings Ratio）。同时，在共同基金中，以百分比表示的"实现收益率"（Realized Rates of Return）提供了一个重要的计算基准，便于日常投资者评估基金业绩。与单个股票或债券的波动性相似，共同基金实现的收益率随时间的变化通过标准差（Standard Deviation）来衡量。这可以反映出一只基金的短期回报率与长期平均回报率之间的差异，因此，标准差越高，表明基金的波动性和风险越大。除了实现收益率和标准差外，共同基金中的另一个关键计算是每股资产净值（Net Asset Value per Shave）。

这些计算工具不仅确立了风险与回报的不可分割性，而且为日常投资网络中绩效和风险的计算提供了度量标准。因此，投资的能否成功往往取决于所购买、持有和交易的资产，这些资产提供的回报应高于其相对风险水平。这种对投资"成功"的理解，为投资组合多样化在投资风险管理中的核心地位提供了支持。资产组合是由一系列或多或少的分散的投资组成

---

① 〔美〕罗伯特·希勒：《非理性繁荣》，李心丹等译，中国人民大学出版社，2008，第 52 页。

的，可以在多种金融工具中进行加权。一旦被纳入投资组合，资产的风险衡量就不仅仅依赖于其自身方差的函数，也取决于其对投资组合中其他资产依赖程度的函数。多元化资产组合的风险通常小于独立资产的平均风险——这是将哈里·马科维茨（Harry Markowitz）在 1952 年提出的现代投资组合理论在日常投资网络中应用的简单计算经验结论。正是对多样化投资组合的追求，在很大程度上直接或间接地解释了共同基金的吸引力。共同基金为普通投资者提供了一个显著的机会，使他们的投资多样化，这种方式与专业投资者的投资组合策略相呼应，实际上是利用了这种策略。这种多元化既适用于单支基金，也适用于多支基金，并给人一种共同基金投资是安全、稳健和有保障的印象。对于普通投资者来说，对不同类别股票的投资组合选择，实际上往往变成了对一系列共同基金的投资组合选择。共同基金对普通民众的吸引力也在于此，即从风险与回报的计算逻辑中获得最大回报。日常投资网络通过计算，将风险转化为带来回报的激励和机会，从而吸引了人们更加积极，甚至是"非理性"地参与金融投资。投资者对选择合适的共同基金显示了极大的兴趣，这表现为投资者不断地从一种共同基金换到另一种。由于这种高度的投资兴趣，共同基金行业涌现了上千支新的基金。[①]

2. 日常借贷网络

第二次世界大战后，资本主义国家出现的分期付款、个人财务公司提供信贷服务、信用卡等消费信贷形式的发展与繁荣已经奠定了日常借贷网络的基础。20 世纪 70 年代以来，信息通信技术与金融业的相互融合促进了个人和家庭的信用评分技术的完善，加强了对个人违约风险的管理，大大刺激了面向更多人群的抵押贷款、分期贷款、循环贷款、次级贷款、小额贷款等新的信贷工具的出现，进一步充实了日常借贷网络。

一方面，日常借贷网络以多样化、低门槛、灵活性的借贷方式增强了个人与家庭的信贷的可获得性、资金的可流动性和债务的可负担性。具体而言，从 P2P 借贷、小额信贷到发薪日贷款（Payday Loan），这些新型借贷工具通常由非银行零售金融机构提供。它们主要面向遭受主流银行"金融

---

① 〔美〕罗伯特·希勒：《非理性繁荣》，李心丹等译，中国人民大学出版社，2008，第218 页。

排斥"的低收入人群以及信用记录不佳的人群为其拓宽了融资渠道。与其他形式的消费信贷不同，P2P借贷、小额信贷、发薪日贷款获得起来相对较快。它们不需要信用报告，可以使用借款人的工资或政府福利证明（如福利支票）作为抵押，当场决定是否发放贷款。随着基于互联网的在线贷款平台的迅猛扩张，获取与P2P借贷、小额信贷、发薪日贷款相关的现金的便利性和快捷性日益增强，使得这些信贷市场规模迅速扩大。在美国，2000年有10000家发薪日贷款机构运营，到2004年增长到22000多家。2003年发薪日贷款总额估计在250亿美元到400亿美元之间。发薪日借款人的数量在1200万到3000万之间。这些人群主要是年收入在25000~50000美元之间的人。3/4的发薪日借款人年收入低于5万美元，1/3的借款人年收入低于2.5万美元。① 在网贷方面，2011~2014年，以Prosper和Lending Club为主要载体的P2P贷款增速平均每年达到100%。Lending Club的借款额从2.5亿美元增长到43.7亿美元。Prosper的借款额从7.5亿美元增长到15.9亿美元。2015年，Prosper和Lending Club两大平台总的借贷规模已经超过100亿美元。② 在信贷的用途上，这些借贷资金主要用于满足基本消费需求，包括食品、天然气、用电、交通费用，紧急医疗付款，公用事业费用及房屋租金等。显而易见，日常借贷网络为那些社会上孤立和经济上边缘的人群提供了获得新的信贷来源的渠道，并成为维系日常生活正常运转的重要机制。

另一方面，日常借贷网络得以有效持续运作的另一个关键在于面向个人与家庭的信用报告与评分技术的成熟，它们将日常借款人未来还款的不确定性合理地量化为"违约风险"或"违约概率"，从而为贷款人提供一种经过理性计算的手段，来控制不确定的未来。这些技术的作用与日常投资网络中的各种计算工具是一致的，都是通过理性计算的方式，将未来的不确定性转化为可控、可定量的风险。具体来说，违约概率是根据支付能力、支付意愿以及所谓的"稳定性"和"可问责性"计算得出的一个加权分值。根据这个信用评分，贷款人对借款人进行分类、规划、定位，并基

① Ronald J. Mann, Jim Hawkins, "Just Until Payday", *UCLA Law Review*, Vol. 54, No. 4 (2007): 855-912.
② 陈伟、涂有钊：《美国P2P网贷的发展、困境、监管及启示》，《西南金融》2017年第1期。

于这些分类收取分级利率。同一信贷产品的不同持有人支付的利率根据其信用评分的变化而变化，这是衡量其违约风险的主要手段。例如，具有不良信用记录、不稳定收入的信贷申请人通常需要支付的利率要高于信用记录良好、收入稳定的申请人。反过来，信用良好的申请人可以获得比以往更低的利率、更多的信贷额度和更长的还款期限。由于个人信用报告和评分用统计和算法分析的合理性取代了贷款人的主观评价，它们以新的方式反映了人们认为已知的违约可能性，在一定程度上增强了贷款人对未来不确定性风险的控制与管理能力，使得借款人数量和他们可使用的循环信贷额度大幅增加。因此，在第二次世界大战后，个人信用卡发放中的信用报告和评分技术取得了明显的初步成功，之后，这些技术在 20 世纪 80 年代末和 90 年代初在各种各样的日常借贷网络中广泛应用，大大增强了日常借贷网络的合理性与有效性，成为维系日常生活金融化有效运行的重要机制。

二　日常数据网络

无论是日常投资网络中的金融产品与工具的精准设计投放，还是日常借贷网络中的信用报告与评分技术进步，都依赖于对个人和家庭在日常消费中的各种信息、数据的分析与整合。在大数据、云计算、人工智能等新兴技术的帮助下，对消费者日常生活数据的统计分析，使金融机构能够精准锁定个人投资偏好与借贷需求，精准识别目标群体，精准投放相关信贷产品，从而刺激并扩大信贷消费。这是当代金融网络加强个人对金融依赖性的重要机制。

在第二次世界大战后资本主义社会分期付款与信用卡发行过程中，对借款人或持卡人的收入、财产、职业、教育、婚姻、家庭、健康等个人信息的收集与分析，是维系与扩大消费信贷业务的关键性机制。20 世纪 70 年代以来，全球经济金融化带来的高度消费主义时代，刺激了消费信贷的需求。这一趋势随后强化了对更详细的消费者个人和家庭日常信息、数据的需求。在新兴的信息通信技术的帮助下，现在可以通过银行机器交易、购买点销售（Point of Purchase）、网上购物、视频租赁、图书馆借阅、社交媒体活动、在线 Cookies 追踪、信用申请、国内和国际旅行、煤气及电信公用事业服务等信息轻松地获取消费者的各种各样的数据。所有的个人信息都被赋予了潜在的市场价值。消费者数据成为信息商品，买卖这些商品是为了评估和获得消费信贷，债权人能够更准确地根据个人感知的"风险"调整利率。提供消费者个人数据的公司成为金融服务业消费信贷增长的核心。

在这种背景下，消费者数据经纪行业发展成为一个数十亿美元体量的行业，专门从事个人信息的购买和销售。① 该行业收集并存储了大量关于消费者日常生活的信息数据。这些信息数据远远超出了个人的基本状况（性别、年龄、教育程度、收入），涵盖了他们生活中的各种微小细节，包括购买行为、支付结算方式、互联网使用情况、品牌偏好、休闲活动、社交网络活动，以及法律诉讼中产生的公共信息（破产、交通违规、拖欠、房屋纠纷）等。消费者通过日常活动，在知情或不知情的情况下提供了广泛的个人信息。越来越多的第三方公司正在收集、管理和销售这些信息，这些公司能够创建高度复杂、详细的消费者原始数据组合，提供一系列信息数据服务，包括提供电话营销列表、向第三方债务收集者提供数据、识别适合信用卡报价的消费者等。这些数据信息越来越多地被用来确定人们在日常生活中获得基本生活必需品的途径。房东使用信用报告和消费记录来筛选租客。公司企业使用这些数据来筛选求职者或决定员工晋升职位。保险公司、私营医院利用信用评分等数据来确定个人获得的保险费率或医疗保健机会。数据监控构成了日常生活金融化控制与运行机制的重要内容。

总部设在小岩城（阿肯色州）的安客诚（Acxiom）是一家消费者数据经纪公司，在超过 23000 台服务器上运营，每年收集和分析超过 50 万亿次数据信息，仅在美国就存储了超过 1.9 亿消费者和 1.44 亿家庭的详细数据信息。安客诚数据库保存着消费者的年龄、种族、性别、体重、身高、婚姻状况、教育水平、政治倾向、购买习惯、家庭健康问题、度假梦想等信息。平均每人大约 1500 个数据点。安客诚还通过整合重要的"人生阶段细分策略"（例如，预测客户在人生的各个阶段需要什么，如为大学存钱、买房、成家、退休等），来创建关于消费者个人更"全面"的日常生活图谱。这有助于更清楚地评估这些消费者群体的价值和风险。在收集和分析了这些海量的数据信息后，安客诚向富国银行、汇丰银行、汽车制造商丰田和福特等客户出售个人消费者数据，如个人的信用状况、性格、一般声誉、生活方式等。这样，消费者数据经纪行业就可以直接与消费者信贷挂钩。

---

① S. Lace, *The Glass Consumer: Life in a Surveillance Society* (Bristol: The Policy Press, 2005).

全球消费者数据经纪行业是每年 300 亿美元的行业，而仅安客诚一家在 2011 年的收入就达到 11 亿美元。[1]

在移动互联网时代，个人移动通信行为并非随机，而是蕴藏着大量的数据信息，是诸多数据服务公司开发的重要对象。移动通信数据公司 Cignifi 专门收集顾客使用移动电话产生的信息数据（如拨打接听电话记录、短信数量、社交网络活动、付费模式等），将这些数据放进它们开发的行为模式中进行校准，计算出客户的信用风险，包括违约或拖欠信贷的可能性以及顾客使用特定金融产品的可能性，进而汇总出不同移动电话用户的生活方式、财务需求、信贷风险程度等信息。通过这种方式，任何拥有移动电话的顾客都能被评定出信用等级，银行能够不再单凭信用记录来寻找新客户。在几乎人人都是手机用户的时代，移动电话使用数据就如网络购物、医疗教育的数据一样真实可用。这就在全球数十亿既没有银行账户与信用卡，也没有任何形式的信用评分的低收入人群中建立了一个精准、有效的数据网络，进而有助于设计开发有针对性的金融产品与服务，从而让这一庞大的、隐形的、边缘的人群在金融市场面前变得可知、可见、可计算。基于个人移动通信行为数据的信用评分方式使"无银行账户"人群也能享受金融产品，使所有数据都能成为信贷评估的依据。[2] 这一数据驱动方式满足了金融业的需求，即根据金融能力来定义、衡量和区分人群，并根据其信用风险水平不断评估人群中的个体成员。

消费者数据经纪公司与移动通信数据公司通过收集、分类和销售各种消费者信息数据，无缝对接、精准融入消费者日常生活，通过自动化、智能化的方式对这些数据进行处理和分析，将个人按金融价值和金融风险进行识别、分类、管理，加强了对个人和家庭日常消费行为的监控，成为金融网络有效运行的重要控制机制。

三　日常时空网络

资本主义生产方式的有效运行依赖于资本积累的时间加速与空间扩张，

①　V. Manzerolle, S. Smeltzer "Consumer Databases and Commercial Mediation of Identity: A Medium Theory Analysis", *Surveillance and Society*, Vol. 8, No. 3 (2011): 323-337.

②　Rob Aitken, " 'All Data is Credit Data': Constituting the Unbanked", *Competition & Change*, Vol. 21, No. 4 (2017): 274-300.

当代资本主义日常生活金融化持续运行的背后是相应的日常时空网络。在时间维度，当代资本主义通过风险定价技术、金融衍生工具、资产证券化等现代金融手段以及概率统计、定量分析等数学方法，将未来的不确定性转化为现在可管理、可控制、可交易的风险。在空间维度，当代资本主义借助于通信信息技术与全球化，将日常投资网络、日常借贷网络进行全球扩张，形成一个从家庭、社区、城市、民族、国家到全球的全覆盖空间网络。

1. 日常时间网络

就金融本身而言，它具有显著而强烈的时间指向，即"金融是指与为了获得未来利息、股息和资本收益的流动资金的供应（或转移）有关的活动"①。在金融活动中，利润不是按年、按月、按周、按日计算，而是按小时，甚至分秒来计算。因为金融套利意味着金融从业者利用复杂的数字计算去捕捉全球不同市场瞬间价格差异。金融是在现在与未来的时间运动与关系结构中谋求利润。它通过贷款、证券和越来越不透明的结构性金融工具来强化现在对未来的利用，赋予人们通过当前活动改变未来的能力。它操控未来的可能性，处理和交易明天的不确定性，从未来的不可预测性中产生当前的利润。因此，金融体现着资本通过风险管理与可能性衡量到达、进入与控制未来的方式。例如，一个国家的股票价格不仅依赖于这个国家经济的健康度，而且也依赖于对这个国家经济未来的预期。人们投资土地的价格不仅基于这种资产当前的价值，也不是基于它所产生的租金价值，更基于投资者对它未来价值的测算和预期。这就如同英国学者杰夫·摩根所言："资本主义依靠的就是预期：增长的预期、未来获利的预期，预期每个指数都能够一直上升，以及预期获得理性控制的可能性。正是这些预期使得人们甘愿拿辛辛苦苦赚来的钱去冒险。"②

可以说，通过将未来的不确定性转化为可交易的风险类别来进行管理，是金融活动的核心。当代金融已经发展出复杂的经济模型和形式化技术。这些技术在最近几十年里与信息通信技术、大数据技术、人工智能技术结

① 〔美〕克里普纳：《美国经济的金融化》（上），《国外理论动态》2008年第6期。
② 〔英〕杰夫·摩根：《蝗虫与蜜蜂：未来资本主义的掠夺者与创造者》，钱峰译，中国人民大学出版社，2014，第20页。

合在一起，大幅提升了对风险的计算和管理能力。可以说，衡量、建模、预测、管理、商品化和利用风险的机制已经成为当代资本主义的主要标志，也是维系当代资本主义日常生活金融化有效运作的重要因素。如前所述，在与日常生活息息相关的行业中出现的以各种远期合约、期货合约、期权合约为主要类型的金融衍生品，本质上就是一种利用未来不确定的时间特性来生产现金流的时间工具。因为金融衍生品是交易双方通过对利率、汇率、股价等价格因素变动趋势的预测，约定在未来时间按照一定条件进行交易或选择是否交易的合约。无论是哪一种金融衍生品，都会影响交易双方在未来一段时间内或未来某时点上的现金流。这就要求交易双方对利率、汇率、股价等价格因素的未来变动趋势作出理性判断，而现在判断的准确与否直接决定了交易双方的未来交易盈亏。从这个意义上说，金融衍生品允许一个人在今天做出影响未来的决定。可以说，任何一份期货合约都是按照约定价格、资产数量与形式，锁定未来某一时间点的交易形式的。"想象一下，下一年的棉花作物可以用明天的美元兑日元汇率来衡量；三个月后的纳斯达克指数可以用一年后的黄金价格加以衡量；未来猪腩肉价格可以拿恐怖威胁来衡量，所有这些资本估值的不同形式都可以用其风险经过风险调整后的预期收益率进行比较。"[1] 这些金融衍生品就是将日常时间中的不确定性转化为可计算和管理的风险。它们提供了一种将今天的资产与其未来价格相联系的机制。"在每一项衍生品合约的案例中，处于中心地位的议程都是风险管理：将今天的谷物与其未来价格联系起来，赋予关于未来谷物价格的决策确定性；将利率与股价联系起来则打破了选择信贷融资还是股市融资的藩篱；将能源需求和天气（气温）指数联系起来则轧平了能源收益的波动性。"[2] 金融衍生品将日常时间与资本增殖牢牢绑定在一起，将未来的可能性转化为现在的现金流，赋予了日常时间以经济价值。

2. 日常空间网络

20 世纪 70 年代以来，随着现代计算机、信息通信技术的不断成熟，以及新自由主义所带来的金融自由化，以各种各样的新型金融产品、金融工

---

① 〔英〕迪克·布莱恩、〔澳〕迈克尔·拉弗蒂：《金融衍生品：资本、货币与竞争》，韩乾、薛晓明译，北京大学出版社，2020，第 3 页。

② 〔英〕迪克·布莱恩、〔澳〕迈克尔·拉弗蒂：《金融衍生品：资本、货币与竞争》，韩乾、薛晓明译，北京大学出版社，2020，第 10 页。

具、金融服务为载体，金融活动逐渐超出了专业市场和地区限制的范围，向全球范围内的个人、家庭、社区不断延伸，形成了一个多样而庞大的日常空间网络。

一方面，互联网信息技术与金融业相结合所带来的互联网金融的兴起，突破了线下金融交易的场所限制，使得人们在日常生活中能够随时随地利用互联网，在全球范围内寻找所需的金融资源，从而将虚拟空间中的金融交易、金融服务与日常生活紧密结合起来，成为日常生活金融化有效、深入运行的重要支撑。20 世纪 90 年代以来，美国以互联网银行、互联网证券、互联网保险、第三方支付、P2P 借贷、众筹为主要形式的互联网金融发展迅猛。1992 年，美国第一家互联网证券经纪商 E-Trade 成立，其交易服务涵盖股票、共同基金、固定收益类证券。1995 年，美国第一家互联网银行——美国安全第一网络银行成立，其通过线上线下相结合的方式开展金融直销服务，迅速发展成美国第六大银行，资产规模高达数千亿美元。同年成立的 INSWEB 是美国第一家互联网保险公司，利用互联网销售保险产品。目前，INSWEB 是全球最大的互联网保险服务商，涵盖车险、寿险、财险等各类保险产品。1998 年，美国电子商务公司 E-BAY 成立了互联网支付公司 Paypal，支持 190 多个国家 20 余种货币的跨境支付交易。2003 年，继全球第一家 P2P 借贷平台 Zopa 在英国上线后，第二年美国就出现了 Prosper、LendingClub 等类似的交易平台。这些 P2P 借贷平台不仅提供点对点的个人贷款，而且还逐步发展出信用认证、账目催收、信贷配对、利率制定等金融服务。2001 年，一家旨在为艺术家完成作品提供融资服务的名为 ArtistShare 的创意公筹平台建立，标志着众筹在美国的出现。2009 年，Kickstarter 公司成立，进一步促进了众筹行业的发展。[①] 互联网金融的共同特征就是突破了地理距离与区域对开展金融业务的限制，借助互联网技术将支付转账、借贷、财富管理、保险、投资等过去基于线下网点的金融服务，全面渗透至人们的日常生活空间，构建了一个庞大的利用日常空间服务金融化的社会网络。

另一方面，以发薪日贷款、信用卡贷款、P2P 借贷为形式的短期小额信贷，借助于经济全球化与资本主义金融自由化，从英美发达资本主义国家

---

① 王达：《美国互联网金融的发展及其影响》，《世界经济研究》2014 年第 12 期。

蔓延到边缘资本主义国家，成为人们日常生活中普遍接受的信贷形式，从而形成了遍布资本主义日常生活的空间网络。以发薪日贷款为例，自 20 世纪 90 年代在英美国家兴起以来，借助于信息通信技术，发薪日贷款从一种独特的英美社会日常信贷形式转变为一种在东欧、墨西哥、拉丁美洲和其他地区社会生活中迅速扩张的全球信贷形式。美国著名的零售连锁企业沃尔玛在 2001 年成立了墨西哥银行部门——沃尔玛银行（Banco-Walmart），开始向墨西哥地区提供包括发薪日贷款在内的各种消费贷款、短期贷款、分期付款贷款、信用卡贷款等日常信贷产品。由此开始，以沃尔玛银行为代表的美国大型消费金融公司有条不紊地组建了一个庞大的墨西哥发薪日贷款业务网络。到 2011 年，这一网络为广大的墨西哥中产阶级和工人阶级提供了近 8.75 亿美元的贷款。2013 年，发薪日贷款总额预计增长 21%，超过了墨西哥就业水平、平均工资以及消费信贷增长的速度。[1] 全球消费金融巨头捷信集团（Home Credit）是一家总部位于荷兰的跨国贷款机构，明确面向"大众零售消费者"。1997~2013 年，捷信集团为捷克共和国、斯洛伐克、俄罗斯联邦、哈萨克斯坦、白俄罗斯、印度、印度尼西亚和菲律宾等欧洲和亚洲国家的近 2890 万个人和家庭客户提供了各种短期小额贷款，服务网点超过 45 万个，遍布全球许多国家的乡村、社区与城镇。[2] 第一个大型全球发薪日贷款网络——以美国发薪日贷款公司 EZCORP 为中心——已经在多个平台上建立，通过复杂的金融交易连接在一起。EZCORP 现在位于一个庞大的网络之上，该网络由遍布美国、澳大利亚、墨西哥、加拿大和英国的 1400 个地点和分支机构组成；这是一个年收入 10.1 亿美元、营业收入 1.39 亿美元的网络。EZCORP 的净收入水平从 2009 年的 6800 万美元稳步增长到 2011 年的 1.22 亿美元。可以说，以发薪日贷款的全球化为标志，当代资本主义已经建构出一个渗透全球日常生活空间的信贷网络，这个信贷网络成为维系、促进与扩大日常生活金融化的重要支撑。

---

[1]　Euromonitor International, *Consumer Lending in Mexico* (New York: Euro-monitor International, 2014), p. 2.

[2]　https://www.homecreditcfc.cn/about.html.

第二节　金融权力的治理机制

如前所述，日常生活金融化背后的根本驱动力是金融垄断资本的全面扩张。而在马克思政治经济学批判视域中，资本并不是一个单纯的经济现象，而是具有强烈的权力意蕴，体现着资产阶级社会支配一切的经济权力。因而，金融垄断资本的扩张也意味着金融权力向日常生活的渗透与扩张。这个过程所形成的处理日常生活风险与不确定性的安全治理机制、加强信贷消费者信息数据监控的技术治理机制以及塑造金融信贷伦理价值观的文化治理机制，成为维系与再生产日常生活金融化的三大权力治理机制。

一　安全治理

当代资本主义社会是一个充满环境风险、制度风险、系统风险、技术风险、市场风险的高风险社会。而且，随着金融化向日常生活的渗透，各种风险也逐渐渗透进日常生活。如何应对、化解风险，保障个人与国家的安全，成为当代资本主义面对的重要挑战。在此背景下，新自由主义不仅作为当代资本主义的一种经济发展模式，而且以保障自由安全、维护个人权利的名义使个人、社会、国家越来越服从于市场，特别是金融市场的需要，因而成为一种应对风险的安全治理机制。这也就是福柯所指出的通过市场机制、经济理性与利益计算来化解风险与保障个人自由和安全的新自由主义治理术："自由主义在一个机制中运作，这个机制每时每刻都要围绕着这个风险概念来评判个人的自由和安全。"①

1. 个人安全治理

对福柯来说，新自由主义治理术就是以自由、民主、安全的名义使个人与所有社会机构都服从市场机制的需要。也就是说，在新自由主义资本主义体制下，个人有义务通过市场经济提供的机会来保障自己的自由和安全。而就日常生活金融化来说，金融市场是这个市场机制的核心要素。金融市场体现为一种强大的治理理性和一系列风险管理技术。金融市场的扩

---

① 〔法〕米歇尔·福柯：《生命政治的诞生》，莫伟民、赵伟译，上海人民出版社，2018，第84页。

张可以理解为将金融风险管理模式应用于社会生活的更多领域。因而积极参与金融市场与金融行为是维护与保障个人安全的基本方式。这也就是安全金融化。

随着新自由主义体制下福利国家的退却、社会公共物品供给的市场化与私有化，不稳定劳动力市场的蔓延以及个人主义道德责任话语的充斥，各种经济社会风险越来越由国家与社会转嫁给个人与家庭。养老金、医疗保健、教育和交通等不再是共同关注的问题，而是成为个人风险管理和个性化"投资"的领域。个人安全被"风险管理"逻辑所驱动。金融市场、金融产品、金融工具则被视为风险管理的最佳方式。或者说，在新自由主义体制下，金融被视为一种安全治理技术：一种旨在提高变幻莫测的未来确定性、驯服不确定性和防范风险的技术。金融和投资成为负责任的个人确保其家庭金融未来的手段。例如，证券化既是一个金融术语，也是一个用来指代将社会现象视为安全问题并进行处理的过程的术语。从金融意义上讲，证券化是指将金融资产在金融市场上重新包装和转售，从而使金融资产转变为可交易证券的过程。从 20 世纪 80 年代开始，这种做法在金融市场上变得越来越普遍，其驱动力是追求利润、转移风险和保障安全。如小银行和抵押贷款公司将风险资产捆绑并转售给大型金融机构，以便能够降低市场风险并产生可观的利润。资产证券化的安全逻辑就是通过金融市场、金融工具等将未来的不确定性包装成现在的商品，这使得金融机构和其他经济行为者能够针对天气异常、金融危机或灾难等不可预见的事件进行投资对冲，从而提高长期安全性。消费信贷和家庭抵押贷款的证券化是以市场风险再分配的名义进行的，从小型抵押贷款公司到大型再保险公司和投资银行。理论上，由于小额贷款被捆绑在一起并在市场上转售，风险被重新分配给那些更有能力承担风险的金融机构。这一过程将普通家庭的个人债务和"微薄储蓄"转化为金融市场的投资工具。

这种安全治理技术将社会人群分为两类：一类是主动参与金融投资，拥抱风险、计算风险并寻求从风险中获利的投资者；另一类是被迫参与消费信贷，规避风险、应对风险并化解风险的债务人。前者以英美国家的大规模养老基金投资为典型。在"日常生活金融化的结构特征"中，我们已经指出，养老基金已经成为当代资本主义金融市场越来越重要的机构投资者。其中的根本原因在于，人们越来越倾向于通过投资金融市场来实现个人养老基金的保值增值，以便充分应对自己在退休后的老年生活中所面对的各种各样的风险。据统计，美国居民个人退休账户（IRA）中近一半的资产用来购买共同基金。2009年底，IRA资产中的2万亿美元，约46%配置在共同基金产品上。在这些共同基金资产中，股票型基金占比56%，混合型基金占比16%，债券型基金和货币型基金则分别占比17%和12%。在其他资产类别中，IRA参与者通过证券经纪商持有大量的证券资产，如股票和债券等，证券类资产占比达到36%，其比例在近20年来一直保持稳定。通过比较可以发现，IRA投资于银行存款和共同基金的比例存在此消彼长的趋势，银行存款占IRA资产比例从1990年的42%逐步减少至2009年的10%，与此同时，共同基金占比从22%上升至46%。① 这种变化意味着在养老基金的金融投资中，个人采取了更为积极主动的投资理念，并具备了更多的金融知识，同时也意味着承担更多的金融风险与个人责任，因为养老福利取决于金融市场的表现。养老金领取者的生计越来越依赖于金融市场的业绩。养老基金与共同基金通过将大规模投资文化与投资实践嵌入日常生活，让普通民众感知到自身利益与日常生活金融化及新自由主义秩序的一致性，从而强化了日常生活金融化的有效运转。

后者是陷入各种发薪日贷款、信用卡贷款、小额贷款等日常借贷陷阱中的低收入、边缘化的债务人群。这种债务-债权关系不仅仅是一种经济关系，更是一种捕获、支配与控制债务人的安全治理机制。它旨在减少被统治者行为的不确定性，稳定可盈利的未来，以保证资本主义积累速度的提高。这是因为资本主义债务的实质是资本特别是借贷资本权力的体现。而借贷资本代表着已经积累起来的价值对债务人的未来生产劳动及其所创造的剩余价值的一种具有确定性、必然性、优先性的索取权。用马克思的话说："社会上存在着拿固定收入的阶级，食利者阶级等等，债权人等等，也就是说，要从剩余价值或利润中扣除硬性规定的扣除额，这种扣除额不会随着利润率的下降或商品价格降低到它们的价值以下而减少。这些阶级能获得双倍的利益。"② 这就意味着，无论是借贷经营的产业资本家，还是负债生存的无产阶级，也无论债务人未来盈利与否，都必须按照事先约定的

① 田向阳、张磊：《美国养老金体系与资本市场》，中国证监会网站，www.csrc.gov.cn。
② 《马克思恩格斯全集》第32卷，人民出版社，1998，第436页。

利息、利率，按时按量，优先偿付债权人的本息。在此过程中，本金与利息通过建立现在与未来之间的增值关系，赋予时间可测量、可计算、可控制、可交易的经济属性，在很大程度上削弱了未来剩余价值生产由市场竞争、技术变革、政局变动、战争冲突、自然灾害等因素导致的不确定性与风险，固化了债务人的未来生产劳动与社会财富的分配格局。因此，作为对未来价值生产的索取，资本主义债务将贷放出去的资金作为"黄金绳索"，牢牢套住了债务人未来行动的选择性与变革性：一方面，这绳索足够松，诱使债务人以为有利可图，积极参与借贷资本的积累游戏；另一方面，这绳索足够紧，迫使债务人必须按时偿本付息，保证资本的未来增殖。资本主义债务关系以此方式提前占有与控制了不确定性的未来，"债务意味着我们不能再'自由选择'……未来已经被预设和设定"[①]。

2. 国家安全治理

在最直接的层面上，日常生活金融化的有效运行依赖于人们将参与金融市场与金融活动视为获取日常消费资料、抵御日常风险、保障个人安全的基本方式。然而，个人安全也常常牵涉到国家安全的构建。安全的个人的实践往往被视为国家一体化和经济社会稳定的源泉。个人金融实践被塑造为作为一个公民融入国家经济生活、积极参与国家经济建设，以确保国家经济社会安全的一种方式。因此，日常生活金融化也有赖于个人金融活动、国家安全与金融市场三者之间建立稳定的、一致的、有机的内在联系。

在第二次世界大战中，英美盟国在国内推销战争债券时，就将个人购买债券的投资行为作为抵抗纳粹侵略、捍卫国家自由与安全的正义行为："如果我们不这样做，很可能发生的一件事是，我们将再也没有机会自己做决定……你和我正在自由和纳粹奴役之间做出选择。"[②] 这些债券被描述为一种安全机制，通过这种机制，人们可以将个人的自由、安全与国家的自由、安全联系起来，帮助国家在面临安全威胁的背景下增强自身的保卫力量。第二次世界大战后，美国为推动消费信贷发展，继续开展鼓励金融投资的社会文化运动。这场运动明确地将个人的日常投资视为融入国家生活

---

① 〔美〕大卫·哈维：《马克思与〈资本论〉》，周大昕译，中信出版社，2018，第312页。

② Rob Aitken, *Performing Capital: Toward a Cultural Economy of Popular and Global Finance* (New York: Palgrave Macmillan, 2007), p.64.

结构的基本路径。储蓄-投资是一种"为未来建设"和"支持国家"的方法。对于广大移民而言，投资使移民群体能够迅速置身于国家建设的范围内，并"分享美国的伟大"。这是巩固国家作为一个连贯和完整的整体的关键力量。当时的纽约股票交易所的宣传手册上写道："无论他们是在一代人的时间里在普利茅斯岩登陆，还是在另一代人的时间里在埃利斯岛登陆，他们都相信奇迹：为未来工作、储蓄、建设机会的奇迹。他们和他们的后代将在完善大规模生产、大规模分配、大规模投资等方面起到关键性作用。他们扎根、繁荣，和国家一起成长。作为节俭的投资者，他们用自己的储蓄来支撑对国家的信心。所有人都分享了美国的伟大。"[1] 纽约证券交易所的公共信息部门和广告部门展开了一系列面向大众的金融普及活动，包括编写小册子和出版物，演讲，电视、电影、广播宣传，开展社区教育项目和开设公立学校的相关课程等，力图追求两个目标：一是促进普通民众和工人阶级参与以纽约证券交易所为中心的金融市场，即促进"大众投资"；二是将美国经济描绘成一个由工人阶级和普通人口的投资所推动的大众投资经济。其核心就是将国家经济社会发展与个人积极的储蓄-投资行动紧密联系起来。

自20世纪70年代以来，布雷顿森林体系的结束和资本流动的自由化改变了全球权力格局，以至于主权国家现在不得不在全球化资本市场造成的结构性制约下运作。全球金融市场在国家的经济社会安全构建与维护中所起到的作用更加显著。2007年美国次贷危机所引发的当代资本主义经济、政治、社会乃至文化的全面危机，更加凸显了金融在国家安全中的核心地位，以及个人与家庭信贷投资行为与国家、全球经济社会稳定性之间的内在联系。

在金融投资层面，英美国家通过一系列经济社会政策，鼓励个人与家庭积极参与金融市场投资，将个人与家庭金融资产安全与国家经济社会发展状况牢牢捆绑。近几十年来，英国政府一直在引入基于资产的福利政策（Asset-Based Welfare），同时减少公共供给福利。[2] 公共供给福利的目标是

---

① Rob Aitken, *Performing Capital: Toward a Cultural Economy of Popular and Global Finance* (New York: Palgrave Macmillan, 2007), p. 63.

② Alan Finlayson, "Financialisation, Financial Literacy and Asset-Based Welfare", *The British Journal of Politics & International*, Vol. 11, No. 3 (2009): 400-421.

在收入短缺期间通过国家转移支付来保障个人与家庭的生活消费，而基于资产的福利旨在通过促进个人与家庭的资产所有权来增加其对国家经济的参与。它的基本假设是不断扩大的资产所有权会造就一个所有人都有平等成功机会的社会。在这样的理念指导下，英国政府采取了一系列减税、减少补贴与社会福利供给的经济社会政策。例如，英国政府发展了终身抵押贷款，允许家庭在退休期间利用其房屋作为收入来源，方法是以其资产为抵押借款，在出售房屋时偿还，例如在搬进养老院的情况下。此外，还实行减税或补贴，以诱使家庭积累资产。个人与家庭被要求积累各种资产为自己提供金融保障，而不是依赖直接的收入转移。一个经济上负责任的家庭会在退休、生病或失业前进行储蓄和投资，以保障其生活水平。个人与家庭在养老基金、储蓄和投资产品的帮助下降低未来风险，为了拥有住房而承担更多债务。这样，个人与家庭越来越多地与金融市场、金融产品互动，金融动机进入日常生活越来越多的方面。与此同时，在这个过程中，债务融资的房屋所有权不仅使金融资本家能够在赚取利息和证券化的基础上从家庭收入流中获得金融利润，而且也保证了资本主义国家通过家庭债务融资维持金融化经济的再生产。

在信贷债务层面，新自由主义紧缩政策导致了各种形式的社会福利供给缩减和私有化，催生了不稳定的劳动力市场和停滞的工资收入，加剧了日常生活中的各种风险，迫使广大民众不得不依赖私人信贷债务来满足日常需求和维持生活水平。各种私人信贷债务由此成为吸纳、管控有色人种、外来移民、少数族裔、低收入家庭等社会边缘人群，缓解社会再生产危机，维护与保障国家经济社会稳定、安全的治理方式。例如，面向低收入、少数族裔、受教育水平低、信用评分低的家庭和个人发放的次级住房抵押贷款，打着"信贷民主化"的旗号，以债务债权关系吸引与控制中产阶级以外的贫困人口，使其按照债权人的要求对自身当前与未来生活行为进行约束，从而锁定债务人的不确定的未来。早在20世纪初，住房抵押贷款就被认为是一种面向工人阶级的有效的社会控制工具，一种防止暴民心理的预防措施："将储蓄投资于工人的房子并拥有它们，那么他们就不会离开，也不会罢工。它将他们束缚在一起，使他们与我们的繁荣息息相关。"[1] 新自由主义金融化极大地扩大了信贷的范围，特别是住房抵押贷款驱动的房屋所有权，将住房抵押贷款改造成为边缘人群自力更生的"生活福利"。面向个人与家庭的次级抵押贷款产生了两个相互关联的影响：越来越多的工人阶级和少数族裔被纳入住房债务的范畴，同时这些贷款证券化将劳动力的社会再生产纳入全球投机性金融市场，导致其金融规模和金融收益激增。1994 年，32% 的次级贷款被证券化，价值 110 亿美元；2003 年，这一数字上升到 61%，达到 2030 亿美元。到 20 世纪 90 年代末，未偿抵押贷款支持证券的价值为 1 万亿美元，房利美和房地美的份额为 90%。外国投资者持有这两家机构 1/3 的债务。相比之下，美国抵押贷款支持证券市场的总份额为 13%。[2] 由此可见，面向个人与家庭的次级抵押贷款在作为边缘人群应对社会再生产危机的方式的同时，也作为能产生利润的社会供应替代形式来刺激总需求，催动资本主义国家债务经济的繁荣。

正如这些面向大众的金融信贷所表明的那样，国家经济安全不仅需要宏观经济体系的良性运行，而且需要更广泛的社会主体通过日常投资或债务累积的行动来保障。

二 技术治理

利用"作为意识形态的技术与科学"，将资产阶级的意志与利益灌输并贯彻到资本主义统治秩序的合法化构建中，一直是当代资本主义权力机制的重要维度。从这一技术治理的视角看，数字化、信息化技术与金融化、虚拟化资本相互融合而成的各种金融衍生工具与信用评分技术，不仅为资本积累的时空扩张打开了方便之门，而且为日常生活金融化的有效运行提供了技术支撑。

1. 金融技术治理

从历史唯物主义的视角看，某种科学技术的出现总是与特定的社会历史发展阶段的经济政治需要息息相关。在当代资本主义社会，以债务抵押

---

[1] Tayyab Mahmud, "Debt and Discipline", *American Quarterly*, Vol. 64, No. 3 (2012): 469-494.

[2] Tayyab Mahmud, "Debt and Discipline", *American Quarterly*, Vol. 64, No. 3 (2012): 469-494.

债券、抵押支持证券为代表的各种金融衍生工具及其背后金融科技的出现与成熟，既是金融化资本主义经济政治力量的产物，又有助于强化与再生产金融化资本主义的主导地位与权力机制。

以债务证券化为例，债务证券化不仅有助于在资本积累中提高债务融资的速度并扩大规模，而且是加强社会控制的有效手段。因为在证券化的过程中，人们的社会身份——性别、职业、民族、种族等——被分解和重组，转化成可量化、可计算、可估价、可交易的金融属性，进而成为证券化的组成部分。这种从社会属性到金融属性的运动，以及它所涉及的分解和重组过程，实质上是对个体的社会属性进行数字化识别、操控与规训的权力过程。例如，学生抵押贷款证券化表面上是一种非政治、高效、双赢的金融工具，可以通过将学生债务转化为可在市场上买卖的资产，以此来限制或降低风险并筹集资金。但事实上，它不是技术、市场、企业发展的自然、中立和不可避免的产物，而是由强大的资本主义利益集团和新自由主义国家创造和生产的一种权力结构，不仅降低私人贷款人的金融风险，将风险转移到学生债务人身上，而且约束与限制负债学生的未来职业与生活选择。[1]

而改变股票债券交易方式，并使复杂的债务工具得以应用的金融算法技术也非"极客"（Geek）随机发明的偶然结果[2]，而是那些拥有强大经济和政治实力的金融精英与机构，为了最大限度地获取利润、规避监管而发明的一种社会监控技术。因为所谓监控，就是通过收集、处理和分析个人或人群的信息与社会属性，以规范、控制、管理或促成他们的活动。这通常涉及夺取被视为对手或敌人的物质和非物质资源。因此，监控技术最初是作为战争武器发展起来的：从雷达、密码学到无人驾驶飞机。监控技术被发明出来进一步控制某些群体，而不是最大限度地发挥创造力或促进民主决策。[3] 拥有强大数据处理能力的计算机能够在追踪处理各种来源的数据信息的基础上，根据相关机构的优先事项和利益对这些数据信息进行重新

① Susanne Soederberg, "Student Loans, Debtfare and the Commodification of Debt: The Politics of Securitization and the Displacement of Risk", *Critical Sociology*, Vol. 40, No. 5 (2014): 689-705.
② 所谓"极客"，是指在互联网时代创造全新的商业模式、尖端技术与时尚潮流的人。
③ R. Coleman and M. McCahill, *Surveillance & Crime* (London: SAGE, 2011), p. 192.

组合，从而成为现代监控的重要技术基础。而算法交易就是使用庞大的计算机程序来收集与处理任何可能影响股票、债券与其他投资品交易价格的复杂信息数据，从全球气候变化到战争冲突，从政权更迭到网络言论，减少交易过程中的不确定性因素与风险，从而指导金融行动者，控制金融市场。理论上，算法交易可以被金融市场中的任何交易者使用；但事实上，它通常被大型市场参与者——对冲基金、养老基金和共同基金——用来进行大型交易。一份 2009 年的报告估计，300 家专门从事算法交易的证券公司和对冲基金在 2008 年盈利 218 亿美元。[①] 可见，对于满足虚拟性、食利性的金融垄断资本的全球投机需求来说，算法技术无疑是非常关键的技术条件。这就是为什么资本对时间和技术作为利润最大化工具的痴迷没有受到任何有效监管与治理机制的挑战——尽管它公开承认信用违约互换、暗池（Dark Pools）和类似金融工具不会产生任何价值。[②]

2. 数据技术治理

正如在前述"日常数据网络"一节中所指出的，当代资本主义社会已经形成了一个产值超过数十亿美元的消费者数据经纪行业。该行业已经积累了数万亿条的个人消费信息或"大数据"。这些大数据来自博客、社交媒体、照片、搜索引擎等，然后被储存、分析和出售。大数据帮助商业公司通过个人信息组合识别来锁定理想消费者，从而预测未来的消费趋势。因此，消费者数据经纪市场的引入刺激并扩大了金融信贷消费。但正如学者们所指出的，作为经济与商业活动基础的消费者数据库的背后，是一套构建、区分、定位和塑造特定消费者身份的权力机制，是信息技术在数字化时代消费者治理领域的重要体现。[③] 消费者数据分析通过将消费行为转化为个性化数据点的抽象集合，全面、细致地捕捉消费者活动，形成消费者复杂多样的生活信息的储存库。消费行为作为可编码的、标准化的、可操作的数据呈现出来，有助于对消费者进行差异区分与社会分类。这也就是法

---

① Laureen Snider, "Interrogating the Algorithm: Debt, Derivatives and the Social Reconstruction of Stock Market Trading", *Critical Sociology*, Vol. 40, No. 5 (2014): 747-761.

② Laureen Snider, "Interrogating the Algorithm: Debt, Derivatives and the Social Reconstruction of Stock Market Trading", *Critical Sociology*, Vol. 40, No. 5 (2014): 747-761.

③ Leanne Roderick, "Governing Big Data: The Political Economy of Power, Knowledge and Consumer Finance in the Digital Age", (*Queen's University Thesis Ph. D, Political Studies*), 2016.

国哲学家德勒兹所谓"控制社会"中的权力逻辑："在控制社会则相反，至关重要的已不再是签名和登记号，而是数字，数字是一个识别口令……数字构成了控制的数字语言，数字表示存取信息或是弃绝信息。人们不再面对整体-个体这一偶对，个体变成了'可分体'，整体变成了样品、数据、市场或银行。"①

对德勒兹而言，现在对个体和群体的控制越来越多地通过数字"调制"来运作。建立在消费者信息数据库基础上的信用评分技术，更加鲜明地体现了这一权力逻辑。②资本主义信贷消费的成熟，使得信贷机构对个人信用度的评估以及对大众市场消费信贷不确定性的管理越来越依赖于个人信用记录和分数。信用评分技术的进步在金融信贷决策中发挥了重要作用。但是，这也为信贷机构根据风险对消费者进行控制、治理与约束提供了技术手段。一方面，由于各种信用评级机构能够根据信用评分对信贷消费者进行区分、分类和定位，他们不再仅仅作为负责还款的个人受到规训。相反，信贷消费者是通过市场机制和基于风险的定价被计算和控制的。"像信用评分这样的知识收集工具根据个人作为企业家的信誉将他们划分为不同的类别。成功的个体被高度信任，成为自我治理的主体，而劣势群体则被采取侵入性债务管理措施以接受规训。"③"信用检查"提供了一种越来越普遍的区分与监督手段，将"好的"和"坏的"信用消费者区分开来，并产生"温顺的身体"来承担金融信贷债务。对个体信贷者而言，被信用评级机构列入黑名单，或者信用评分被降级，是一种有效的社会控制机制。因为较低的个人信用评分意味着在住房、教育、医疗、养老等日常消费信贷方面将面临更高的利率成本。人们知道，信用评分在现实的意义上代表着未来的自由。信用评分不仅用于获得贷款，还用于就业、住房、教育，甚至恋爱婚姻关系等生活的各个方面，成为衡量一个人的可信度和性格的更广泛指标。

他的生活幸福都取决于他对规范的遵守和接受长期信用评估的意愿。

---

① 〔法〕德勒兹：《哲学与权力的谈判》，刘汉全译，译林出版社，2012，第 206 页。
② Paul Langely, "Equipping Entrepreneurs: Consuming Credit and Credit Scores", *Consumption Markets & Culture*, Vol. 17, No. 5（2014）：448-467.
③ 〔法〕蒂姆·克里斯蒂安斯：《金融新自由主义与排斥：超越福柯的思考》，《国外理论动态》2020 年第 4 期。

如果他不履行义务，他的生活幸福就将受到严重损害。因此，在信用评分技术的规训下，个人现在必须将自己视为一个"寻求信贷的项目"，实行严格的财经自律，自我监控信用评分，发展和提升自己的金融素养，以更好地符合甚至超过资本所有者和投资者的规范预期。

另一方面，通过信用评分技术，一个能够对自己当前和未来的财务、信用状况负责，对通过金融信贷活动改善未来生活、保障个人权利充满信心，并且能够理性地、自主地评估、计算和管理信贷成本与风险的自我约束、自我治理的信用主体被塑造出来。这是因为信用评分技术是通过算法计算的，它代表了一种被认为是中立、科学的评估一个人履行承诺的能力的方式。这些信用评分具有强大的跨时空、跨层级、跨行业的监控能力，可以在任何时候被调用来锁定信用消费者的行为方式，即确定信用消费者在特定时刻为特定产品支付的利率，以及他们是否有资格、有能力、有权利参与信贷市场。信用评分技术已经逐渐取代以前主要通过法律和道德规范来塑造、生产与规训特定类别的信贷消费者的方式。如同一个企业家，他们成为有偿付能力、谨慎且善于计算的个人，他们的自律理性行为有助于管理风险与不确定性，并最大限度地以竞争性利率获得更优惠的信贷机会。在这个意义上，信用评分是引导自我认知行为的指示器与获取自由幸福生活的解码器。信用评分技术可以被视为一种新兴的对信贷消费者进行社会治理与自我治理的权力技术与"机械征服"（Machinic Subjugation）。

由此观之，各种打着"创新、便捷、效率、进步"旗号的金融衍生技术远非价值中立与客观自主，而是一个渗透着不均衡、不对等关系的权力网络。当各类评级机构与各种信用评分技术构建了一个针对信贷消费者的庞大而精细的信息数据库时，自然就产生了一种必须绝对服从数字与信息的裁决，否则会面临不幸后果的权力效应。这是技术意义上的"绝对命令"。

三 文化治理

正如詹姆逊对晚期资本主义社会中金融资本与文化生产之间联动关系的分析①，当代资本主义日常生活金融化的权力机制不仅需要对个人经济、

---

① 〔美〕弗雷德里克·杰姆逊：《文化与金融资本》，《天涯》1998 年第 3 期。

金融与社会中的风险的安全治理和技术治理，还需要一套嵌入金融活动的文化价值观的有力支持。这种文化价值观是由基督教罪欠意识和新自由主义意识形态双重约束性话语映射而成的。它塑造了参与日常生活金融化的人们的一种制度化的错误认识，即个人应对其在所有金融信贷债务活动中的行为与后果负全部责任。因此，在这套文化价值观中，个人金融活动主要不是一种单纯的经济行为，而是一种由文化价值观对自我进行组织、管理、约束、引导、监控的文化治理行为。

1. 信贷债务的宗教伦理权力

信贷债务在西方文化中有一个显著的宗教伦理意蕴，即人欠创造自己的神的债。因此，作为道德情感的罪欠感其实起源于欠债。这一文化关联在尼采的《道德的谱系》第二章关于"罪欠""良知谴责"及其相关道德概念的分析中得到更清晰地呈现。[①] 尼采认为：内疚、良知、责任、义务等道德意识要真正进入具有"遗忘性"的人的意识深处，必须借助于能给身体带来疼痛的记忆术。例如，通过流血、酷刑、牺牲献祭、禁欲苦行等手段去塑造神经、智力与肌体，使一些宗教理念变得难以忘却与不可磨灭。道德意识正是通过作为维系与强化偿债记忆的惩罚机制得以植入人的自由意志中的。因为债务的最基本意义就是一种让许诺者记住诺言的"承诺行为"。一方面，债务人为了使自己的良知牢记还债是自己的义务和职责，将"他的身体、他的妻子、他的自由，还有他的生命"，甚至"他的灵魂的拯救，乃至他在坟墓中的安宁"，全部抵押给债权人。[②] 另一方面，债权人则可以通过侮辱和折磨债务人的身体，"蔑视和踩躏一个'低于自己'的存在者"[③]，以此快感作为债务的偿还和弥补。所以，正是这种源于债权债务关系的身体抵押与惩罚机制，为债务人提供了防止遗忘的堡垒，构成了基于信守承诺的良知、责任与义务的道德意识的起源。

这种将信贷债务视为个人对神的罪欠的思想已经融入了当代资本主义的道德经济中。[④] 因为资本主义日常生活金融化的有效运转，不仅仅取决于

---

① 参见〔德〕尼采《道德的谱系》，梁锡江译，华东师范大学出版社，2015，第146~150页。
② 〔德〕尼采：《道德的谱系》，梁锡江译，华东师范大学出版社，2015，第113页。
③ 〔德〕尼采：《道德的谱系》，梁锡江译，华东师范大学出版社，2015，第114页。
④ Hollis Phelps, "Rethinking Debt: Theology, Indebted Subjects, and Student Loans", *Dialog: A Journal of Theology*, Vol. 55, No. 1 (2016): 31–41.

信贷机构的业务扩展，还依赖于信贷参与者主动承担、管理自身信贷投资以及偿还债务的意愿和能力。从这个意义上说，信贷债务经济是由信誉和债务道德规范所调节的。债务的文化治理核心就在于它将经济义务与道德谴责结合在一起：债务和内疚密切相关。个人在债务活动中的决定和行为是通过基督教罪欠意识的视角来看待的：拖欠贷款、不良信用记录、取消抵押品赎回权，将被污名化为个人不道德与罪恶行为而受到自身良知与责任感的谴责，从而忽视了更深层次的不平等、压迫性的制度性约束。债务通过罪孽感、良知与宗教义务来控制主体。正如拉扎拉托所言："因此，一个社区或社会的首要任务是培养一个有能力承诺的人，一个能够在债权债务关系中为自己提供担保的人，也就是说，一个能够偿还债务的人。让一个人能够信守承诺，意味着为他建立一个记忆，赋予他内在的良知，这为他提供了防止遗忘的堡垒。记忆、主观性和良知是在债务义务的范围内开始产生的。"① 债务是一种权力形式，其作用不仅在于产生归还借款的倾向，而且在于产生关心和维护自己在他人眼中"信用"或"信誉"的倾向。

2. 新自由主义意识形态权力

启蒙运动中的个人主义、理性、自由意志和进步的概念是新自由主义意识形态的基石，也是当代日常生活金融化文化治理的重要内容。强调自由个体、自由竞争、自主责任的新自由主义意识形态，召唤出一种负责任的经济主体性：每个人在生活的各个层面都以市场竞争的方式去获取自身资源与权利，并承担相应的个体责任，而不能乞求社会性、集体性的解决方式。在此文化背景下，个人的金融活动与经历被视为仅仅是个体性格、观念、意愿、行为与责任的结果，而不是一整套个人无法控制的新自由主义政治经济结构与过程的一部分。金融活动参与者不仅被其他人与社会组织（亲属、同事、朋友、雇主、信用评级公司，乃至政府机构）视为要对其所有金融债务行为的后果负全部责任，而且个人也以同样的视角看待自己，以此作为自由意志、个体理性与自我实现的标志。这种意识形态话语霸权，通过人们"自由选择承担金融债务"，将他们的独立意识与特定社会形态中的规范参与联系起来，剥离了个体与其所处的剥削性社会体制的关

---

① Maurizio Lazzarato, *The Making of the Indebted Man* (Los Angeles: Semiotext (e), 2012), p. 1.

系，让因这种体制而背负沉重债务的人陷入自责与愧疚或被他人指责的道德困境。这种关于个人责任和道德的意识形态话语，有助于进一步使人们日益增长的债务自然化和非政治化。换句话说，当代日常生活金融化的权力机制部分是由个人责任的道德话语支撑的。

美国 2005 年颁布的《防止破产滥用和消费者保护法》（Bankruptcy Abuse Prevention and Consumer Protection Act，BAPCPA）就充分体现了新自由主义债务文化的逻辑。[①] 该法案的主要目的是应对 20 世纪 90 年代以来持续增长的美国消费者破产申请。美国国会将这种增长的原因归结为消费者"缺乏个人财务责任"，滥用破产申请，以逃避个人债务追索。法案基于个人主义和道德行为主义的主流文化论述，提出消费者破产申请不仅仅是经济行为，更是一种体现个人责任与义务的道德行为。因此，该法案提出的目标是恢复"破产制度中的个人财务责任和诚信"，向债务人灌输责任感和诚信。在法案的道德话语中，个人的债务经历被视为仅仅是性格和行为的结果，而不是贷方和投资银行行为的结果。这种个人主义的道德话语通过使用个人责任和个人羞耻的概念，使得资本债权人掠夺广大劳动者的结构性、体制性不平等看起来合乎理性与道德，而且以责任内化与自我归因塑造债务人看待自己和他人的方式。如学者所言："在法案中，国会在法律程序上建立了一个道德覆盖层，导致每个债务人破产经历背后的系统性经济结构变得复杂和隐蔽。将耻辱或羞耻强加于债务人的做法，使得道德置于理性的法律结构之上。"[②] 通过强化债务和个人破产是罪恶、可耻的以及债务人将受到社区和家庭成员的污名化的观念，法案推迟并阻止经济困难的个人提交破产申请。这样，法案通过这种个人主义的道德话语，将借贷关系的风险和责任转移到债务人身上。于是就出现了在次贷危机中破产的人们——"他们并没有怪罪于整个体系存在的问题，反而是为自己没有能力承担起为家人提供一个遮风挡雨的地方这一个人职责而感到羞愧"[③]。

---

① Linda E. Coco, "The Cultural Logics of the Bankruptcy Abuse Prevention and Consumer Protection Act of 2005", *Critical Sociology*, Vol. 40, No. 5 (2014): 711-727.

② Linda E. Coco, "The Cultural Logics of the Bankruptcy Abuse Prevention and Consumer Protection Act of 2005", *Critical Sociology*, Vol. 40, No. 5 (2014): 711-727.

③ 〔美〕大卫·哈维：《资本之谜——人人需要知道的资本主义真相》，陈静译，电子工业出版社，2011，第 131 页。

因此，在一个越来越基于金融化驱动积累形式的新自由主义社会背景下，基督教的罪欠意识与新自由主义价值观的融合，创造了信贷债务只是个人能力、个人选择、个人责任、个人实现问题的意识形态话语，这有助于进一步使某些群体日益增长的债务自然化和非政治化，将社会不安全感正常化，掩盖了背后的不平等的体制性、结构性因素。这种道德意识形态话语，同时将个人成功、价值实现与金融市场的表现联系起来，有力维系了资本主义日常生活金融化体系。

第三节　金融主体的生产机制

从历史唯物主义看来，资本主义在生产商品与剩余价值的同时，也不断生产与再生产出作为活动主体的资本家与雇佣工人及其相互关系。资本家是资本的人格化代表，雇佣工人则是劳动力的人格化代表。在此意义上，资本主义生产也是一种主体的生产，既不断生产出各种主体，其有效运行也依赖于这些主体的再生产。从这一维度看，当代资本主义日常生活金融化的有效运行也依赖于一种特定主体的生产与再生产机制：不是一般意义上的资本家与雇佣工人，而是将自身的全部社会生活与生命过程作为投资品与抵押品的金融主体。在这个机制中，每个人都是自己的企业家，负责最大限度地调节、监控与管理自己的社会资本与人力资本。他们的各种经济社会福祉与安全越来越多地与金融市场的风险定价、信贷投资紧密联系在一起。金融主体通过投资组合和成为自己的企业家来控制自己的现在和未来。可以说，金融化代表了一种特定的主体存在与行动模式，改变了人们作为投资主体、债务主体和金融公民理解自己的方式，创造了一种新的主体政治、自我政治。

一　投资主体

马克思在《资本论》中提出，资本无限增殖的内在本性与激烈市场竞争的外在压力，迫使资本家不得不将剩余价值的主要部分作为追加的资本以购买生产资料和劳动力，扩大再生产，获取更多的剩余价值。这个剩余价值的资本化过程实质上就是投资过程，"投资，即货币转化为生产资本，是第一次发生"，"在资本流通过程的 G—W 阶段上，资本要转化成在一定投资场所形成生产资本的一定要素的商品"①。只是在这里，马克思所分析的投资主体仅限于资本家：职能资本家投资生产与流通，借贷资本家投资于产业与金融。相较而言，当代资本主义日常生活金融化的投资主体的最大特点是不再仅仅限于资本家阶级，而是扩展、渗透到普通民众。换言之，投资不再仅仅是资产阶级扩大再生产的一种经济活动，还是广大民众在日常生活中以企业化方式经营管理自身资源与活动的重要体系。这个过程将每个人都塑造成适应资本金融化积累的"两条腿的成本和融资中心"。

1. 主体的企业化

相对于前资本主义的家庭式、行业化的手工作坊，以股份有限公司为载体的企业法人团体成为资本主义的主要生产组织形式。随着资本主义的发展，公司企业不仅在经济生产领域发挥着核心作用，而且向广阔的政治与社会生活领域渗透扩展，日益成为整个资本主义社会结构的基本组织原则与形式。正如美国学者戴维斯所描绘的，福特制企业结构与组织形式已经成为第二次世界大战后资本主义社会的缩影："研制和产业区制造汽车的流水线生产模式也已经扩展到制造业之外：农场、商店、保险公司、科研实验室、政府、军队，甚至吉尔布蕾丝女士在抚养 12 个孩子的过程中都采用了胭脂河产业区的生产经营模式。"②

这一生产经营模式随着新自由主义的市场化、自由化与私有化进程，与个人生活和生命过程建立了更为内在和紧密的联系，即追逐利益最大化与市场化经营的企业治理方式转变为从国家治理到个体自我认知的所有公共和私人领域的主导性规范逻辑。法国哲学家福柯将新自由主义体制下出现的这种新型主体称为"自己的企业家"："作为自己的企业家，其自身是自己的资本，是自己的生产者，是自己收入的来源。"③福柯指出，与古典自由主义强调有限政府和不干涉竞争的自由放任原则不同，新自由主义专注于营造有利于培养具有市场竞争意识和自利行为主体的经济社会环境。新自由主义的核心逻辑是将企业的生产与竞争实践转换成一种适用于整个

①　《马克思恩格斯文集》第 6 卷，人民出版社，2009，第 143 页。
②　〔美〕杰拉尔德·戴维斯：《金融改变一个国家》，李建军、汪川译，机械工业出版社，2011，第 8 页。
③　〔法〕米歇尔·福柯：《生命政治的诞生》，莫伟民、赵伟译，上海人民出版社，2018，第 298 页。

社会和文化生活的形式。作为经济人的"自我企业家"就是这一逻辑的主体形式。它的基本假设是资本主义公司是所有社会关系的核心。它鼓励个人将他们的生活和身份视为一种企业，一种致力于经济效益最大化的企业关系。每个人都是以一个微型的、独立的"自我企业家"的形象进行自我认识与主体塑造。它的运作条件不再是社会福利、公民权利和国家法律，而是个人利益、投资和市场竞争。人们越来越多地被要求把自己的生活视为一种企业经营活动。如同企业成本—收益的计算、风险控制与多元化经营一样，个人也要对生活中的投入与产出以及在这个过程中所面临的各种风险进行直接管理与控制。自由主义不仅仅是一种经济政策或体制，也是一种生产与调控主体的治理形式。企业就是新自由主义治理模式中主体意识和自我想象的核心。①

主体的企业化首先体现在知识—技术层面，即将主体所拥有的知识、能力、兴趣、素养与禀赋视为一种能够带来经济产出和收益的人力资本。这在美国经济学家舒尔茨和贝克尔创立的人力资本理论中得到充分体现。人力资本理论认为，物质资本指物质产品上的资本，包括厂房、机器、设备、原材料、土地、货币和其他有价证券等；而人力资本则是体现在人身上的资本，即对生产者进行教育、职业培训等支出及其在接受教育时的机会成本等的总和，表现为蕴含于人身上的各种生产知识、劳动与管理技能以及健康素质的存量总和。例如，舒尔茨提出，人力资本是"人民作为生产者和消费者的能力"，"人力资本是由人们通过对自身的投资所获得的有用的能力所组成的"，"人力资本，即知识和技能"。他还说："我们之所以称这种资本为人力的，是因为它已经成为人的一个部分，又因为它可以带来未来的满足或收入，所以将其称为资本。"② 加里·贝克尔进一步将人力资本与时间因素联系起来，认为"人力资本不仅意味着才干、知识和技能，而且还意味着时间、健康和生命"，"所有用于增加人的资源并影响其未来货币收入和消费的投资为人力资本投资"，并指出，"人力资本是一种非常

① Lois McNay, "Self as Enterprise: Dilemmas of Control and Resistance in Foucault's *The Birth of Biopolitics*", *Theory, Culture & Society*, Vol. 26, No. 6 (2009): 55-77.
② 〔美〕西奥多·W. 舒尔茨：《论人力资本投资》，北京经济学院出版社，吴珠华等译，1992，第43、92页。

不易流动的资产"。① 人力资本理论强调的是，所有个体拥有的知识、技术、能力、兴趣、爱好、健康、性格、心理、人际关系都是一种能够带来经济收益与社会收益的资本品。如同企业经营一样，每个人都要充分利用自身的这些经济资源，在日常生活中进行成本—收益的经济计算，以获取最大限度的收益。这种追求效益最大化的自我企业化行为，不仅仅是在职业规划中，而且在学校教育、政治法律、婚姻家庭、子女抚养等非经济领域中也可以得到广泛运用。一言以蔽之，个人只是微缩版的企业。

其次，主体的企业化在领域—制度层面以市场化、企业化的组织形式、行为流程、管理方式、规章制度去规范和调控人们在各个社会生活领域中的所有活动。福柯指出，在这里，企业不仅指一种经济个体在市场上相互竞争的组织形式，而且更一般地提供了一种个人在社会生活的许多领域——家庭、学校、医院、社会福利机构、慈善组织等——活动模式的典范。这些领域的根本弱点在于缺乏公司企业的目标驱动、工具理性、竞争意识、效率优先、绩效考核等机制。因此，社会公共服务机构逐渐以企业化的方式进行制度化改造："在社会机体或社会组织内部实际上使'企业'形式普遍化；也就是重新组织社会组织，使之能够被分配、被分割、被加强。"② 例如在家庭生活领域，丈夫和妻子之间的关系可以理解为在交易成本水平上形成，并通过婚姻契约进行调节的经济组织。即使是母子关系，也可以用人力资本的术语理解为一种可以用教育、时间成本衡量的"投资行为"。这就是说，对组织架构、工作时间表、绩效监督系统、业务培训课程、目标导向等的重新设计，可以激发这些社会组织中个体的活力、创造力与进取心，促使个体的知识、能力提升，并促使他们努力利用自己的能力优势去追求与实现个人目标。这就是说，新自由主义通过将各种社会关系架构为一种基于市场理性的企业合作与竞争模式，将每个人塑造成自主负责、拥抱风险、积极进取的市场参与者，取代了第二次世界大战后形成的个人放弃部分自主权以换取经济福祉、安全保障、福利供给的契约化社会体制。

---

① 〔美〕加里·贝克尔：《人力资本》，郭虹等译，北京大学出版社，1987，第62页。
② 〔法〕米歇尔·福柯：《生命政治的诞生》，莫伟民、赵伟译，上海人民出版社，2018，第318页。

最后，主体的企业化在伦理—文化层面以企业化的文化与精神内化为自我指导、自我理解、自我治理的价值目标。计算理性、主动进取、个体责任、经济效率等企业文化与精神逐渐成为个人在日常生活中的行为准则和价值追求。在这种企业文化价值体系中，良好的生活方式是建立在人们以企业化方式管理自己的基础之上的。人们的所有生活过程与生命活动，都被规划与设计为一个关于他们自己的市场项目：他们要将自身的情感世界，家庭和婚姻安排，朋友邻里关系和社交技巧转化为一种能够最大化提升其经济价值的生活方式。用福柯的话说："需要个人的生命本身——加上他与其私有财产的关系，与其家庭的关系，与其丈夫或妻子的关系，与其保险金的关系，与其退休金的关系——使这个人成为一种永久的和多样化的企业。"① 企业化主体强调自我是一种投资，强调承担风险和合理积累回报的必要性。它将公民身份重新定义为一种创业活动。每一个有进取心的人作为能够自主的行动者，将自己打造成的企业，寻求自身人力资本的最大化，塑造自己的生活经历，规划自己的未来，使自己成为自己希望成为的人。因此，有进取心的自我既是一个积极的自我，也是一个计算的自我，一个对自己进行监管的自我，一个对自己采取行动以改善自身的自我。企业，也就是说，制定了一种内在的"道德"规则形式——"一种社会关系模式，一种自身生存模式，一种个人与自身、与时间、与周边、与团体、与家庭之间的关系形式"②。企业化的自我伦理意味着一个负责任的道德个体和一个经济理性的行为者保持一致——谨慎的主体，其道德品质取决于对其行为的经济成本和收益的理性评估。

2. 主体的投资化

作为企业家的自我是新自由主义主体的典型形态，而个人在金融市场中积极投资则是这种自我企业家的关键："他们必须依靠金融市场，就像从封建社会向市场资本主义社会转化过程中将农民变成了领取工资的工人一

---

① 〔法〕米歇尔·福柯：《生命政治的诞生》，莫伟民、赵伟译，上海人民出版社，2018，第319页。
② 〔法〕米歇尔·福柯：《生命政治的诞生》，莫伟民、赵伟译，上海人民出版社，2018，第319页。

样，从工业化社会向后工业化社会的转型将公司员工变成了自由的股东经纪人。"① 在这种主体视角中，资本主义社会并不存在工人、生产者、消费者、父亲、母亲、罪犯、移民、本地人、成年人、儿童，甚至公民等身份，只有从事个体投资的自我企业家。投资化的主体成为当代资本主义日常生活金融化依赖运转的基本主体。

从投资领域范围看，在投资化的主体的视野中，从健康到教育，从社区服务到宗教活动的一切活动都可以被视为一种类似金融市场的投资行为来理解与对待。一个人在日常生活中所遵循的生活方式都是对身体的"投资"。例如，加拿大多伦多私人诊所 Medcan 以"健康投资"为名，打着"你的 DNA 不需要成为你的命运"的旗号来吸引顾客购买医疗服务。它宣称为人们提供包括基因测序和全身扫描在内的个性化医疗保健服务，作为降低未来患病风险的保障。② 这一广告的潜台词是暗示预防性医疗的投资、长期规划和先发制人的风险管理可以提供一种克服疾病的遗传倾向与生物学命运的方式。在这一过程中，医疗保健主体不再是"病人"，甚至不再是"消费者"，而是"投资者"。个人健康管理作为广义的个人财务管理的一个重要部分，日益被理解为无形的、投机性的健康期货，是金融化的一个重要领域。而诸如肥胖则被认为是营养不良投资决策的结果。教育不再是让一个人能够为社会作出贡献的公益事业，而是私人投资以获得一份证书，这份证书能够让一个人获得偿还贷款所需的那种工作。志愿者和社区工作被视为对一项活动的时间投资，这项活动不仅提供精神和社会回报，而且可以在简历上作为社会资本的证明。正如美国学者戴维斯所言："'社会资本'是一种主要的比喻方式，它可以把家庭、朋友和社区关系全部变成投资工具，并把'人力资本'纳入证券化的社会生活之中。加入保龄球活动并不仅仅因为这是增进同志友爱的消遣活动，而是在这样的活动中能产生投资回报。加入学校的父母会也不仅仅是为了和那些能够对孩子'人力资本'产生实际影响的老师们建立'社会资本'。房子的价值要依赖于社区周

① 〔美〕杰拉尔德·戴维斯：《金融改变一个国家》，李建军、汪川译，机械工业出版社，2011，第 4 页。

② Sarah Blacker, "Your DNA doesn't Need to Be Your Destiny: Colonialism, Public Health and the Financialization of Medicine", *Topia: Canadian Journal of Cultural Studies*, Vol. 30-31（2014）: 123-146.

围的学校在标准化教育测评上的水平，也就是说，那些被投资了金钱的学校和孩子们在考试中的成绩是息息相关的。"① 以金融投资的指导原则指导生活的社会风气四处蔓延，成为人们理解自我与处理社会关系的主导方法。日常生活越来越被定义为一个投资空间，个人被定位为一个生活项目的投资者，不断追求机会和规避风险，期望获得回报。

从投资思维方式看，投资主体通过计算技术将风险作为机遇来拥抱、衡量和管理，以追求绩效。与保险将风险视为一种可能的阻碍或损失的观点不同，投资实践中存在的风险被理解为一种被接受的激励或机会，以换取更大回报的可能性。这就是所谓"拥抱风险"。在日常投资网络中的各种计算技术呼唤一个特定的精于计算、敢于冒险、勇于负责的投资主体。该主体拥抱金融市场风险，针对不同的股票和共同基金部署各种风险-回报计算措施，并通过投资组合多样化来管理风险。例如，在英美国家为大众制作的养老金指南中就可以清晰地看到一个理性化的投资主体。英国金融服务管理局（FSA）以"决策树"为基础编制了一个引导人们进行养老金投资的行为指南。② 这个"决策树"的基本预设认为，养老金信息和公众意识的任何改善只有在个人具备解释信息和理解作出决策的整体财务背景的基本技能时才会产生最大效果。这包括提高对于不同类型投资相关的风险-回报计算和理性认识，并提供适当的信息和建议。因此，所谓"决策树"就是通过一系列的计算方法和步骤，帮助人们作出金融投资决定的工具。美国劳工部关于退休储蓄的主要指南将其描述为"向你展示实现安全退休的关键工具：金融规划的小册子"。指南的读者被告知从"计算你的净值"开始。这需要将个人所有资产的大致价值相加，然后从该数字中减去个人负债总额，以及金融投资收入应缴纳的税款。下一个任务是"估计你需要为退休储蓄多少"。在这里，个人被引导使用一系列"金融计算器网站"，这些网站鼓励用户通过类似于英国金融服务局的"决策树"中的步骤进行自

---

① 〔美〕杰拉尔德·戴维斯：《金融改变一个国家》，李建军、汪川译，机械工业出版社，2011，第25页。

② Paul Langley, *The Everyday Life of Global Finance: Saving and Borrowing in Anglo-America* (Oxford University Press, 2008), p. 99.

我评估。① 这些养老金指南提供了一系列计算工具，所有这些工具都将退休储蓄视为一个非政治化的技术问题，可以通过合理的计算来解决。这些养老金指南，实际上希望塑造出一个为自己的退休精打细算的理性化投资主体。这个主体生活在金融中并通过金融生活，坦然面对风险，利用利润机会，并在"变化"可能是唯一不变的金融世界中最大限度地减少负面风险。

从投资价值理念看，投资不仅仅是实现个人财富梦想的经济手段，更是一种个人自主能力、社会责任与自我价值实现的重要体现。用法国哲学家福柯的术语来说，投资是实现自我关怀的"自我技术"，即"它使个体能够通过自己的力量，或者借助他人的帮助，进行一系列对他们自身的身体以及灵魂、思想、行为、存在方式的操控，以此达到自我的转变，以求获得某种幸福、纯洁、智慧、完美或不朽的状态"②。这些技术允许有意愿的个人通过调节自己的身体、思想和行为来建立自我伦理。这种"自我技术"不仅使自律性的自我提高成为可能，有助于社会的改善，而且使"一个人对自己的愉悦体验"成为可能。在当代，个人自主、安全、理性、幸福、愉悦等自我完善的道德体验都以金融市场的投资方式得以体现与实现。自我关怀越来越多地涉及金融资产的投资组合。这些资产由个人通过有计划的风险参与精心选择。金融市场不仅是投资者获取投资回报、享受投资乐趣的场所，也是他们作为经济公民参与社会建设的有益方式。例如，在20世纪70年代英美国家兴起的社会责任投资（Socially Responsible Investing, SRI），作为个人金融市场发展最快的领域之一，其基本价值理念就是个人金融生活应该以个体化道德原则的名义进行管理。具体而言，个人的投资原则不仅仅是基于传统的财务指标，更重要的是要以预期稳定利润分配的持续性、遵守法律、雇佣习惯、尊重人权、关注消费者问题、社会贡献程度和对环境问题的关注等社会伦理性标准为基础。它要求个人投资者将投资决策与经济、社会环境相结合，而不仅仅是追求金钱回报，更要考虑到社会公平正义、经济发展、世界和平与环境保护等，这样才能实现可持续发展。社会责任投资提倡个人发掘自身的道德需求与社会责任，并围绕这

---

① Paul Langley, *The Everyday Life of Global Finance: Saving and Borrowing in Anglo-America* (Oxford University Press, 2008), p. 100.

② 〔法〕米歇尔·福柯：《自我技术：福柯文选Ⅱ》，汪民安编，北京大学出版社，2016，第54页。

些需求与责任作出投资决定。此外，社会责任投资还要求个人对投资对象及其投资的社会、文化、环境后果有详细而深入的了解。正如一些研究者所提出的，这一要求实质上是承认个体投资行为需要代表真实自我以及真实自我的道德和价值观。或者说，在投资自我与道德自我之间保持整体性的同一关系。[1] 社会责任投资通过将个人投资行为与自我伦理价值观紧密结合起来，塑造出具有鲜明道德伦理属性的投资者，他们在广泛的金融投资行为中追求自己的个人价值，承担相应的社会责任，从而以一种新的方式强化了"投资者"这一新自由主义主体地位。

二 债务主体

在日常生活金融化过程中，新自由主义体制下政府紧缩政策的实施、社会福利供给的萎缩、有组织的劳工力量的削弱、劳动力市场的不稳定、信贷对象与规模的持续扩张等因素诱导与迫使人们越来越依赖私人借贷为他们的住房、食品、医疗、教育、养老等日常消费提供资金来源。新的信贷债务关系重组了社会供给，以至于获得基本商品和服务的唯一途径常常是借钱。这也就将越来越多的人塑造成负责自身经济社会安全的债务主体。日益庞大的债务主体以个人债务维持与创造总需求、增加流动性以润滑日常生活金融化。[2]

1. 债役劳动的普遍化

"个人怎样表现自己的生活，他们自己就是怎样。因此，他们是什么样的，这同他们的生产是一致的——既和他们生产什么一致，又和他们怎样生产一致。"[3] 当代资本主义雇佣劳动与信贷债务制度的结合产生出一种新型奴隶制劳动形式，即"债役劳动"（Debt-bondage）。债役劳动构成了债务主体生产与再生产的重要形式。

所谓债役劳动，是指一个人承诺用其劳动换取一笔贷款，但由于雇主或中介操纵债务、信贷或合同而无法偿还这笔钱，所以必须"非自愿地"

---

[1] Bill Becker, "Investing with Your Values: Making Money and Making a Difference", *Communities*, Vol. 106（2000）: 73.

[2] 欧阳彬：《"赤裸负债人"与资本主义生命政治批判》，《哲学研究》2020 年第 7 期。

[3] 《马克思恩格斯全集》第 1 卷，人民出版社，1995，第 68 页。

继续劳动。① 这种源自古罗马的债务奴役制劳动之所以死灰复燃，根源于当代金融资本主义新自由主义化所导致的福利供给的私有化、市场化以及工资收入停滞化。家庭与劳动者越来越多地通过信贷债务作为满足日常生活需求的手段。日常生活的债务化导致无担保、无抵押、低收入的社会底层人群不得不将债役劳动作为偿债方式。债役劳动作为金融资本主义债务化的产物，同时也在人身自由、劳动技能、身分权利、社会关系四个层面再生产出资本主义的债务主体。首先，债役劳动者往往因为雇主或中介机构操纵债务和利息、暴力威胁以及没收身份证和护照而无法随意离开工作场所或更换雇主，人身自由受到严格限制。这确保了他们不能通过在其他地方工作或更换雇主来偿还债务。其次，债役劳动多是在低技能、低工资、高强度、高风险的行业与恶劣的劳动环境条件下进行。在系统地剥削和虐待中，债役劳动者的劳动技能受到严重损害，无法用他们的劳动力作为积累策略，去换取有保障的工作环境和工资待遇以偿还债务。再次，债役劳动者往往游离于工会等劳工组织，其社会保险、安全卫生、休息休假等权利难以得到法律的保障。由此造成雇主或中介机构肆意对债役劳动者行使公民权利设置重重障碍，以便将其永久性地固定在债役劳动的处境中。最后，债役劳动以私人性的负债与个体化偿债，将工人的集体身份转移到"个人自我"和孤立感中，削弱了雇佣劳动中"自下而上"的社会关系与阶级意识。

债役劳动作为雇佣劳动的补充形式，在当代资本主义国家普遍出现。在东南亚、非洲、拉美等资本主义边缘国家的农业、食品业、服装业、采矿业中，对通过工资预付款操纵底层劳动者的债役劳动很常见。在英美等资本主义中心国家的餐饮服务业、建筑业、手工业中，外来移民、少数族裔也常常陷入债役劳动的陷阱。② 例如在美国，随着企业严重依赖临时移民工人来从事那些低技能、危险而肮脏的工作，雇主越来越多地利用债务来加强对劳动力的控制。这在诸如农业等受到"成本价格"挤压的竞争性行业中尤其明显。这些行业的原材料成本在上升，而商品价格在下降，因此

---

① G. LeBaron, "Reconceptualizing Debt Bondage: Debt as a Class-Based Form of Labor Discipline", *Critical Sociology*, Vol. 40, No. 5 (2014): 763-780.

② Beate Andrees and Patrick Belser (eds.), *Forced Labor: Coercion and Exploitation in the Private Economy* (Boulder, CO: Lynne Rienner Publishers, 2009).

对来自南方国家的移民工人的需求更大。一些招聘外国工人的营利性私人机构单独或与劳务承包商合作，向他们的移民工人收取高额费用，以支付其旅行、签证等费用并获取自己的利润。由于缺乏其他选择，工人们经常会为了支付这些费用而不得不接受掠夺性贷款。结果，他们会负债累累地进入劳动力市场，成为债役劳动者。据学者的保守估计，全世界债役劳动者高达 2700 万人。[①]

从更广的范围看，不仅金融资本主义的底层劳动者，而且所有陷入日常生活债务化的劳动者，在为偿还信用卡贷款、汽车贷款、住房抵押贷款、教育贷款而不得不忍受超长的劳动时间、超大的劳动强度、严苛的劳动条件、低劣的劳动保障时，实质上都是在从事债役劳动。其根本目的是将大量债役劳动者锁定在等级森严的、剥削性、掠夺性的债务链条中，以便造就出满足金融垄断资本剥夺性积累要求的负债累累的赤裸债务人。

2. 负债人的诞生

"人的本质不是单个人所固有的抽象物，在其现实性上，它是一切社会关系的总和。"[②] 当代资本主义利用各种消费信贷吸纳与控制少数、边缘、差异的社会群体，将人们的各种社会关系格式化为债务债权关系，以民族、种族、性别的债务化去掩盖阶级关系的债务化，以差异化、个体化的债务关系瓦解同质化、集体化的阶级关系。社会关系的债务化创造出一个个负债累累的"债务人"，并成为日常生活金融化持续运作的主体形式。

如前所述，在新自由主义战略导致工资停滞、生活成本上升和社会福利供给大幅缩减的背景下，包括工人阶级在内的诸多社会边缘群体获得充足营养、住房、教育、医疗、养老等的能力受到严重威胁，导致所谓社会再生产危机。[③] 于是，资本主义国家开始向过去受信贷排斥与歧视的社会边缘群体，如穷人、黑人、妇女、外来移民、有色人群、少数族裔等发放各种形式的消费信贷。这些信贷手段已经成为缓解与遏制社会再生产危机所引发的不平等、不安全、不稳定及其矛盾冲突的重要社会安全机制。与此

---

① K. Bales, *Disposable People: New Slavery in the Global Economy* (Berkeley, CA: University of California Press, 2004), p. 8.

② 《马克思恩格斯选集》第 1 卷，人民出版社，2012，第 135 页。

③ Adrienne Roberts, "Household Debt and the Financialization of Social Reproduction: Theorizing the UK Housing and Hunger Crises", *Risking Capitalism*, Vol. 31 (2016): 135-164.

同时，这些边缘群体为了维持生活水平，也不得不主动寻求并被迫接受高利率、高成本、高风险、剥削性、掠夺性的次级贷款。数据显示，虽然债务深化在美国无处不在，但最显著的增长发生在社会边缘群体。妇女，特别是有孩子的单身妇女，债务水平往往最高，2007 年的平均年还款额为 12795 美元。黑人妇女是美国债务水平最高的人群之一，2007 年黑人/非洲裔美国单亲家庭的平均担保债务为 113000 美元，比 1992 年的 22000 美元增加了约 400%。而且这些人群所负担的利息比其他贷款高出 85000~186000 美元。① 这些边缘群体，不仅因高额利息被纳入金融垄断资本的剥夺性积累中，而且因高额负债被限制了社会流动的机会与可能性，甚至还会因高额罚金被投入债务人监狱。②

利用各种消费信贷维持最低生活水平的必要性，使负债成为基本社会存在和社会再生产的结构条件。债务化的社会结构必然重新塑造人们的生活方式、行为方式与存在方式。意大利自治主义马克思主义者拉扎拉托明确地表达了这一点："与金融市场上发生的情况不同，作为'债务人'的受益人预计不会以实际货币偿还，而是在行为、态度、计划、主观承诺、找工作的时间、遵守市场和企业规定的标准所用的时间等方面进行偿还。"③ 不同于单纯的经济借款人，这是一个从经济到社会、从行为到观念、从生活到生命全面负债的"债务人"。这是因为资本主义债务已经不仅仅是一种财产借贷的经济关系，而是一种捕获与规训广大工人阶级劳动者的权力关系："这种关系强化了社会各阶层的剥削和支配机制，因为在这种关系中，工人和失业者、消费者和生产者、工作人口和非工作人口、退休人员和福利领取者之间没有区别。每个人都是'债务人'，对资本负责，在资本面前有罪。资本已经成为大债权人，即普遍债权人。"④ 新自由主义信贷战略造就了一个不是以生产交换关系，而是以债务债权关系为主导原则的债务化社会关系结构。生活在这种债务社会中的所有人，无论有无负债，都是面

① Fishbein, Allen J., and Patrick Woodall, "Women are prime targets for subprime lending", Consumer Federation of America December (2006).
② Linda E., Coco, "Debtor's Prison in the Neoliberal State: Debtfare and the Cultural Logics of the Bankruptcy Abuse Prevention and Consumer Protection Act of 2005", *Cal. WL Rev*, Vol. 49 (2012): 1.
③ Maurizio Lazzarato, *The Making of the Indebted Man* (Los Angeles: Semiotext, 2012), p. 104.
④ Maurizio Lazzarato, *The Making of the Indebted Man* (Los Angeles: Semiotext, 2012), p. 1.

向金融资本债权人的"债务人"（the Indebted Man）。"新自由主义通过多重权力关系进行统治：债权人—债务人、资本—劳动、福利项目—用户、消费者—企业等。但是债务是一种普遍的权力关系，因为每个人都被包含在其中。即使那些太穷而无法获得信贷的人也必须通过公共债务向债权人支付利息；即使是对福利国家来说太穷的国家也必须偿还债务。"① "债务人"代表了一种基于对主体性控制的特定形式的经济人。

"债务人"必须主动评估与计算借贷成本和风险，对未来不确定的偿债过程充满信心与希望，勇于承担责任，信守承诺。拉扎拉托将这种"债务人"对自己的认知、情感、良知、记忆的塑造活动称为"自我劳动"。这种非物质性的"自我劳动"就是将与欠债相关的道德义务感、罪欠感、愧疚感、定期按时偿债的经济理性行为以及自我责任感、自我价值实现感紧密结合起来，在债务关系的范围内塑造一个理性计算的人、一个有能力承诺的人、一个为自己提供担保的人、一个有责任感与道德良知的人。换言之，为了让债务经济发挥作用，债务人必须感受到偿还债务的道德义务。债务人的自我价值与他们履行合同的能力是根本一致的。债务经济交易（那些为债权人创造大量利润的交易）因此成为衡量一个人的诚信、责任感与美好生活的标准。这个过程还通过公共债务机制进一步控制整个经济社会的运作，所以未来的子孙后代在出生时就已经负债累累了。

除了高额利润外，债务还通过对未来本身（即必须偿还的债务）及其带来的风险的客观化，创造了一种特定的承诺和偿还的时间性，将现在和未来联系起来。通过一笔贷款，债务人承诺他们的未来生活与自我行为将以规律性的债务偿还为选择标准。这样，债务就作为一种旨在减少被治理者的未来行为不确定性的安全技术，一种新自由主义生命政治的主体治理机制出现。所以，"正是债务信贷关系构成了现代资本主义的主体范式，在这种范式中，'劳动'与'自我劳动'相结合，经济活动和产生主体的伦理政治活动并行不悖"②。当代资本主义债务通过将负债人所有社会关系与生活方式都转化为一种偿债的"自我劳动"，塑造出维持与再生产日常生活金融化的特定经济主体。

---

① Maurizio Lazzarato, *The Making of the Indebted Man* (Los Angeles: Semiotext, 2012), p. 32.

② Maurizio Lazzarato, *The Making of the Indebted Man* (Los Angeles: Semiotext, 2012), p. 38.

三　金融公民

在当代资本主义社会，投资与信贷不仅仅是个人维系与满足生存与发展需要的经济条件，更是个人参与社会生活与交往，体现自主价值与责任意识的重要方式。投资与信贷成为理解个人在经济、社会与文化生活中角色、权利、义务的主导原则。这一原则深刻改变了资本主义主体的形成方式，创造出一种新的金融身份，即所谓的金融公民（Financial Citizenship）[1]，一个以拥有投资与信贷观念、知识、能力、资源为公民权利核心内容的社会主体。

金融公民的基本假设是，在一个金融化的社会中，公民身份权利主要不是通过选举投票或参与理想化的政治公共生活获得，而是通过个人投资、信贷等金融活动而得到验证。他"认识到金融体系对日常生活的重要性，并赋予个人和家庭充分参与经济和积累财富的权利和能力"[2]。基于金融市场的福利是公民经济社会权利的重要内容，也是金融民主化的重要体现。塑造金融公民的目的是培养能够管理个人金融并作出适当决定以确保短期和长期金融安全的公民，从而减轻福利国家的责任。个人有义务通过市场经济，尤其是金融市场提供的机会和选择来保障自己的自由和安全。一方面，个人被鼓励成为金融主体，负责任地使用信贷来保障与增值个人资产；另一方面，他们利用信贷来弥补工资停滞和实际收入下降造成的生活需要与收入的差距。可以说，从行为方式上，金融公民是投资主体与债务主体复合而成的一种经济社会主体。

金融公民的首要特征是将投资、保险、信贷等金融活动价值化、伦理化与责任化。一是不从赌博投机的消极层面，而是从体现个人经济自主自由的积极层面理解、看待与从事金融活动。个体无论是参与共同基金、养老基金、教育基金、健康基金的投资，还是背负住房抵押贷款、发薪日贷款、小额贷款，都被视为摆脱对福利社会与集体供给的依赖，自主参与市场竞争、理性规划财务的重要表现，是自我赋权、赋能的重要内容。从更

---

① Mark Kear, "Governing Homo Subprimicus: Beyond Financial Citizenship, Exclusion, and Rights", *Antipode*, Vol. 45, No. 4 (2013): 926-946.

② Craig Berry, "Citizenship in a Financialised Society: Financial Inclusion and the State before and after the Crash", *Policy & Politics*, Vol. 43, No. 4 (2015): 509-525.

广义上说，人们要将他们个人的技能、性格和关系组合与金融市场的自由和机会结合起来，去创造经济财富和社会成功。二是金融公民不仅被鼓励成为"自我的企业家"，为了个人财富积极参与金融市场，而不是依靠社会福利或稳定工作来获得长期保障，而且被要求内化金融资本家的价值偏好：积极拥抱金融风险，进行成本—收益的理性计算，追求利润最大化，以及秉持竞争性的个人主义。美国著名商业电影《华尔街》中的那个金钱至上、贪得无厌的金融家盖柯（Gekko）就是典型形象。三是金融公民作为理性和负责任的主体，被期望自行管理自己的金融行为，并对自己的金融收益和金融安全承担责任。个人有能力也有义务理解并最大限度地提高他们所承担金融风险的回报，并将金融市场中的风险转化为个人竞争和提升的机会。伴随巨大风险而来的是巨大回报的可能性。那些未能利用个人"风险组合"获得金融财富与成功的个人只能责怪自己无能与失责。

其次，金融公民必须具备科学的金融知识、良好的金融素养与健全的金融能力。这是个体在参与各种金融活动、具备明确金融身份的基础条件。这意味着金融公民必须理解金融产品和概念，拥有了解金融风险和机会的技能和信心，做出知情的金融选择，知道在哪里寻求帮助，并采取其他有效行动来改善金融福利和保护自身权益。因为在金融化资本主义条件下，个人必须更好地管理他们的金融福利，预测未来的金融需求，驾驭日益复杂的金融市场，并在工作期间和退休之后管理金融风险。与此同时，金融产品，包括抵押贷款和用于储蓄和投资的产品，变得越来越多样和复杂，要求个人在一系列金融产品上做出合理选择。在这种背景下，不具备做出合理金融决策所必需的知识、技能的后果变得严重。所以，开展金融教育与金融扫盲成为当代资本主义国家的一项重要内容。正如世界经合组织副秘书长玉木伦太郎（Rintaro Tamaki）在一次关于"全民金融教育"的会议所言："全民金融教育不仅仅是会议的题目，这可能是金融教育的座右铭……金融教育不仅仅是针对成熟的消费者或投资者，而是针对我们每一个人，包括最脆弱的人群……金融知识已经成为 21 世纪的核心技能，就像阅读、数学或科学一样，应该被视为对未来的投资。"[1] 良好的金融知识与

---

[1] R. Tamaki, *Opening Remarks by OECD Deputy Secretary-general*, OECD-FSB Conference on Financial Literacy: "Financial Education for All" (2011).

能力被视为是当代社会生活的必备条件。相比之下，金融知识匮乏、金融无能的人们被认为不具备理解金融服务业所用术语的基本知识，无法理解他们的金融状况，无法有效规划个人债务、家庭预算、税负和收益。这将严重影响个人在经济社会生活中各项权利的获得与义务的履行。

最后，金融公民拥有获得金融产品和服务的合理公平渠道与方式。获取、使用金融知识、信息、产品和服务是与公民身份相关的一项基本经济社会权利。国家在这个公民金融赋权增能的过程中扮演着非常重要和积极的政策制定者、指导者与规划者的角色。国家需要改革金融体系与金融机构，健全金融市场与金融法律，提供更多样的金融产品和便捷的金融服务方式，为个人有效地参与当代经济社会生活提供必要的基本金融服务渠道与环境。换言之，金融体系、金融制度、金融机构要具有包容性，而不是排他性，要最大限度地吸纳不同性别、阶层、种族、职业、收入、地域、年龄的人群参与金融市场，获得金融服务。特别是那些被主流金融机构边缘化的人群，例如穷人、黑人、少数族裔、外来移民、单亲妇女、低收入家庭等，要为其提供更便宜、更便捷和更安全的金融服务方式和渠道，减少金融发展权利方面的不平等。例如，2007 年英国新工党政府启动了一揽子国家金融能力战略（National Financial Capability Strategy）。该战略由英国金融服务管理局牵头，联合公民咨询局（Citizens Advice Bureau）和理财顾问协会（the Institute of Money Advisers）等组织，旨在平衡"供给侧"和"需求侧"政策，以提高公民金融能力并增加金融供给。前者涉及为金融部门引入新的监管框架，促进金融产品的提供，后者涉及提高公民金融消费和信息收集技能，并为个人提供财务咨询服务。通过这些方式，金融公民将个人权利与金融市场发展、国家政策制定更为紧密地联系在一起。

第六章 日常生活金融化的总体效应

从马克思主义具体—总体辩证法看，日常生活金融化既是作为总体的当代资本主义阶段性变革的产物，反过来也对其经济结构、政治权力、社会关系、文化价值观与心理精神状态等各方面产生了全面、深层次的总体影响。正如列宁所言："垄断既然已经形成，而且操纵着几十亿资本，它就绝对不可避免地要渗透到社会生活的各个方面去。"① 日常生活金融化的总体效应蕴含着并体现着金融垄断资本塑造当代资本主义总体秩序的霸权力量。

第一节 日常生活金融化的经济效应

日常生活金融化的过程就是家庭与个人，面对福利削减和收入停滞的困境，不得不通过信贷债务和金融市场来满足其食物、交通、住房、教育、医疗、保健、养老等日常生活需求。这种社会再生产的信贷化、债务化与金融化促进了当代资本主义债务经济的结构转型，同时也迫使深陷信贷债务陷阱中的劳动者从事不稳定、不安全、高风险的劳动职业。债役劳动成为全球不稳定劳动力市场的重要来源。

一 日常生活金融化与债务经济

当代资本主义经济结构转型的重要特征之一，就是从第二次世界大战后的"过剩经济"转变为20世纪80年代以来的"债务经济"。其主要表现

---

① 《列宁选集》第 2 卷，人民出版社，2012，第 623 页。

是政府的财政赤字、企业债务、消费信贷以及国际贸易赤字的大幅攀升。[①]
债务经济的形成，既是布雷顿森林体系解体后黄金非货币化与经济虚拟化
快速发展的产物，也与日常生活金融化中家庭与个人消费信贷的迅猛增长
息息相关。

　　20 世纪 70 年代以来，在消费信贷的供给方面，随着资本主义信用制度
的完善与金融自由化、信息化的推进，大量廉价的个人金融信贷产品与宽
松的信贷消费市场应运而生。在消费信贷的需求方面，新自由主义的推行
导致财政紧缩、公共福利供给削减、劳动收入停滞甚至下降，人们越来越
难以通过工资收入满足日常生活需求。借贷消费成为新自由主义下生存的
必要条件。在这种情况下，住房抵押贷款、信用卡消费以及其他以个人信
用额度为主的消费信贷迅速膨胀，形成了以广大工薪阶层的债务为杠杆的
房地产市场、抵押贷款市场、资产证券化市场、金融衍生品市场等相互联
动的金融链条，成为当代资本主义债务经济形成的重要推动因素。在个人
信用卡消费方面，"1970~1998 年，美国家庭中拥有至少一张银行信用卡的
比率从 16% 上升到 68%。并不是所有的信用卡都用来为消费融资，但持卡
透支消费的比重在 20 世纪 90 年代中期达到了近 55%。另外，拥有信用卡在
所有收入阶层的消费者中间变得非常流行。1970~1998 年，最低收入群体拥
有信用卡的比例从 2% 上升到 25% 以上，而最高收入群体拥有信用卡的比例
则从 33% 上升到 95%。实现了账户平衡的信用卡拥有者的比重在收入最低
群体中增加得最多，并达到了 32%"[②]。在住房抵押贷款市场上，2012 年英
国银行信贷中，个人的住房抵押贷款占比为 65%，商业房地产信贷占比为
14%，为房地产以外的其他资产投资提供资金的信贷占比不超过 41%。[③] 类
似的现象广泛存在于其他发达资本主义国家经济体中。住房抵押贷款市场
的急剧扩张，使得资本主义信贷体系由明斯基所谓的"对冲性融资"（信贷
支持的资产投资能产生足够的收入用以偿还债务）转化为"投机性融资"

---

①　陈英：《从"过剩经济"到"债务经济"——当今发达经济运行的新特征》，《当代经济研究》2010 年第 1 期。

②　〔美〕巴里·西纳蒙、斯蒂芬·法茨利：《消费时代的家庭债务》，《经济社会体制比较》2009 年第 2 期。

③　〔英〕阿代尔·特纳：《债务和魔鬼》，王胜邦、徐惊蛰、朱元倩译，中信出版社，2016，第 54 页。

（新增信贷供给成为偿还存量债务的必要手段）。这大大增加了资本主义经济中的存量债务。信贷繁荣没有用于支持能够产生可持续增长的未来收入的生产性投融资，而是为消费和资产价格通胀融资。

与此同时，家庭与个人储蓄的金融化转型，也推动了当代资本主义由过剩经济向债务经济的转变。其中，首要的金融工具就是共同基金与养老基金。以养老基金为例，据美联储统计，截至 2011 年三季度，养老基金在美国居民总资产中的比例为 17.6%，总规模达 12.5 万亿美元，占美国交易所市值的 85%。养老基金的金融化同时带动了共同基金的发展，这些共同基金通过招募大众剩余资金，由专业机构操作管理以获取利润。截至 2006 年底，公众投资者资产占共同基金总资产的 59%，而且自 1980 年到 2005 年，美国家庭金融资产投资于共同基金的比例从 2.7% 上升到 23.2%。[1] 由于金融市场对家庭储蓄的吸纳效应，美国家庭的储蓄在其可支配收入中的比例很快下降，这一比例从 1992 年的 7.7% 直降到 2006 年和 2007 年的 0.4%。美国个人储蓄在 1992 年曾达到 3660 亿美元，占总储蓄的 38.6%。但此后个人储蓄骤减，2006 年、2007 年分别是 388 亿美元和 427 亿美元，在总储蓄中的比例仅为 2%。[2] 这些金融数据表明，家庭与个人储蓄的金融化特征日益明显，但同时也意味着家庭部门实际可支配收入增长陷入长期停滞状态。因为与金融机构、大资本集团相比，普通家庭在经济金融信息获取、组织规模以及社会权力等方面存在系统性的差距，所以尽管共同基金与养老基金投资使得家庭持股比例有了较大提高，但是通过扩大股票所有权来向工人家庭扩散财富的效果并不显著。[3] 实质上，这些依赖信贷维持生活、消费的工人家庭，在貌似公平的金融投资交易中，其自身货币收入的部分价值以利息形式被直接转移给信贷提供者，成为企业部门资本的风险承担者之一，间接支撑与刺激了资本主义经济的信贷化与债务化。

家庭、个人消费与储蓄信贷化的直接结果是私人债务的急剧膨胀。这极大地刺激了以债券市场、股票市场以及房地产市场为代表的虚拟资本市场的扩张。20 世纪 80 年代，美国股票市场总市值不足 2 万亿美元，之后在

---

① 贺京同：《美国共同基金发展历程及经验借鉴》，《未来与发展》2008 年第 1 期。
② 段彦飞：《美国债务经济的国际循环》，《美国研究》2008 年第 4 期。
③ 马慎萧：《资本主义金融化转型机制研究》，经济科学出版社，2018，第 108 页。

较长时间内持续高涨，到 90 年代末，美国股票市场总市值已达 20 万亿美元，占 GDP 比重在100%以上。房地产市场在住房抵押贷款消费扩张的推动下也发展得极为迅速。据统计，1945 年美国房地产市场价值与 GDP 之比为65%，1960 年上升为100%，1990 年为130%，到 2005 年已经达到180%。①正是鉴于家庭与个人的消费信贷在美国经济结构中的核心地位，美国左翼学者塔布认为，美国已从以工业生产为核心的经济转变为金融化的、以食利主义为主的经济。美国食利资本家在美国和全球日益获得支配地位，将导致美国走向新帝国主义。②

二 日常生活金融化与债役劳动

在日常生活金融化中，包括家庭与个人的抵押贷款支出与消费性支出在内的债务性支出节节攀升、居高不下，而收入与储蓄率又不断下降。这导致越来越多的工薪阶层劳动者陷入过度负债、濒临破产的困境。美国学者福斯特对此评论道："家庭债务的大规模扩张以及最终造成家庭财产泡沫的行为，使得这种相互矛盾的发展成为可能。家庭财产泡沫的根源是住房抵押的证券化。房地产泡沫的破灭是绝大多数工作人口家庭财政被破坏的必然结果。"③ 为摆脱债务高企的家庭与个人财政状况，越来越多的负债劳动者常常陷入对失业的担心和偿债的焦虑中，不得不从事高风险、低收入、少保障的劳动岗位，成为企业的合同工、临时工、兼职工、外包工、散工。换言之，一个人从事什么类型的工作并不重要，重要的是还清债务。债务成为接受任何工作类型、忍受任何工作条件的强制机制。这就是债役劳动（Debt-Bondage）广泛出现的经济社会背景。

所谓债役劳动，是指劳动者承诺用他们的劳动换取一笔贷款以满足基本生存需要，但由于雇主或中介操纵债务、信贷或合同而无法偿还这笔钱，

---

① 段艳芳：《美国债务型经济增长方式及经济的虚拟化》，中国财政经济出版社，2020，第153 页。
② 〔美〕威廉·塔布：《美国债务膨胀、经济泡沫与新帝国主义》，《国外理论动态》2006 年第 11 期。
③ 〔美〕福斯特：《垄断金融资本、积累悖论与新自由主义本质》，《国外理论动态》2010 年第 1 期。

因此必须"非自愿地"继续劳动。① 这种劳动形式广泛地存在于东南亚、南美洲、印度次大陆、非洲等地区的发展中国家的贫困人群中。债役劳动中债务-债权关系构成了不自由劳资关系的一种重要形式。对于没有其他选择的负债劳动者来说,债役劳动是进入劳动力市场的杠杆,是一种阻止退出的胁迫形式,也是一种允许雇主最大限度地利用劳动力的控制形式。它具有以下五个方面的特点。首先,债役劳动者往往因为雇主或中介机构操纵债务和利息、暴力威胁,人身自由受到严格限制。其次,债役劳动者往往受到虚假劳动合同的欺骗,难以有效利用合法途径维护自身权益。再次,债役劳动者在低技能、低工资、高强度、高风险的行业中被系统地剥削和虐待。复次,债役劳动者往往缺乏劳工组织保护,难以行使公民权利以摆脱雇主或中介机构的债务压榨。最后,短期用工、用后即弃是债役劳动的用工形式。② 由于上述特点,债役劳动成为全球经济中的新奴隶制与不稳定劳动力市场的重要来源。

债役劳动不仅仅存在于发展中国家的底层劳动者中,也存在于发达资本主义国家,如美国的外来移民群体中。这些外来移民在移民过程中必须向各种中介机构支付高昂的费用。移民们经常会为了支付这些费用而获取掠夺性贷款。这导致他们负债累累地进入劳动力市场,被迫从事低技能、肮脏和危险的劳动,以偿还个人债务。不仅如此,对于美国市场中的临时移民工人来说,债务关系引发的劳动力市场胁迫已经渗透到美国政府移民监管框架的各个方面。③ 即使是工薪阶级与中产阶级也面临着被迫走上债役劳动道路的风险。因为一旦维持正常生活水平就意味着通过抵押贷款来购买住房,通过学生贷款来获得一份好工作所需的教育,通过汽车贷款来购买汽车,通过信用卡来支付日常开支。这就导致负债累累的人们在工作场所不得不忍受糟糕的劳动环境与苛刻的劳动条件。因为失去工资收入,就意味着拖欠抵押贷款,拖欠每月的信用卡账单,以及他们的利率随着信用

---

① 〔英〕凯文·贝尔斯:《用后即弃的人:全球经济中的新奴隶制》,曹金羽译,南京大学出版社,2019,第13~17页。

② Isabelle Guérin, Govindan Venkatasubramanian, "The Socio-economy of Debt. Revisiting Debt Bondage in Times of Financialization", *Geoforum*, Vol. 137 (2022): 174-184.

③ G. LeBaron, "Reconceptualizing Debt Bondage: Debt as a Class-Based Form of Labor Discipline", *Critical Sociology*, Vol. 40, No. 5 (2014): 763-780.

评级的下降而大幅上升。

　　美国学者哈纳罗夫与索德伯格通过对俄亥俄州发薪日贷款行业兴起与当地劳动力市场的结构性重组之间内在关系的实证研究，揭示了日常生活金融化下债役劳动的形成与发展。他们认为，发薪日贷款不仅仅是一种以贫困劳动者为代价造福私人债权人的结构，而且体现了通过劳动力市场重组和新自由主义治理形式对贫困劳动者施加的结构性暴力。与美国所谓"锈带"沿线的许多州一样，自 20 世纪 70 年代末以来，俄亥俄州的总体经济趋势是去工业化。制造业的崩溃也导致了消费者债务水平的上升。2014 年，该州 56% 的人口依赖次级信贷。而 44.7% 的家庭生活在经济学家所说的"流动性资产贫困"中，即家庭预算中没有用于应付意外事件的"闲置资金"，如汽车事故、失业、医疗费用等。发薪日贷款的兴起弥补了工资收入的不足，满足了日常生活需求，但同时也迫使负债的劳动者必须接受低技能、低工资的工作岗位。例如，在就业收入最高的 10 个工作岗位中，只有注册护士超过了该州收入中位数 45000 美元，达到 61000 美元。而其他的岗位包括快餐店服务员、商店零售员、收银员、办公文员、货运司机、搬运工、清洁工等，都是低技能、低工资的工作，几乎不需要教育，工人平均每年收入仅为 24588 美元。而一个家庭一年至少要挣 45000 美元，才能在两周之后偿还 300 美元的发薪日贷款，而不需要再借一笔贷款。这就迫使负债的劳动者既无法摆脱发薪日贷款的剥削，也无法摆脱不稳定劳动力市场的规训。因此，俄亥俄州的劳动力市场已经从制造业中以工会为主的低技能、高工资就业模式转变为服务业中无工会的低技能、低工资就业模式。[1]

　　从消费者债务强化劳工阶级的劳动纪律的角度看，债役劳动已经成为当代资本主义劳动力市场的重要形式。因为在新自由主义所引发的社会再生产危机中，即在福利供给的私有化与市场化、工资收入停滞化、经济责任个体化的背景下，越来越多的中低阶层劳动者为满足日常生活基本需求而欠下各种债务。庞大的债务迫使工薪阶层推迟退休，接受低收入、高风险、不稳定的工作，强化了劳动者对资本与市场力量的人身依赖和服从。

---

① Jesse Hembruff, Susanne Soederberg, "Debtfarism and the Violence of Financial Inclusion: The Case of the Payday Lending Industry", *Forum for Social Economics*, Vol. 48, No. 1 (2019): 49-68.

这些形式的债役劳动为银行和其他信贷机构带来了巨大的利润，并为以劳动力灵活性为前提的积累模式提供了资金，最终使财富从穷人手上重新分配给富人，加深了种族、性别和阶级方面的不平等。因此，债役劳动绝不是一种偶然的、过时的或非资本主义的劳动形式，而是新自由主义通过不稳定劳动力市场强化对工人支配关系的普遍扩张的体现。新自由主义和以信贷为导向的积累模式所固有的结构性暴力已经创造了一种现实并使之正常化，在这种现实中，为维系正常生活而负债累累的人们不得不努力工作以偿还越来越昂贵的债务。

第二节　日常生活金融化的政治效应

按照法国左翼学者迪梅尔与莱维对新自由主义金融化的政治属性的分析，在新自由主义中出现的经济金融化，体现了由资本家阶级的上层和金融机构组成的金融资本势力从第二次世界大战后的被抑制状态中释放出来，重新获得支配地位，并建立第二个金融统治霸权。[①] 在此意义上，日常生活金融化的政治效应也体现为金融垄断资本与资本主义国家政权的勾结，恢复与强化金融资产阶级的霸权地位，并将该霸权地位扩展至日常生活的过程。它通过将普通民众的日常需求与金融市场牢牢捆绑，在日常生活层面建立起信用统治，实行有利于金融自由化与金融垄断资本的政策措施，从而维护并再生产新自由主义的金融寡头政治。

一　日常生活金融化与金融寡头的信用统治

列宁指出，金融寡头是指掌握金融资本、控制国民经济命脉，并在实际上控制国家政权的少数最大的垄断资本家或垄断资本家集团。金融寡头是现代资本主义国家事实上的主宰者，"金融寡头统治一切，既控制着报刊，又控制着政府"[②]。帝国主义的实质是工业资本和银行资本混合生长所产生的金融资本的经济垄断和少数金融寡头的政治统治。自 20 世纪 80 年代

---

① 〔法〕热拉尔·迪蒙、多米尼克·莱维等：《新自由主义与第二个金融霸权时期》，《国外理论动态》2005 年第 10 期。

② 《列宁选集》第 2 卷，人民出版社，2012，第 620 页。

以来，日常生活金融化通过信贷债务关系控制了人们的社会生活需求，在日常生活层面建立了信用统治，从而赋予了金融寡头统治以新的时代特征。

日常生活金融化的基础是金融垄断资本驱动的金融机构，它们通过金融市场中的各种金融信贷产品，支配与控制人们日常生活中对食物、住房、交通、养老、医疗、教育等的基本需求。在这个过程中出现的各种住房抵押贷款、信用卡消费贷款、汽车贷款、教育贷款、医疗债务，并非单纯的个人借贷或按合同履行的经济行为或法律契约，而是在资本积累与财富再分配过程中加强社会控制与阶级支配的权力形式，是充满胁迫性、约束性、不平等权力关系的政治结构。因为正如马克思所指出的，债权人收回的利息作为剩余价值的转化形式，体现着资本主义生产过程中借贷资本家凭借资本所有权支配与控制劳动力及其剩余价值："利息不过是这样一个事实的表现：价值一般——一般社会形式上的对象化劳动——，在现实生产过程中采取生产资料形态的价值，会作为独立的权力与活的劳动力相对立，并且是占有无酬劳动的手段；它所以是这样一种权力，因为它是作为他人的财产与工人相对立。"[1]

对于当代金融垄断资本而言，日常生活中劳动力再生产的信贷化与债务化更是维系与强化当代资本主义金融寡头统治的极具威慑性与普遍性的权力工具。在维持劳动者及其家属生活资料消费的领域，在新自由主义所导致的公共供给减少、不稳定工作加剧、工资停滞、收入减少的时代背景下，工人阶级、贫困人群和单亲家庭等越来越依赖于将私人信贷作为获得维持其再生产所需商品（如食物、住房、医疗、养老等）的主要方式。在美国，超过40%的负债家庭使用信用卡支付基本生活费用，包括租金、食品和水电费等。约62%的个人破产与医疗费用有关。[2] 在劳动者的教育培训领域，学生贷款特别是高等教育信贷的迅猛增长，成为劳动力再生产债务化的重要内容。一些左翼学者发现，英美高等教育已经从第二次世界大战后以教育补助金为基础的公共税收模式转变为以学生贷款为基础的金融化模式。在第二次世界大战后美国婴儿潮期间出生的一代人中，教育债务仅

---

① 《马克思恩格斯文集》第 7 卷，人民出版社，2009，第 425 页。
② *Debt Collective. Can't Pay, won't Pay：The Case for Economic Disobedience and Debt Abolition*（Haymarket Books，2020），p. 9.

占家庭债务的 5%，而在 1983～1995 年出生的 "Y 世代" 中，教育债务占家庭债务的 22%。① 在美国学者卡芬齐斯看来，社会再生产的债务化将工人阶级传统的 "需求→劳动→消费" 的日常结构改造成 "需求→债务→消费→劳动"。这个债务中介的消费过程疏离了工人阶级债务人与购买的物品、自身以及其他债务人的相互关系，削弱了集体动员的潜力，控制了日常生活的行动节奏。因此，"当债务进入工人阶级的基本新陈代谢时，它构成了日常生活的反革命"②。这种日常生活的反革命的政治意义在于，日常生活不再是游离于金融垄断资本霸权统治之外的 "剩余场所"，而是强化其权力统治的 "最佳之地"。因为随着金融化渗透到家庭生活的每一个角落，金融债权人的话语权已经成为一种微观权力，弥漫在人们的日常生活中，形成一种对债务人日常生活的 "信用统治"（Creditocracy）。③

列宁所指出的帝国主义金融寡头统治主要凭借的是对一般商品生产与市场交换的利润的垄断。日常生活的信用统治则是将基本生存需求商品化、信贷化与金融化。维系劳动力基本生存的消费资料都必须通过信贷的方式获取。在信用统治下，几乎每个人都债台高筑，永远无法偿清债务。债权人方不希望债务人完全还清债务，就像信用卡发行商不希望持卡人在每个月底结清余额一样。信用统治的理想对象是那些无法维持生计的循环借贷者。美国家庭平均信用卡债务为 15185 美元，年利率约为 15%，信用卡发行商每年实际上从未付余额的信用卡家庭中收取超过 2000 美元的手续费和罚金。

在日常生活的信用统治下，人们现在受到个人征信机构全方位、立体化、持续性的金融监控。这些征信机构的信用报告、评级分数控制着人们的日常行为与满足各种日常需求的可能性。这些机构在公众监督之外运作，只满足债权人阶层的要求，它们分配给人们的档案就像身份标签，标记着人们现在和未来几年的信用等级，被用来预测人们未来的行为。

在日常生活的信用统治下，金融债权人的目标是将日常生活所有需求

---

① Jason N. Houle, "A Generation Indebted: Young Adult Debt across Three Cohorts", *Social Problems*, Vol. 61, No. 3 (2014): 448-465.

② G. Caffentzis, "Everyday Life in the Shadow of the Debt Economy", in E. Schraube & C. Højholt (eds.), *Psychology and the Conduct of Everyday Life* (New York: Routledge, 2016), p. 179.

③ Andrew Ross, "In Defense of Economic Disobedience", *Occasion*, Vol. 7 (2014): 3.

都转化为一种可能的资产和收入流，并确保每一种资产和收入流都能产生稳定的利息流。这些经济租金——源自债务杠杆、资本收益、通过衍生品交易等金融活动——不再仅仅是金融债权人阶层的补充收入来源，而是成为积累财富和影响力的最可靠、最有效的权力工具。对于债务人而言，负债不仅是满足生活基本需求的先决条件，也是生活质量实质性提高的先决条件。日常债务成为一个社会性陷阱，将人们当前和未来的生活选择和可能性锁定在不平等和不自由的资本主义关系中，并限制他们在这些关系中的社会活动性和身体流动性。例如，迅速增长的高等教育贷款被标榜为一种人力资本的"自我投资"与"未来投资"，但实质上是强大的资本主义利益集团和国家所创造和再生产的权力结构的一部分。其效果是迫使负债累累的毕业生承担作为私人信贷者的金融风险，接受不稳定和低收入岗位的市场规训，从而消除不为资本服务的个人发展与生活道路。正如美国左翼学者罗斯所指出的，助学贷款负担不仅仅是一个经济问题，更是一种权力关系。"事实证明，提高学费的策略在抑制学生抗议热情方面非常有效。随着时间的推移，国家在扩大联邦贷款（而非保障教育权）和推高债务负担方面所起的作用有助于扼杀学生的选择性政治想象力。抗议不再像几十年前那样在校园里成为一种惯常仪式。许多学生现在被迫寻找低薪工作以留在大学并避免债务进一步累积；他们被鼓励将学位视为未来工资的交易筹码；他们越来越多地转向那些有助于偿还贷款的具有潜在价值的研究领域。在这些条件下，敏锐的批判性思维是不可能被涵养出来的，但对于那些不希望有一个受过教育、活跃且自由思考的公民的精英们来说，这些条件却非常有用。"[1]

日常生活的信用统治将资本主义选举民主社会改造成一个所谓"债务民主社会"（Debt-laden Democracy）。当投票的主体习惯了"先享受后交钱"的负债生活的时候，大多数选票会投给赞同负债生活方式，并且能够创造宽松借贷条件的候选人。[2] 在债务民主社会中，以前是有钱人说了算，现在是掌握债权的有钱人说了算。国家决策被债权人把持，企业生产被债权人

---

① Andrew Ross, "In Defense of Economic Disobedience", *Occasion*, Vol. 7 (2014): 3.
② 〔美〕迪米特里斯·肖拉法：《主权债务危机》，胡恒松译，经济管理出版社，2017，第24页。

控制，公民隐私被债权人窥探，个人自由被债权人限制。政府的后民主角色是利用公共税收和创造债务的权力为金融部门提供报酬，同时将公有财产私有化。这是金融寡头信用统治的另一个版本。

二　日常生活金融化与债务国家的政策偏好

在日常生活金融化的过程中，家庭投资理财的佣金收入和个人消费信贷的利息收入不断扩张，并在很大程度上取代了生产型企业的融资信贷，成为资本主义金融机构的重要利润来源，导致当代资本主义经济高度依赖私人信贷扩张和资产价格泡沫，也使得资本主义政府不断放松信贷投放标准和金融管制，进而扩大了财政赤字和公共债务。赤字和债务成为政府制定涉及社会福利、城市运作、公共交通、基础设施、大学、医院、社区建设等的社会政策时的关键性衡量因素。当代资本主义的国家形态由"税收国家"转变为"债务国家"——一个通过负债而不是通过税收来支付其大部分同时也是越来越大的一部分支出的国家，其结果就是堆积如山的债务。①

税收国家（Tax State）是美籍奥地利财政社会学家熊彼特提出的一个概念，用来指称通过全国范围内的公众纳税来保障从中央到地方各级政府有效运行的国家体制，这种体制区别于中世纪西欧那些依靠国王自有领地收入的封建国家。税收收入为资本主义国家维护政治统治、管理调控社会经济提供了重要的物质条件，成为 20 世纪以来资本主义国家的基本财政制度。据统计，从 1913 年到 1960 年，税收收入在 17 个西方工业化国家财政收入中占 GDP 的比重，由 7.3% 上升到 21.1%。② 资本主义国家基本迈入税收国家行列。但是自 20 世纪 80 年代以来，资本主义国家的税收收入不断下降，公共开支不断增长，越来越依赖于通过在金融市场发行国债来增加收入，重建自身的财政能力。相关数据显示，20 世纪 80 年代至 2007 年，德国的政府负债比从不到 35% 上升到超过 70%，瑞典从不到 50% 上升到近 85%，2007 年，日本、希腊和意大利的政府负债比都超过了 100%。③ 2008 年全球

---

① 〔德〕施特雷克：《购买时间——资本主义民主国家如何拖延危机》，常晅译，社会科学文献出版社，2015，第 105 页。
② 王鸿貌：《从税收国家到预算国家的理论发展与制度转型》，《法治论坛》2008 年第 3 期。
③ 张乾友：《债权人的统治还是财产所有的民主?》，《天津社会科学》2020 年第 5 期。

金融危机更是进一步加重了政府负债，因为在应对危机中对金融机构进行资本重组以及通过财政政策刺激来拯救实体经济，都需要政府大量贷款。可以说，当代资本主义国家已经由税收国家演变为债务国家。债务国家成为将财富从公共投资者转移到私人投资者手中的工具，同时使国家政策受制于全球金融市场的变化。

　　导致这一国家形态转变的一个重要因素就是，在日常生活金融化过程中通过对工人阶级劳动者的个人收入进行金融掠夺，金融资本家阶级把持了国家财政政策制定权，在有效抵制对高收入群体征收累进税的同时，迫使国家越来越依赖于向金融市场中的债券投资人借款，而不是征税。例如，小布什在接手前任留给他的一个相对充盈的国库后，急忙开始实行对超级富豪急剧减税的措施，使得国家财政重新回到创纪录的巨额赤字状态。① 从更大范围看，1932~1980 年，美国高收入阶层的平均最高边际收入税率达到 81%，1980~2018 年则降到 39%；同一时期，英国从 89% 降到 46%，日本从 68% 降到 53%，德国从 58% 降到 50%，法国从 60% 降到 57%。② 高收入阶层的成功抗税使得国家不得不将在金融市场发行公共债务作为筹措财政资金的主要渠道和方式。这样做的直接后果就是当代资本主义国家的公共债务急剧增长。这意味着国家越来越依赖金融市场的债券投资人。国家在部门设置、政策制定、制度安排中必须优先保证金融机构与债权人的投资收益与投资信心。如同上市公司的董事会必须面对控制企业的市场一样，债务国家的政府也受到金融市场的强大影响。减税、信贷市场的扩张以及国家对债务融资的日益依赖为金融资本家提供了经济支持，并极大增强了他们的政治权力。金融债权人在国家权力运作中的地位与作用日益突出，拥有影响政府政策制定与改变政府目标的能力："当某届政府令他们不满的时候，他们并不能通过选举的方式让它下台，但是却可以把手中持有的债券出售，或者不再参与到购买新的债券的活动中去。"③ 在希腊主权债务危机中，尽管民众在 2015 年的公投中反对债务紧缩政策，尽管希腊公共债务

① 〔德〕施特雷克：《购买时间——资本主义民主国家如何拖延危机》，常囮译，社会科学文献出版社，2015，第 99 页。

② Thomas Piketty, *Capital and ideology* (Harvard University Press, 2020), p. 448.

③ 〔德〕施特雷克：《购买时间——资本主义民主国家如何拖延危机》，常囮译，社会科学文献出版社，

真相委员会宣布该国大部分债务负担是非法的、不正当的和可憎的，然而由债权人组成的国际金融机构却无视民众的意愿，对希腊实施了严苛的债务偿还计划。而且，希腊债务危机的纾困资金大部分也流向了金融部门的债权人，并未惠及广大民众。债务国家的治理模式正在由"选民的同意"向"债权人的统治"演变。由全球投资者、跨国银行、财团等组成的金融债权人正在接管民族国家的政府机构，控制公共政策和税收制度，削弱债务人的权利，将公共财产私有化、金融化，将政府改造成一种榨取收入和出售资产以偿付债权人寡头的权力工具。从美国到欧洲，公共债务及其危机都揭示了资本主义国家监管金融的权力的削弱与金融控制国家政策的权力日益增强之间的直接关联。正如法国左翼学者巴里巴尔所言："在控制国家和公民资源的同时，集中所有社会行为者债务的信贷机制实际上已成为社会的'监管者'。"在当前的政治中，"国家永远被金融市场勒索"。① 货币债务是金融资本家手中的政治武器，他们会在发放信贷之前要求进行政治和经济紧缩改革。民族国家越来越依赖私人金融家，后者要求以税收的形式提前支付债务。

日常生活金融化通过共同基金、养老基金等提高了家庭和个人直接参与金融市场的程度。在 1929 年股市崩盘时，只有 3% 的美国家庭拥有金融股票，到 1987 年这一数字已经增加到 25%，在 20 世纪 90 年代的繁荣时期又翻了一番。到 21 世纪初，一半的美国家庭直接或间接通过共同基金或养老基金拥有股票。② 投资的日常化与大众化将广大民众的个人储蓄与金融市场紧密捆绑在一起，重塑了人们对金融风险的态度，将被动的储蓄者转变为积极的投资者，模糊了资本所有者与劳动者之间的利益差别。从这个角度来看，个人身份的金融化转变创造了一种他们的个人财富与金融市场挂钩、与金融资本利益联系日益紧密的错觉。这种错觉在很大程度上产生了支持债务国家进一步推行放松金融管制、降低资本所得税、促进股东价值最大

---

① Étienne Balibar, "Politics of the Debt", *Postmodern Culture*, Vol. 23, No. 3 (2013): 1–42.

② Neil Fligstein, Adam Goldstein, "The Emergence of a Finance Culture in American Households, 1989–2007", *Socio-Economic Review*, Vol. 13, No. 3 (2015): 575–601; Stefano Pagliari, Lauren M. Phillips, and Kevin L. Young, "The Financialization of Policy Preferences: Financial Asset Ownership, Regulation and Crisis Management", *Socio-Economic Review*, Vol. 18, No. 3 (2020): 655–680.

化、扩大私人信贷市场等新自由主义举措的政策偏好。

斯特凡诺·帕利亚里等学者通过对金融危机后美国公众关于金融机构的救助与监管政策的不同态度的实证分析，研究了金融资产所有权对个人对金融产业相关政策偏好的影响。[①] 一方面，鉴于高度相互关联的金融机构的倒闭可能引发股票市场的波动并压低证券价值，那些拥有金融资产的个人（无论其类别和收入水平如何）都比普通公民更支持政府救助，因为这种政策干预有助于防止金融不稳定对其金融安全产生负面影响。另一方面，工人向"投资者"的身份转变导致拥有金融资产的个人对更严格的金融监管政策的支持力度降低，因为这些政策可能会限制他们在金融市场投资的机会。因此，日常生活金融化通过将个人和家庭转变为与金融市场挂钩的活跃投资者，促成了一个支持金融市场扩张和放松金融监管的社会群体。

这一政策偏好不仅体现在经济金融政策方面，而且体现在更广泛的公共政策方面。为了应对工薪阶层工资收入停滞、住房教育医疗成本上升等社会问题，债务国家不再采取凯恩斯主义的国家投资与公共福利政策，而是推行扩大私人信贷和债务的"私有化凯恩斯主义"（Privatized Keynesianism）政策。[②] 在这个政策下，通货膨胀和创造国家债务不再是可用的政策工具。相反，私人信贷被推广为一种社会政策形式，作为家庭在面对停滞的工资和不稳定的劳动力市场时的应对方式。无担保债务刺激消费，并使资本主义绩效与工资停滞和福利紧缩问题脱钩，金融市场则成为经济增长的引擎。简言之，不是政府举债刺激经济，而是个人举债刺激经济。债务国家仅限于运用相应的调节手段，促进个人与家庭以自担责任和风险的方式，通过积极参与金融市场信贷投资来获取资金或实现资产保值增值，以此弥补个人在工资或社会保障方面的缺失。私有化凯恩斯主义将债务国家的公共政策基础从政府投资、促进就业、公共福利、劳资妥协的社会民主模式转变为维护银行、股票交易所和金融市场利益的新自由保守模式。日常生活金融化现在部分地替代了社会保障的集体政治功能。加拿

---

① Stefano Pagliari, Lauren M. Phillips, and Kevin L. Young, "The Financialization of Policy Preferences: Financial Asset Ownership, Regulation and Crisis Management", *Socio-Economic Review*, Vol. 18, No. 3 (2020): 655-680.

② Colin Crouch, "Privatised Keynesianism: An Unacknowledged Policy Regime", *The British Journal of Politics and International Relations*, Vol. 11, No. 3 (2009): 382-399.

大学者苏珊·索德伯格将这种国家模式称为"债务福利国家"（Debtfare States）。[①] 债务福利国家通过"贫困产业""信贷民主化""金融自由化"等旨在放松金融监管、促进和强化个人对信贷与债务的依赖的法律和经济政策，将当代资本主义的剩余人口、边缘人群纳入信贷导向型资本积累的势力范围，从而在政治上再生产日常生活金融化。

第三节　日常生活金融化的社会效应

日常生活金融化背后的再分配机制是金融资本家阶级通过发薪日贷款、信用卡消费、住房抵押贷款等金融产品与工具对广大民众的个人收入进行金融掠夺。这一方面导致以利息、股息、分红等"经济租金"为生的食利者阶层的崛起，另一方面也迫使越来越多的工薪阶层劳动者背负沉重的信贷债务，沦为负债累累的债务人。当代资本主义的社会关系与结构呈现食利化与债务化特征。在此意义上，日常生活金融化是新自由主义的重要组成，它体现了资本家阶级与高层管理人员，尤其是财务经理人联合起来，试图强化自身的霸权地位并将该霸权地位扩展至全球的战略。[②]

一　日常生活金融化与新食利者阶层的形成

货币资本家把资本借给别人，并满足于获得作为利润一部分的利息，货币资本家在本质上就是食利者，与其相对应的是用借来的资本生产利润的产业资本家。进入垄断资本主义阶段，随着资本所有权与经营权的分离，出现了凭借资本所有权获得利息等非劳动收入为生的人，即食利者。列宁指出："资本主义的一般特性，就是资本的占有同资本在生产中的运用相分离，货币资本同工业资本或生产资本相分离，全靠货币资本的收入为生的食利者同企业家和其他一切直接参与运用资本的人相分离。帝国主义或金融资本的统治，是资本主义的最高阶段，这时候，这种分离达到了极大的程度。"[③] 这就是说，资本所有权与经营权的分离，使资本所有者有可能远

---

① Susanne Soederberg, *Debtfare States and the Poverty Industry* (London: Routledge, 2014), p. 1.
② 〔法〕热拉尔·迪梅尼尔、多米尼克·莱维:《新自由主义的危机》，魏怡译，商务印书馆，2015，第 1 页。
③ 《列宁选集》第 2 卷，人民出版社，1972，第 780 页。

离生产过程。同时，积累起来的剩余价值由于各种各样的信贷形式的发展而流入与生产没有直接关系的人手中，"这些人形成一个完整的社会阶级——食利者阶级"①。这个寄生性阶层既不直接参与生产活动，也不直接参加商业活动，只是凭资本的剩余索取权获得利息，不生产而获利。他们不是通过基础设施的公共投资来降低生产经营成本，而是利用日常生活金融化来促进私有化并进行租金提取。

当代资本主义日常生活金融化将劳动者的衣食住行、教育、医疗、养老等涉及劳动力再生产的所有领域都变成了金融垄断资本进行金融掠夺的场所。自由竞争市场被重新定义为在金融垄断资本的新圈地运动中，将日常生活改造为获得掠夺性收入的场所。从工人个人收入中直接榨取金融利润，包括与这些利润相应的以手续费、佣金等形式出现的经济租金，已经成为以资产阶级上层和金融机构为代表的新食利阶层的主要财富来源。② 首先，商业银行通过次级抵押贷款对劳动人民进行金融掠夺。金融机构在向信用等级较差的借款人发放贷款时，要求其支付较高的利息，并且要以购买的住房作为抵押，一旦支付不起月供，就要收回住房。在房地产繁荣的背后，劳动人民个人收入的金融化趋势加强了。其次，投资银行通过股票、债券和衍生品等公开对劳动人民进行金融掠夺。例如，股份公司通过股票市场向工人发售股票，为企业融资。资本主义国家也通过政策鼓励工人阶级将个人收入储蓄用于股票、债券市场投资。1978 年美国 401（k）条款允许养老金存款用于股票市场投资。这样做的结果是使持股人数增加，股票分散化，股市不断膨胀。把退休储蓄转移给金融经理，使储蓄过程成为金融资本主义的一部分，这为投资银行的金融掠夺提供了机会。正如法国马克思主义者拉法格指出的："所谓依靠股份公司的财产民主化，不过是大资本家对小积蓄者的掠夺而已……股份公司和信贷机构通过这种所谓利息民主化，使老百姓习惯于把他们宝贵的钱财拿出来，可是一拿出来他们就再也见不着了。"③ 这就是金融托拉斯统治的社会意义。最后，投资基金通过将劳动者的个人收入储蓄证券化、金融化，进一步对其进行金融掠夺。各

---

① 〔俄〕尼·布哈林：《食利者政治经济学》，郭连成译，商务印书馆，2002，第 16 页。
② 〔希〕考斯达斯·拉帕维查斯：《金融化了的资本主义：危机和金融掠夺》，《理论经济学》2009 年第 9 期。
③ 《拉法格文选》（下），人民出版社，1985，第 276 页。

种专门的投资机构通过发行受益凭证的方式，吸引广大劳动者将自己积蓄的闲散资金集中起来，交由专业的经理去购买股票或债券以获取金融收益，而不是将这些钱用于促进工业资本主义发展的途径。养老基金不过是金融资本进一步压榨工人、欺骗工人的一种新剥削方式，"其目的是劝使工人将自己想象成为小型的金融资本家，而不看作寻求更高工资的被雇佣者"，其结果往往是"当有足够多的养老金储备积累起来时，一个离岸金融业和避税中心的银行或者类似的下属机构就将公司账户中的所有现金挪走，只留下一个破产的空壳。养老金储备就被'一扫而光'，从工人那里转到了金融巨头手中"①。据统计，1979~2004 年，1% 的人将其在美国财富回报中所占的份额从全国总收益的 38% 提高到 58%。这些财富中很少部分是通过建造工厂、雇佣劳动力生产商品和服务而创造的。

对广大民众的金融掠夺大大增加了金融部门利润，不仅进一步巩固了上层阶级，特别是金融寡头的统治地位，而且增加了高级经营管理人员的薪酬收入。据统计，20 世纪 70 年代早期，收入前 10 位的 CEO 的平均薪酬是 130 万美元，而平均工资约为 4 万美元。1975 年以后，这两个变量出现了不同的发展趋势：平均工资增长接近停滞，但是通过股票、奖金、期权等薪酬形式，CEO 的薪酬连续增长，在 1999 年达到 4000 万美元。这些数字证实了高级经理人群体不再将自己视为永久性工薪阶层的精英分子，而是与金融资本家在金融资本垄断中具有共同利益，"在'保卫股东利益'的口号下与金融家结成了事实上的联盟"②。这一联盟依靠在金融体系中的地位，又依靠"剪息票"获取收入，是典型的现代食利者阶层。美国左翼学者坎特伯雷（E. Ray Canterbery）称之为新的"债券持有阶级"："债券持有阶级在适应其生存而形成的环境中逐步发展并继续繁荣。其中的极少数成员事实上不仅拥有被公众持有的所有债券，而且拥有大部分股票和其他的可在市场上流通的资产的价值。债券持有阶级是超级富裕家庭中的精英，华尔街的一些投资银行家和证券经纪人构成了其中的一小部分，他们大部分都有自己的交易账户。这一新的美国的有闲阶级组成了年收入从开始的大约

---

① 〔美〕迈克尔·赫德森：《从马克思到高盛》，《国外理论动态》2010 年第 9 期。
② 〔爱〕特伦斯·麦克唐纳、〔美〕迈克尔·里奇、〔美〕大卫·科茨：《当代资本主义及其危机：21 世纪积累的社会结构理论》，童珊译，中国社会科学出版社，2014，第 188 页。

19 万美元随后上升到几千万美元的家庭。这一群体总人口仅约 110 万人，或大约 50 万成年人，但他们的平均财富却至少有 790 万美元。"① 例如，对冲基金经理通常从交易费用以及年度利润中获取大量收入。这些收入来自使用别人的钱投机于金融资产。报酬常常采取金融资产的形式，从而带来资本收益并逃避了税负。相似地，企业经理以股票期权以及其他金融机制来获取收入，而这些收入常常被包装成工资。最后，会计师、律师等为金融运作提供必要技术支持的人，他们的收入也大幅度增加了。他们通过复杂的金融机制，利用信贷、债务杠杆、收购和兼并等手段，通过操纵汇率、利率、股价、债券价格和金融衍生品价格来获取暴利。

二 日常生活金融化与社会关系的债务化

如前所述，劳动者地位的弱化推动了日常生活金融化。反过来，日常生活金融化又通过让劳动者面临债务风险而加剧了劳动者地位的弱化。具体而言，在日常生活金融化中，随着信贷—债务关系全面渗透到食品、住房、教育、医疗、保健、养老等所有社会再生产领域，广大劳动者沦为负债累累的债务人。信贷—债务不仅成为刺激经济增长与资本积累的动力因素，而且也是重构人们社会关系与身份的重要力量。它们以个体化、孤立化的债务—债权关系消解与取代了集体化、组织化的其他社会关系，以不平等的债务—债权关系拉大资产者与劳动者的财富收入差距，这种社会关系的债务化已经成为当代资本主义日常生活金融化的一个显著特征。

首先，社会关系债务化的首要表现就是家庭收入与资产的债务化。无论是日常生活中人们将个人储蓄用于公共基金、养老基金的投资，还是为满足衣食住行等基本需求的日常借贷，都没有真正增加工薪阶层劳动者的收入与财富，反而导致家庭与个人储蓄的崩溃，可支配收入近乎于零。个人储蓄的下降是日常生活金融化的长期表现，反映出个人越来越融入金融体系中，以及相伴随的个人负债的增加。美国在 20 世纪 70 年代和 80 年代早期，个人储蓄占可支配收入的 9%~10%。这一时期，个人储蓄稳步下降。但是在 2007 年，这一比率下降到了 0.4%。从债务结构上看，一个典型的美国蓝领工人的工资收入的大约 40% 用于住房，另外大约 15% 用于支付其他

---

① 〔美〕瑞·坎特伯雷：《华尔街资本主义》，吴芹译，江西人民出版社，2000，第 6~7 页。

的债务，如学生贷款、汽车贷款、信用卡债务等。据估计，2008 年，平均每个美国家庭的信用卡债务超过 8500 美元，比 2000 年增长了近 15%。同时，美国家庭债务已达 11.5 万亿美元，数额等于家庭年可支配收入的 127%。[①]

其次，社会关系的债务化大大增加了个人与家庭的脆弱性，进一步拉大了掌握债权的金融资产者与负债的工薪阶层之间的贫富差距，加剧了社会不平等。最为典型的是，多年来，高成本、高风险的次级抵押贷款市场通过利用美国种族、阶级和地区之间的不平等而蓬勃发展：次级抵押贷款不成比例地集中在边缘化的人群和社区中，为当地房产经纪人、贷款人、华尔街投资公司、跨国银行以及世界各地的机构投资者提供了收入来源与投资机会。对于通过次级住房抵押贷款来获得房产的中低收入群体而言，房屋资产几乎是他们的唯一财富来源，他们还指望用它来作为退休养老的保障或支付孩子的大学教育费用。因此，一旦房地产市场出现下跌波动，将极大打击这类人群。再加上他们因为购买住房而承担了更高的贷款利率和负债，这进一步放大了财富收入缩减的杠杆效应。研究美国房债的学者迈恩等人就指出，从 2007 年到 2010 年，尽管美国房价下降了 30%，但因为贫穷的房产所有者是杠杆化的，他们的财富净值从 30000 美元下降到几乎为零，完全侵蚀掉了 1992~2007 年获得的收益。而富裕的房产所有者的平均净值从 320 万美元下降到 290 万美元，虽有损失，但下降的百分比几乎可以忽略不计。"这就是债务的基本特征：它将房价下跌的巨大损失强加到了那些本来就身无分文的家庭身上。而那些富裕家庭的处境要相对好得多，因为他们对经济体的资产享有优先索赔权。"[②] 日常生活金融化所导致的大规模负债在不同人群与区域中广泛地、不均衡地分布，进一步加深了资本主义社会原有的各种不平等。

再次，社会关系债务化还表现在社会主体的身份认同的债务化。法国哲学家德勒兹早在 20 世纪 90 年代发表的论文《关于控制的社会》中就指出，随着信息通信技术的成熟及其在社会生活中的普遍应用，福柯意义上

---

① 〔美〕威廉·塔布：《美国债务膨胀、经济泡沫与新帝国主义》，《国外理论动态》2006 年第 11 期。
② 〔美〕迈恩、〔美〕苏非：《房债》，何志强、邢增艺译，中信出版社，2015，第 22 页。

的以家庭、学校、工厂、医院、监狱等封闭的监禁场所为特征的"规训社会"进一步强化为受自由浮动的数字与信息符号统治的"控制社会"。而在控制社会中，"人不再是被禁锢的人，而是负债的人"①。当代意大利自治主义马克思主义者拉扎拉托在《负债人的诞生》一书中，结合福柯的生命政治学，进一步发展了德勒兹的观点。拉扎拉托认为，新自由主义的债务经济通过双重利用主体性扩张——借助私人债务集中地以个体针对自身偿债意愿、态度、行为、能力开展的"自我劳动"控制个体生命，又借助公共债务广泛地以"自我劳动的负债人"形象塑造总体人口——实现福柯意义上的生命政治治理与支配。这种"自我劳动的负债人"就是最适合金融资本主义债务积累的主体形式。"正是债务和信贷关系构成了现代资本主义的主体范式，在这种范式中，'劳动'与'自我劳动'相结合，经济活动和产生主体的伦理政治活动并行不悖。"②

复次，随着债务成为金融资本主义运作和劳动力再生产的关键基础，个体化的债务关系全面渗透到阶级、性别、种族关系中，成为当代资本主义社会和经济参与的主要形式。从阶级关系的债务化看，不同于具有集体属性、有助于工人认识到他们共同利益的工资，债务往往是个体化的，在形式上总是被认为是个人理性决定与私人借贷关系的体现，是中立的法律合同契约。这就导致社会经济关系孤立化，掩盖了债务人在经济斗争中集体性的阶级关系及其内在剥削。随着工人阶级家庭的再生产越来越依赖信用卡、抵押贷款和银行贷款，他们比以往任何时候都更彻底地融入了金融信贷市场。这也就意味着信贷债务关系成为支配工人阶级社会生活的主导力量。正如拉扎拉托所指出的，债务关系"强化了社会各阶层的剥削和支配机制，因为在这种关系中，工人和失业者、消费者和生产者、工作人口和非工作人口、退休人员和福利领取者之间没有区别。每个人都是'债务人'，对资本负责，在资本面前有罪。资本已经成为大债权人，即普遍债权人"③。从性别关系的债务化看，当代日常生活金融化进程的一个关键影响是，以前被排除在主流金融市场之外的家庭妇女正在成为金融信贷产品和

---

① 〔法〕德勒兹：《哲学与权力的谈判》，刘汉全译，译林出版社，2012，第199页。
② Maurizio Lazzarato, *The Making of Indebted Man* (Los Angeles：Semiotext, 2012), p. 38.
③ Maurizio Lazzarato, *The Making of Indebted Man* (Los Angeles：Semiotext, 2012), p. 1.

服务的重要目标群体，她们被积极鼓励更广泛地参与个人金融、抵押贷款金融等。直到 20 世纪 70 年代，澳大利亚、美国和英国的妇女一直被系统地排除在获得抵押贷款和消费信贷的获得之外。大多数女性要么需要一名男性共同签署人才能成为抵押贷款借款人，要么根本无法以自己的名义获得信贷。而金融自由化使已婚和未婚妇女都能够不受限制地获得各种消费信贷与抵押贷款。女性从家庭主妇转变为家庭财务经理，成为信贷消费市场中的重要力量。但是信贷市场的性别歧视依然存在。女性特别是单身女性，往往成为次级贷款的主要目标群体。在美国，次级贷款借款人中女性比例达到 29%。在次贷危机期间，爱尔兰女性户主家庭拖欠抵押贷款的可能性是其他家庭的 2.6 倍。[1] 这使得女性成为金融债务主体的概率大大增加。从种族关系的债务化看，在金融自由化中，不仅女性，而且有色人群、少数民族等社会群体也日益获得以前拒绝他们的金融产品与服务。据统计，到 1998 年，次级抵押贷款占向非裔美国人提供的所有住房贷款的 1/3，占向拉丁裔美国人提供的住房贷款的 1/5。数字还在不断上升。到 2005 年，在华盛顿特区发放的所有次级抵押贷款中，70% 流向了非裔美国人。一年后，非裔美国人获得了纽约所有次级抵押贷款的 41%，29% 的次级抵押贷款则给了拉丁裔美国人。[2] 随着次级抵押贷款涉及的种族群体扩大，这些群体对信贷的结构性依赖不可避免地成为当代资本主义社会控制的重要机制。

第四节　日常生活金融化的文化效应

美国马克思主义者杰姆逊在分析晚期资本主义的文化逻辑时指出，全球金融资本的迅猛扩张会产生显著的文化效应，"巨额资金在全球范围这种闪电般的运动，其影响是无法预测的……已经在晚期资本主义的日常生活中产生了一种无法描述的征兆……因此，任何综合性金融的资本主义的新

---

① Signe Predmore, "Feminist and Gender Studies Approaches to Financialization", in P. Mader, D. Mertens, N. Van der Zwan (eds.), *The Routledge International Handbook of Financialization* (Routledge, 2020).

② David McNally, *Global Slump: The Economics and Politics of Crisis and Resistance* (PM Press, 2010), p. 124.

理论，都需要深入膨胀了的文化生产领域，以测绘其影响"①。如果说大众化、平面化、碎片化的后现代主义就是杰姆逊所说的晚期资本主义的文化表征，那么金融消费主义与新自由主义意识形态则是日常生活金融化的文化后果。

一　日常生活金融化与金融消费主义

如前所述，日常生活金融化的兴起背景之一就是资本主义日常信贷消费文化的合法化。但是，随着日常生活金融化成为塑造人们社会生活的重要力量，它也反过来作用于这种信贷消费文化，将其进一步强化为一种集股票文化、投机文化、食利文化为一体的金融消费主义。

在资本主义金融化过程中，金融资本家追求尽可能大的利益，表现为追求更大的股息和更高的股票价格等虚拟收益。在日常生活金融化趋势下，人们投资股票、养老基金、共同基金等，对财富的追求也逐渐转变为对股权、债权等的追逐。日常信贷投资网络的扩张促使整个社会形成了以积累虚拟财富为核心的金融文化。这种文化的核心理念是"让你的钱为你工作"，要求个人成为自己的金融经济学家，积极投身于高风险、高回报的股票投资中。美国经济社会学家弗雷格斯坦（N. Fligstein）和高斯坦因（A. Goldstein）利用美国消费者在金融调查（Survey of Consumer Finance, SCF）中的态度和行为数据，来追踪美国人接受这种文化逻辑的程度。调查的核心指标是，受访者是否认为自己承担了激进的、高于平均水平的金融风险，以追求高于平均水平的回报。他们发现，自20世纪90年代以来，越来越多的美国人——尤其是中上收入阶层——采纳了更为激进的金融取向，被认为是"高于平均水平"的风险承担者的受访者比例显著增加。同时，随着收入水平的提高，受访者认为自己承担了"高于平均水平"的金融风险的比例也急剧上升。②

以被称为"股票资本主义"的美国为例，在日常生活金融化背景下养老基金、共同基金等得到了快速扩张，成为普通民众进行投资的重要渠道。

---

① 〔美〕弗雷德里克·杰姆逊：《文化与金融资本》，《天涯》1998 年第 3 期。
② Adam Goldstein, *Inequality, Financialization and the Growth of Household Debt in the US, 1989-2007*（Institute for New Economic Thinking（INET）Grantee Paper, 2013）.

美国家庭普遍持有股票，且数量不断增多。1992 年，持有股票的家庭比例为 36.7%，而到了 1998 年，这一比例已上升至 48.9%，并在 2001 年首次超过半数，达到 51.9%。35~64 岁年龄段拥有股票的人数比例高达 50%，而 35~44 岁年龄段的人数比例更是高达 62.4%。全民炒股的热潮不断推高了美国股市的市值。在股票市场繁荣的若干年间，股权的普及使得美国民众的个人金融资产大幅增加。美国个人部门的金融资产增长迅猛，总额由 1946 年的 3987 亿美元增加到 2010 年的 443040 亿美元，其与 GDP 的比率也由 180% 提高到 302%。① 此外，从 1980 年到 2003 年，美国家庭以股票、债券等虚拟资产为核心的金融资产在总资产中的比重保持在 60%~70% 之间，平均数为 63.6%，即家庭金融资产约占家庭总资产的 2/3。2003 年美国家庭的金融资产比重为 63.4%，与 1980 年的 60.3% 相比，上升了 3.1 个百分点。② 因此，当股票市场繁荣时，将会带来显著的虚拟财富效应，导致家庭部门的消费旺盛，消费信贷不断增加。正如库尔茨指出，"几乎不可想象的是：证券交易的资本化不仅把整个 21 世纪已经变成了虚构的财富，而且也捷足先登地取益于不可预见的未来，而这一以如此水平实际创造价值的未来永远不会到来"，"这个资本主义的未来不再是'负担'，因为即便是翻倍成许多个世界的人类也无法'通过劳动抵偿'这样的一个'负担'"，"这个未来等于零，是一个虚无缥缈的海市蜃楼，一个再也无法生存的空间"。③ 虚拟货币财富正在支撑着无底洞般的金融化的资本主义社会。

作为日常生活金融化背后的根本驱动力，金融垄断资本力求用最小限度预付资本获取最大限度的剩余价值，因此其天生具有追逐利润、铤而走险、冒险投机的习性："一旦有适当的利润，资本就胆大起来。如果有 10% 的利润，它就保证到处被使用；有 20% 的利润，它就活跃起来；有 50% 的利润，它就铤而走险；为了 100% 的利润，它就敢践踏一切人间法律；有 300% 的利润，它就敢犯任何罪行，甚至冒绞首的危险。"④ 正是这种对剩余

---

① 王志军、张波：《美国个人股票持有结构分析》，《证券市场导报》2012 年第 6 期。

② 孙元欣：《美国家庭资产结构变化趋势（1980~2003）》，《上海经济研究》2005 年第 11 期。

③ 〔德〕罗伯特·库尔茨：《资本主义黑皮书》，钱敏汝等译，社会科学文献出版社，2003，第 817 页。

④ 〔德〕马克思：《资本论》第 1 卷，人民出版社，2004，第 871 页。

价值无限度地的贪婪追求，驱动着金融资本走上冒险投机的扩张道路。同时，当金融垄断资本取得了股票、债券、期货、期权等虚拟资本形式之后，其投机本性更加暴露无遗。因为股票等有价证券的市场价值不是由现实收入决定的，而是由预期的即预先计算的收入决定的，这就会助长投机交易，促使一些人以赌博的方式进行冒险。特别是金融衍生工具的出现，进一步增强了金融资本的投机性。期权、期货等金融衍生工具的交易已经与生产资本的运动没有关系了。它们是一种比股票虚拟化程度更高的虚拟资本。这种虚拟资本不是去追逐股息，而是投机于由股息资本化所决定的股票价格。不仅过剩资本，而且企业的流动基金、固定资本折旧基金、积累基金和劳动者的生活基金、养老基金和其他社会保险基金，都被卷入投机性的金融资本的运转之中。在日常信贷投资中，资本主义金融体系的投机性使越来越多的人毫无选择地被卷入了金融游戏中。由于人们越来越多地完全被运气所控制和决定，技巧、努力、进取、毅力和勤奋所起的作用越来越微不足道。投机性的金融消费主义消除了人们的创业精神和积极行为，这才是最可怕之处。库尔茨对此作了生动的描述："人们可以看到清洁女工和打短工的人在公共汽车站如何把他们费尽辛苦挣来的可怜兮兮的钱在'赌博游戏机'中输掉。金融资本主义的模拟也再一次被模拟：学生整班整班地参加了由经济媒体或银行主办的'交易所游戏'。使用网络的孤独交易者成为30岁人的'冒险'典范：正如有关的中介公司所作的广告词所说的那样，'除了我和证券行情，其他什么都无所谓'。"[1]

当代著名社会学家鲍曼曾经一针见血地指出："资本主义本质上是一条寄生虫。和所有寄生虫一样，当它遇到尚未开采的营养组织时就能维持一段时间的繁荣。"[2] 金融垄断资本具有很强的寄生性、食利性，能够超越生产过程，而直接支配除管理者阶层薪金收入以外的绝大部分企业正常利润、超额垄断利润，就像马克思所言："都周期地患一种狂想病，企图不用生产过程作中介而赚到钱。"[3]人们通过股票、债券、基金的投资获得部分利息、

---

① 〔德〕罗伯特·库尔茨：《资本主义黑皮书》，钱敏汝等译，社会科学文献出版社，2003，第822页。
② 李慎明主编《世界在反思之二：批判新自由主义观点全球扫描》，社会科学文献出版社，2012，第156页。
③ 《马克思恩格斯文集》第6卷，人民出版社，2009，第67~68页。

股息、分红等食利性收入，会促使并诱导人们产生不从事实体生产也能发财致富的错觉与幻觉，造就唯利是图、不劳而获、贪图享乐的食利文化。在食利文化中，人们获取财富后不是直接投资于生产活动，而是选择投资于各种形式的资产，从中获取更多收益。例如，人们把钱投入股市，于是股票价格上涨，这反过来又刺激人们把更多的钱用于购买股票，完全不理会所投资的企业的业绩表现究竟是好是坏。这表明，食利者们不再关心长期性、整体性的经济增长与社会发展。他们只希望尽快地买入卖出，并从中获得短期巨额利润，然后再继续买入卖出。这些钱从来没有被投入任何有利于社会生产的长期性项目上。除了短期利润外，食利文化中的人们对任何其他事情都不会感兴趣。在食利文化中，"及时行乐"的享乐主义更加猖獗。正如法国发展社会学家佩鲁所指出的："沉迷于消费品和作为取得消费品之手段的金融利润，社会生活日益加快和道德松弛、世风日下，导致了那种粗制滥造的功利主义的出现，这种东西有助于'经济主义'这一术语的产生、应用和广泛传播。现在常随心所欲、漫不经心地用它来描述实际上颠倒的价值观念。由于这种颠倒，赚大钱的价值观念或理财学已占优势地位，压倒了与以家庭和社会为基础的制度紧密联系着的传统实践的经济价值观念。我们必须意识到'消费社会'、'福利和闲暇社会'以及'随心所欲社会'这样一类说法可悲的含混不清。无论我们愿意与否，这些说法都反映着社会联系的贬值。"① 因此，在金融垄断资本主导的日常生活金融化中，唯利是图、不劳而获、贪图享乐的食利主义成为金融消费主义的重要内容。

二 日常生活金融化与新自由主义意识形态

美国著名人类文化学家何柔宛在对华尔街日常金融实践的田野调查中指出，华尔街的入职培训、操作规范、行为准则、薪酬方式等不仅仅是一种经济金融活动，本身承载并蕴含着明确的文化与价值理念。而且随着华尔街的巨大影响与金融的扩张，华尔街的金融文化不断渗透并塑造整个社会文化价值体系，"华尔街特有的工作不稳定性和高薪酬，以及银行家们认为自己是经济体中'最优秀'、'最聪明'、'最有价值'的劳动者的高度社

---

① 〔法〕佩鲁：《新发展观》，张宁等译，华夏出版社，1987，第98页。

会化过程，催生了一种在交易决策中将短期收益视作理所当然的特殊利己主义文化"①。同样，以华尔街为载体和象征的金融化，不仅在日常生活领域塑造了金融消费主义，而且从文化价值观层面看，它还在日常投资信贷活动中，将个人的经济金融行为与作为个体、主体、公民的自我认知与自我理解紧密融合起来，维持并再生产新自由主义意识形态。

一方面，从金融化中的日常信贷投资活动来看，工薪阶层劳动者通过购买股票、养老基金、共同基金等方式，在金融市场以个体投资者身份出现。这种主体身份认同鼓励并诱导工人相信将退休储蓄投资于金融市场符合他们的个人利益。他们的未来福祉与安全在很大程度上也取决于自己在金融市场的信贷投资，而不是集体性的工资收入或福利供给。例如，英美国家的健康金融市场蓬勃发展，利用资产证券化技术设计与开发出诸多针对饮酒、吸烟、肥胖所带来疾病风险的金融衍生工具。② 人们积极购买这些针对身体健康与疾病医疗的金融保险产品，既作为一种对个体健康风险的预防性管理，也作为一种对人力资本与家庭资产的长期性投资。与此同时，人们还将金融市场与金融信贷投资视为一种体现个人自主能力、自由选择与自我价值的价值观实践。在 20 世纪 70 年代兴起的英美国家的社会责任投资（Socially Responsible Investing，SRI）作为个人金融市场发展最快的领域之一，其基本价值理念就是个人金融投资应该以个体化道德原则的名义进行管理，蕴含着一套可以嵌入金融实践的价值观或信仰。③ 在这种观点下，投资是一种密切相关的文化实践。在这种实践中，个人投资理财主要不是一种经济行为，而是一种由价值观塑造的文化行为，一种体现个人自由、价值的创新性活动。在这些投资活动中，人们不再是以被剥削的不稳定的工薪阶层劳动者的身份出现，而是自我投资、自我实现的个体企业家。正如美国文化批判学者海文所指出的，金融化是一个通过从金融世界中引入的一系列叙事、隐喻和程序资源来重新解释和再现日常生活以及我们作为

① 〔美〕何柔宛：《清算：华尔街的日常生活》，翟宇航译，华东师范大学出版社，2018，第12页。

② Shaun French and James Kneale, "Excessive Financialisation: Insuring Lifestyles, Enlivening Subjects, and Everyday Spaces of Biosocial Excess", *Environment and Planning D: Society and Space*, Vol. 27, No. 6 (2009): 1030-1053.

③ Bill Becker, "Investing with Your Values: Making Money and Making a Difference", *Communities*, Vol. 106 (2000): 73.

其中一部分的资本主义整体的意识形态过程,"在某种程度上,我们将自己视为微型金融家,投资和出租我们的人力资本,我们的行为、合作和再生产社会生活的方式都不同。在某种程度上,我们将健康、教育、政府规划、人际关系、游戏、购物和工作视为投资,并将我们的生活视为偏执的证券化领域。我们建立了一个意识形态框架,它掩盖了社会现实的某些方面并排除了某些未来"①。日常生活金融化通过在工人利益和金融垄断资本利益之间建立物质联系,营造诸如"自我投资"的"微型金融家"的身份幻觉,在日常生活层面再生产出以自由化、个体化、私有化为核心的新自由主义意识形态。日常生活金融化确实起到了意识形态的作用。

另一方面,从金融化中的日常借贷债务关系来看,个人的债务活动与经历被视为是由个体性格、观念、意愿、行为与责任所共同决定的结果,而不是一整套个人无法控制的新自由主义政治经济结构与过程的一部分。债务人不仅被其他人与社会组织(亲属、同事、朋友、雇主、信用评级公司,乃至政府机构)视为要对其所有金融债务行为负全部责任,而且债务人也以同样的视角看待自己。拖欠贷款、不良信用记录、取消抵押品赎回权,将被污名化为个人的不道德与罪恶行为,受到自身良知与责任感的谴责。例如,2005 年,美国颁布了《防止破产滥用和消费者保护法》(the Bankruptcy Abuse Prevention and Consumer Protection Act of 2005),以取代1978 年的《破产改革法》(the Bankruptcy Reform Act)。该法案采纳了一种新的关于债务与破产的道德经济观点,即消费者破产申请是一种基于个体责任的道德行为,而非经济行为。在日常生活债务化中,消费者破产申请持续上升的原因被认定为"缺乏个人金融责任","人们有意识地决定不遵守诺言"。因此,这一政策变化背后的文化逻辑就是恢复"破产系统中的个人财务责任"。② 也就是说,将消费信贷中财务破产的责任归结为个人性格和行为,而不是贷方行为的结果。背负沉重债务的人被指责做出了糟糕的金融决策。正如美国学者哈维所指出的,在次贷危机中破产的人们,"并没有怪罪于整个体系存在的问题,反而是为自己没有能力承担起为家人提供

① Max Haiven, *Cultures of Financialization: Fictitious Capital in Popular Culture and Everyday Life* (Springer, 2014), pp. 13-14.

② Linda E. Coco, "The Cultural Logics of the Bankruptcy Abuse Prevention and Consumer Protection Act of 2005: Fiscal Identities and Financial Failure", *Critical Sociology*, Vol. 40, No. 5 (2014).

一个遮风挡雨的地方这一个人职责而感到羞愧"①。显而易见，这种意识形态话语剥离了个体与其所处的剥削性社会体制的关系，让因这种体制而背负沉重债务的人陷入自责与愧疚或被他人指责的道德困境。这种话语构建凸显了新自由主义政策治理和意识形态的"双重打击"。新自由主义不仅制造不平等，迫使人们处于不利地位，它还在他们的不幸之上施加道德判断，并鼓励将这些判断作为一种新自由主义的自我价值观进行内部化。

第五节　日常生活金融化的心理效应

从弗洛姆、马尔库塞到拉康、齐泽克，西方马克思主义者基于精神分析心理学，深刻地指出当代资本主义的运作会对人们的情绪状态、心理特征、精神性格产生直接的影响。以金融投资为特征的当代资本主义金融危机引发了"贪婪与恐惧"，并且爆发出"为摆脱金融危机而不择手段地填充虚空欲望的歇斯底里的冲动"。② 而日常生活金融化作为当代金融资本主义的核心特征，也会对深陷其中的个体的心理和精神状态产生重要影响。

一　日常生活金融化与个体心理道德情感

在日常生活金融化中，为满足衣食住行、教育、医疗、养老等基本需求而过度负债的人们，不仅承受巨大的经济压力，而且陷入焦虑、抑郁、内疚、愤怒、羞耻、自责的道德心理困境。

从人类学的历史渊源看，个人债务在西方文化中有一个显著的宗教伦理意蕴，即人欠创造自己的神的债。作为道德情感的罪欠感其实起源于欠债。这一文化关联在尼采的《道德的谱系》第二章关于"罪欠""良知谴责"及其相关道德概念的分析中得到更清晰的呈现。尼采认为，罪欠感和个人责任感起源于人类历史上最古老与最原始的人际关系——买主和卖主的关系，即债权人和债务人的关系。"债务法权的领域产生了道德的概念世界，如罪欠、良知、义务、义务的神圣性等——它们的萌芽与尘世间所有

---

① 〔美〕大卫·哈维：《资本之谜——人人需要知道的资本主义真相》，陈静译，电子工业出版社，2011，第 131 页。

② 孔明安：《贪婪与恐惧：当代资本主义金融危机的新阐释》，《国外理论动态》2019 年第 6 期。

的大事件一样，都是经过鲜血长期而又彻底地浇灌而促成的。"① 偿债不仅
是一个经济行为与道德义务，还伴随着痛苦的心理煎熬与肉体折磨。因为
"承诺行为正是在这里发生；正是在这里涉及让许诺者记住诺言的问题；人
们完全有理由带着负面情绪去怀疑，正是在这里，人们将面对严酷、残忍
和刑讯。债务人为了让人相信自己还债的承诺，为了保证自己许诺的真诚
和神圣，为了使自己的良知牢记还债是自己的义务和职责，在自己不能偿
还债务的情况下，根据契约把自己平时所占有的、并且可以支配的某些东
西抵押给债权人，比如他的身体、他的妻子、他的自由，甚至他的生命"②。

　　债务与个人心理道德情感的内在联系也得到当代著名人类学家大卫·
格雷伯的阐发。他在《债：第一个 5000 年》中也指出，从梭伦时代的债务
斗争到次贷危机中的债务抵抗运动，都面临着一个巨大的心理障碍，即将
"欠债还钱"仅仅作为一项天经地义的个人道德责任施加于债务人。"欠债
还钱"这句话如此有力的原因，就在于它实际上并不属于经济学范畴，而
是上升为道德层面的一个论述。毕竟，道德的全部内容不就是围绕人们应
该偿还自己的债务而建立的吗？③所以，那些不能按时还债的人们不仅要遭
受高额罚息的经济惩罚和被关进债务人监狱的暴力威胁，而且要遭受羞愧、
内疚、负罪等道德情感的折磨。

　　就现实而言，债务与个体心理道德情感之间的内在关联已经深深融入
了当代资本主义社会的日常心理中。随着日常生活金融化而来的是个人与
家庭债务的迅猛增长。自 20 世纪 80 年代以来，美国家庭的总债务增加了两
倍。1989~2006 年，消费信用卡债务总额从 2110 亿美元上升至 8760 亿美
元。信用卡债务超过 1 万美元的负债家庭比例从 3%上升至 27%。房屋止赎
也急剧上升，止赎率比 1979 年以来的任何时候都高。④ 不断增长的个人债
务带来了严重的社会耻辱和心理负担。在传统的宗教债务道德与强调个人
责任的新自由主义意识形态相结合的背景下，长期负债、过度负债往往被
视为个人的经济失败与能力缺失。拖欠贷款、不良信用记录、取消抵押品

① 〔德〕尼采：《道德的谱系》，梁锡江译，华东师范大学出版社，2015，第 115 页。
② 〔德〕尼采：《道德的谱系》，梁锡江译，华东师范大学出版社，2015，第 116 页。
③ 〔美〕大卫·格雷伯：《债：第一个 5000 年》，孙碳等译，中信出版社，2012，第 4 页。
④ Jose Garcia, *Borrowing to Make Ends Meet: The Rapid Growth of Credit Card Debt in America*
(Demos，2007).

赎回权，将被污名化为个人的不道德与罪恶行为，受到自身良知与责任感的谴责。

美国心理学者斯威夫特等人在对马萨诸塞州波士顿地区的个人债务经历的定性研究中发现，无论是为教育贷款和第一张信用卡苦苦挣扎的年轻学生，还是利用多种信贷来维持生计的单身母亲，以及努力平衡抵押贷款的中年专业人士，不管人们负债的类型或来源如何，债务人都将他们负债的经历描述为一种痛苦而沉重的道德心理体验。在面对面的访谈中，许多债务人都表达出"这是我的错，我应该努力挽救""我曾经觉得自己是一个坏人，因为我没有偿还债务"这样的自责与羞愧心理。一个债务人描述他的经历道："可怕，像个失败者，就像垃圾一样。我真是个失败者。我在生活中的某个地方搞砸了。"[1] 对于这些长期背负金融债务的人们来说，强烈的羞耻感、内疚感、责任感、失败感、无力感主导了他们债务经历中的道德心理体验。这些债务化的道德心理体验同时也指向了深深植根于新自由主义意识形态中个人责任叙事的内在化。新自由主义拆除了社会安全网，强调经济福利与财务决策的责任个体化，将新自由主义金融化政策导致的过度负债、破产、止赎等问题都归咎于个人失败。金融债务的心理经历是新自由主义意识形态及其话语发挥强大作用的另一重要领域。

二 日常生活金融化与个人身心疾病

日常负债不仅导致债务人的心理道德情感受到严重困扰，而且越来越多的批判心理学、精神分析研究还发现，债务是关乎身心健康的重要决定因素，沉重债务将引发负面情绪、精神压力、健康不良等一系列风险。

后现代主义哲学家德勒兹与瓜塔里在《反俄狄浦斯》中运用拉康的精神分析理论，揭示了不同社会历史时期信贷—债务关系对人们精神状态的影响。德勒兹与瓜塔里提出，历史上不同的欲望机器形式中存在不同的债务关系。每种债务关系都会相应孕育、生产出不同的欲望主体。在原始的领土机器中，作为礼物馈赠象征的有限债务编码了个体在想象中完全归属

---

[1] Elizabeth Sweet, L. Zachary DuBois, Flavia Stanley, "Embodied Neoliberalism: Epidemiology and the Lived Experience of Consumer Debt", *International Journal of Health Services*, Vol. 48, No. 3 (2018): 495-511.

于集体的癔症。在野蛮的专制机器中，法定货币流通代表的生存债务生产出妄自尊大、为所欲为的偏执狂。在第三种欲望机器形式，即资本主义机器中，以资本形式解码的货币流与以自由工人形式解码的劳动力流的结合，使得数量化的剩余价值生产成为编码所有债务关系的"公理系统"。德勒兹与瓜塔里也认为，在资本主义条件下，所有的债务都被转化成一种新的形式：面向资本的普遍化、内向化、主体化的债务。首先，在资本主义机器中，既作为支付手段，又作为融资方式的信用货币，不仅将借贷的男人、女人、穷人、工人，而且将借贷的商人、企业家、银行家，乃至政府、国家都统统纳入资本的剩余价值生产的公理系统中。不分民族、种族、肤色、职业、阶层，所有人都是面向资本这个最大也是唯一债权人的债务人。其次，基督教通过引入负罪感，将外在于个人良知的生存债务改造成对自我罪过负责的内向债务："债务变成了无休止地偿还债务的债务人与无休止地耗费债务利息的债权人之间的关系；这是'欠神的债务'。债务人的痛苦由此内向化，他对于债务的责任也由此变为一种负罪感。"[1] 最后，在这种内在负罪感的驱使下，债务人必须为他自己的债务负责，"这一活动的产物是能动的人、自由而强大的人、能够承诺的人"[2]。普遍化、内向化、主体化的债务关系成为衡量个体道德感、责任感、价值感与存在感的根本尺度。所以，那些陷入"没完没了"的资本主义无限债务链条中的人们，会因此感到不安、烦躁、焦虑、内疚、自责，甚至可能患上精神分裂症。这种精神分裂症的个体，恰恰是资本主义欲望机器通过无限债务链条满足无限剩余价值追求的必然产物。

德勒兹与瓜塔里的分析揭示了资本主义债务的精神向度，激发了当代批判心理学与精神分析对债务与抑郁、焦虑、自杀倾向等心理困扰，以及肥胖、高血压等不良健康状况之间关系的深入研究。越来越多的研究证实，有金融债务或经历过房屋止赎的个人面临更高的负面心理后果，包括抑郁、焦虑和心理痛苦，并有更高的自残或自杀风险。[3]

---

① 〔法〕德勒兹：《尼采与哲学》，周颖、刘玉宇译，河南大学出版社，2014，第 304 页。
② 〔法〕德勒兹：《尼采与哲学》，周颖、刘玉宇译，河南大学出版社，2014，第 289 页。
③ Sarah Brown, Karl Taylor, and Stephen Wheatley Price, "Debt and Distress: Evaluating the Psychological Cost of Credit", *Journal of Economic Psychology*, Vol. 26, No. 5 (2005): 642 - 663.

英国心理学家理查德·雷丁等人研究了抑郁症与社会经济逆境的特定方面（债务）之间的关联，提出几乎没有证据表明女性，特别是待产期母亲的抑郁症存在纯粹生物学机制。相反，除了缺乏社会关系支持与工作机会之外，因生活贫困而负债这经济因素也起着重要作用。这是因为，抑郁症作为一种责任疾病，占主导地位的心理感受是个体无法达到标准与期望所引发的个人挫败感与无力感。而沉重的债务意味着个人经济与生活努力的失败，从而引发焦虑与抑郁。在有幼儿的家庭中，债务的存在和影响是社会弱势群体的普遍特征之一。以年轻人为主的低收入家庭，尤其是那些有较多孩子的家庭，面临着很高的债务风险。对债务的焦虑可能会引发或加剧年轻母亲的抑郁症，尤其是在她们的经济资源可能发生变化的情况下。[①]

普遍债务造成的经济压力会导致债务人的不健康行为增加，例如吸烟、过度饮酒和不良饮食习惯，从而损害身体健康。研究表明，那些将债务视为"个人失败"而陷入自我责备的道德体验的人，与不赞同这一观点的人相比，在许多健康指标上也会出现不良反应。具体来说，那些将债务与"失败"联系起来的人的收缩压和舒张压分别达到 119.4mmHg 与 80.9mmHg，体重指数（BMI）为 29.2kg/m^2，腰围指数为 92.1cm，这些健康指标都高于正常健康水平。同时，他们的抑郁、焦虑和感知压力水平也更高。[②] 一个更大样本的调查研究了 1995~2012 年 17 个欧洲国家的家庭总债务（包括无抵押的消费信贷和抵押债务）与总体健康结果之间的关系。数据表明，家庭过度负债的国家的人们的预期寿命较低，过早死亡的可能性较大。这是因为过度负债的家庭可能会积累更多债务来支付必需品，并且更有可能减少对包括医疗保健等在内的高质量商品和服务的支出。债务还可能减少未来用于医疗保健投资的资源，并导致恶性循环，在这种循环中，更大的债务既是健康状况不佳的原因，也可能是健康状况不佳的后果。

① Richard Reading, Shirley Reynolds, "Debt, Social Disadvantage and Maternal Depression", *Social Science & Medicine*, Vol. 53, No. 4 (2001): 441-453.
② Elizabeth Sweet, "Like You Failed at Life: Debt, Health and Neoliberal Subjectivity", *Social Science & Medicine*, Vol. 212 (2018): 86-93.

总体而言，研究结果表明，家庭总债务是各国总体健康结果的重要决定因素。① 这些实证研究为过度负债是日常生活中身心痛苦的重要风险因素提供了有力的定量支持。

---

① Maya Clayton, José Liñares-Zegarra, and John OS Wilson, "Does Debt Affect Health? Cross Country Evidence on the Debt-health Nexus", *Social Science & Medicine*, Vol. 130 (2015): 51-58.

第七章 日常生活金融化的悖论逻辑与内在矛盾

从马克思主义历史辩证法看，资本主义本身是一个在否定性、悖论性矛盾中运动的历史过程。"资本主义生产由于自然过程的必然性，造成了对自身的否定。"[①] 资本主义为缓解基本矛盾所采取的各种措施及进行的自我调整，在解决局部问题的同时，以新的形式激化了基本矛盾，导致整体状况的恶化与系统性危机。日常生活金融化实质上是当代资本主义力图通过金融垄断资本向日常生活的全面扩张与深度渗透来缓解和转移其内在矛盾的产物。这一过程本身所蕴含的金融社会化与掠夺性的二重性，以新的形式再生产与激化了当代资本主义的基本矛盾。

第一节 日常生活金融化的二重性

正如马克思对资本主义条件下科技二重性的分析："在我们这个时代，每一种事物好像都包含有自己的反面。我们看到，机器具有减少人类劳动和使劳动更有成效的神奇力量，然而却引起了饥饿和过度的疲劳。"[②] 当代资本主义日常生活金融化也具有理性与非理性、分散风险与积聚风险、促进公平与加速分化的二重性。

一 理性与非理性

作为建立在信用基础上的货币资金的融通活动，金融本身就具有理性与非理性的二重性。就理性而言，金融活动可以通过融通资金、传递信息、

---

① 《马克思恩格斯选集》第 2 卷，人民出版社，2012，第 300 页。
② 《马克思恩格斯文集》第 2 卷，人民出版社，2009，第 580 页。

提供流动性等提高经济社会资源配置效率，还可以通过提供专业化服务和进行套期保值来有效地分散和降低风险，进而降低交易成本。参与金融活动的各类主体，都是力图实现金融效益最大化的理性经济人。所有金融资产，包括股票、债券、大宗商品、期货、期权，其价格变化主要由人们对未来的理性预期所决定。资产价格其实就是未来收益的现期价值。任何买卖决定都反映了投资者对未来的理解。如果合理计算和负责任地管理，各种经济金融风险并不是一种障碍，而是一个可以抓住并从中获利的机会。理性计算的能力是获得金融安全和福利的宝贵工具。

但与此同时，经济金融政策的缺陷、市场规则的不完善、信息的不对称、从众心理以及对短期利益和局部利益的追逐，使金融活动也带有一定的盲目性与非理性，导致资源错配、资产泡沫与市场的非理性繁荣。金融业是最容易诱发人类贪欲的行业，而股市则成为羊群效应集中体现的场所，一方面制造着一个又一个一夜暴富的奇迹，另一方面却在顷刻之间让无数投资者倾家荡产。对于金融与金融市场的非理性，马克思在《资本论》第 3 卷中就指出，虚拟资本的贪婪本性与牟利冲动会导致"一切资本主义生产方式的国家，都周期地患一种狂想病，企图不用生产过程作中介而赚到钱"①。这种周期性的狂想病与非理性，被凯恩斯称为"动物精神"，表示人们在投资行为中受各种环境因素影响而出现的种种非理性、不稳定特征。当代行为金融学家希勒在《非理性繁荣》中以 1929 年和 1987 年世界两次"股市走熊"和 20 世纪 90 年代后期美国"股市走牛"为典型对象，进一步分析了金融市场中非理性行为的普遍性。

金融活动的理性与非理性在日常生活金融化中也得到了充分的表现。一方面，在日常生活金融化中，商业银行、投资银行、保险公司等各类金融机构针对人们的衣食住行、生老病死等日常生活需求，打着金融创新的旗号，将现代信息科技与金融结合，设计与发行各种各样的金融工具与金融产品。这些工具和产品在提升金融活动效率、扩大金融服务对象、降低金融运营成本的同时，也大大扩展了金融垄断资本的盈利渠道，提升了盈利能力。无论是将个人收入与储蓄投入共同基金、养老基金的普通投资者，还是为满足日常生活需求而使用住房抵押贷款、信用卡消费、发薪日贷款

---

① 《马克思恩格斯文集》第 6 卷，人民出版社，2009，第 67~68 页。

的普通借贷者，他们在金融市场上获得的股息、利息、分红以及在房地产市场上获得的由房价上涨所带来的资产保值增值，都体现了一个利益最大化的理性经济人的理性选择。因此，"在 21 世纪的美国，理解个人在社会经济生活中的角色以及指导人们在新经济中谋生的主要象征就是投资……聪明的投资者明白，和完全拥有某类资产相比，更好的方式就是不要把鸡蛋放在一个篮子里，而是要分散化投资。通过可转移退休金计划、复杂的房屋抵押贷款以及在人力资本和社会资本上的投资，普通投资者就能管理一个包含了多种资产的投资组合"①。普通投资者的投资组合鲜明地体现了人们利用现代金融技术有意识、有目的、有计划地去评估、管理、控制未来风险与不确定性的工具理性。

　　另一方面，"由于金融市场只是一个虚拟的数字化市场，没有实体市场所具有的社会关系，投资者只生活在自己的世界里，其行为以'增加账面资产'为导向，很少顾及他人和整个社会。诸如正义、责任、道德、伦理等社会情感，在这样一个抽掉了质而只有量的运行机制中被消解，因而更容易导致极端利己冲动下的非理性行为"②。希勒在《非理性繁荣》一书中通过分析股票市场的投机性泡沫生成的结构性因素、文化性因素和心理性因素，详细阐释了普通投资者在日常信贷投资中的非理性过程。非理性的结构性因素包括资本市场的壮大、股东所有权的兴起、业主社会的确立、工会的解体、人们投资知识的丰富、信息通信技术的发展、低利率的信贷政策、股票分析师们的乐观预期、养老金计划的不断发展壮大、共同基金的兴起及成长、通货膨胀率不断下降。非理性的文化性因素包括传统的信贷消费文化、财经媒体对金融信息的大范围报道、新自由主义经济思想的乐观预期。非理性的心理性因素包括金融媒体宣扬的"一夜暴富"神话的广泛传播，极大地刺激了大多数人的赌徒心理、从众心理，人们对自身作出的直观判断过于自信。这些因素相互作用、叠加交错，共同造成了股票市场的投机性狂热与非理性繁荣："价格上涨的信息刺激了投资者的热情，并且这种热情通过心理的相互影响在人与人之间逐步扩散，在此过程中，

---

① 〔美〕杰拉尔德·戴维斯：《金融改变一个国家》，李建军、汪川译，机械工业出版社，2011，第161页。

② 任瑞敏、左勇华：《自由意志与"动物精神"：金融本贡的原在性背离——金融市场非理性的现象学解读》，《上海财经大学学报》2016 年第 3 期。

越来越多的投资者加入推动价格上涨的投机行列，完全不考虑资产的实际价值，而一味地沉浸在对其他投资者发迹的羡慕与赌徒般的兴奋中。"①

美国住房次级抵押贷款市场的兴起与危机是日常生活金融化所具有的理性与非理性的典型表现。从 2001 年开始，在美联储实行低利率政策的刺激下，各类金融机构开始面向收入证明缺失、信用度较低、负债较重的低收入人群发放住房次级抵押贷款，以缓解传统优级抵押贷款市场逐渐饱和所带来的利润压力。次级抵押贷款由于手续简便、利率较低，也吸引了大量希望"居者有其屋"的低收入人群。发放次级抵押贷款的金融机构在接到次级贷款人的贷款申请后，为转移金融风险、提高资金周转率，会利用金融衍生技术，将次级抵押贷款打包成抵押贷款支持证券（Mortgage Backed Securities，MBS），出售给投资银行。投资银行再将抵押贷款进一步打包成担保债务凭证（Collateralized Debt Obligation，CDO），出售给保险基金、养老基金或对冲基金等投资机构，以进一步转移与分散金融风险。从利益最大化的理性经济人角度看，参与这一过程的各类金融主体都能获得相当程度的金融收益。对于发放次级抵押贷款的金融机构而言，次级抵押贷款目标人群的急速扩大、贷款成交量大幅增长与房地产市场的升值预期，都使放贷机构获得的收益激增。对于次级贷款的借款人而言，在预期房价会持续上升的前提下，即使自己到期不能偿还房贷，也可以通过出售房产或者再融资来偿还债务。对于购买住房金融衍生品的投资银行而言，"由于 MBS 获得美国政府国民抵押贷款协会（Ginnie Mae，吉利美）、美国联邦国民抵押贷款协会（Fannie Mae，房利美）及美国联邦住房贷款抵押公司（Freddie Mac，房地美）等政府性机构的担保，其信用评级较高。尤其在较低的利率水平下，持有抵押贷款债权的主要风险似乎都被规避了。上述因素使得抵押贷款支持证券受到各类投资者的青睐，其价格持续看涨，从而使得投资银行及各类投资者的收益得到提高"②。

因此，在房地产商、放贷的金融机构、购房的普通民众的共同推动下，美国的房地产市场出现了"非理性繁荣"。数据表明，2006 年，美国发放次

---

① 〔美〕罗伯特·希勒：《非理性繁荣》，李心丹等译，中国人民大学出版社，2008，第 2 页。

② 杜厚文、初春莉：《美国次级贷款危机：根源、走势、影响》，《中国人民大学学报》2008 年第 1 期。

贷 6000 亿美元，占当年房贷总额的 21%，优质贷款比例降到 36%。2006 年底，美国未偿还次贷额达 1.5 万亿美元，占全美未偿还房贷总额的 15%。根据美联储 2004 年的统计，1994~2003 年，次贷发放额增长近 10 倍，年均增长 25%，是抵押市场增长最快的部分。2003~2004 年次贷发放额大幅增加，年增长率分别为 56% 和 60%，2005 年达到创纪录的 6650 亿美元。据权威民间机构估算，截至 2007 年 7 月末，美国次贷余额约为 1.4 万亿美元，占美国抵押市场约 10%，其中约 1/3 发生拖欠。由此估算，发生拖欠的次贷约为 4700 亿美元。到 2007 年夏，在排除通货膨胀因素之后，美国房地产价格与 1995 年的水平相比上涨了 70%。据估计，在当时美国房地产总价值（21 万亿美元）中，有 8 万亿美元的泡沫成分（相当于总价值的 38%）。[①] 这些数据表明，美国房地产市场已经陷入希勒所说的投机性泡沫的非理性状态，因为其房价上涨远远脱离了实体经济和普通居民收入水平等基本层面的支撑。当 2004~2006 年美联储连续加息 17 次，将基准利率从 1% 涨到 5.25% 时，次级贷款市场的按揭利率迅速提高，贷款人的月供本息金额暴涨，还款压力迅速增大，违约现象大量出现，市场上的房产止赎率不断攀升，市场信心受到沉重打击。在此情况下，房地产价格出现拐点，持续下跌。这不仅严重冲击了发放次级贷款的金融机构的盈利能力，也给从事次级抵押贷款证券化的投资银行带来了严重损失，从而引发了次贷危机。美国住房次级抵押贷款市场是在获取经济利益与满足住房需求的理性驱动下发展起来的。但是，这一日常生活的理性化过程，最终导致了非理性的危机。正如学者所言："不可否认，现代人的日常生活程式已离不开现代金融工具及其衍生品的支撑，更灵活的财富管理、更有效的资源配置、更多样的需求选择等，这是生存质量重大提升的显现。伹另一方面，资本金融的偏好——唯利是图、金钱至上，会导致人性的裂变。"[②]

二　分散风险与积聚风险

从风险管理的维度看，金融既具有分散风险的积极效应，同时又会积

---

① 转引自朱安东、尹哲《长波理论视野中的美国金融危机》，《马克思主义与现实》2008 年第 4 期。

② 张雄：《金融化世界与精神世界的二律背反》，《中国社会科学》2016 年第 1 期。

聚新的风险。金融不仅可以将经济社会有限的资金配置到效率最高的部门和企业，而且还能够将风险合理地配置到有承担能力且愿意承担风险的部门和企业，从而增强金融体系乃至整个经济体系运行的稳定性，降低系统性风险。因此，金融体系具有在金融主体之间配置金融风险的基本经济功能。例如，保险业在近代社会的诞生，与大航海时代共同分担海上各种风险（海难事故、海盗袭击等带来的船舶及货物的损失）的原则密切相关。现代的各种保险，如人寿保险、健康保险、财产保险、责任保险等，都是为满足现实生活中人们的各种风险分摊需求而设立的。21世纪兴起的各种金融技术更是规避与分散风险的重要工具。例如，资产证券化通过高度复杂的金融操作，将不确定的未来收益包装成当前的商品，允许企业和其他经济主体对冲投资风险，获得安全保障。

但是，在资金融通、经营的过程中以及其他金融业务的活动中，由于各种事先无法预料的不确定因素的影响，资金经营者的实际收益或所达收益水平与预期收益或预期收益水平会发生一定的偏差，从而有蒙受损失的可能性。这就是所谓的金融风险。它包括信用风险、利率风险、汇率风险、流动性风险、操作风险、清算风险、通胀风险、国家风险、技术风险等。[①]各种类型的金融风险积聚到一定程度，就会产生系统性金融风险，引发金融危机。美国经济学家明斯基明确提出"金融不稳定假说"，认为在具有昂贵资本与复杂金融制度的现代资本主义条件下，资本的逐利本性将诱发银行信用机构与信贷投资人在投融资过程中由追求具有稳定安全收益的对冲性融资向高负债、高风险的投机性融资与庞氏融资转化。这就决定了资本主义金融体系固有的、内生的脆弱性、风险性与不稳定性："在一个存在不确定性的世界中，由于资本资产生产周期较长、私人所有权和复杂的华尔街融资活动等因素的存在，原本稳健的融资结构在其中平稳运行，但随着时间的流逝而变得越来越脆弱。内生的力量使对冲性融资主导的环境变得不稳定，随着投机性融资和庞氏融资比重的增长，经济不稳定的力量将会越来越强。"[②] 金融危机就是资本主义金融不稳定性加剧的产物。

---

① 冯宗宪：《金融风险管理》，西安交通大学出版社，2011，第3页。

② 〔美〕海曼·P.明斯基：《稳定不稳定的经济：一种金融不稳定视角》，石宝峰等译，清华大学出版社，2015，第187页。

在日常生活金融化的过程中，借助财产保险、健康保险、教育保险、共同基金、养老基金等形式，人们越来越多地参与到金融活动之中。与此同时，住房抵押贷款、发薪日贷款、信用卡贷款的广泛流行导致人们在住房、教育、养老、医疗等方面的日常生活需求也越来越依赖金融市场。金融市场与日常生活的紧密结合也就意味着现代金融所具有的分散风险与积聚风险的二重性向人们的日常生活蔓延、渗透。

一方面，按照风险社会理论家贝克的观点，日常生活风险是被系统性生产出来的，它集成了政治风险、经济风险、公共卫生风险、失业风险、健康风险、生态风险、技术风险、全球化风险等。[①] 而人们通过金融市场参与住房抵押贷款、信用卡贷款、养老基金、教育贷款、汽车贷款、发薪日贷款、医疗贷款、天气衍生产品、农产品期货、碳金融、气候金融、社会金融（Social Finance）、灾害金融、互联网金融等金融活动时，实际上，他们就将所有类型的日常生活风险视为可分解、可计算、可定价、可交易、可对冲、可管理的金融风险。人们将个人的储蓄与收入广泛地投资于房地产、股票、基金、保险、信托、年金、贵金属、银行储蓄、债券、外汇等，这种资产组合投资在一定程度上既能保证一定水平的盈利，又可以把投资风险降到最低。同时，金融市场在金融算法技术、金融评级机构、金融衍生工具、有效市场假说、现代投资组合理论、资产定价模型等的武装下，获得了风险管理的可计算性逻辑和客观性外观，由此成为当代资本主义分散风险、保障个人安全的场所。如哈维所言："通过贷款的证券化，金融风险得到了分散，甚至可以给人们造成风险已经完全消失的错觉。"[②]

另一方面，人们在日常生活中的投资与借贷使得金融市场本身所具有的一系列巨大风险，必然地渗入人们的日常生活中。首先，人们的日常投资与借贷的持续性和稳定性受制于个人工资收入的水平及其变动。在福利紧缩与不稳定劳动力市场的背景下，工薪阶层劳动者在雇佣合同、工时、薪酬和福利条件方面必然面临不确定性，这破坏了个人与家庭工资收入的稳定性，使他们在投资与借贷方面处于非常不利的地位。正如投资不是一

---

① 〔德〕乌尔里希·贝克：《风险社会》，何博闻译，上海译林出版社，2004，第15～16页。
② 〔美〕哈维：《资本之谜——人人需要知道的资本主义真相》，陈静译，电子工业出版社，2011，第19页。

次性事件，而是一系列持续计算的行为一样，就业与收入方面的不确定性
会削弱他们作为投资主体履行借贷义务的意愿，导致个人与家庭面临更多、
更大的破产风险。其次，就金融投资本身所具有的风险性而言，虽然人们
在日常生活中对房地产、股票、债券的投资本身就是一种应对未来不确定
性的风险管理形式，然而，"资本主义经济体的一个本质特征就是我们不可
能全盘预测未来可能出现的所有新观点和新产品……企业家承担风险一定
是依赖于直觉的赌博，并不是在针对一系列已知且可穷尽的可能发生的结
局进行冷静的科学测算之后做出的决定"①。金融作为应对充满风险与不确
定性的未来的一种治理技术，并不能从根本上规避与化解所有问题。而且，
许多学者借鉴奈特对风险与不确定性的经典区分，指出风险管理技术的发
展事实上并不会导致不确定性的减少和未来的驯化，反而会产生相反的效
果，即产生更多的不确定性。② 例如，期货合约、期权合约、互换合约等金
融衍生产品本身是为了对冲未来风险而设计的，但是由于衍生品合约并非
基础性金融工具，只是人工合成的工具，所以它们不能真实反映社会中的
经济活动，其风险敞口的规模没有上限，其带来的潜在损失也就没有上限。
衍生品合约潜藏的风险可能比构成衍生品的基础性股权或债权合约的风险
高出很多倍。这也就是次贷危机中住房次级抵押贷款证券化给全社会造成
了巨大的风险敞口和实际损失，而被称为"大规模金融杀伤性武器"的原
因所在。所以，日常投资与信贷也不能为未来的不确定性带来秩序，从根
本上化解风险，反而将金融市场中的各种波动与不确定性引入日常生活，
导致日常生活中的风险加剧。英国央行前行长默文·金对此有一个形象的
类比："如同我们在纽约的华盛顿广场上看到两位正在对弈的老人，他们之
间输赢的赌注不过 10 美元，但是他们最后可能发现有一群银行家正盯着他
们，银行家关于这场棋局输赢的赌注已经高达数百万美元。我们可以由此
看到当时的金融机构给整个体系输入了巨量的风险，而不是分散风险。"③

　　默文·金以棋局博弈的金融化揭示了当代资本主义日常生活的风险化。
无独有偶，英国国际政治经济学学者斯特兰奇以"赌场资本主义"的术语

① 〔英〕默文·金：《金融炼金术的终结》，束宇译，中信出版社，2016，第 77~78 页。
② Paul Langley, "Uncertain Subjects of Anglo-American Financialization", *Cultural Critique*, Vol. 65 (2007): 67~91.
③ 〔英〕默文·金：《金融炼金术的终结》，束宇译，中信出版社，2016，第 145 页。

同样揭示了这一点。她指出："每天，这个赌场中进行的游戏卷入资金之大简直无法想象。夜间，游戏在世界的另一边继续进行。在俯瞰世界所有大城市的高耸的办公大厦里，房间里满是一支接一支不停抽烟的年轻人，他们都在玩这些游戏。他们双眼紧盯着电脑屏幕，屏幕上的价格不断闪烁变化。他们通过洲际电话或电子设备来玩这种游戏。他们就像赌场里的赌徒，紧盯着轮盘上咔嗒旋转的象牙球，决定把筹码放在红盘或黑盘、奇数或偶数盘里。"[①] 全球金融市场的波动起伏给人们的日常生活带来了严重冲击。一种汇率的变化，会使农民在收割庄稼前就收入减半，或者使出口商破产。利率上升足以导致店主库存费用致命上涨。一纸基于财政考虑的接管命令可能使工人马上失业。无论是刚离开学校走上社会的年轻人还是已经退休的老人，在大型金融中心的赌场里发生的事，都会对他们的生活产生突然的、无法预测的、不可避免的影响。另一位美国学者库尔茨对此也作了生动的描述："人们可以看到清洁女工和打短工的人在公共汽车站如何把他们费尽辛苦挣来的可怜分分的钱在'赌博游戏机'中输掉。金融资本主义的模拟也再一次被模拟：学生整班整班地参加了由经济媒体或银行主办的'交易所游戏'。使用网络的孤独交易者成为30岁人的'冒险'典范，正如有关的中介公司所作的广告词所说的那样：'除了我和证券行情，其他什么都无所谓'。"[②] 统治金融世界的风险与不确定性成为一种日常生活的常态。

在住房次级抵押贷款市场兴起过程中出现的住房抵押贷款证券化是在日常生活金融化过程中分散风险与积聚风险二重性的缩影。次级抵押贷款者一般以下述条件界定：在过去的一年或两年里出现过一个月或两个月的拖欠；在前两年里有过判决、止赎、担保品被收回或判定为坏账的记录；信用评分较低；分期偿还并且利息/收入比率大于50%。[③] 由此可见，次级抵押贷款的目标人群信用评分低、收入不稳定、违约风险高。因此，次贷市场本身就是一个高风险市场。为降低金融风险，放贷的商业银行便把自

① 〔英〕苏珊·斯特兰奇：《赌场资本主义》，李红梅译，社会科学文献出版社，2000，第1页。

② 〔德〕罗伯特·库尔茨：《资本主义黑皮书》，钱敏汝等译，社会科学文献出版社，2003，第822页。

③ 〔法〕热拉尔·迪梅尼、多米尼克·莱维：《新自由主义的危机》，魏怡译，商务印书馆，2015，第203页。

己所持有的流动性较差但具有未来现金流的住房抵押贷款汇聚重组为抵押贷款组合，出售给证券化机构。证券化机构把这些缺乏流动性，但具有未来现金流的次级抵押贷款资产汇集起来进行结构性重组，经过担保或信用增级，将其转变成可以在金融市场上出售和流通的金融衍生产品，例如债务抵押债券（Collateralized Debt Obligation，CDO），并推销给相应的投资者。这样一来，住房抵押贷款证券化将低流动性的贷款转化为高流动性的证券，在提高银行资产流动性的同时，将集中在银行的风险转移、分散给不同偏好的投资者，从而实现金融风险的分散化。次级贷款证券化所具有的分散风险功能极大地刺激了房地产市场的发展。2006 年，美国次级贷款被打包成 MBS 的比例是 80.5%，与此相对应，2007 年一季度末美国 MBS 余额在住房抵押贷款余额（包括优质抵押贷款、Alt-A 抵押贷款以及次级贷款，约 10.4 万亿美元）中占比达 57%。①

但是，次级贷款市场存在先天缺陷、后天营养不良的问题。一是由于次贷借款者主要是收入低、没有良好信用记录，甚至有过破产信用记录的低收入人群，因此借款给这类人而产生的次级贷款市场本身就存在先天缺陷。在经济繁荣时期，借款者能够以升值的房产为抵押；然而，当经济环境恶化时，这类借款人由于经济条件恶化而无法按期支付欠款，违约率较高，造成次贷市场系统性风险的可能性也较大，这便是次级贷款市场的先天缺陷。二是流动性不足问题导致了次级贷款市场后天营养不良。当美国经济处于通货膨胀加速阶段，美联储不得不以更快的速度加息以缩紧银根时，许多次级贷款者入不敷出，大量次级按揭贷款变成坏账。在这种情况下，大银行不再继续向住房按揭贷款公司提供融资，住房按揭贷款公司就面临破产。三是一笔抵押贷款经过多家中介参与，信息源变得模糊不清，每个环节的参与者仅仅依据第三方评级和风险管理模型作出判断和决策，存在信息不对称，信用风险转移虽然卸掉了贷款机构的包袱，却导致其对贷款的监管动力不足。就这样，原本旨在分散风险的次级贷款证券化变成了催生、积聚与传导风险的重要推手，"标的资产（次级住房按揭贷款）市场的信用风险通过资产证券化很容易扩散到衍生品市场（次级债和 CDO 市场），影响到借款人、贷款机构、基金公司、个人投资者、监管部门以及外

---

① 鲁艳、周文：《美国次贷市场的信用风险积聚机制》，《现代经济信息》2008 年第 10 期。

国投资者等各个利益群体，形成十分严重的'绑架效应'"①。所以，次级住房抵押贷款的出现本身是借助金融创新技术对冲与分散金融风险的尝试，但是在发展过程中却进一步积聚了风险，导致风险以更集中、更关联的方式爆发，"家庭债务的增长受到了追逐高收入的刺激，通过大胆的金融创新成为可能，并被世界其他地区的融资能力推向极致。这一切都进一步破坏了原本已经十分脆弱的整体金融结构的稳定性"②。

　　总而言之，日常生活金融化本质上是一个风险不断产生、转移与重新分配的过程。它使得广大民众不可避免地成为风险市场的参与者。但至关重要的是，这些人群在风险市场中却处于系统性劣势。他们不得不承担起金融崩溃、经济低迷、市场危机和金融危机所造成的各种损失。因为当代资本主义金融市场的本质结构是为了系统地将风险转移给那些恰恰负担不起风险的人们。

三　促进公平与加速分化

　　金融对市场资源的调节与配置不仅关系到经济增长的效率，而且也影响财富在社会各个阶级、阶层与群体之间的分配与再分配，进而影响到社会公平的实现。国内外的诸多实证研究发现，一个合理、完善的金融体系和制度有助于减少金融市场中的信息不对称，降低高额的融资成本，帮助每一个合格的经济主体与社会成员参与金融活动，获得平等占有、使用金融资源的机会，消除金融排斥与歧视、调节收入分配、减少贫困、缩小贫富差距，促进社会公平。③　正如希勒所言："金融所要服务的目标都源自民众，这些目标反映了我们每一个职业上的抱负、家庭生活中的希望、生意当中的雄心、文化发展中的诉求，以及社会发展的终极理想……金融并非为了赚钱而赚钱，金融的存在是为了实现其他的目标，即社会的目标。"④金融在维护和促进社会公平正义方面具有重要作用。但是，优胜劣汰的市场竞争、金融主体的过度逐利、金融市场"脱实向虚"的投机性倾向以及

①　孙立坚等：《"次级债风波"对金融风险管理的警示》，《世界经济》2007 年第 12 期。

②　〔法〕热拉尔·迪梅尼、多米尼克·莱维：《新自由主义旳危机》，魏怡译，商务印书馆，2015，第 191~192 页。

③　袁康：《重新审思金融：金融公平理念的勃兴》，《财经问题研究》2018 年第 1 期。

④　〔美〕罗伯特·希勒：《金融与好的社会》，束宇译，中信出版社，2012，第 10~11 页。

暗箱交易、欺诈客户、操纵市场等问题也会导致金融呈现嫌贫爱富、扩大收入差距、加速财富分化的特征。"根据世界扶贫协商小组（CGAP）的报告，全球储蓄账户总数超过了全球人口总数，而全球人口的一半——25亿人（其中中国有2.63亿人）——没有储蓄账户，也无法获得其他任何形式的金融服务。即使是在金融业高度发达的美国，仍然有大约2200万家庭（其中大部分年收入不足25000美元）被排斥在银行之外，没有基本的储蓄账户。另外还有数百万人虽然拥有银行账户，但并没有完全进入银行系统，不能获得完整的金融服务。"[1]

随着当代资本主义金融化向日常生活的扩张，日常生活金融化的发展也呈现出促进社会公平与加速财富分化的二重性。一方面，从日常投资来看，员工持股、共同基金、养老基金等投资方式以其份额灵活、投资简易、交易成本低、安全性高、长期收益稳定的特点，获得了长足发展。这为个人在没有直接所有权的情况下参与金融市场提供了股权投资的渠道，在一定程度上扩大了普通民众获得金融产品与服务的机会。"这意味着小投资者的短期资金也可以获得货币市场利率，而不是把它存在银行里获得很低的利息甚至没有利息。"[2] 从日常借贷来看，次级抵押贷款、信用卡消费贷款、教育贷款、小额贷款等以多样化、低门槛、灵活性为特点的借贷方式提高了个人与家庭的信贷可获得性、资金流动性和债务可负担性，特别是针对传统金融机构所忽视或排斥的边缘群体，点对点网络借贷、小额信贷、次级贷款以及发薪日贷款，满足了这些人群在食品、天然气、用电、交通费用、紧急医疗付款、公用事业费用或房屋租金等方面的日常生活需求，为他们提供了融资渠道和机会。最为典型的是被称为"穷人的银行家"的尤努斯，他基于信贷权是基本人权的公平理念，创办了孟加拉格莱珉银行（Grameen Bank），专门为发展中国家的家庭妇女、穷人等提供无抵押的小额信贷，满足他们在衣食住行、教育培训、小本经营、合作生产等方面的资金需求。格莱珉银行开创的被称为小额信贷的信贷体系，在大量非营利、非政府组织的推动下，向世界各地广泛传播，改变了"穷—没有资金—贷

① 戚莹：《金融公平：金融法新理念》，《海峡法学》2012年第1期。
② 〔美〕杰瑞·马克汉姆：《美国金融史》第3卷，李涛、王滑凯译，中国金融出版社，2018，第7页。

不了款—接着穷或更穷"的恶性循环，让弱势群体通过小额贷款，获得人力资本投资，减少了经济贫困与社会不平等。"小额信贷极大释放了全世界超过 3 亿的贫穷人口的创业能力，帮助他们打破了贫穷和剥削的枷锁。"①

另一方面，日常生活金融化也加剧了金融垄断资本对普通民众的金融剥夺，强化了社会财富与收入的不平等，加剧了社会结构的不稳定性。从日常投资层面看，与金融机构、大资本集团相比，普通家庭在经济金融信息获取、组织规模以及社会权力等方面存在系统性的差距，所以尽管共同基金与养老基金投资使得家庭持股比例有了较大提高，但是通过扩大股票所有权来向工人家庭扩散财富的效果非常有限。② 在这个过程中，普通民众所缴纳的手续费、中介费、佣金等经济租金，已经成为以资产阶级上层和金融机构为代表的新食利者阶层的重要财富来源。实质上，各种专门的投资机构通过发行受益凭证的方式吸引广大劳动者将自己积蓄的闲散资金集中起来，交由专业的货币经理去购买股票或债券以获取金融收益，而不是将这些钱用于促进工业资本主义发展。养老基金不过是金融资本进一步压榨工人、欺骗工人的一种新剥削方式，"其目的是劝使工人将自己想象成为小型的金融资本家，而不是看作寻求更高工资的被雇佣者"，其结果往往是"当有足够多的养老金储备积累起来时，在一个离岸金融业和避税中心的银行或者类似的下属机构就会将公司账户中的所有现金挪走，只留下一个破产的空壳。养老金储备就被'一扫而光'，从工人那里转到了金融巨头手中"③。

从日常借贷层面看，尽管近几十年来各种私人信贷的目标人群不断扩大，但在获得信贷的机会、本息金额、利率、期限等方面存在明显的种族、性别、民族、阶层的不平等。那些边缘群体往往是高利率、高成本、剥夺性、歧视性信贷产品的对象。研究发现，约 24% 的男性借款人获得了次级抵押贷款，而女性借款人的比例约为 32%。不同种族和族裔之间也存在显著不平等。2005 年，大约 20% 的白人借款者和 13.5% 的亚裔借款者获得了次级贷款，相比之下，拉丁美裔借款者和非裔美国借款者的比例分别为近

---

① 〔孟加拉国〕穆罕默德·尤努斯：《普惠金融改变世界》，陈文等译，机械工业出版社，2019，第 3 页。

② 马慎萧：《资本主义金融化转型机制研究》，经济科学出版社，2018，第 108 页。

③ 〔美〕迈克尔·赫德森：《从马克思到高盛》，《国外理论动态》2010 年第 9 期。

40%和50%以上。非裔美国女性获得次级抵押贷款的可能性比非裔美国男性高5.7%，比白人男性高256%。次级抵押贷款相对于标准抵押贷款的成本相当高。① 这也导致私人债务的深化，并呈现出基于阶级、种族和性别的特定不平等。在美国，妇女特别是有孩子的单身妇女，债务水平往往最高，2007年的年人均还款额达到12795美元。鉴于种族和性别不平等的根本性交织，黑人妇女是美国债务水平最高的群体之一。2007年，黑人/非洲裔美国单亲家庭的平均担保债务为113000美元，比1992年的22000美元增加了400%。这类统计数字表明，金融的不平等悖论之一就是最需要信贷的人通常以最差的条件获得信贷。虽然日常生活金融化为社会的弱势群体、边缘群体提供了在一定范围和程度上享有融资权、发展自身的可能性，但是从根本上加剧了社会分化与不平等。这正如研究美国边缘经济的学者霍华德·卡格（Howard Karger）所言："在边缘经济的贪婪世界里，狡猾的商人和经济机构迎合这样一种信念：每个人都可以拥有美国梦——只有穷人必须为此付出更多……边缘经济虽然为无力负担的消费者提供了商品和服务，但也让他们陷入了债务循环。"②

第二节　日常生活金融化与当代资本主义基本矛盾

马克思主义认为，资本主义生产方式的内在矛盾或自我否定性在于，那些促使资本主义生产方式得以生存与延续的因素，同时又不可避免地导致其自身产生危机并走向灭亡。日常生活金融化同样无法摆脱这一根本矛盾逻辑。日常生活金融化发生的时代背景是20世纪70年代以来资本主义面临实体经济利润率下降、资本可获利空间越来越小的严重问题。为了解决资本积累过剩和流动性相对过剩的困境，大量剩余资本涌入货币金融领域，转向家庭与个人的日常生活领域以寻求更多利润来源。"资本主义之所以走

① James Heintz, Radhika Balakrishnan, "Debt, Power, and Crisis: Social Stratification and the Inequitable Governance of Financial Markets", *American Quarterly*, Vol. 64, No. 3 (2012): 387-409.

② Howard Karger, *Shortchanged: Life and Debt in the Fringe Economy* (Berrett-Koehler Publishers, 2005), p. 7.

向金融化，是因为在资本主义内部要弥补经济停滞损失别无他途。"① 从这一角度看，日常生活金融化本身是当代资本主义解决自身内部矛盾的产物。但是，在这一过程中，日常生活金融化并没有从根本上解决当代资本主义的积累困境，反而以金融活动的社会化与金融资源占有的私有化的尖锐对立，进一步激化了资本主义的基本矛盾。

一　日常生活金融化的基本矛盾

日常生活金融化是信息科技时代社会化大生产的必然产物。科技的进步和生产力的发展不仅带来了一系列金融知识、金融技术、金融制度的创新，而且也让广大民众有机会广泛参与各种金融活动，满足全方位的金融需求，获得个性化的金融服务，从而大幅提升了金融活动的社会化、民主化、日常化程度。然而，在资本主义私有制下，金融资源、金融财富的所有权依然牢牢掌握在资产阶级手中。金融活动的社会化、民主化、日常化反而成为资产阶级在当代创造出来的进一步剥削劳动、牟取暴利的新方式和途径。这与列宁所指出的帝国主义时期股票市场兴起的剥削本质如出一辙："虽然资产阶级的诡辩家和机会主义的'也是社会民主党人'都期望（或者要别人相信他们期望）股票占有的'民主化'会造成'资本的民主化'，会加强小生产的作用和意义等等，可是实际上它不过是加强金融寡头实力的一种手段而已。"② 在此意义上，日常生活金融化的基本矛盾是社会化大生产与生产资料资产阶级私人占有矛盾的当代表现形式。

首先，日常生活金融化所体现的社会化大生产，表现为金融垄断资本作为当代资本的主导形态，蕴含着资本社会化的属性。所谓"资本社会化"，就是指"资本私人性和社会性增强的过程，它是私人资本向社会资本转化的过程，也是社会资本自身发展的过程"③。作为日常生活金融化根本驱动力的金融垄断资本，是借助资本所有权享有利益（如股息、利息、分红等收入）的食利性虚拟资本与支配产业资本的金融资本的有机结合。它的形成与发展，既是经济全球化、金融国际化时代背景下社会生产力发展

① 陈弘：《当前金融危机与当代资本主义停滞趋势》，《国外理论动态》2009 年第 7 期。
② 《列宁专题文集：论资本主义》，人民出版社，2009，第 138 页。
③ 张彤玉：《社会资本论——产业资本社会化发展研究》，山东人民出版社，1999，第 11 页。

的产物，又在一定程度上助推了社会化大生产，体现了资本社会化的发展过程。20 世纪 70 年代以来，计算机、通信网络技术的大发展和广泛运用，为各国金融机构和各个国际金融中心进行全球操作和传递信息提供了巨大便利，极大地降低了金融交易和价值评估的成本，促进了金融活动的网络化、信息化、虚拟化、一体化、全球化，加强了各国、各地区经济金融活动之间的联系，为资本的集中提供了物质技术条件。同时，资本主义信用制度的成熟有助于节省流通费用、缩短流通时间、使大资本控制更多的中小资本，促进资本集中，加速资本积聚。"信用为单个资本家或被当做资本家的人，提供了在一定界限内绝对支配别人的资本、他人的财产，从而支配他人的劳动的权力。这是对社会资本而不是对自己资本的支配权。"[①] 作为"提供了社会范围的公共簿记和生产资料的公共分配的形式"的银行制度，在全球化与信息化中得到了巨大发展。跨国银行、全能银行、投资银行、混业经营、金融控股等现象所表现出的银行规模大型化、性质多样化、业务全球化、体制集中化趋势，都是资本社会化的重要体现，"资本的这种社会性质，只是在信用制度和银行制度有了充分发展时才表现出来并完全实现"[②]。可以说，正是在当代科技生产力、经济全球化、信用体系、银行制度等因素的共同作用下，金融垄断资本才得以形成。金融垄断资本在空间层面从地区到国家乃至全球，在时间层面从经济到社会到日常生活，调配经济金融资源，为工商企业提供短期流动资金，为固定资本投资筹措长期贷款，还为新建企业包销有价证券以及为经营进出口贸易的企业提供资金等，满足产业资本家不断扩大再生产对资金的巨大需求，使得商品生产与贸易服务能够面向世界市场，在全球范围内更加有效地分工与合作。这就大大促进了生产的社会化与国际化。正如列宁曾经指出的，金融资本一旦形成，"生产的社会化有了巨大发展。就连技术发明和技术改进的过程也社会化了"[③]。

其次，在日常生活金融化过程中，共同基金、养老基金等股票投资形式体现了股权结构法人化、分散化的趋势，是资本社会化的重要表征。马

---

① 《马克思恩格斯文集》第 7 卷，人民出版社，2009，第 497 页。
② 《马克思恩格斯全集》第 46 卷，人民出版社，2003，第 686 页。
③ 《列宁全集》第 27 卷，人民出版社，1990，第 340 页。

克思早在《资本论》中就明确指出，股份企业、股份资本的出现是资本主义在自身范围内对私人资本的一种自我否定与扬弃。股份制以生产资料和劳动力的社会集中为前提，"把许多已经形成或正在形成的资本结合起来"，改变了企业单一化的所有权结构，使得私人资本失去原来的独立形式，加强了私人资本之间的社会联系，有利于生产的社会化发展。所以，马克思指出："在股份制度内，已经存在着社会生产资料借以表现为个人财产的旧形式的对立面。"[1] 在日常生活金融化中，共同基金、养老基金等股票投资形式，则进一步体现了股份所有权的法人化与分散化。在私人垄断资本占支配地位以前的股份公司中，其股东主要是个人或家族，公司的股份主要由私人来掌握。也就是说，股权主体是自然人股东。而共同基金、养老基金等金融机构的股东构成主要是基金公司、经纪商、商业银行、投资银行、保险公司等拥有一定独立资产的法人经济组织与机构投资者，而不是自然人股东。在美国，机构投资者持有约一半的共同基金份额，并且这一比例逐渐增长。"截至 2004 年底，机构投资者持有共同基金资产达 2985 亿美元，占共同基金总资产的 46.71%。1990 年至 2004 年，美国机构投资者持有共同基金的资产规模以年均 20.15% 的速度增长。"[2] 机构投资者在总资产规模与交易量上的增长都体现了其对金融市场的影响力与控制力。共同基金、养老基金的资本并不直接来自私人投资者的财产，而是主要来源于法人组织的集体性财产。这种经济关系已经包含着资本所有权的深刻变化。

与此同时，共同基金、养老基金等投资形式作为一种为小额财产所有者提供集资式投资渠道的工具，以其份额灵活、投资简易、交易成本低、安全性高、长期收益稳定等特点成为普通民众参与金融市场的重要渠道。许多美国居民直接持有或通过养老金基金和共同基金持有上市公司股票。1982 年，美国仅有 340 支共同基金。到 1998 年，共同基金已经达到了 3513 支，比纽约证券交易所上市的股票还多。1982 年美国有 620 万个共同基金股东账户，大约每 10 个美国家庭就有 1 个，而到了 2000 年，这样的股东账户上升到 1.641 亿个，几乎每个家庭都有 2 个账户。[3] 还有成千上万的职工

---

① 《马克思恩格斯选集》第 2 卷，人民出版社，2012，第 570 页。
② 于阳、李怀祖：《美国共同基金的历史与发展》，《生产力研究》2005 年第 12 期。
③ 〔美〕罗伯特·希勒：《非理性繁荣》，李心丹等译，中国人民大学出版社，2008，第 52 页。

通过雇员持股计划成为自己所在公司股票的所有者。股权的分散化与员工持股在一定程度上扬弃了资本家私有财产的个人使用方式，体现了当代资本主义股份资本社会化的新发展。"帝国主义阶段的资本主义紧紧接近最全面的生产社会化，它不顾资本的愿望和意识，可以说把它们拖进一种由完全的竞争向完全的社会化过渡的新的社会秩序。"①

但是正如列宁辩证地指出的，金融资本既促进了资本的社会化，又加强了资本的垄断霸权，没有改变生产资料的资产阶级私有占有。"生产社会化了，但是占有仍然是私人的，社会化的生产资料仍然是少数人的私有财产。"② 日常生活金融化同样在日常生活领域加强了金融垄断资本的金融掠夺与金融霸权，并没有从根本上改变金融资源的所有权、金融财富的收益权的资产阶级私人占有。如学者所言："金融资本形态所表现出的股份资本发展中包含着的两种对立的权力一同增长起来：一方面是私人垄断资本家手中的资本私人权力的膨胀，金融寡头对社会经济的全面统治；另一方面是股份资本的社会资本性质的加强，资本越来越体现为一种社会力量和社会权力。"③

在日常生活金融化中，满足工人生存与发展需要的正常条件——住房、养老、教育、医疗、保险等——越来越被卷入金融体系之中。个人对货币作为支付手段（而不仅是流通手段）的依赖随着社会在住房、养老金、消费、医疗和教育领域供应的萎缩而变得更强。货币的获取越来越支配着取得基本商品的能力，同时也制约着商品供给的量。广大劳动者的个人收入由此成为金融垄断资本进行金融掠夺的目标。从员工持股到共同基金与养老基金，各种专门的投资机构通过发行受益凭证的方式吸引广大劳动者将自己积蓄的闲散资金集中起来，交由专业的货币经理去购买股票、债券以获取利息、股息收益。但是与资本收益相比，工人获得的这些收益非常有限，只占家庭总收入的很小份额，主要用于补贴家庭生活的日常开支。他们作为小额股票、债券的持有者，只在法律名义上是公司资本的终极所有者，实际上绝不意味着拥有了公司企业的所有权，成为生产资料的所有者。

---

① 《列宁全集》第 27 卷，人民出版社，1990，第 341 页。
② 《列宁全集》第 27 卷，人民出版社，1990，第 341 页。
③ 高峰、张彤玉：《当代资本主义经济研究》，中国人民大学出版社，2012，第 86 页。

在大型股份公司中，巨额的公司资本分散在数十万股东手里，股权的高度分散也意味着广大中小股东对公司影响力的削弱与少数大股东控制力的增强。"公司资本的股份所有权越分散，金融资本家控制一个大公司所需要的持股份额也就越小，从而越有利于少数持股控制，金融资本家的控制能力也因此而强化。广大股东所有权的弱化和一小撮金融资本家所有权的强化是相对应而发展起来的。"① 真正的所有权还是掌握在拥有控股权的金融资产阶级手中。据统计，"在美国年收入 100 万美元以上的人中，薪水只占其总收入的 2.6%，股息占 35.7%，资本利润所得占 59.7%，利息收入占 1.2%，其他占 0.8%。可见，股息和资本利润所得两项达 95.4%，是其收入的主要来源"② 。这些依靠资本收入的人才能参与公司的经营决策，控制公司的资产运作，才是资本主义生产资料的真正所有者。

相反，无论是养老基金还是共同基金，基本上都是一种扣留部分工资并将其转交给货币经理以投资于金融资本的政策，而这种投资常常是与实物资本相对立的。也就是马克思所说的 M—M′ 而不是 M—C—M′ 的虚拟资本积累模式，是金融垄断资本进一步压榨工人、剥夺工人、欺骗工人的一种新的牟利方式。按照大卫·哈维的说法，"这是推动资本主义积累体系向前、向上发展的另一个力量源泉。那些有剩余资金的人想把他们的钱运作起来，赚取红利。我拥有一份私人养老基金，美国教师保险和养老协会（TIAA）对我负有信托责任，要使我的养老基金发挥作用并获得最高的收益率。TIAA 提供信贷，它鼓励人们借钱并从事牟利活动。我的养老基金被指控为拉丁美洲的土地掠夺提供了资助……养老基金只是众多从事债务创造（Debt Creation）的机构中的一例。这些机构还包括股东和债券持有者。因此，存在这样一些银行，它们通过储蓄他人的钱来为自己谋利。所有这些机构都追求回报率，并且都尽可能地通过资金周转推动这一无限积累的资本主义体系"③ 。这是因为，尽管基金集中了广大民众的积蓄，但是无论是养老基金中的退休人员，还是各种共同基金中的普通民众，都不是基金真

① 高峰、张彤玉：《当代资本主义经济研究》，中国人民大学出版社，2012，第 78 页。
② 赵汇：《股权分散化丝毫不改变资本主义的本质——"人民资本主义论"辨析》，《高校理论战线》1998 年第 1 期。
③ 〔美〕大卫·哈维：《普遍异化：资本主义如何形塑我们的生活》，《国外理论动态》2018 年第 11 期。

正的所有者和决策者。相反，数量极其有限的新的管理阶层，才是从当代食利资本主要形式中真正得到实际利益的人……养老基金获取的滚滚财源，从本质上反映出资本获得了战胜劳工的有利地位。① 从这一角度看，在日常投资与信贷中所体现的股权分散化，不过是巩固金融垄断资本霸权的一种手段。它表明"资本的社会化与资本最终的所有、使用、收益的私人化之间的矛盾，是当今金融化条件下资本主义社会基本矛盾的新的表现形式"②。

二 日常生活金融化基本矛盾的外在表现

日常生活金融化体现着金融垄断资本在新的社会历史条件下对当代资本主义日常生活的霸权统治。它不仅没有改变生产资料的资产阶级私人占有，反而以新的形式、新的途径加剧了资本主义的基本矛盾，并且在货币金融与日常生活两个领域激化了资本主义的基本矛盾。

一是金融自由化与金融监管的矛盾。作为日常生活金融化的驱动力，金融垄断资本推行新自由主义政策，主张国家干预最小化，强调自由市场的作用，反对国家对经济的调节和监管，主张放松金融管制，推动金融自由化。"金融资本的历史是一个不断寻求以金融资产创造为方向扩展的历史，是一个寻求规避法律、政治或者文化力量对资产创造施加限制和监管的历史。"③ 金融自由化在促进金融资本全球流动的同时，加大了金融领域监管的难度。"国际金融的全球化和金融市场的一体化，同样也给投资者、投机者和政府带来了金融混乱和挫折。大额的国际资本流动削弱了国家经济主权，政府再不能全面管理本国经济，对本国经济利益的维护也显得力不从心。"④ 日常生活金融化中住房次级抵押贷款证券化及其所引发的次贷危机，就是这一矛盾的产物。在放松监管、混业经营、降低利率的金融自由化背景下，美国的金融机构打着金融创新的旗号，创造出大量的金融衍生产品，形成了一个远离实体经济的"虚拟的金融世界"。次贷证券以次级

① 〔法〕沙奈等：《突破金融危机》，齐建华等译，中央编译出版社，2009，第174页。
② 栾文莲：《金融化加剧了资本主义社会的矛盾与危机》，《世界经济与政治》2016年第7期。
③ 〔美〕杰克·拉姆斯：《投机资本、金融危机以及正在形成的大衰退》，《马克思主义与现实》2009年第3期。
④ 〔美〕杰克·拉姆斯：《投机资本、金融危机以及正在形成的大衰退》，《马克思主义与现实》2009年第3期。

贷款的债权为抵押，贷款将次级抵押贷款整合、分割、编制成一系列的证券化产品，并通过层层分割、再打包、评级，衍生出更多的金融产品。当次级抵押贷款被打包成债券销售给投资者时，债券投资者已经无法确切了解次级贷款申请者的真实支付能力。而政府把对这种金融衍生品的评估与监督责任完全抛给私人债券评级机构，给这些私人机构留下太多操作空间。这样一来，次级抵押贷款及其证券化的规模迅速扩大，风险不断积聚与扩散，为次贷危机的爆发埋下了祸根。"（20 世纪）90 年代的经验证明，最有可能受到外来冲击影响的国家，是那些在外来以及本国金融买办垄断的压力下，同时实行贸易与直接投资自由化和金融自由化的国家，因为这些国家最为严重地受到同时来自金融领域和实业领域双重矛盾的牵制。"①

　　二是虚拟经济与实体经济的矛盾。在日常生活金融化的过程中，为迎合金融垄断资本的利益需求，医疗保险、养老基金、共同基金中的各种社会资金被大量注入股票、债券市场。这些信贷资金要成为繁荣和发展的动力，就必须得到有效利用。或者说，信贷应该能够为提高生产率或产生未来现金流的投资提供资金，以偿还其所产生的债务。然而，正如时任英国金融服务局主席特纳指出的："在现代银行系统中，多数信贷并未用于支持新的资本投资，而是为购买现存资产提供资金，特别是为购买现存房地产提供资金。"② 在金融自由化的冲击下，许多资本主义国家的商业银行不再将在家庭储蓄与企业生产性投资之间的中介服务作为主业，而是转型专注于为房地产贷款。因为以房地产为抵押发放贷款似乎是最便利、最安全的业务。例如，在美国，2017 年 8 月，只有 22% 的银行贷款组合流向非金融公司，而房地产（商业和住宅）吸收了 45% 的银行贷款。同期在英国，国家金融公司仅获得银行贷款和证券组合的 15%，而 51% 流向了住宅房地产部门。即使在信贷分配似乎更加平衡的地区，如欧元区，住房抵押贷款吸收的信贷量也几乎与非国有企业相同（约 40%）。③ 这些数据表明，全球金融的主要问题是大部分信贷不是为能够产生可持续增长、提高生产率和未来现金流的生产性投资融资，而是为消费和资产价格通胀融资。这就导致

---

① 〔法〕沙奈等：《突破金融危机》，齐建华等译，中央编译出版社，2009，第 9 页。
② 〔英〕阿代尔·特纳：《债务和魔鬼》，王胜邦等译，中信出版社，2016，第 53 页。
③ Andreas Antoniades and Stephany Griffith-Jones, "Global Debt Dynamics: The Elephant in the Room", *The World Economy*, Vol. 41, No. 12 (2018): 3256-3268.

当代资本主义国家以金融、保险、房地产为代表的虚拟经济的迅速膨胀。分析表明，美国实体经济创造的 GDP 占其全部 GDP 的比例从 1950 年的 62% 下降到 2007 年的 34%，而虚拟经济创造的 GDP 占全部 GDP 的比例则从 1950 年的 11% 上升到 2007 年的 21%。美国企业乃至整体经济的利润越来越多来自虚拟经济。2007 年，福特汽车公司全年税前利润为 58 亿美元，其中有 50 亿美元是福特公司经营信贷和租赁等金融业务所得，而汽车销售利润仅为 8 亿美元。全美制造业公司利润占企业总利润的比例从 1950 年的 48% 下降到 2006 年的 13%，而金融业、保险业和房地产业则从 1950 年的 11% 上升至 2006 年的 41%，成为美国经济利润的主要来源。① 金融自己养活自己，而不是滋养实体经济。日常生活金融化通过创造、购买和出售各种日常信贷工具而进行的资本投机性积累，加剧了资本主义实体经济与虚拟经济的内在矛盾。

三是劳资矛盾的日常生活化。美国著名人类文化学家何柔宛在对华尔街日常金融活动进行批判性分析时曾经追问："为什么会出现这样的现象：一个创纪录的，公司利润与股票价格暴涨的时代，同时也是一个大规模裁员，弥漫着工作不安全感的时代呢？更进一步来说，如此严重的社会错位是如何发生的呢？"② 她将原因归于华尔街的清算文化。但从社会生产关系的维度看，实质上这种错位是日常生活金融化所导致的劳资矛盾尖锐化。金融资本家利用消费信贷等手段使劳动者收入金融化，利用金融掠夺方式进一步将收入向资产阶级转移。例如，金融机构的经理通常会从交易费用以及年度利润中抽取大量收入。这些报酬常常采取金融资产的形式，从而带来资本收益并逃避了税负。相似地，企业经理以股票期权及其他金融形式获取收入，而这常常伪装成工资。会计师、律师等为金融运作提供必要技术支持的人，他们的收入也大幅增长了。他们通过复杂的金融机制，以及信贷、债务杠杆、收购和兼并等手段，操纵汇率、利率、股价、债券价格以获取暴利。例如，在被经济学家詹姆斯·加尔布雷斯称为"掠食者国家"的美国，第一资本金融公司首席执行官理查德·费尔班克（Richard

---

① 江涌：《经济虚拟化催生经济泡沫》，《世界知识》2010 年第 15 期。
② 〔美〕何柔宛：《清算：华尔街的日常生活》，翟宇航等译，华东师范大学出版社，2018，第 21 页。

Fairbank）卖出 36 万股，获利近 2500 万美元。对此，他只需根据较低的资本收益税，而不是个人所得税来纳税。他的个人收入超过了《财富》1000 家大公司中一半以上公司的年度利润。雷曼兄弟的首席执行官理查·福尔德 2001~2007 年的收入为 3.5 亿美元，2007 年底还因为公司 137 亿美元的创纪录净收入而获得奖金 2200 万美元。[①] 华尔街金融高管少则百万、多则千万的年薪以及庞大的股票、债券、房产等金融资产与在日常借贷消费中负债累累的广大民众形成鲜明对照。美国在 20 世纪 70 年代和 80 年代早期，个人储蓄占可支配收入的 9%~10%。但在这一时期个人储蓄稳步下降。到了 2007 年，这一比例下降到了 0.4%。从债务结构上看，一个典型的美国蓝领工人的工资收入的大约 40% 用在住房上，另外大约 15% 用于支付其他的债务，如学生贷款、汽车贷款、信用卡债务、个人贷款以及零售信贷等。同时，家庭居民户的债务负担比率持续上升。美国家庭债务已达 11.5 万亿美元，这一数额相当于家庭年可支配收入的 127%，这是史无前例的。[②] 赚得盆满钵满的金融债权人与负债累累的债务人自然是对立的。负债的劳动者必须以租金和利息的形式向金融和财产部门支付越来越多的收入，以换取财产权和信贷。这使得工资收入不足以维持市场对消费品的需求和对新生产手段的投资。租金紧缩（支付给房东和垄断者）和债务紧缩（支付给银行、债券持有人和其他债权人）必然导致经济紧缩和两极分化。尽管雇员持股和养老金计划有可能使工人获得一些资本所得，但是这并不会改变工人作为雇佣劳动者的身份地位。更何况这不过是金融资本家阶级通过将劳动者收入金融化，进一步将劳动收入向资本家阶级转移，本质上是加强对劳动者的金融掠夺，必然导致资本与劳动的矛盾进一步加剧。

三　日常生活金融化与当代资本主义危机

英国著名经济史学家波兰尼曾经将 19 世纪资本主义对劳动力、土地资源、生活资料、宗法关系、行会组织、家庭亲情、朋友情谊的市场化改造所导致的惨烈景象称为"撒旦的磨坊"："社会的组织结构被破坏了，乡村

[①]　王天玺：《美国与金融资本主义》，《红旗文稿》2010 年第 3 期。
[②]　〔美〕威廉·塔布：《美国债务膨胀、经济泡沫与新帝国主义》，《国外理论动态》2006 年第 11 期。

变得荒凉，居民住所破败不堪。"① 那么可以说，日常生活金融化就是当代资本主义的"撒旦的磨坊"，这进一步激化了资本主义的各种矛盾。日常生活金融化的内在矛盾积累到一定程度，就必然会通过一系列经济与社会危机的形式爆发。2007 年美国次贷危机所引发的全球金融危机，之所以被认为不仅是自资本主义大萧条以来最严重的经济危机，而且是危及政治制度、社会秩序、文化价值观、生活方式的"一场全球性的资本主义系统性危机"，就是因为金融化的力量已经渗透到了资本主义的日常生活领域。日常生活金融化本身所存在的危机构成了当代资本主义系统性危机螺旋的底层逻辑与关键环节，预示了金融化资本主义的发展限度。为了利益，资本家会出售绞死自己的绳索。当代资本主义以日常生活金融化的形式生产了绞死自己的新绳索。

1. 日常生活金融化加剧社会再生产危机

按照美国左翼学者弗雷泽的观点，资本主义隐藏着一种根深蒂固的社会再生产的"危机倾向"或矛盾：一方面，社会再生产是持续资本积累的可能条件；另一方面，资本主义的无限积累倾向于破坏它所依赖的社会再生产过程本身的稳定。② 日常生活金融化将加剧金融资本主义社会再生产危机。这是因为，日常生活金融化是当代资本主义为了解决新自由主义紧缩所导致的劳动力再生产危机而采取的应对措施。这一过程使得日常生活资料不再仅仅作为劳动力再生产的供给方式以及社会公用事业和消费品需求的驱动因素，而更主要的是成为一种能够在金融投机的积累中起重要作用的金融资产，从而使劳动力再生产与充满风险和不确定性的金融市场深度捆绑。这就使得人们无论是日常投资，还是日常借贷，都将由于自身行为内在的巨大风险、不确定性与不可持续性，进一步陷入破产与负债累累的困境，这反而以新的形式激化了社会再生产危机。这也就是金融资本主义在社会再生产层面所面临的严重的"照护危机"（Crisis of Care）、"照护赤

---

① 〔英〕卡尔·波兰尼：《大转型：我们时代的政治与经济起源》，冯钢等译，浙江人民出版社，2007，第 31 页。

② Nancy Fraser, "Contradictions of Capital and Care", *New Left Review*, Vol. 100, No. 99 (2016): 117.

字"（Care Deficits）。①

从日常投资看，普通民众将个人与家庭的收入与储蓄通过员工持股、共同基金或养老基金的方式投入金融市场，以求获得长期收益。但这都建立在一个不可能实现的前提下：用于金融投资的基金会很快地增值，足够用来支付退休金、医疗保障以及实现其他任何储蓄目标。因为一方面，任何基金一旦进入资本市场就面临一系列巨大风险，包括利率风险、汇率风险、通胀风险、市场风险、经营风险、信用风险、财务风险。另一方面，基金的盈利方式本身脱离了实体经济，因此并不需要实体经济来支持它们。无论是养老基金还是共同基金，基本上是一种扣留部分工资并将其转交给货币经理以投资于金融资本的政策，而这种投资常常是与实物资本相对立的。

从日常借贷看，私人信贷在一定程度上发挥着过去社会公共福利所起到的安全网作用。但是，就社会再生产成本不断增长的长期性与持续性而言，私人信贷只是暂时减缓了人们在衣食住行等方面的社会再生产危机，而不能从根本上解决这一问题。所谓信贷民主化，虽然从表面上纠正了历史上主流金融机构对边缘群体和贫困劳动者获得信贷的排斥，但正如次贷危机所表明的那样，它是通过不公平和掠夺性的信贷条件来整合这些边缘群体的。这使信贷合同持有人面临显著的财务风险（包括破产和止赎风险）。再加上次贷危机中资本主义国家对金融机构的大规模救助，导致公共债务膨胀。为避免主权债务违约，政府大幅削减公共交通、住房、医疗、教育预算，以及社会福利项目与公共部门工资，实行紧缩的财政政策，迫使工薪阶层和需要救济的穷人承担起救助金融机构的成本费用，从而诱发更高的贫困率、失业率和患病率。这些问题都表明，社会再生产的信贷化、债务化本身就是一个不稳定且容易发生危机的解决方案。所以，有学者一针见血地指出："美国社会分裂的一个症状就是，金融投机促使企业将剩余价值高息借给劳工阶级以维持消费。所谓次级贷款，最终必然让投资者受损，因为劳工根本无法偿还。劳工及其家庭无法再进行更多的工作，赚取更多的薪酬，借贷更多的资金，也无法偿还贷款。促使资本家繁荣的真实

---

① Nancy Fraser, "Contradictions of Capital and Care", *New Left Review*, Vol. 100, No. 99（2016）：117.

工资水平的停滞反过来又戳破了资本家的投资泡沫。"①

那些不得不借钱支付社会再生产费用的家庭，在剥夺性高利率借贷、工资收入减少、福利供给缩减、劳动力市场不稳定、教育养老医疗支出增长等多重因素的挤压下，会进一步面临住房短缺和无家可归的住房危机以及食物短缺、营养不足的食品危机。据统计，英国伦敦的无家可归者从2010年至2013年增加了62%；有180万户家庭（450万人）在等待社会住房，其中大多数人永远不会离开私人租赁市场。面临食物短缺危机的人数从2008年的不到26000人，增长到2015年的1084604人。② 由此可见，当代资本主义将金融市场与私人信贷作为抵消个人与家庭无力支付的社会再生产成本的做法，无疑是饮鸩止渴，只能导致持续性，甚至是永久性的再生产危机，反而激化了资本积累与维持社会再生产之间的根本矛盾。

2. 日常生活金融化引发经济金融危机

作为美国次贷危机，乃至全球金融危机爆发的导火索，住房次级抵押贷款的非理性繁荣是日常生活金融化引发资本主义经济金融危机的典例。从表面上看，全球次贷危机是担保债务凭证、信用违约掉期和其他复杂且不透明的金融工具所导致的市场崩溃，但人们发现，这些跨国金融市场其实是建立在住房次级抵押贷款及其证券化的基础上的，或者说"抵押贷款还款本身不仅提供了收入，还建立起一个复杂而脆弱的跨国金融构架的基础"③。住房次级抵押贷款及其证券化是打着金融创新与信贷民主化的旗号，以满足低收入人群拥有住房的所谓"美国梦"而发展起来的。事实上，"这种以家庭债务的扩张为基础的消费增长，被证明是经济的阿喀琉斯之踵"④。因为在所谓信贷民主化过程中，过量的信贷货币大量流入房地产市场参与炒作，助推美国房地产市场泡沫不断膨胀。2006年，美国发放次贷6000亿

---

① 〔美〕理查德·沃尔夫：《资本主义危机和回到马克思》，载姜海波主编《资本主义民主的批判与反思》，中国人民大学出版社，2021，第118页。

② Adrienne Roberts，"Household Debt and the Financialization of Social Reproduction：Theorizing the UK Housing and Hunger Crises"，*Risking Capitalism*，Vol. 31（2016）：135-164.

③ 〔奥〕卡瑞恩·克诺尔·塞蒂娜、〔英〕亚力克斯·普瑞达：《致命的抵押权：抵押贷款的时间和空间》，载《牛津金融社会学手册》，艾云等译，社会科学文献出版社，2019，第373页。

④ 〔美〕福斯特、马格多夫：《金融内爆与停滞》，载江洋主编《资本主义的危机与矛盾》，中国人民大学出版社，2021，第102页。

美元，占当年房贷总额的21%，优质贷款比例降到36%。2006年底，美国未偿还次贷额达1.5万亿美元，占全美未偿还房贷总额的15%。根据美联储2004年的统计，1994～2003年，次贷规模增长近10倍，年均增长25%，是抵押市场增长最快的部分。2003～2004年次贷发放额大幅增加，年增长率分别为56%和60%，2005年达创纪录的6650亿美元。①

美国次贷规模已超过万亿美元，高速发展导致累积风险日益增大。据权威民间机构估算，截至2007年7月末，次贷余额约为1.4万亿美元，占美国抵押市场约10%，其中约1/3发生拖欠。由此估算，发生拖欠的次贷约为4700亿美元。到2007年夏，在排除通货膨胀因素之后，美国房地产价格与1995年的水平相比上涨了70%。据估计，在当时美国房地产总价值（21万亿美元）中有8万亿美元的泡沫成分（相当于总价值的38%）。② 这种资产泡沫的极度膨胀实质上就是马克思在《资本论》中所指出的资本主义信用的过度扩张与借贷资本的过度供给导致房地产市场的严重"生产过剩"，以至于远远超过了实际的住房需求与低收入人群的负担能力。更何况，工薪阶层的实际工资收入已经长期停滞。而建立在信用链条上的资本扩张一旦出现中断，就会产生连锁反应，引发次贷危机、金融危机乃至全面经济危机。事实正是这样，美联储从2004年6月到2006年，将利率从1%上升至5.25%，极大增加了次贷借款人的经济负担，贷款违约不断增加，成为压垮骆驼的最后一根稻草，正如马克思所言："在再生产过程的全部联系都是以信用为基础的生产制度中，只要信用突然停止，只有现金支付才有效，危机显然就会发生。"③

3. 日常生活金融化加剧政治合法性危机

哈贝马斯明确指出，晚期资本主义由于国家为缓和经济危机的冲击而对经济体制进行强力干预，不仅违背了市场经济的"自由竞争""公平交换"的根本原则，而且破坏了不同阶级、群体的利益平衡机制，从而导致广大民众对现存社会制度的认同感、忠诚度丧失，引发政治合法化危机。④

---

① 张金梅：《美国次贷危机：成因剖析和风险警示》，《会计之友》（下旬刊）2009年第4期。
② 朱安东、尹哲：《长波理论视野中的美国金融危机》，《马克思主义与现实》2008年第4期。
③ 《马克思恩格斯文集》第7卷，人民出版社，2009，第555页。
④ 〔德〕尤尔根·哈贝马斯：《合法化危机》，刘北、曹卫东译，上海人民出版社，2000，第65页。

弗雷泽进一步指出，金融资本主义政治矛盾的主要表现就是合法性危机。原因在于具有全球影响力和支配力的金融寡头集团正在侵蚀、架空、夺取资本主义国家的公共权力，操纵政府的贸易、金融、财经、环保、国防、军事、外交等公共政策，牺牲公民的社会权利与公共福利，使民主制度成为空壳。①

那么，在日常生活金融化过程中，当代资本主义以营利性的金融市场取代普惠性的福利供给，以掠夺性的信贷债务取代劳动性的工资收入，以不平等的投资者、食利者、债权人身份取代平等民主的公民权利，以此满足金融垄断资本的增殖需要。这就意味着日常生活金融化不能真正满足人们在衣食住行、教育、养老、医疗等方面的日常生活需求，更不能从根本上解决新自由主义所引发的一系列社会问题。更为恶劣的是，在应对金融危机的过程中，资本主义国家牺牲公民的利益，动用大量公共资源为金融机构和债权人纾困，随后还推出全面的财政紧缩计划，大幅削减卫生、教育、住房、福利、养老金和公共部门就业等支出，进一步加剧了那些处于破产边缘的中低收入者、失业者、移民、有色人种、少数族裔所面临的日常生活危机。在欧洲主权债务危机中，"债务国在债券市场的冲击下，被迫实行紧缩政策，这摧毁了数十亿人的生计和社会生活。拥有控制权的'三驾马车'无视民众抗议，宣布反紧缩的表决结果无效，为私人投资者榨干了遭受重创之人身上的最后一点价值。这对欧盟合法性的冲击是巨大的。一个曾经被认为是后国家民主化化身的共同体，如今被揭示为是金融的奴仆"②。所以，在"占领华尔街"运动中，"几乎所有99%的民众都已经不抱有政府会为自己谋利益的幻想。理由很简单。因为那1%的权贵们控制着一大群政府议案决策者……政府已经成为华尔街的保护伞和津贴来源。于是政府没钱发展教育、没钱修公路和大桥，没钱给老兵和退休工人提供应有的福利，更没钱投资当前急需的清洁能源转型。这些都不足为奇"③。"占

① 〔美〕南希·弗雷泽：《合法性危机？论金融资本主义的政治矛盾》，载江洋主编《资本主义的危机与矛盾》，中国人民大学出版社，2021，第174页。
② 〔美〕南希·弗雷泽：《合法性危机？论金融资本主义的政治矛盾》，载江洋主编《资本主义的危机与矛盾》，中国人民大学出版社，2021，第191页。
③ 〔美〕莎拉·范·吉尔德：《占领华尔街：99%对1%的抗争》，朱潮丽译，中国商业出版社，2012，第5页。

领华尔街"运动中出现的"无法无天!"（Too big to jail!）、"控制贪婪!"（Govern the greedy!）、"债务奴役!"（Debt is slavery!）、"99% 为 1% 服务"（99% serve 1%）、"穷者越穷，富者越富"（Rich get richer, poor get poorer）、"银行获救了，我们被出卖了"（Banks got bailed-out, we got sold out）、"我们想要民主而不是钱权政体"（We want democracy not a corporatocracy）、"推翻整个制度，资本主义是有组织的犯罪"（The whole system has got to go, capitalism is organised crime）等口号标语都表达了广大民众对功能失调、治理失效、社会失序、价值失范的当代资本主义制度的严重质疑与深度失望。

4. 日常生活金融化蕴含文化价值危机

正如次贷危机不仅仅是一场经济金融危机，而且是一场文化价值危机，"追求过度消费的消费主义的社会心理和社会风尚是次贷危机产生的文化土壤"①。一个围绕金融市场、金融产品、金融服务的日常生活结构不仅助长与刺激当代资本主义拜金主义、享乐主义、消费主义、功利主义等日常观念乱象，也蕴含着更为深层的价值虚无主义的文化价值危机。

从抽象的角度看，文化价值观念是社会关系的产物，是在一个社会中对有意义的事物进行集体性协商的结果，展现的是人们社会行动的目的性追求和主体性存在。马克思早就指出，资本主义本身不仅仅意味着生产方式的变革，而且也是一次价值观念的颠覆。它使食物、土地、人口、环境、资源、劳动力、家庭、亲情、友谊、两性关系等具有多重意义与价值的日常生活事物从属于资本积累和经济金钱价值，"它使人和人之间除了赤裸裸的利害关系，除了冷酷无情的'现金交易'，就再也没有任何别的联系了"②。商品拜物教、货币拜物教、资本拜物教都是资本主义价值扭曲与颠覆的观念表现。它们将人与人的社会关系转化为物与物的关系。德国著名社会学家韦伯也指出，如果说早期资本主义的赚钱动机还有新教伦理的价值导引的话，那么资本主义的成熟发展则使这一动机成为资本主义文化价值观的唯一与终极原则："人竟被赚钱动机所左右，把获利作为人生的最终

---

① 周中之：《消费主义：金融危机产生的文化土壤》，《上海财经大学学报》2009 年第 5 期。
② 《马克思恩格斯文集》第 2 卷，人民出版社，2009，第 34 页。

目的。在经济上，获利不再是从属于人满足自己物质需要的手段了。"① 资本主义将所有存在物都打上价格标签，将金钱塑造成社会价值与人生价值的终极对象，以至于人们知道所有东西的价格，而不知道什么是真正的价值。它以一种异化的、量化的、单一的、营利性的经济价值观念、价值尺度、价值话语取代了道德的、审美的、宗教的、生命的等诸多其他价值尺度，在社会文化价值系统中取得了霸权地位。这也就是德国现代哲学家舍勒所指出的资本主义导致的"价值的颠覆"，"价值序列最为深刻的转化是生命价值隶属于有用价值"②。

货币是商品价值的符号化、抽象化表达。货币金融则是货币价值的符号性和抽象性的加倍，是抽象价值符号的再抽象化。在时间层面，金融不仅代表着对现实事物价值的货币核算，而且通过风险定价、资产证券化、跨期交易等方式，使可预见的未来事物的潜在价值在当前兑现，从而将资本主义价值链延伸到未来。在空间层面，金融将人与人之间的各种社会关系从以商品、货币为代表的物与物的关系阶段进一步抽象化到以利率、期权、期指等多代表的符号与符号的关系阶段。因此，当日常生活金融化借助金融市场与金融信息技术将衣食住行、家庭、教育、养老、休闲娱乐等日常生活事物与活动进一步虚拟化、衍生化、证券化时，一种可分解、可量化、可定价、可交易的金融资产价值，掏空了日常生活事物本身内在的、多样化的价值，在时间与空间的双向维度上建构了一个极度数量化、同一化、通约化、抽象化的"金融化价值世界"。它"是由人们之间相互服务的社会经济关系的数量化构成的世界。它是一个纯数量世界——只具有用货币表达的劳动价值数量"③。在这个金融化价值世界中，金融活动并非以服务于物质资料生产、满足经济社会需要、促进人的自由全面发展为根本目的，而是蜕变成一种自我循环、自我衍生、自我增殖的具有主体性和目的性的价值活动。反过来，人们的所有日常生活事物都被抽象成一种可在未来流动、变现、增殖的现金流或金融资产。所有日常生活事物的价值标准

---

① 〔德〕马克斯·韦伯：《新教伦理与资本主义精神》，于晓等译，生活·读书·新知三联书店，1987，第37页。
② 〔德〕马克斯·舍勒：《价值的颠覆》，罗悌伦等译，生活·读书·新知三联书店，1997，第141页。
③ 鲁品越：《货币化与价值世界的祛魅》，《江海学刊》2005年第1期。

就是转化为金融资产的速度与强度。因为金融资产流动速度越快、强度越大，风险越小、获利越多。无限制地积累这种金融资产成为所有日常活动与生命存在的唯一目的与绝对命令。个人的福祉、安全、理性、自我想象与价值实现都取决于金融信贷投资活动。这是一种以手段置换目的、僭越目的的价值的颠覆。因为在本质上，金融作为一种资金融通活动，是服务于现实的经济社会发展与人的生活需要的，是一种中介性、工具性、手段性的存在。其价值取决于上述目的的实现。如希勒在《金融与好的社会》中所言："金融服务的是人类的欲望和潜能，它为我们构成一生中日复一日的各种活动提供资助。"① 但是，日常生活金融化将这一价值体系彻底颠倒与改写。

这样一来，自我增殖的金融就成了生活的终极目的、社会的集体信仰以及世俗之神。但是金融本身并不具有目的性价值，实际上也无法成为实质性、终极性目的。由此导致的价值后果是自由、平等、民主、公平、正义、幸福等目的性价值在金融化日常生活中逐渐萎缩。人们在日常生活中对真善美的价值追求蜕变成片面地对房地产股票、教育债券、医疗债券、农产品期货、天气期货、养老基金、水务基金等金融资产的无限积累。这种"股价拜物教""投资拜物教""金融拜物教"就像一种病毒，感染了社会价值体系。所有实质性、目的性、终极性的介值都受到贬值和损害。这就是尼采所说的"价值虚无主义"："虚无主义意味着什么？——意味着最高价值自行贬值。没有目的，没有对目的的回答。"② 当代资本主义社会生活中弥漫的拜金主义、享乐主义、消费主义、功利主义、个人主义等观念不过是价值虚无主义的种种表现而已。日常生活金融化所蕴含的价值虚无主义引发人们对资本主义发展价值方向的深切忧虑："我们都生活在金融主导的时代……我们都需要认真思考这个社会的发展方向是否正确？我们这一代人以及下一代人是否仍要坚持同样的发展方向。"③

5. 日常生活金融化表征总体性危机

从总体性视角看，资本主义并不是一个纯粹的经济体，而是经济、政

---

① 〔美〕罗伯特·希勒：《金融与好的社会》，束宇译，中信出版社，2012，第194页。

② 〔德〕尼采：《权力意志》，张念东等译，商务印书馆，1996，第280页。

③ 〔美〕罗伯特·希勒：《金融与好的社会》，束宇译，中信出版社，2012，第25页。

治、社会、意识形态与日常生活等相互作用的有机体。日常生活既受资本主义生产方式的支配，同时也是资本主义实现价值增值、构建权力关系与阶级结构、进行意识形态再生产的重要环节。在资本主义生产的进程中，工人阶级日益发展，他们由于教育、传统、习惯而承认这种生产方式的要求是理所当然的 20 世纪 70 年代以来，资本主义生产方式的金融化转型，将人们除生产劳动以外的所有日常消费、日常交往、日常观念全盘格式化，习俗与自然、昼与夜的界限，统统被摧毁了。因此，日常生活金融化深深根植于资本主义金融化过程之中，并充分体现出全球金融化时空扩张发展到极致所产生的深远影响。反过来，资本主义的金融化不仅来自上层金融垄断资本与国家的强行推动，其生产与再生产也依赖于每个人、每个家庭在每天所从事的金融消费、开展的金融交往与内化的金融观念。家庭储蓄大规模投资于基金是家庭影响金融化进程的重要方式，突出表现为股价上涨以及大量中产阶级的储蓄通过各种投资工具涌入市场，这同时导致机构投资者权力的不断扩大。资产价格的持续上涨使金融化获得了一些合理性。① 这一点已经从 2007 年美国次贷危机中得到了有力的证明。在次贷危机前，美国经济的虚假繁荣依赖于那些巨大的个人与家庭债务被隐藏并堆积在日常的工资收入中，依赖于貌似顺利运转的日常社会生活。而一旦个人与家庭的日常资产与负债不再能产生持续性收益与现金流，就会对建基于其上的当代资本主义从经济到政治、社会关系再到文化价值观念的总体结构产生严重的冲击。

如前所述，在经济层面，美国次贷危机的爆发本身就是日常生活金融化的直接恶果。在政治层面，日常生活金融化强化了金融寡头对人们日常生活的信用统治，削弱了民主政治的合法性基础。在社会关系层面，日常生活金融化实际上是金融垄断资本对广大民众的金融掠夺，拉大了金融食利者阶层与工薪阶层之间的财富收入差距，恶化了人与人之间的社会关系。"当大多数的关系成为金融关系时，非金融性的关系还剩下什么呢？当一个人的生活只剩下一种持续不断的商业交易系统，且这些关系由契约和金融

---

① 〔英〕约翰娜·蒙哥马利：《全球金融体系、金融化与当代资本主义》，《国外理论动态》2012 年第 2 期。

工具把持时，传统的、来自情感和奉献的互惠关系还剩下什么呢?"① 在文化价值观念层面，将投资股票视为迅速致富捷径的投机文化盛行，侵蚀与破坏了个人勤劳致富的责任感与道德品格。"廉价信贷激励其受益者浪费交托给他们的资本，因为他们总是可以期待用新的贷款来掩盖自己的损失……更重要的是，廉价信贷影响着其受益者本身的人格。事实上，由于他们无须承担各自选择的全部负面结果，他们鲜有兴趣去理解自己的行动所带来的结果，也不会出于自身原因而关注那些结果。简而言之，责任感的缺乏逐渐致使人们不再考虑事情的因果，同样也不再考虑事情的善恶。人们的思维变得混乱了，尊重和同情向冷漠让步。"② 总而言之，日常生活金融化表征着当代资本主义已经进入总体性、系统性危机的新阶段。

---

① Jeremy Rifkin, *The Age of Access: The New Culture of Hypercapitalism* (Penguin, 2001), p. 112.

② 〔德〕约尔格·吉多·许尔斯曼：《货币生产的伦理》，董子云译，浙江大学出版社，2010，第1~2页。

第八章 抵抗日常生活金融化的
多维斗争

日常生活金融化在将金融垄断资本的积累融入日常生活的同时，也将其内在矛盾与危机植入日常生活。日常生活中的矛盾与危机激起了人们从日常消费、日常交往与日常观念层面展开的抵抗与瓦解日常生活金融化的社会斗争运动。与生产劳动领域围绕工资、工会展开的斗争不同，这些运动是针对金融垄断资本在日常生活领域的"剥夺性积累"而展开的反剥夺斗争，"针对剥夺的斗争（包括对土地权利、福利、退休金和医保权利的剥夺，对环境品质的剥夺、对生命本身的剥夺）与围绕劳动的斗争具有不同的性质"①。它们构成了当代资本主义日常生活政治与解放运动的重要部分。

第一节 抵抗日常消费金融化

日常消费的金融化就是人们的食品、住房、医疗、保健、教育、养老等满足个人最基本生存需要的活动严重依赖当代资本主义金融产品与金融服务。人们不得不通过住房抵押贷款、信用卡贷款、共同基金、养老基金、学生贷款、汽车贷款、小额信贷、生命保险等方式应对劳动力的社会再生产危机。而这些日常投资与借贷都植根于私有化、剥夺性、垄断性、不平等的当代资本主义货币金融系统。鉴于此，"毫无疑问，变革的首要目标应当是满足人们对食品、住房、就业、医疗、教育和环境可持续等方面的基本需要……社会的人力和自然资源能够而且应当被用于全体人民而不是少

---

① 〔美〕大卫·哈维：《资本的限度》，张寅译，中信出版社，2017，第 15 页。

数特权阶层"①。建立以社区货币、公共投资基金、互助储蓄银行和社区信用合作社等集体所有和自我管理的机构为中心的彻底民主化、去中心化和非营利性的替代性货币金融系统，成为抵抗日常消费金融化的核心内容。

一　社区货币交换系统

日常生活金融化的重要特征是资本主义货币金融关系在健康、教育、交通、住房等以往相对远离市场机制的领域的传播。这构成了金融垄断资本对个人与家庭收入财富进行金融掠夺的关键机制。因此，反对剥夺性货币金融系统在日常生活中的支配地位，建立一套基于互助合作的非营利性的社区货币交换系统，并以之作为满足日常生活需要的交换系统的运动，也就应运而生了。

所谓社区货币（Community Currency），也被称为补充货币（Complementary Currency）、另类货币（Alternative Currency）、地方货币（Local Currency）、时间货币（Time Currency），是指为促进社区的共同繁荣与可持续发展，社区居民之间通过自愿协商达成的，接受某种非法定货币作为支付手段和交换媒介的一种经济社会协议。在这个社区内，居民通过不同形式的交易活动来获取支付能力，通常都是以劳动时间为计量单位和支付手段。因此，社区货币交换系统是一种基于地方性、自主性、替代性货币媒介的消费、交换与生产循环网络，它为社区居民提供了一种独立于主流经济的本地经营的谋生方式。

社区货币的构想可以追溯到19世纪英国著名空想社会主义者欧文提出的"劳动券"，即一种不需要借助于商品货币关系来计量劳动和进行消费品分配的凭证。欧文认为，用标明一定社会必要劳动时间的劳动券代替货币，能消灭剥削，实行"公平交换"。德国经济学家吉赛尔（Silvio Gesell）在1916年发表的《来自自由土地和资源货币的自然经济秩序》中认为，传统货币的财富储存功能阻止了它有效地发挥交换手段的作用。财富储存功能被视为货币流通的障碍，因为货币不能在储存的同时流通。货币作为交换手段自由有效流通的一个要求是，它只被视为没有内在价值的代币，是衡

---

① 〔美〕福斯特、马格多夫：《金融内爆与停滞》，载江洋主编《资本主义的危机与矛盾》，中国人民大学出版社，2021，第109页。

量 "真实" 财富交换的一种手段。为了使货币能够有效地发挥交换手段的作用,货币必须像其他商品一样有保质期,以阻止囤积、鼓励流通。^① 他提倡使用一种被称为 "印花票" 的货币,这种货币必须在一段时间后加盖少量印花,以保持其面值。钱必须在截止日期前花掉,这就会鼓励人们花钱而不是囤积。这为社区货币的产生奠定了理论基础。

20 世纪 30 年代的大萧条导致法定货币流通不足和恶性通货膨胀,社区货币开始得到最初的实践运用。为应对德国恶性通货膨胀所造成的严重影响,一种名为 "瓦拉"(WARA)的社区货币开始流通。"瓦拉" 在德语中的意思是 "商品的货币",是由煤的存货来担保的一种纸币。当地居民可以使用 "瓦拉" 在指定地点换取基本的生活用品。但每月必须缴纳很小的一笔印花费即滞留费,以保证这些社区货币不被囤积,而是在社区范围内有效流通。^② 1934 年,瑞士为了缓解大萧条的负面影响,帮助中小企业获得贷款资助,解决相关的中产阶级危机,建立了 WIR 银行。WIR 是 Wirtschaftsring Genossenschaft(相互经济支持圈)的缩写,同时在德语中也表示 "我们"。WIR 允许参与者在不使用传统法定货币的情况下交换商品和服务。WIR 的会员会根据相应的合作章程,将自己的购买力放到对方的 "存款" 中,以此来鼓励经济循环。

20 世纪 80 年代以来,为应对货币金融国际化、一体化所导致的区域经济社会发展不平等、收入差距扩大以及对地方自主性的冲击,社区货币得到了更大范围的发展,出现了各种类型的应用。一是 1983 年加拿大自由职业者迈克尔·林顿在温哥华创建的 LETS(Local Exchange Trading System),即当地贸易交换系统,以应对其所在社区存在的法定货币短缺问题。LETS 将在交易时创建的虚拟货币作为商品或服务卖家的贷记与买家的借记。与正式的货币不同,这些社区货币只能在参与了 LETS 的社区成员之间流通,并由成员自己管理。所有参与者的账户开始时都为零,并且可以在赚取任何货币之前进行消费。披露个人账户余额是为了防止滥用,一些系统采用借记限额,但不对负余额收取利息,也不收取佣金。LETS 成员之间可以交

① 湖北财经学院、武汉大学编写组:《按劳分配有关范畴的分析》,人民出版社,1979,第83页。
② 李成武、李婷:《补充货币的理论、实践与启示》,《金融纵横》2010 年第 2 期。

换的商品和服务十分广泛，包括家务、医疗保健、食品、衣物、维修服务、非正规教育等，涵盖日常生活的衣食住行等许多方面。据统计，从 1982 年到 2013 年，全球地区交易系统机构由 8 家增加到 249 家，遍布 5 个洲 14 个国家，成员数达到 80 万人。[①]

二是 1985 年美国律师埃德加·卡恩提出设立时间货币，并建立了时间银行（Time banking）。卡恩力图通过一种以时间为单位的货币将个人服务的交换正规化。每一小时的工作都等于一个时间货币单位。为社区付出服务的"义工"，每次工作可获得同等时数的货币单位。这种时间货币为每个人的劳动时间分配一个统一的价值，依靠正式雇用的"时间经纪人"来协调交换，并确定所有成员的需求和能力。服务工作包括义务教育、照顾婴童、传送饭餐、房屋维修、医疗陪护等。获得的时间货币也可以用来交换相应的日常服务与商品，满足日常生活需要。与 LETS 计划一样，时间货币追求的目标是在当地社区内促进社会包容、互惠和自助，拒绝商业化、市场化的价值标准。不同的是，时间货币具有更加定向与集中的组织特征。首先，交易是集中化的。每个时间货币项目都有一个中央办公室，作为整个项目的票据交换与清算所。其次，与此相关的是，高水平的中央控制既使得对成员的监管成为可能，也因对成员的监管而得到加强。所有成员必须在加入前提供正式推荐信或证明文件。一些提供儿童保育等特定服务的人员，还需要出示地方行政机构的资格认证。目前，时间货币（时间银行）系统在美国 38 个州运行，法国有 124 个正在运行，意大利有 100 个，荷兰有 65 个，全球 4 个洲的 11 个国家共有 1715 个相关项目在运行。[②]

三是美国纽约州伊萨卡小镇发行的伊萨卡时间币，作为地方货币的典型，这是当地居民自行发行的交换媒介，它允许在没有法定货币支持的情况下在当地自由流通。1 个伊萨卡时间币的价值固定在 10 美元（该地区工资的平均小时价值）。任何工作 1 小时的价值都是相等的。伊萨卡时间币可以在该社区内的超市、影院、农贸市场、餐厅等场所消费。消费的地理区域自动限制在以城镇中心为圆心、半径 20 公里内的周围地区。到 1995 年

① 贝多广、罗煜：《补充性货币的理论、最新发展以及对法定货币的挑战》，《经济学动态》2013 年第 9 期。
② 郑红：《互助养老与社区时间货币》，中国经济出版社，2018，第 29~30 页。

底，250 家企业接受了伊萨卡小时制，一些企业甚至提供联邦货币的兑换服务。类似地，东京附近的千叶市，建立了一个叫作"花生币"的地方货币系统，其价值通常被转换成日元（1 花生币相当于 1 日元）和服务时间（1小时的服务价值 1000 花生币）。这些地方货币作为更具流动性和包容性的交换媒介，可以在当地社区用于支付食物、日间照看、维修、家务等费用，保证资金在当地社区内的有效流通与供给，将生产、贸易和消费留在当地社区，从而促进当地经济发展。

社区货币虽然形态各异，运行机制各有不同，但它的兴起却在很大程度上反映了普通民众摆脱与抵抗金融垄断资本对日常生活支配、控制的霸权的愿望。首先，社区货币系统有利于解决当代资本主义国家由法定货币的垄断性所导致的日常生活中信贷资金短缺问题，保证了社区内部商品与服务相互交换、流动的有序性。由于法定货币具有财富储存与充当交换媒介的双重职能，资本的牟利冲动往往使得资本主义银行金融机构将资金从促进贸易的活动转向在货币金融市场上更有利可图的投机活动。金融垄断资本的国际流动也将投资重新分配到高利润、低风险地区。这通常意味着货币资金从较贫穷地区向较富裕地区转移，不仅拉大了地区社会经济差距，而且造成边缘社区与边缘人群的金融排斥与资金短缺，使他们不得不接受高利率、歧视性、剥夺性的信贷产品。而社区货币系统通过采用非商品货币来脱离资本主义货币经济的战略，减少了对中央政府拨款和昂贵的银行信贷的依赖，减缓了资金从当地经济活动中流失的速度，有利于保证当地社区对投资决策的控制权，满足社区内部成员对资金的日常需求，部分地避免了外部金融机构的不平等剥夺。如学者所言："补充性货币的兴起反映了社会中的企业和个人对国家垄断货币发行带来的通货膨胀和金融机构过分追求商业利益的不满，也反映了社会力量对个体经济自由、社会公正的诉求。"[①]

其次，社区货币系统的目标与宗旨不是追求利润最大化，而是满足社区成员的各项日常生活需要，促进社区可持续发展。如前所述，在日常生活金融化过程中，金融机构与金融市场面向人们的衣食住行等日常生活领

---

① 贝多广、罗煜：《补充性货币的理论、最新发展以及对法定货币的挑战》，《经济学动态》2013 年第 9 期。

域发行的各种金融信贷产品，本质上是金融垄断资本对普通民众的金融掠夺。而社区货币系统剥离了利息收取的财富功能，没有利率，也没有传统意义上的债务，因此系统中没有非生产性融资资本。由于未收取利息，人们没有动机积累大量无价值的钞票，从而避免建立一个靠"非劳动收入"生活的新的食利者阶层。社区货币系统只是作为一种在社区内使用的交换媒介，能够使未被满足的需求与对应的闲置资源得到相互匹配，以稳定社区，提供就业岗位，促进劳务交换，使传统上不能进入正规市场的家务、照顾老人等服务进入这一特殊市场，既合理利用闲置劳动力，又使他们的生活需求得到满足。例如，日本的一些地方社区通过发行保健货币的形式向老年人提供保健服务，"而这种服务也广受老年人的喜爱，因为这种服务的照料结果比那些需要支付日元这一国家法定货币的社会服务工人的照料质量要高，双方关系更融洽。至1998年末，日本有超过300个地方性的保健时间信贷体系"①。

最后，社区货币系统内部平等互信、互助互利、公平协商、自愿参与的关系属性冲击了剥夺性、不平等、歧视性的日常生活金融化现象。社区货币系统不是基于强制性的法律条文，不是由中央银行创造，不能如市场经济中的货币那样被商品化，而是由用户（基于对商品和服务的需求）创造的，其价值基于自愿参与的成员之间的相互信任，因而具有鲜明的平等性和互利互助性。"所有这些系统都会定期或不定期举办各类社群活动，特别是交易会、音乐会、宴会、远足等，一方面提供机会使另类货币和贸易的成员有面对面相互认识的机会，以强化这类贸易所必需的互信基础，另一方面则企图扩散另类文化和增强社群的归属感。"② 社区货币系统的有效运作在满足人们的日常生活需求的同时，加强了社区成员之间的交往互动与邻里关系。一项研究比较了参与时间美元项目的家庭和那些没有参与它的家庭，发现在参与时间美元项目的家庭中，人们会相互打招呼，当某个人过生日时，整个家庭会举办大型聚会，人们会留心注意他人，每个星期都有一次非正式的晚餐，设立供集体共用的院子。"这个简单的建议改变了

---

① 陶士贵：《关于"补充货币"内涵、性质及特点的初步研究》，《经济问题探索》2009年第7期。

② 许宝强：《资本主义不是什么》，上海人民出版社，2007，第205页。

人们同他人联系的方式。人们感到他们的贡献得到了报偿。他们感受到了自己的价值。"① 一些研究还表明,社区货币交换系统成为穷人和失业者的潜在工作机会和无息信贷的来源,有助于这些边缘群体融入社区,缓解他们的社会排斥,促进了替代性生计的实现。"在这里,参与者可以从当地获得食物、兼职工作和更广泛的互助网络,他们通常能够为自己提供他们想要的另一种更自由的经济形式,只要他们不追求物质享受。"② 因此,社区货币系统增强了社区的自我管理、自我组织、自我更新、自我协调、自我发展的功能,从而提高了社区的包容性、稳定性与和谐性。来自英国的数据表明,55%的受访者声称 LETS 帮助他们建立了更广泛的朋友网络;30%的受访者将之用于发展更深厚的友谊;75%的受访者将之用于发展自助网络。这些社交关系网络往往是失业者非正式经济支持的潜在来源。③ 从这一维度看,社区货币系统起到了"社会资本"的作用,允许成员帮助他人,加强了互惠,奖励利他主义,并在陌生人之间建立信任,发展更深的友谊,并在一定程度上扩展成员的社会交往面。

二 信用合作社运动

信用合作社(Credit Union)是一种在日常生活中抵抗掠夺性金融机构与金融市场的重要经济社会组织。"合作社作为一种共同所有和民主控制的企业组织,是弱者维护自我权益的经济组织。作为一个世界性运动,它在全球的发展已经超过 160 年历史,一直在与自私、贪婪的资本主义抗争。"④一般而言,信用合作社是由地方社区成员自愿集资联合组成的合作金融组织,目标是以较低的利率为其成员提供资金与信贷服务,是银行金融机构的一种。信用社的盈利归成员集体所有,并按照投资额度或股份进行分红。

信用合作社起源于 19 世纪 50 年代的德国。1850 年,赫尔曼·舒尔

① 〔美〕贝尔纳德·列特尔:《货币的未来》,林罡、刘姝颖译,新华出版社,2003,第224 页。

② Peter North, *Money and Liberation: The Micropolitics of Alternative Currency Movements* (University of Minnesota Press, 2007), p. 127.

③ Kristofer Dittmer, "Local Currencies for Purposive Degrowth? A Quality Check of Some Proposals for Changing Money-as-usual", *Journal of Cleaner Production*, Vol. 54 (2013): 3-13.

④ 逄遥、罗兰滋:《资本与债务陷阱——向全球危机中的合作社学习》,中国商业出版社,2014,第 1 页。

兹-德利茨奇（Hermann Schulze-Delitzseh）创办了第一个服务于城市手工艺人和小商人的信用协会。弗里德里希·威廉·雷发巽（Friedrich Wilhelm Raiffeisen）在农村建立农村信用合作社，为农业人口提供存贷服务。这些被称为"人民的银行"的信用社受到普通民众的欢迎。此后，德国信用社运动向欧洲、北美传播。19世纪60年代末，瑞士、奥地利、法国也出现了信用合作协会。1909年，美国新罕布什尔州建立的圣玛丽合作信用社是第一个非营利性的社区居民合作金融机构。1914年，马萨诸塞州成立的马萨诸塞信用社（Massachusetts Credit Union）为低收入人群维持生活和进行小生产提供资金贷款支持。此后，尽管受到两次世界大战和经济危机的冲击，信用合作社的发展受到了一定程度上的影响，但是20世纪80年代以来，这种建立在社区成员互助合作基础上的非营利性金融组织成为普通民众抵抗金融国际化所带来的区域发展不平等的有力方式，得到了更大程度的发展。据统计，1934年，美国仅有2500家信用社，共450000名会员；至1966年，已发展为22000家信用社和2200万名会员；1987年，美国约有16000家信用社，共拥有5600万名会员，总资产达2000亿美元。2007年，全美信用社共有会员8900万人，约占美国人口的1/3；信用社资产总额7765亿美元，各项存款3600亿美元，各项贷款5437亿美元，资本充足率平均在11.5%以上。1997~2007年，信用社会员总数增加了21.6%，与此同时，贷款余额上涨了127.8%，而股金与存款总额上涨了106.8%。[①] 截至2009年，美国7708家信用合作社资产超过8990亿美元，占整个金融机构资产的6%。欧盟合作社银行2008年全部资产达到77680亿美元，占有欧盟市场18%的存款份额、16%的贷款份额。在2008年的金融危机中，信用合作社的表现普遍优于其他类型的金融组织。美国信用联盟2007~2008年贷款增长了6.68%，而同一时期8300家传统商业银行贷款业务下降了0.39%。2009年信用联盟的贷款持续增长，达到11%，而传统银行则下降了15%。同时，2009年，美国信用联盟总储蓄和总资产的增长率达到了自2005年以来的最高峰，分别是10.3%和8.9%。[②] 信用合作社运动蓬勃发展，在各国都形成

---

① 李文仁：《美国信用合作社体系的发展特征及启示》，《金融经济》2010年第2期。
② 逍遥、罗兰滋：《资本与债务陷阱——向全球危机中的合作社学习》，中国商业出版社，2014，第131页。

了符合各国国情与特色的合作金融模式。与此同时，国际合作联盟、世界信用社理事会、欧洲合作银行协会等国际性合作金融组织的成立，也标志着信用合作社运动之间的相互交流与联系的不断加强。

　　虽然与社区货币相比，信用合作社内的储蓄和借贷交易以现行国家法定货币计价，但就其性质宗旨、运行机制、职能效果而言，信用合作社的兴起与发展也体现了对当代资本主义不平等、掠夺性的货币金融体系的一种抵抗。在性质宗旨上，信用合作社是社区成员为解决日常生产生活中的资金困难，获得信贷服务，按照自愿、平等、互利的原则组织起来的一种经济组织。其目标是让人们共同拥有、民主管理，"满足他们共同的经济、社会、及文明的渴望是合作社经济理性的关键部分"[1]。因此，互助合作性与非营利性是其根本属性。从前者看，信用社的成员之间存在某种特定的共同联系和相互信任关系，他们或者是有属于一个行业的职业联系，或者是有生活在一个社区的地域联系，或者是有属于一个宗教组织的精神联系。从后者看，与一般的营利性金融机构不同，信用社主要为其成员提供低息廉价的资金服务。如工资管理、信贷咨询、金融教育等其他商业银行不愿或无法提供的公益性服务。从这一角度看，信用合作社为个人和社区寻找方便、低成本的储蓄和借贷方式开辟了道路，从而为高利率的发薪日贷款、小额贷款、信用卡贷款等日常借贷的市场网络提供了明确的替代方案。因此，一些研究者将信用合作社视为一种"积累的替代机构""抵抗机构而非合规机构"[2]。

　　在运行机制上，信用社是合作型金融机构，其运作基础是合作互助机制。这些机制主要包括：平等参与机制，即合作组织由全体会员通过一人一票的方式平等参与民主管理，信用社的董事会成员完全通过民主选举产生；开放性机制，即任何愿意缴纳一定股金会费，并承担相应会员义务的人均可加入；公平性机制，即合作组织产品设定的价格对所有会员应该都是一样的，不得对某些会员有所偏向，其账目、资金、贷款都完全公开；

① 逍遥、罗兰滋：《资本与债务陷阱——向全球危机中的合作社学习》，中国商业出版社，2014，第138页。
② Andrew Leyshon and Nigel Thrift, *Geographies of Financial Exclusion: Financial Abandonment in Britain and the United States* (Transactions of the Institute of British Geographers, 1995), pp. 312-341.

公益性机制，即对合作组织会员长期提供教育培训，努力做到不负债经营以保护会员利益。[①]

在职能效果上，信用合作社主要开展传统商业银行的三大业务，即存款、贷款和结算。资金主要来源于本社会员的存款。资金运用的方式主要是为成员提供满足衣食住行方面需求的消费性贷款，如汽车贷款、住房抵押贷款、无担保贷款和信用卡贷款。其中最多的是汽车贷款，其次为住房贷款，这两类贷款占了全部资产的70%以上。对商业性、经营性的项目一般不予贷款。除此之外，信用社还为会员提供包括自动取款机、信用卡和储蓄卡、信用社支票、货币市场账户、汇票和旅行支票、保险、财务咨询、培训、资金管理、电话付费和家庭银行在内的其他金融服务。在金融服务对象方面，工薪阶层和低收入家庭是信用合作社的重要群体。信用合作社通过为这部分群体提供小额消费性贷款，培养他们良好的金融意识和理财能力，满足他们各种日常生活需要，提高他们在日常生活中掌握金融信贷的自主权和主动性，在一定程度上打破了高利率、掠夺性的商业信贷的盘剥压榨。正如有研究者所言：“无数的农民以及经济发展中的弱者，通过合作社的组织形成与资本抗衡的力量，不仅维护了自我生存的方式和利益，也使得不同国家经济发展中的很多矛盾容易解决，降低了社会成本。”[②]

第二节　抵抗日常交往金融化

日常生活金融化代表了将资本主义积累不仅融入衣食住行等日常消费领域，而且将家庭生活、邻里关系、社区活动、休闲娱乐等日常交往行为改造成一个个微型金融投资信贷单元。这就严重冲击与削弱了作为情感交流、意义传达、关系交融、身心愉悦方式的日常交往活动的功能属性，也激起了人们从各种日常交往活动中去抵抗金融垄断资本对日常生活世界的殖民的意愿。

---

① 史纪良：《美国合作信用社管理》，中国金融出版社，2000，第1页。
② 逍遥、罗兰滋：《资本与债务陷阱——向全球危机中的合作社学习》，中国商业出版社，2014，第2页。

一 "占领华尔街"运动

2011 年美国爆发的"占领华尔街"运动是最为直接、最为突出的反对金融垄断资本霸权统治的民众性、日常性社会抵抗运动。从运动背景看,"占领华尔街"运动的兴起是因为日常生活金融化并未从根本上解决人们衣食住行等生活资料短缺的再生产危机,反而以次贷危机的形式进一步加剧了日常生活危机。根据 2010 年 4 月 17 日中国新闻网报道,美国 2010 年第一季度房贷违约较上一季度增长了 7%,同上一年相比增长了 16%。[1] 这意味着在美国每 138 户家庭就有一户家庭违约。"另外,2010 年第一季度美国银行实际扣押的房产为 257000 套。如果这种趋势持续下去。2010 年美国银行扣押的房产有可能打破 2009 年的 918000 套。"[2] 住房抵押贷款违约数量的急剧增加表明个人与家庭的债务负担已经不可承受,无家可归者的数量剧增。再加上就业形势不断恶化、失业人口不断增多、食品医疗供给短缺、教育成本支出不断增大等日常生活问题不断蔓延,进一步激化了深陷重重债务的广大民众与以华尔街为代表的金融权力精英之间的矛盾对立。"占领华尔街"运动的标志性口号"99% 对 1%"就是这一矛盾对立的集中体现。这里的 1% 就是掌握巨额金融资本的金融寡头及其对人们生活的霸权统治,超越了任何名义上的代议制政治体系;99% 则是在金融危机中遭受损失的普通民众。"华尔街是牺牲 99% 民众利益为 1% 服务的经济体系中心。它利用其庞大的金融和媒体机能操控政府,致使贫富差距越来越大。"[3] 从这一维度看,"占领华尔街"运动深刻体现了广大民众在社会生活领域对金融垄断资本霸权的抗议。

从纲领内容看,"占领华尔街"运动是金融垄断资本霸权不断扩张导致日常生活危机的产物。"这些经济统治者如此傲慢、残酷、短视、贪婪,将人民当作可以任意压榨的物质群氓。我们已经忍无可忍,终于奋起宣告,金融利益集团企图摧毁我们的生活,我们将不再被动挨打、听之任之。我

---

[1] 《美 3 月份房贷违约案激增》,中国新闻网,https://www.chinanews.com/estate/estate-hwlx/news/2010/04-17/2232262.shtml。

[2] 李翀:《金融危机后的美国经济》,《经济学动态》2010 年第 6 期。

[3] 〔美〕莎拉·范·吉尔德:《占领华尔街:99% 对 1% 的抗争》,朱潮丽译,中国商业出版社,2012,第 74 页。

们知道当前危机的制度根源，并且将发起直指制度根源的反击。"① 这篇宣言提出的运动总纲领是变革金融资本主义制度本身。在此总纲领的指引下，"占领华尔街"运动针对日常生活危机提出了一系列的具体目标与诉求。在政治上，要求改革金融寡头的权力操纵，争取普通民众的政治参与权，制定并完善有助于从根本上解决住房、食品、医疗、教育、公共交通等日常生活资料短缺问题的各项政策措施，而不是使之沦为金融垄断资本的权力游戏。在经济上，要求改变牟利性金融机构的运作模式，加强金融监管，建立普惠型的经济金融组织，例如把巨头银行分解为独立的社区性金融机构、加强绿色基础设施项目投资、通过高附加税改革将税收用于民众需要的社会福利与公共设施领域等。在文化上，"占领华尔街"运动以民主参与、平等协商、自主互助的组织文化理念力图替代自私自利、金钱至上、享乐主义、食利主义的金融资本主义文化价值观。在社会关系上，"占领华尔街"运动号召广大民众广泛参与，建立由民众自主自治、相互支持、合作共享的社区，以此反对日常生活金融化所导致的财富分化与阶级对立。

从斗争形式看，与有组织武装斗争、大规模示威游行不同，"占领华尔街"运动更多地采取的是一些具有日常行为特征的抗议形式。一种是静坐示威。组织者在祖科蒂公园搭建大帐篷，设立厨房、临时医院和图书馆，将其变成持久性的抗争营地。一些参与者制作游行徽章、手持标志，在象征美国金融资本繁荣的华尔街铜牛处、纽约市政大厅前进行静坐示威，表达对资本主义制度的不满。还有示威者在这些场所使用睡袋或帐篷，进行街边睡眠抗议。当有人经过他们身边时，示威者就会大声讨论食品危机、教育贷款、住房违约、收入不平等这些日常生活问题，以此唤起更多人的关注。正如学者所言："这种街边睡眠的方式不仅是占领运动的重要组成部分——因为其形式和内容本身就需要占领一定的空间，还是表达抗议的重要形式。"② 这些抗争方式实际上就是通过公园静坐、街边睡眠等日常交往活动去抵抗日常生活金融化对家庭、邻里、社区等生活空间的殖民。另一种是参与者和平集会，通过"人民麦克风"的形式宣讲自身的负债经历与

① 转引自杨斌《从占领华尔街抗议运动看美国民主模式的弊端》，《国外理论动态》2011年第12期。
② 张帆：《占领运动棱镜中的当代资本主义批判研究》，陕西师范大学出版社，2020，第92页。

抗债诉求,即一个人发表了自身的看法,再通过身边的人不断地进行重复,一层层地向外传播,在这种日常语言行为中实现自身观点和意见影响的日常化与最大化:"你可以想象这所有人聚在一起展开民主讨论的场景吗?想象大家通过'人民麦克风',重复着、传递着某个人每次都很简短的话语,让所有人都听到。在第一周,一直到今晚之前,'人民麦克风'方式只是在几百人的集会中用过,效果不完美,但每个人都听到了。在几千人的集会上,'人民麦克风'要重复的次数不是一次,也不是两次,而是三次。每一个声波都代表着另外一拨人听到了说话人所说的话;每一个声波都代表着听者主动在听而且重复了听到的话。"① 可以看出,这种"人民麦克风"加强了民众在抗争过程中的日常沟通和交流,增进了人们的抗争情感,壮大了团结力量。还有一种是利用报纸、电视、数字新媒体等社会性媒体直播抗议活动。运动爆发伊始,参与者就组织了媒体关系委员会,利用Facebook、Twitter等传播速度快、受众面广、参与程度高、互动频率高的社交新媒体,全程直播各种占领运动。同时,参与者还通过自建网站、博客、论坛等方式,发表自己的观点、表达自己的诉求。"这些平台使人们能够以新的方式进行互动和交流……并且可以同时与一大群人交流和共享信息。随着移动、手持设备,尤其是智能手机的发展,这些平台之间的共享和传输速度加快了。"② 占领运动通过这些社会性、大众性媒体,广泛宣传其主张,扩大运动影响,促进了抗议斗争形式在日常生活空间的渗透与扩展。

从组织原则看,"占领华尔街"运动建立在反权威、反等级、无暴力的民主化、自治化、协商化的组织原则基础上,以此反对日常生活金融化中所体现的不平等、强制性、歧视性与掠夺性关系。虽然参与"占领华尔街"运动的社会群体众多,不仅包括传统的工人群体、低收入劳动者、无家可归者、大学生、有色人群,而且还有一部分中产阶级,但是整个运动的组织开展没有固定的领导者和领导集体,即使是参与运动的一些著名社会评论家与左翼知识分子,如社会活动家娜奥米·克莱恩(Naomi Klein)、人类

① 〔美〕莎拉·范·吉尔德:《占领华尔街:99%对1%的抗争》,朱潮丽译,中国商业出版社,2012,第28页。

② Deborah Gambs, "Occupying Social Media", *Socialism and Democracy*, Vol. 26, No. 2 (2012): 55-60.

学家大卫·格雷伯（David Graeber），也都既没有成为运动的领导人，也没有成为官方发言人。在占领运动中组建的各种委员会，如负责参与者膳食安排的食品委员会、处理新闻信息发布的媒体关系委员会、提供资料服务的人民图书馆，都是由所有运动的参与者通过直接民主的形式协商表决出的。这些机构也只是运动的服务机构，没有实际的领导权与决策权，内部成员之间是平等的，并无上下级隶属关系。此外，根据参与者关注的利益与焦点的不同，占领运动还组建了由 5~20 人组成的小规模自主活动组织，被称为"支部"。支部内部与支部之间高度自治，根据自身需要与特点开展相应的活动。"由 5~20 人组成的支部可以根据自己的情况决定自己要做的事情以及做的方式，不用遵循上级组织任何人的命令和要求。通过这种方式，他们向自上而下的决策机制和组织机构提出了挑战，并将权力交给了自己所生活的范围内采取直接行动的人。"① 民主化的平等参与协商原则将"占领华尔街"运动塑造成一个建立在共同责任感、共同参与感、共同目标、共同利益诉求基础之上的政治活动社区，充分体现了在抵抗日常生活金融化霸权中追求日常生活解放。"在这种社区生活中，大家相互合作、共同探讨、人人平等、享有自由，向世人展示了一种完全不同于资本主义世界尔虞我诈、唯利是图、金钱至上的生活愿景。'占领华尔街'运动的参与者通过这种自发形成的社区生活的方式，这种新的、完全有别于资本主义的生活状态，表达了自己对资本主义的不满及自身对于资本主义改革所希望达到的一种理想状态的追求。"②

二 消除债务运动

消除债务运动是"占领华尔街"运动的衍生，是针对作为日常生活金融化后果之一的个人与家庭大规模负债而兴起的社会抗议运动。因为对普通民众而言，日常生活金融化意味着负债累累：一是人们被迫借钱以获得本应由政府为所有人提供的公共产品与服务，如医疗保健和高等教育；二是工资收入停滞不前，但私人信用卡和其他消费信贷普遍增长。

---

① 〔美〕莎拉·范·吉尔德：《占领华尔街：99% 对 1% 的抗争》，朱潮丽译，中国商业出版社，2012，第 28 页。
② 张帆：《占领运动棱镜中的当代资本主义批判研究》，陕西师范大学出版社，2020，第 95 页。

消除债务运动首先汲取了古代美索不达米亚与基督教记载的禧年传统：随着每 50 年一次的禧年（Jubilee year）的到来，奴隶和囚犯将被释放，债务会被免除，土地将归还给原有者。20 世纪 80 年代，这一传统被引入全球南方国家的主权债务减免运动中，形成了禧年债务运动（Jubilee Debt Campaign）。许多穷国无力支付债务和利息，结果掉入发达资本主义国家债务剥削的陷阱。本应用于公民生计福利、公共基础设施和经济社会发展的各种资源被用于偿还债务。禧年债务运动的支持者认为，摆脱这一困境的唯一办法是免除或完全取消债务，特别是那些面临饥荒、政治冲突、种族灭绝和流行病等人道主义问题的"重债穷国"。在许多慈善组织、人道主义团体、私人公司、文化名人的支持下，这一运动蓬勃开展，逐渐演变为在 69 个国家中拥有成员组织、参与者遍及 166 个国家的一个基础广泛的联盟，并且成功免除 18 个"重债穷国"400 亿美元的债务，成为跨国减债运动的最新形式。①

许多"占领华尔街"运动的参与者本身就是在金融资本主义导致公共债务与私人债务不断增加、劳工运动萎缩和高失业率的背景下成长起来的。在他们看来，从住房抵押债务到学生债务再到医疗债务的整个债务体系，是华尔街掠夺性逻辑影响个人、家庭和社区生活的一种高度有形的方式。面对无法偿还的学生贷款、堆积如山的医疗账单，以及被迫忍受紧缩政策的资不抵债的社区，他们借鉴禧年债务运动，要求大规模减免学生贷款、房屋租金、医疗债务、发薪日贷款和刑事处罚债务。这些由生计所迫而欠下的债务，意味着债务人被剥夺了基本生存的手段，不仅导致债务人陷入无法摆脱的日常生活危机中，而且进一步加剧了本已严重不公平的财富分配。因为这些债务及其所产生的高额利息已经成为金融机构获利的重要来源，成为财富从穷人向富人转移的重要形式。而且，将债务人视为做出错误选择的个人的意识形态，掩盖了人们负债的结构性、体制性因素。例如，正是新自由主义的紧缩政策将数百万本应享受医疗补助的人剔除，并且大幅减小了对公立高等教育的资助力度。这迫使工资停滞的工薪阶层不得不以私人借贷的方式去满足生存与发展的基本需求。

---

① 徐步华：《跨国社会运动对全球治理的影响——以减债、禁雷和反大坝运动为例》，《世界经济与政治论坛》2011 年第 4 期。

因此，运动组织者以"你不是贷款""债务约束99%"等斗争口号，挑战金融资本家利用债务的道德义务力量来"让我们孤立、羞愧和害怕"的企图。他们声称，这些被工具化的情感条件使人们的亲属关系、友谊和社区义务被债务关系与经济束缚所取代，他们运用"直接行动、学术研究、社会教育和艺术"的战术组合去推翻这种普遍的服从，呼吁那些受住房抵押债务、学生债务、医疗债务、信用卡债务剥削与压迫的人们，不分阶级、阶层、民族、种族、性别、地域、国别地联合行动起来，抵制所有不平等、掠夺性的债务。

消除债务运动并不是在倡导债务"宽恕"——这意味着一个仁慈的债权人同情一个应受谴责的债务人——而是要求废除当前以利润为中心的债务体系，发展以社会生产力为基础的信贷。消除债务运动的参与者认为，从人们获取饮用水、食品、教育、医疗、保健等生存资源或重要公共物品的短期需求中谋取长期利润是一种高利贷、反社会行为。这些债务只对债权人有利而对负债的个人、家庭和社区造成持续性损害，应受到谴责、取缔、不予偿付，且不应要求债务人赔偿。因此，拒绝偿还不道德的恶债在道义上是合理的，也是可行的，是公民的正当行为。对于那些旨在建立一个更公正社会的人来说，培养这种集体拒绝行为可能相当于一种道德责任和战略任务。如果人们意识到各自的债务是共同的，所有的债务都是由一个剥削系统连接起来的，甚至是由同一家银行控制的，那么所有债务人就可以团结一致地拒绝这些不公正的恶债。这为债务抵抗运动提供了集体认同与社会联系。或者说，负债也可以成为一种建立团结的生活经验。"债务是联结99%的人的纽带：从经济危机中第一次遭受重创的丧失抵押品赎回权的房主，到数百万债务缠身的违约学生，到所有因医疗账单而破产的人，到被迫用信用卡债务来补偿30多年来停滞不前的工资的工人，到因为城市破产而不得不接受减薪的消防员和教师，再到学校和医院被关闭以偿还外国债券持有人的社区居民。鉴于债务在市政和国家层面的运作方式，这个问题影响到我们所有人——即使是那些有幸免于债务的人，以及那些无法获得信贷的穷人。债务是我们最密切地感受到华尔街影响的方式之一，无论是因为不断膨胀的抵押贷款支付、地铁票价上涨，还是一家关闭的诊所。这就是我们为什么谈论的不是债务人运动，而是债务抵抗运动。"①

2012 年 4 月，占领学生债务运动（Occupy Student Debt Campaign）组织了一场纪念"1 万亿美元日"的抗议活动，因为这一天未偿还的学生债务达到了 1 万亿美元，他们要求完全取消学生债务并实现公立大学的免费教育。这一运动引发了"占领华尔街"运动参与者对债务问题的关注，他们开始组织更大规模的消除债务运动。同年 6 月，消除债务运动举办了一系列债务人大会。鉴于华尔街金融体系与新自由主义意识形态的力量成功地将债务作为一种让人感到羞耻和恐惧的治理技术，将债务人视为社会孤立、道德败坏的个人，迫使人们进入一个隐形和沉默的壁橱，消除债务运动的一个关键步骤就是所有债务人聚集在一起，通过"债务人麦克风"（Debtorsmic）就他们持有的债务数量、债务产生方式以及债务人限制他们选择的方式发表公开演说，让债务束缚的共同经历成为债务人政治认同和相互支持的新纽带。在这些分享中，债务人能够发现那些看似极端的个人负债经历或债务问题实际上是与跨越种族、阶级和性别界限的其他人所共有的。这些私人债务实质上与更大的金融形式——市政和主权债务——有着不可分割的联系，这些金融形式以隐蔽的方式影响与控制着他们的生活，并被金融权力精英系统性地用作积累财富的主要手段。随后，参与者还举行"债务燃烧"活动，即收集他们的债务文件（账单、传票、合同、通知等）并在取消债务的集体仪式中将它们点燃。还有债务人"群体死亡"活动：债务人假装屈服于债务的力量，瘫倒在地（通常在他们进行抗议的地方，如银行或政府大楼的入口处），然后通过大众的集体力量复活，再次站起来。这些活动通过将私人债务公开化、公共化、政治化，加强了债务人之间的集体认同与社会联系。

消除债务运动于 2012 年 11 月推出了非营利性的滚动禧年项目（Rolling Jubilee）。该项目通过小额捐款众筹资金，在二级贷款市场上低价买进债务并将之废除。它从数以千计的个人捐助者那里筹集了超过 60 万美元，然后用几美分的价格购买各种违约债务，防止其落入催债机构手中，并通过第三方邮件组向前债务人发送信函，通知他们债务已被解除。2013 年 5 月，

---

① Astra Taylor，"Occupy 2.0：Strike Debt Bereft of Their Big Tent at Zuccotti Park，Activists have Found a Unifying Theme in Debt"，*NATION*，Vol. 295，No. 13（2012）：17.

滚动禧年项目从随机挑选的 1190 名美国人中购买了价值 1200 万美元的拖欠医疗消费者债务，并取消了这些债务。这些史无前例的行动吸引了《福布斯》（*Forbes*）、《纽约客》（*The New Yorker*）、《商业内幕》（*Business Insider*）和《卫报》（*The Guardian*）等 30 余家主流媒体的关注，有效地将"占领华尔街"运动及其经济正义议程重新推向了公众的视线。[①] 值得注意的是，滚动禧年项目背后的关键目的不是以某种方式废除所有债务，也不是作为次贷危机的全面解决方案，而是唤起公众对二级贷款市场中营利性、掠夺性的债务催收机构的关注，对债务在塑造人们的经济社会生活中所起作用的关注，进而激起在更大范围内改革当前不平等、不公正的金融信贷体系的社会行动。

2014 年，消除债务运动成立了债务人联盟（Debtors' Unions），作为债务斗争的集体组织。债务人联盟的组织者认为，债务将个人与金融、政治紧密联系在一起，将每个债务人的生存境况与更广泛的金融和政治环境相联系——这些环境是几个世纪以来种族主义、殖民主义和资本主义剥削及财富积累的产物。因此，债务斗争既可以被视为对日常生活金融化的抵制，更广泛地说，也是对资本主义的抵制，因为新自由主义积累制度正是基于金融债务的。债务人联盟的目标是，通过设计新的、创造性的组织方式，将个人债务转化为集体力量的来源，以改变这些更广泛的环境条件。受劳工运动的启发，工人工会通过威胁罢工与资方谈判，改善工资、福利与劳动条件；债务人联盟则倡导建立债务人工会，通过集体拒绝还债的方式与债权人（在新自由主义时期，债权人通常也是国家）斗争，去反对掠夺性信贷，争取公共产品的普遍供给，包括医疗保健、教育、住房和退休保障，这样人们就不必为了获得这些服务而负债。工会关注的是生产领域，债务人工会关注的是流通领域；工人组织以雇主为对象，要求更高的工资、福利等；债务人组织则以债权人为对象，要求提供补偿性的公共服务与产品。因此，这两种组织模式不同，但目标互补。而且，债务人工会的一个好处是，与一直受到压制的工人组织与工会运动不同，债务人组织的核心活动

---

① Susan Hill, "Beyond Occupy Wall Street: A Case Study of Strike Debt's Rolling Jubilee as an Emergent Form of Political Action", *Field Notes: A Journal of Collegiate Anthropology*, Vol. 6, No. 1 (2014): 2.

还没有以同样的方式受到公开的监管或限制，这为其留下了试验的空间。债务人工会有可能让数百万可能永远无法加入传统工会的人加入争取经济正义的斗争中来。单独来看，债务是个人问题；但是，当把它们放在一起时，就构成了一个系统性威胁。所以，作为个体的债务人虽然是脆弱的，但是债务人联盟的大规模动员与集体行动能对金融垄断资本的霸权发出有力挑战。[①] 正如工资斗争曾经（现在仍然）是工业资本主义的关键一样，与债主阶级就债务问题进行艰难的谈判是对当代金融资本主义的必要回应，因为金融资本主义最大的利润是从人们的借贷中榨取出来的。

虽然相对于美国，乃至整个资本主义庞大的债务规模与系统性的债务统治，消除债务运动所起的作用相当有限，但是它通过将私人债务议题与压迫性经济社会体制之间内在关联公开化与政治化，展示了人们如何对不平等的债务剥夺与压迫说"不"，开启了基于团结、互助与共同关怀的集体联系与政治行动，表明了一个免除债务的世界不仅是必要的，也是可能的，体现了广大普通民众在日常交往层面对当代资本主义日常生活金融化的不满与抗争。它的抵抗意义正如《债务抵抗者操作手册》中所指出的："对于世界上所有的金融权势集团，我们只有一句话要说：我们不欠你们任何东西。感谢使我们的生活成为可能的我们的朋友、我们的家人、我们的社区、人性和自然世界：我们欠你们一切。我们从欺诈性次级抵押贷款投机者那里收回的每分钱，从债务催收机构那里扣留的每分钱，都是我们生活和自由的一小部分。我们可以回馈给我们的社区、我们心爱和尊重的人。这些都是债务抵抗行为。"[②]

第三节　抵抗日常观念金融化

日常生活金融化将金融活动所蕴含的投资观念、风险观念、食利观念、衍生观念等金融意识与思维塑造成一种重复性、习惯性、通俗化、自在化的日常观念与思维模式，为金融化再生产提供了观念意识支持。因此，为抵抗日常观念金融化，西方左翼学者、各类组织与民众积极投身各种反思

---

① A. Larson, L. Hanna, "The Potential of Debtors' Unions", *ROAR Magazine*, Vol. 17 (2015).

② *Strike Debt. The Debt Resisters' Operations Manual* (PM Press, 2014), pp. 15–16.

性、批判性、革命性的知识理论教育与文化艺术活动，从理性教育与感性启迪两个层面瓦解金融化的日常观念霸权。

一　批判性金融教育

在日常观念的形成中，通过各种教育进行知识传授、灌输与传播是一个重要途径与方式。儿童的学校教育、各种各样的科普教育，以及新闻、报纸、电视、广告等大众传播媒介，琳琅满目的现代生活用品，都把越来越多的非日常知识引入日常生活领域。所以，在日常生活金融化过程中，各种金融机构与组织向作为金融消费者的广大民众传授金融知识、培养金融思维、提升金融技能的所谓金融教育或金融扫盲项目，是日常观念金融化的重要推手。许多左翼学者认为，这些金融教育项目表面上打着金融民主化、大众化的旗号，实质上却隐藏着新自由主义的意识形态霸权，即不仅让人们认同信贷金融价值，积极参与信贷金融活动，成为金融垄断资本积累的重要来源，而且让个人做好准备应对新自由主义金融化所带来的巨大风险转移与责任转嫁。这种意识形态霸权使得人们将不平等与掠夺性的资本主义金融体系作为一种自然存在或生活习惯予以合法化，限制与剥夺了生活于其中的人们的批判性想象与革命性行动。主流金融扫盲教育以培养合理决策的负责任的金融消费者为目的，只是解释而不质疑金融，不会带来广泛的个人和社会金融福利，反而再生产出资本主义金融化积累所需要的道德化主体。而真正民主化的金融扫盲教育应该是促进人们对不断扩大的金融领域的反思性审查与批判性参与。无论是金融政策的制定、信贷产品的设计推广，还是对金融机构的监管，都是如此。①

首先，主流金融扫盲教育声称所传播的金融知识具有客观性、中立性与非政治性。例如，在主流金融学、投资学中，风险被解释为一种个人可以通过理性计算而接受的盈利可能性，而不再是需要福利国家缓解的物质不安全威胁。这就掩盖了产生经济金融风险的体制性根源，抹杀了暴露于各种风险中的阶级差异，推卸了抵御与化解这些风险的国家责任。因此，主流金融教育没有考虑到经济知识的社会政治建构、经济知识选择的历史

---

① Moritz Hütten et al., "Critical Financial Literacy: An Agenda", *International Journal of Pluralism and Economics Education*, Vol. 9, No. 3 (2018): 274-29.

偶然性以及这些知识与权力运作之间的紧密联系。简言之，所谓中立化的金融知识教育忽视了一个根本事实，即知识生产与应用必然是政治性的。

其次，主流金融扫盲教育的主要目的是将人们转变为积极的金融市场参与者，使他们有动力、有能力处理自己的信用、保险、储蓄和投资事务，从而成为适应与满足新自由主义金融化扩张需要的金融消费者。正如福柯所指出的，在新自由主义下，理性经济人的概念从"交换伙伴"转变为"自己的企业家"。① 新自由主义经济治理就是动员人们作为自身人力资本的投资者，实现"自身是自己的资本，是自己的生产者，是自己收入的来源"的转变。这种对金融教育的工具化、功能化理解忽略了个人自主性（抵抗）与社会需求（适应）之间的辩证关系。当适应金融化成为唯一的选择时，人们就变得没有能力捍卫自己的自主权、抵御不必要的金融需求。

再次，主流金融扫盲教育将其对象视为理性化、责任化、个体化的经济行动者。金融教育被认为能够提高个人的金融决策的科学性，保障其经济福利与安全。当消费者面对日益复杂的金融产品时，具备相应的金融素养有望消除他们的困惑。这种金融教育所隐含的前提假设是糟糕的金融结果是"坏"的金融行为与素养的证据，而"好"的金融行为与素养总是导致"好"的金融结果。但事实上，现实的人生活在特定社会关系中，占据不同的社会位置，拥有不同的社会资源，这些社会条件都将极大地影响其金融行为及其效果。当人们因为长期无法维持生活，或者因为意外的灾难性事件而陷入债务时，他们需要的远不止金融扫盲或信贷咨询。如学者所言："无论金融知识和能力水平如何，低收入、失业、残疾、歧视以及一系列未知的突发事件都会阻碍人们成为好的金融消费者。相反，如果有足够的资源和专业的财务顾问，一个'文化水平'低的挥霍者可能会获得良好的财务结果。"② "给一个人一条鱼，他今天就会吃；教人钓鱼，他明天就会吃。"这句话有时是一句有用的格言。然而，在他的湖里没有鱼的时候教人钓鱼是愚蠢的，甚至是残忍的。显然，主流金融教育对象的孤立化、抽象化低估了不同阶级、阶层与社会群体作出金融决策时复杂多变的环境、资

---

① 〔法〕米歇尔·福柯：《生命政治的诞生》，莫伟民、赵伟译，上海人民出版社，2018，第298页。

② Lauren E. Willis, "Evidence and Ideology in Assessing the Effectiveness of Financial Literacy Education", *San Diego L. Rev*, Vol. 46（2009）：415.

源和条件。

最后，主流金融扫盲教育在意识形态层面实现了金融责任的转移与转嫁，遮蔽了对深层次、系统性不平等体制的改革。主流金融扫盲教育实质上假定金融市场运作良好，金融信息通畅准确，问题仅在于参与市场的金融消费者的金融知识素养不足而导致行为不当。因此，金融教育的核心就是基于努力工作的企业家精神和冒险进取的占有性个人主义价值理念，去塑造对自身金融决策与行为负责的理性经济人。或者说，金融扫盲教育的主要目的是让市场参与者具有韧性：金融市场危机被视为个人必须准备面对的自然灾害。所以，当消费者发现自己陷入严重的金融困境时，通过主流金融教育模式进行的调节会引导他们将失败归咎于自身错误的金融决策与欠缺的金融素养，转移了人们对系统性、体制性、结构性问题的注意力。事实上，"在一个非常基本的层面上，金融化社会中的伤害体验是从人们面临的物质和社会条件方面的不平等中抽象出来的。它脱离了对嵌入社会经验的考虑，因此不仅阶级，性别和种族都被抹去了"①。失败责任的个体化，转移了对制约其行为的不平等体制与结构的批判。

鉴于传统金融扫盲教育力图弥合金融素养与金融回报之间差距的"空洞承诺"，批判性金融教育力图促进普通民众对金融运作的机制原理、金融行为的风险、金融扩张的社会结构以及扩张带来的危险的批判性理解，打破"有债必还"的常识结构与行为习惯，并在此基础上激发能够抵御掠夺性与欺诈性金融机构与产品，改变助长不平等、不安全和剥削的经济金融体制与政策的集体性政治行动，同时提供选择其他金融方式的可能性空间。因此，批判性金融教育的目标不是塑造被动适应金融化环境与要求的个体化的金融消费者，而是培养在互动合作中积极主动参与改善金融与社会结构关系的集体性政治行动者。推行这一教育项目的主体也不是政府部门、商业银行、学校等正式机构，而是非政府组织、民间志愿团体与公共知识分子，以此挑战主流金融教育的知识垄断、话语垄断与权力垄断。

2012年8月，在上述批判性金融教育理念的指导下，消除债务运动的组织者合作编写了《债务抵抗者操作手册》（*The Debt Resisters Operations*

---

① Chris Clarke, "Learning to Fail: Resilience and the Empty Promise of Financial Literacy Education", *Consumption Markets & Culture*, Vol. 18, No. 3 (2015): 257-276.

Manual）。该手册旨在反驳普通人无法理解现代金融信贷系统复杂性的观点，通过对日常生活中各种债务信贷关系、机构、组织、产品的详细描述，为处于负债困境中的人们提供减免与抵抗债务的实用操作指南。手册涉及四个方面的内容。一是详细描述了人们在日常生活中接触最多、最普遍的信贷债务类型，然后从这些人们每天直接接触的债务类型转向人们思考较少但影响日常生活的更抽象的债务形式，如市政债务、主权债务、气候债务。二是揭露了催债行业的各种肮脏做法与法律限制，并为债务人提供了反击催债机构骚扰和恐吓的应对方式。对于那些处于破产边缘的个人和家庭，手册也提供了通过破产免除债务的建议。三是揭示了市政债务、主权债务、气候债务等宏观层面的债务类型与资本主义发展的关联及其对人们日常生活的深刻影响。四是梳理了从古希腊雅典的债务奴隶制斗争到美国内战时期反对债役监禁运动，到大萧条时期人们联合起来建立自己的信用和互助协会，阻止房屋驱逐和农场止赎，再到 20 世纪 80~90 年代阿根廷、墨西哥等南美国家民众抗债运动的历史，并在此基础上提出了消除债务的许多具体措施，如对人民进行财政救助；终止企业福利；集体拒绝支付非法贷款；关闭催债机构、发薪日贷款机构及营利性大学；规范信贷投机者的业务；恢复对高利贷利率的限制；保护丧失抵押品赎回权的房屋；与学费上涨和学校预算削减作斗争；抵制紧缩政策；打击占国家可自由支配开支一半的军国主义；组织债务人协会和工会；等等。通过这些举措，手册强调了债务人的共同点，即人们在与债务的斗争中并不孤独，提出了消除债务运动的变革前景，即"寻求废除债务牟取暴利，建立一个新的金融体系，一种新的经济和一种基于正义、自决和对共同利益的关心的新的生活方式"[1]。《债务抵抗者操作手册》在两个月内免费印刷和发行了超过 12000 份，在 2014 年发布了第 2 版，并在网络上提供免费下载，扩大了传播范围。

与《债务抵抗者操作手册》的知识传播、理论宣讲、行动建议不同，另一种批判性金融教育形式是在徒步考察金融化城市的市政建筑、公共交通、居住环境的过程中，以一种直观体验的方式去揭示背后的金融垄断资

---

① *Strike Debt. The Debt Resisters' Operations Manual*（PM Press，2014）.

本的牟利性、掠夺性逻辑及其不平等效应。① 如前所述，在日常生活金融化中，城市空间成为吸收日益膨胀的金融资产、支撑未来金融垄断资本积累的一个越来越重要的场所。其典型体现就是由私募股权基金、投资公司和其他金融机构推动的房地产建设狂潮急剧改变了城市的物理环境与生活空间。但根本问题在于，谁真正受益于这一转变？解答这一问题的困难在于普通民众对国际金融垄断资本在特定地区运营的复杂机制及其社会效应缺乏深入理解，进而阻碍了对其进行批判性质询和变革的集体行动。鉴于此，英国部分左翼学者和社会活动家围绕着城市建筑环境与住房问题展开了相关社会公益行动与教育项目。他们以曼彻斯特为中心，徒步考察了市区中的拆迁旧建筑、短租公寓、大型商业广场、购物中心、工人住房、公共停车场、社区休闲设施、会议场所、中小学教育设施等一系列建筑物的历史演变、设计意图、建造过程、布局规划、空间景观、社会效应，揭示了各种建筑改造、商业街区开放、教育设施建设背后所隐藏的金融化过程及其所导致的部分社会群体无家可归的问题。这种城市徒步旅行通过对居住环境的金融资本逻辑的近距离考察，直观地展现了金融化城市建设的政治、历史与人们日常生活的内在联系，提供了一种生动的方式来剖析金融化的复杂机制与抽象模式，增强了人们对金融化城市效应的切身体验，为从日常生活空间中质疑与挑战日常生活金融化提供了经验基础。因此，"对自上而下的城市变革过程的批判性探究，揭示了'产生当代城市的隐藏权力关系'，集体步行成为一种重塑公共领域的手段。它们是公共教育学的一种形式"②。

二 艺术金融实验

借助于广告杂志、影视广播等大众传播媒介生成的大众文化艺术是影响日常观念的重要方式。艺术作品在日常生活主体那里常常像面包、香肠、

---

① Jonathan Silver et al., "Walking the Financialized City: Confronting Capitalist Urbanization through Mobile Popular Education", *Community Development Journal*, Vol. 56, No. 1 (2021): 161 - 179.

② Jonathan Silver et al., "Walking the Financialized City: Confronting Capitalist Urbanization through Mobile Popular Education", *Community Development Journal*, Vol. 56, No. 1 (2021): 161 - 179.

啤酒一样成了可以直接消费的现成的物品，成为人们自发地描绘生活的自在的图式，成为由传统习俗、习惯等构成的常识思维结构的组成部分。无论是在过去的一些左翼文化艺术运动中，还是在最近的"占领华尔街"运动、消除债务运动中，都可以看到参与者采用了各种各样的文学艺术形式去表达对日常生活金融化、金融资本主义所造成的社会矛盾的强烈不满与抗争。

美国著名文化经济学家泽利泽在《金钱的社会意义》一书中指出，长期以来，人们在日常生活中对金钱的认识和使用总是受到特定社会关系、文化语境与行为符号的标记（Earmarking），人们通过识别、归类、组织、设计、储存甚至装饰金钱，赋予金钱不同的象征含义，以此抵抗作为商品交换媒介与资本增殖手段的货币所具有的中立性、抽象性、单一性、功利性、计算性。从家用开支补贴、零花钱，到礼物形式的礼品券、抚恤金、慈善金，都具有不同的含义。那些用特殊的纸张、信封、礼盒、罐子去包装、设计金钱的行为，都是为了淡化、遮蔽金钱所具有的功利性、抽象性，展现多样化、个性化、情感化的日常生活世界："礼物性质的金钱挑战了货币中性、客观和可交换的概念，作为一种有意义的、非常主观的、不可替代的货币在流通。"① 这种金钱装饰艺术可以被视为一种在日常生活领域挑战标准化货币及其对生活世界的殖民的方式。

当代一些左翼艺术家将金钱在日常生活中的社会文化标识进一步发展为货币艺术（Money Art）、信贷艺术（Credit Art）等激进艺术形式，力图唤起人们对货币、信贷、金融理性的反思与批判，表达对日常生活金融化的不满与抵抗。1982 年，美国艺术家博格斯（J. S. G. Boggs）开始围绕货币及其价值进行行为艺术。他将经济交易的所有不同交换媒介（钞票、账单、支票、收据）都制作成个性化的彩绘钞票。例如，他用年轻女孩的肖像去取代法定货币上的权威人物；用"联邦储备艺术银行"（Fedreal Reverse Kunstbank）替换美元上的"美国联邦储备银行"（Federal Reserve Bank of the United States），并将"这张钞票是法定货币"（This note is legal tender）替换为"这张钞票是法定艺术品，所以不要用你的脏手指碰它！"（This note

---

① 〔美〕维维安娜·泽利泽：《金钱的社会意义》，姚泽麟译，华东师范大学出版社，2021，第 327 页。

is legal art so keep your sticky fingers off!），从而改变这张钞票的用途。但是博格斯从不将他的彩绘钞票卖给收藏家，而是将它们用于"适当的"经济交易，他要求人们——服务员、酒店经理、店员——接受他的彩绘钞票而不是法定货币，并给他找零和收据。1987 年 11 月，博格斯被伦敦中央刑事法院（London's Central Criminal Court）传唤，指控他违反 1981 年的《伪造和假冒法案》（Forgery and Counterfeiting Act 1981），因为他未经英格兰银行同意复制了英国钞票。1992 年，美联储以伪钞的名义没收了这些彩绘钞票。① 显然，资本主义司法机关对博格斯的审判，表明博格斯对货币的艺术化实践从日常生活层面挑战了对金融工具发挥作用来说不可或缺的权威观念基础和社交网络。这撬开了替代性货币的可能性，对资本主义国家支持的货币秩序造成了威胁。

一些艺术家受法国人类学家莫斯在《礼物》中所描绘的原始社会中礼物馈赠所承载的互惠关系的启发，在城市的商业街头向路人赠送现金，或以低于面值的价格出售法定货币，甚至公开烧毁货币。1994 年 8 月，英国两名音乐艺术家比尔·德拉蒙德（Bill Drummond）和吉米·考蒂（Jimmy Cauty）在苏格兰的一个岛屿上公开烧毁了他们通过售卖自己的音乐作品积攒下来的 100 万英镑现金，所有灰烬被压缩成一块砖。整个过程被记录并制作成电影 Watch the K Foundation Burn a Million Quid，该电影在英国巡演。这些行为艺术实质上是一种将货币价值政治化的行为，通过扰乱 1 美元或 5 英镑纸币根深蒂固的意义，来唤起人们对现代金钱交易的利己逻辑、计算逻辑与价值观念的反思："金钱是一种虚构。毕竟，没有价值的纸张之所以有价值，只是因为大量的人选择赋予它价值。如果这种信念遭到破坏，会发生什么？"② 他们以自己的馈赠或毁灭行为表明，人们可以打破金钱对头脑的魔咒，从拜金主义中实现自我的解放。

20 世纪与 21 世纪之交，随着股票、债券等金融产品在人们社会生活中地位与作用的凸显，艺术家开始将批判的目光由金钱本身转向金融信贷活动。2001 年，艺术家莉丝·奥托根（Lise Autogen）和乔舒亚·波特维

① Marieke de Goede, *Virtue, Fortune, and Faith: A Genealogy of Finance* (University of Minnesota Press, 2005), pp. 13–14.

② Marieke de Goede, *Virtue, Fortune, and Faith: A Genealogy of Finance* (University of Minnesota Press, 2005), p. 169.

(Joshua Portway) 在泰特现代美术馆举办了一个名为"夜空股票市场天文馆"的艺术展览。该展览将早期的占星学理论与最新的金融技术联系起来，将股票价格的运动投影到一个圆顶天花板上，就像恒星的运动一样。艺术家认为，如同古人凝视着夜空，沉浸在星象中并寻找可能揭示未来的模式一样，股票市场的日常运作也是一种不透明的机制，并对我们的生活产生了前所未有但神秘的影响。他们以此质疑现代金融市场的运作与金融预测技术的科学性与客观性假设。

2002 年，来自美国密西西比州立大学平面设计助理教授凯特·宾加曼-伯特（Kate Bingaman-Burt）发起了一项名为"强迫性消费"（The Obsessive Consumption）的艺术项目。她对使用信用卡消费的所有商品进行拍照，制作了一份为期 28 个月的消费者日常生活视觉档案，并在自己的网站上公开发布。她又用钢笔和墨水线图将自己的所有信用卡信息，包括每月支出、利率、信用额度、特别优惠、透支警告等展示出来，以素描风格再现了她的"信用卡图画"（CreditCard Drawings）。同时，这个项目还包括一系列数字印刷品。这些印刷品将她拥有循环信用的六家信用卡发行商的标志——大通银行、第一国民银行、美信银行、美国汽车协会联合服务银行、塔吉特百货和瞻博银行——作为背景绘制出来，在网站上销售，并在校园巡回展出。凯特·宾加曼-伯特希望通过这一艺术项目"展示我对金钱、购物、品牌、信用卡、名人、广告和营销的爱与恨"，激发人们对信用卡借贷的观念诱导与行为强制的关注和质疑。

"占领华尔街"运动运用广告、招贴画等生动形象的艺术形式去揭示金融资本主义所造成的各种社会问题。作为"占领华尔街"运动发起者之一的《广告克星》杂志刊登了一幅跨页艺术照，即《舞女与铜牛》。它以一位芭蕾舞演员在华尔街证券交易所的象征——铜牛上翩翩起舞为主画面，背景是戴防毒面具的警察和烟雾。海报上方是醒目的红字："我们统一的要求是什么？"下方用黑字写着："占领华尔街，从 9 月 17 日开始，带着你的帐篷。"这幅艺术招贴画的抗争意味十分明显。铜牛指代贪婪的华尔街金融资本，舞女代表看似生活平静实质上却深受金融资本霸权威胁的广大民众。两者的对照指向以优雅对抗野蛮，以轻盈对抗暴力，以梦想对抗现实。这个富有感染力的招贴画立刻得到了反资本主义和激进左翼团体的响应，数千名抗议者在 9 月 17 日那天，试图占领华尔街并"给银行家带去正义"。

类似的艺术招贴画还有僵尸、吸血鬼、弗兰肯斯坦等图案。僵尸是一种无意识的、沉默的生物，是本已死去但通过超自然能力被复活的身体。在这里，僵尸暗喻资本主义的金融机构、金融体制运作失灵，如同僵尸一样腐烂僵化、行将就木。吸血鬼则是谴责华尔街金融资本通过对广大民众衣食住行等日常生活需要的金融剥夺而获得增殖，如同吸血鬼依靠从活人身上吮吸新鲜的血液而存活一样。作为西方科幻作品的著名怪物形象，弗兰肯斯坦意指金融资本主义为追逐最大化利润，创造出各种复杂的金融衍生产品，加剧了金融体系的风险性。艺术家们通过对金融信贷的另类艺术形象的重塑，力图揭露资本主义金融体系在日常生活中对广大民众的剥削，唤起人们重新审视已确立的金融规范和意义，致力于从当代资本主义日常秩序的不公正和系统性危机中重建公共生活。

第四节　抵抗日常生活金融化的社会政治意义

抵抗日常生活金融化的直接目标是抵抗金融垄断资本殖民日常生活的非法性、掠夺性与破坏性，总体目标是反对当代金融资本主义生产方式导致的日常性、社会性、系统性危机。在此背景下，抵抗日常生活金融化的种种运动与方式，在狭义上具有了摆脱资本对衣食住行等日常生活需要的操控，实现生活方式、交往方式、思维方式自主化的"日常生活政治""日常生活革命"的性质；在广义上，它们属于 20 世纪 70 年代以来兴起的对资本主义制度固有弊病进行揭露和抗争的新社会运动。

一　抵抗日常生活金融化与日常生活政治

日常生活并不是一个脱离权力运作、群体冲突、阶级斗争的"世外桃源"。恰恰相反，日常生活中的衣食住行、养老保健、医疗教育等资源的管理、控制与分配，本身就体现了社会不同阶级、阶层与人群之间的权力支配关系。因此，日常生活政治实质上就是在日常消费、日常交往、日常观念中围绕资源与利益的生产与分配所进行的权力斗争。

面对资本主义私有制对日常生活的商品化、市场化、货币化、资本化改造，日常生活政治就是要在人们的社会生活中"推翻那些使人成为被侮

辱、被奴役、被遗弃和被蔑视的东西的一切关系"①，建立"使我有可能随
自己的兴趣今天干这事，明天干那事"② 的自由自主的美好生活。西方马克
思主义者列斐伏尔承继马克思的思想，进一步批判了资本主义社会技术理
性、消费主义、官僚制度向日常生活殖民化所导致的日常生活的全面异化，
要求通过经济领域"技术为日常生活服务"、政治领域"废除国家与实行自
治"、文化领域"让日常生活成为一件艺术品"的总体性改造，消除日常生
活异化，实现个性的自由解放。另一位法国马克思主义者德赛都汲取福柯
权力观的微观视角，认为当代资本主义日常生活中的规训权力如蛛网密布，
无孔不入、无处不在。面对日常生活中强大的压制性、规训性权力，微小、
分散的弱势群体不能采取暴烈的、公开的、直接对抗的方式，而是要在日
常生活的细微、琐碎、局部、裂缝之处，运用缓和的、巧妙隐晦的、间接
的计谋与战术，实施分散化、个体化的抵制，从而削弱与改变资本主义权
力机制与结构。这就是德赛都所谓的"日常生活实践"。以居伊·德波为代
表的情境主义者则要求每个个体都应该积极地和有意识地参与到对日常生
活每一时刻的重新建构中来。他们相信所有的个体都应该建构他们日常生
活的情境，发挥他们的潜能，并获得他们自己的乐趣。在这个过程中，先
锋文学与前卫艺术发挥了对被资本操控与掠夺的空洞化、符号化、景观化
的日常生活的否定、批判、改造乃至革命的积极作用。哈维也认为，随着
当代资本主义危机与异化呈现全面性、系统性与总体性特征，社会斗争已
经不再仅局限于经济生产、国家权力等传统经济政治领域，更是渗透到了
日常生活的各个方面："尤其是，表达不满的城市运动频发。参与其中的往
往是因城市的日常生活条件日益恶化和缺乏任何民主而被异化的人们，他
们要求赋权，要求采取措施改善他们作为公民而非作为工人日益边缘化的
状况。这种斗争的性质不同于围绕工厂作业的传统劳动者的斗争。随着工
厂在世界上许多地方消失，反对资本主义的斗争的一个前沿阵地出现在了
价值的实现领域而非生产领域。"③ 哈维强调了城市工人阶级的日常斗争，
而美国著名政治学者斯科特则提出，相对弱势、被动、沉默的农民阶级为

① 《马克思恩格斯选集》第 1 卷，人民出版社，2012，第 10 页。
② 《马克思恩格斯选集》第 1 卷，人民出版社，2012，第 165 页。
③ 〔美〕大卫·哈维：《普遍异化：资本主义如何形塑我们的生活》，《国外理论动态》2018
年第 11 期。

了避免公开反抗、直接对抗权威的集体风险，利用心照不宣的理解和非正式的社会网络，采取拖沓、偷懒、装糊涂、开小差、假装顺从、小偷小摸、暗中破坏等低姿态、自助性、游击式的日常抵抗形式，"与试图从他们身上榨取劳动、食物、税收、租金和利益的人之间展开平淡无奇却持续不断的斗争"①，以此反抗资源的剥夺、权力的压迫与社会的不平等。

　　上述思想家所提出的日常生活政治表明，对资本主义的抵制、拒绝与反抗并非仅仅局限于大规模、有组织的革命之路。改变世界的革命运动也并非每次都从武装斗争开始。相反，当被压迫人民在日常生活中走上街头，要求缩短工作日、改善工资福利、获得公民权利、争取公共资源时，就会出现改变世界的斗争。种种微妙的日常抵抗形式也蕴含着巨大的革命潜力，为变革资本主义提供了新的动力与形式。显然，抵抗日常生活金融化的种种运动旨在摆脱金融垄断资本对日常消费、日常交往、日常观念的支配与控制，在这些日常生活领域中，人们能够维持生存、满足发展需求、相互平等交往并体现自主个性观念。"这些尝试的核心内容是将资源和权力移交给当地社区和工人合作社，以便建立一个植根于工人阶级和穷人日常现实的更加美好的世界。"② 首先，抵抗日常生活金融化的价值追求蕴含着马克思、列斐伏尔个性自由解放的理念。社区货币交换系统力图通过对经济金融交换媒介的改造，打破牟利性、剥夺性、不平等的资本主义货币金融机制，实现特定人群与社区关系的民主、公平与自由。"补充性货币的兴起反映了社会中的企业和个人对国家垄断货币发行带来的通货膨胀和金融机构过分追求商业利益的不满，也反映了社会力量对个体经济自由、社会公正的诉求。"③ 信用合作社运动所遵循的自助、自主、民主、平等、公平、团结、开放、关心社会与他人的道德价值观，体现了对贪婪、自私、剥夺、冷酷、虚伪的当代金融资本主义的抵制与反抗。这些抵抗运动在很大程度上普及了后资本主义社会的价值愿景。

　　其次，抵抗日常生活金融化的运动形式涵盖了列斐伏尔所提出的经济、

---

① 〔美〕斯科特：《弱者的武器：农民反抗的日常形式》，郑广怀、张敏、何江穗译，译林出版社，2011，第 2 页。
② 〔美〕杰瑞·哈里斯：《资本主义转型与民主的局限》，《国外理论动态》2016 年第 1 期。
③ 贝多广、罗煜：《补充性货币的理论、最新发展以及对法定货币的挑战》，《经济学动态》2013 年第 9 期。

政治与文化的总体性改造。社区货币交换系统与信用合作社在经济领域创新货币金融技术，消除货币金融的财富储存功能与资本增殖属性，充分发挥交换媒介的资源配置作用，从而更好地服务于日常生活交换与消费。"占领华尔街"运动、消除债务运动从社会政治领域冲击华尔街金融权力精英的垄断霸权，增强社会边缘、半边缘群体的集体认同与斗争力量，体现了斯科特所谓反抗日常剥夺与不平等的"弱者的武器"。批判性金融教育与艺术金融实验则从文化艺术领域突出文化艺术与政治相结合的斗争表达形式，赋予广大民众参与金融监管、决策的能力，培养民众避免债务陷阱的反思性认知能力，并提供了瓦解货币金融的客观性、计算性象征的个性化想象空间。人们正是在开展互助合作、占领公共场所、创造新形式的民主自治与接受批判性金融教育的过程中被动员起来的，获得了自己的力量感，拓宽了视野，并开始想象另一个世界是真正可能的。

最后，抵抗日常生活金融化的参与者体现了日常生活政治的行动主体的直接性与情境性。日常生活政治的行动主体往往是通过具体的生活场景与经验构建自己的特定抗争形式，"人们是在一个具体的环境中经历剥夺和压迫的，那不是大而抽象过程的最后结果，他们的不满形成了针对特定目标的特定抱怨，这是具体的经验"①。社区货币交换系统与信用合作社的参与者感受到的是营利性货币金融体系的日常剥夺，因此这一日常斗争是建立在每个成员自愿参与、民主协商的基础上的，所有财务信息与运作都面向所有成员公开，并接受监督。"占领华尔街"运动的口号代表的是"99%"的背负沉重住房抵押贷款、发薪日贷款、信用卡贷款的普通大众，表现的是对"1%"拥有巨额金融收益与财富的金融权力精英的反抗。运动的每个参与者在各个组织、各种集会、各项行动中都不是被代表、被领导、被组织的，而是在以一种直接表达、直接协商、直接决策的直接民主方式去重构平等、民主、自由的情境与氛围。如德波所言："总体反对资本主义的尝试会知道如何创造和提出对日常生活的另一种不同的使用，而且会基于新的日常生活实践，基于人与人之间关系的新形式。"②

① 〔美〕斯科特：《弱者的武器：农民反抗的日常形式》，郑广怀等译，译林出版社，2011，第 52 页。
② 转引自张一兵《日常生活批判与日常生活革命》，《中国高校社会科学》2020 年第 5 期。

二　抵抗日常生活金融化与新社会运动

20 世纪 70 年代以来，当代资本主义在经济全球化、资本金融化、科技信息化、资本主义体制新自由主义化等因素的共同作用下，走向了全球扩张的新帝国主义，这导致了不同国家、地区、民族在经济、政治、文化、社会、生态等领域出现了诸多新的矛盾与冲突，从而引发了反核和平运动、反全球化运动、生态运动、新女权运动、种族民权运动、同性恋运动、绿色消费运动、动物保护运动等揭露与抵制当代资本主义弊病、困境与危机的新社会运动。

与传统的以阶级斗争为基础的无产阶级运动相比，新社会运动在参与主体、抗议主题、价值取向、运动形式、组织结构等方面都有很大差异。在参与主体方面，新社会运动的参与面更为广泛，不仅包括一些工人群体，而且还有绿党、和平主义者、性别主义者、同性恋者、青年学生、专业人员、少数族裔、有色人种等。在抗议主题方面，新社会运动的议题往往围绕民族、种族、移民、民权、性别、环境、生态、核威胁等公众高度关注的重大社会、政治问题，而不是以争取工资的提高、福利的改善为中心的工会斗争议题，更不是以推翻资本主义制度为目标的无产阶级革命。"新社会运动的支持者明确地呈现为改革主义者。他们的确比普通人更不满意现行政治体制的功能，但这一不满主要是针对现存的精英和既存的利益调节机构，而不是政治体制本身。"[1] 在价值取向方面，新社会运动表现为"后意识形态"特征，即不制定代表某个阶级、阶层利益的政治纲领或行动指南，而是表现为一种批判资本主义压迫与束缚状况的激进民主主义与自由主义。"新社会运动并不局限于追求物质收益，而是挑战政治与所处社会的内涵。行动者并不要求国家基于安全和福祉的目的而增加干预，反而特别抵制政治与行政力量对日常生活干预的扩展，以维护个人自主性。"[2] 在运动形式方面，传统工人运动所采用的大罢工、游行示威，甚至暴力武装斗争在新社会运动中比较少见，新社会运动更多的是采用个人与团体直接参与抗议运动的直接民主形式，例如节日活动、媒体策划的事件、网上签名

---

[1]　郇庆治：《80 年代中期以来的西欧新社会运动》，《欧洲》2001 年第 6 期。
[2]　陆海燕：《新社会运动与当代西方政治变革》，武汉大学出版社，2011，第 28 页。

运动和公民抗议等。利用互联网新媒体发表运动主张，联络社会人群，是新社会运动的突出特点。在组织结构方面，新社会运动没有像传统工人运动那样拥有统一的、稳定的工人政党或工会组织作为组织者与领导者，更多的是由参与者、志愿者选举组成临时性、服务性的协调委员会。活动结束以后，委员会自动解散。

从上述分析中，我们可以看到新社会运动是反对并改变当代资本主义不平等现状的抗争政治。"就其性质而言，新社会运动是反映晚期资本主义制度逻辑内在冲突的新的社会运动形式；就其范围而言，新社会运动所反映的社会冲突突破了物质生产领域，发生在包括物质生产、社会关系、文化领域在内的日常生活领域，扩及整个文化层面。"① 因此，抵抗日常生活金融化的种种运动同样是对当代金融资本主义及其内在矛盾冲突的扩张与日常渗透的反映，具有鲜明的新社会运动属性与特征。

第一，抵抗日常生活金融化的参与者非常广泛。参与社区货币交换系统、信用合作社的人群不仅包括许多受传统金融机构排斥与歧视的边缘、半边缘群体与社区，也包括受各种经济金融危机冲击而陷入困境的中产阶级家庭。"占领华尔街"运动、消除债务运动的参与者更是广泛多样，"在99%中，有找不到工作的应届毕业生和退伍军人，有害怕失去养老金的老员工，有长期失业的人，有无家可归的和平主义者，有白天在公司上了一天班下班后赶到运动现场的职场人士，有军人，也有下班的警察……我们无法对他们进行分类，这个团体就如同这个国家和这个世界一样，汇聚了来自各个地域、各个民族的各种肤色的人"②。批判性金融教育与艺术金融实验囊括了左翼知识分子、社会公民团体与激进艺术工作者等。

第二，抵抗日常生活金融化的主要斗争诉求是摆脱并解决当代资本主义社会在衣食住行、养老、保健、教育、医疗等日常生活资料供给方面存在的再生产危机，而不是从根本上推翻资本主义制度。无论是社区货币交换系统，还是信用合作社，都不是另起炉灶以替代现存的资本主义金融货币体系，而是游离于主流体系之外，作为一种满足边缘、半边缘群体与社

---

① 周穗明：《新社会运动与未来社会主义》，《欧洲》1997 年第 5 期。
② 〔美〕莎拉·范·吉尔德：《占领华尔街：99% 对 1% 的抗争》，朱潮丽译，中国商业出版社，2012，第 9 页。

区日常交换、消费需求的辅助性、平衡性交易方式。而且它们与主流金融机构也存在一定的联系。例如，时间银行便接受福特基金会和洛克菲勒基金会等 10 多个大型基金会的资助，以推行各类计划。同时，这些另类交换系统与信用合作社力图通过内部的平等互助、合作协商关系，展现出与主流金融机构所体现的功利性、掠夺性不同的价值属性。"另一个目标，也许是最重要的，就是重新建立一种有别于消费主义、增长主义的文化生活方式和价值。"① 同样，"占领华尔街"运动、消除债务运动也主要是表达对金融垄断资本操纵日常生活、扩大不平等、加剧社会分化、危及人们生存与发展的现状的强烈不满。"他们的目标除了表达愤怒，向美国政府和资本财团施加压力之外，还没有明确的政治目标，没有夺取政权和政治改革的政治使命。"②

第三，抵抗日常生活金融化的种种运动并非以某个阶级、阶层的根本利益或某个政党的政治纲领为指导，更多的是各个群体在自愿协商的基础上制定组织章程、行动策略与主张。"占领华尔街"运动、消除债务运动的基本指导思想就是控诉以华尔街为代表的金融权力精英的投机性、寄生性、掠夺性，关注负债累累的日常生活危机，缩小贫富差距。运动中的各种标语与口号都鲜明地体现了运动的基本纲领。它包括 "金融家是骗子！"（Financiers are frauds！）、"控制华尔街！"（Regulate Wall Street！）、"控制贪婪！"（Govern the greedy！）、"华尔街吮吸我的债务！"（Hey Wall Street, suck my debt！）、"我不是你的 ATM 自动取款机！"（I am not your ATM！）、"当华尔街偷了我们的低保，我们该如何振作起来？"（How do we pick ourselves up when Wall Street's steals our bootstraps？）、"封存你的美国银行账户！"（Close your Bank of America bank account！）、"债务奴役！"（Debt is slavery！）、"消灭富人！"（End the rich！）③ 批判性金融教育与艺术金融实验则主要是以民主化、个性化、自主化、另类化的价值理念为指导，去消解主流金融知识、金融媒介、金融产品、金融制度的规范性、功利性、计算性等基本特征，展现出比较明显的"后意识形态"特征。这些运动都没有

① 许宝强：《资本主义不是什么》，上海人民出版社，2007，第 201 页。
② 赵可金：《走向困惑的美国政治》，《学习时报》2011 年 11 月 7 日。
③ 谭扬芳：《从"占领华尔街"运动的 100 条标语口号看美国民众的十大诉求》，《思想理论教育导刊》2012 年第 5 期。

明确加入一个既定的左翼政党或工会组织，也没有与更激进的政治组织建立联系。

第四，在运动形式上，与生态运动、新女权运动等新社会运动类似，从社区货币交换系统到艺术金融实验的各种运动都采取了体制外、非常规、非暴力的直接参与形式。社区货币交换系统与信用合作社都是建立在特定人群、特定区域与特定社区范围内的自愿合作组织。"占领华尔街"运动、消除债务运动所采取的运动形式多为和平集会、静坐示威、网站宣传、媒体报道等非暴力方式，"在美国，我们示威、我们唱歌、我们抗议、我们静坐"①。批判性金融教育与艺术金融实验主要采取社区教育、网络教育、发行宣传手册、制作艺术品、张贴招贴画等实验性、符号性、象征性的文化艺术方式吸引人们的注意，引导人们的认知，激发人们的情感认同，表达对资本主义的抗议。因此，有西方学者认为，这些运动"与其说是一次联合抗议资本主义的斗争，倒不如说是一场示威嘉年华"②。

第五，几乎所有抵抗日常生活金融化的运动都是以反权威、反中心、反专制的横向化、扁平化、网络化组织结构为基础，强调成员之间自愿、自主、自治的民主、协商、合作、公开、公平原则。社区货币交换系统与信用合作社坚持公平透明的信息管理方式，"与正规银行和其他金融机构不同，另类货币的管理者并不垄断买卖双方的信息，而是把这些信息尽量公开于所有参与者。HOURS、TLALOC 印行的报纸将参与成员的需求与供应以及有关的交易数据（如通讯地址、电话等）全部打印出来，以供所有成员参考；LETS 的计算机存有会员所有有关贸易的数据，公开让会员查阅，这些均有利于非中央化/集中化的贸易方式"③。"占领华尔街"运动与消除债务运动为了与金融垄断资本的霸权专制形成对照，更是突出"无领导、无中心、无暴力"的组织运作方式。每个参与者、每个活动小组之间都不存在上下级的领导与被领导关系，所有成员都是平等的，只要对自己和整个运动的发展趋势负责，就可以自愿、自主、自治选择活动方式与组织形式。

---

① 〔美〕莎拉·范·吉尔德：《占领华尔街：99%对1%的抗争》，朱潮丽译，中国商业出版社，2012，第8页。
② 程恩富、大卫·莱曼等：《"占领华尔街"：美式制度危机之痛》，《中国教育报》2011年12月19日。
③ 许宝强：《资本主义不是什么》，上海人民出版社，2007，第202页。

活动的决策采取共决制的协商民主,"集会通过全体一致同意而非投票的方式进行民主决策"①,以防止代议制的"多数人暴政",突出运动的人人参与、民众自治原则。

---

① 〔美〕莎拉·范·吉尔德:《占领华尔街:99%对1%的抗争》,朱潮丽译,中国商业出版社,2012,第17页。

第九章 日常生活金融化批判的 中国论域

资本主义的私有制与基本矛盾决定了日常生活金融化的实质是国际金融垄断资本通过对关涉劳动力再生产的日常生活领域的殖民与剥夺，实现资本的无限增殖与不断积累。但是，从马克思历史辩证法维度看，"资本的文明面之一是，它榨取这种剩余劳动的方式和条件，同以前的奴隶制、农奴制等形式相比，都更有利于生产力的发展，有利于社会关系的发展，有利于更高级的新形态的各种要素的创造"①。只要"抛掉狭隘的资产阶级形式"，资本所创造的财富就是"在普遍交换中产生的个人的需要、才能、享用、生产力等等的普遍性"②。这就意味着，新时代中国特色社会主义建设必须扬弃日常生活金融化的"狭隘的资产阶级形式"，在"大胆吸收和借鉴人类社会创造的一切文明成果，吸收和借鉴当今世界各国包括资本主义发达国家的一切反映现代社会化生产规律的先进经营方式、管理方法"③ 的基础上，激活包括金融资本在内的所有资本形式在满足人们衣食住行、养老、保健、教育、医疗等日常生活需求过程中的"文明面"，探寻实现人民美好生活需要的金融发展道路。这是当代资本主义日常生活金融化批判的实践启示。

第一节 新时代中国金融发展与日常生活的 关系现状分析

马克思唯物史观的出发点是现实的人及其物质生活条件，"不是处在某

---

① 《马克思恩格斯文集》第 7 卷，人民出版社，2009，第 927~928 页。
② 《马克思恩格斯全集》第 30 卷，人民出版社，1995，第 479 页。
③ 《邓小平文选》第 3 卷，人民出版社，1993，第 373 页。

种虚幻的离群索居和固定不变状态中的人，而是处在现实的、可以通过经验观察到的、在一定条件下进行的发展过程中的人"①。考察新时代中国金融发展与日常生活的关系，也必须立足新时代社会主要矛盾的变化，分析与揭示日常生活的金融需求与不平衡不充分的金融发展之间的矛盾状况。

人民日益增长的美好生活需要和不平衡不充分的发展之间的矛盾在日常生活领域的表现为：一方面，随着经济发展与生活水平的不断提高，人们在日常消费、日常交往、日常观念中的金融需求越来越丰富、多样、强烈；另一方面，满足日常生活各种需求的金融产品、金融服务、金融文化教育水平不高、创新能力不足、发展不平衡。所以，习近平总书记才提出："把更多金融资源配置到经济社会发展的重点领域和薄弱环节，更好满足人民群众和实体经济多样化的金融需求。"② 新时代中国特色社会主义金融建设必须致力于解决日常生活的金融需求与不平衡不充分的金融发展的矛盾。

一 金融与日常消费

从日常消费领域看，党的十八大以来，服务于人们衣食住行、养老、保健、教育、医疗等方面的金融产品种类不断丰富、金融手段不断创新、金融机构数量不断增长、金融市场规模不断扩大。在金融产品方面，除了传统的房贷、车贷、助学贷款之外，还出现了住房装修贷款、医疗贷款、旅游贷款、个人综合消费贷款以及余额宝、P2P、众筹、互联网理财等新型金融产品。在金融方式方面，有针对日常消费品的信用卡消费、现金贷、消费分期、消费类资产证券化、消费信托、消费众筹、消费责任保险等金融方式。在金融机构方面，以居民个人日常消费为目的的非银行金融公司，例如消费金融公司、网络小额贷款公司等纷纷出现。消费金融公司从 2009 年中银消费金融、北银消费金融、锦程消费金融和捷信消费金融等几家消费金融公司发展到现在 30 余家，市场规模不断扩大，不含房贷的狭义消费信贷余额从 2014 年的 4.2 万亿元上升到 2021 年末的 17 万亿元，年复合增长率达 22.1%。③ 通过网络平台获取借款客户、分析评定信用风险，完成贷

---

① 《马克思恩格斯文集》第 1 卷，人民出版社，2009，第 525 页。
② 《习近平谈治国理政》第 2 卷，外文出版社，2017，第 279 页。
③ 《2022 年中国消费金融行业研究报告》，搜狐网，https://www.sohu.com/a/542435742_120189950。

款申请、发放、回收的网络小额贷款公司也横空出世。截至 2023 年末，全国共有网络小额贷款公司 179 家，实收资本 1590 亿元，贷款余额 1739 亿元。而据零壹智库不完全统计，截至 2024 年 9 月 25 日，全国网络小额贷款公司约有 152 家。① 由此可见，当代中国日常消费金融发展迅速，有力地助推了消费模式从生存型、简单化消费向发展型、服务型、品质型消费的升级。"可以说，'消费金融+'将无处不在，一个人从出生、上学、恋爱、结婚、旅行、买房、买车、装修、买家电等成长全周期都能被消费金融覆盖。"② 消费金融的层次与结构不断优化。

但是在金融促进日常消费的同时，也存在诸多亟待解决的不平衡不充分问题。第一，个人信用制度尚未健全。在实际的日常消费金融中，金融机构应根据消费者的个人征信情况，为其针对性地提供消费信贷与服务。一个成熟健全的个人征信系统将大大促进日常消费金融的发展。如前所述，美国的 FICO 信用评分系统在日常生活金融化中就起到了重要作用。而目前我国个人征信系统中的信用内容不全面，数据信息更新不及时、不准确，征信数据的使用机构覆盖面窄，个人资信评估技术不高。这些都阻碍了金融机构对日常消费信贷产品的投放。

第二，日常消费金融的区域发展不平衡，城乡差距较大。以 2010 年为例，以北京、天津、河北、上海、江苏、浙江、福建、山东、广东和海南为主的东部地区，用于住房、教育、大件耐用消费品及其他生活用途的消费类贷款余额达到 5.14 万亿元，占中国消费贷款总余额的 70.2%。③ 而广大农村地区的金融机构网点少、消费信贷产品有限、金融产品的有效供给不足，金融服务水平不高。农村信用体系不完善、信用环境不健全，一般农户很难单凭个人信誉从信用社取得贷款。信用社也缺乏有效的监督和惩罚机制，面临较大信用风险。这就造成了农民贷款难和信用社难贷款的悖论局面。统计显示，2007~2010 年，为直接满足自身衣食住行以及医疗、教育等需求的农户消费贷款余额分别为 1539 亿元、1971 亿元、2814 亿元、4108

---

① 零壹智库：《缩容与整合：网络小贷正在经历什么》，雪球网，https://xueqiu.com/4740325621/305659179。
② 刘洋：《消费金融论》，北京大学出版社，2018，第 27 页。
③ 刘洋：《消费金融论》，北京大学出版社，2018，第 27 页。

亿元。①

第三，日常消费金融产品结构有待优化，差异化不明显。虽然我国消费金融产品的种类在逐渐增加，但是就其结构比重而言，住房抵押贷款、汽车贷款占据了80%以上的份额。根据人民银行公布的数据，2016年消费信贷占比为23.50%，其中近75%是住房贷款，除去住房贷款，居民消费信贷仅占5%。② 而且，各个银行与消费金融公司发放的金融产品同质化现象比较突出，依然以住房贷款、汽车贷款、信用卡贷款为主，缺乏针对特定目标人群研发的具有鲜明特色的差异化产品，特别是服务于收入水平较低、风险承担能力较差的农民、贫困人群、残疾人、老年人等弱势群体的普惠型金融产品。

第四，针对日常消费的金融监管不够健全，金融消费者保护不够完善。互联网信息技术与金融的结合便利了金融业务的日常开展，但同时其自身的开放性也导致了金融风险的扩大，如消费者数据信息泄露、集资诈骗、平台跑路等问题。2020年，全国共查处非法集资案件7500余起，处置非法集资存量案件三年攻坚战办结存量案件1.1万起，涉案金额3800余亿元。③ 一些养老机构打着投资养老公寓、提供医养服务的幌子，收取会员费，引诱老年人"加盟投资"。一些房产中介与小额贷款公司打着降低购房门槛的旗号，针对首付不足的购房者，衍生出类似美国次级贷款的"首付贷"这类高利率、高风险信贷产品。一些消费金融公司与互联网平台合作还出现暴力催收、息费定价过高、向未成年人放贷等乱象。这些非法金融活动不但扰乱市场经济秩序和金融秩序，影响社会稳定，还损害群众利益，危害极大。而在针对日常消费金融的法律法规监管方面，国务院有关部门发布的指导意见和管理办法，如《关于促进互联网金融健康发展的指导意见》《网络小额贷款业务管理暂行办法（征求意见稿）》《消费金融公司试点管理办法》《银行保险机构消费者权益保护监管评价办法》等，有效加强了金融监管。但这些规章制度针对的是不同的消费金融主体，难以有效覆盖日常金融消费的所有领域。这就使得很多消费者在面对种种日常金融消费乱

① 李燕桥：《中国消费金融发展的制约因素及对策选择》，《山东社会科学》2014年第3期。
② 孟安燕：《消费金融发展现状、问题与对策》，《浙江金融》2018年第1期。
③ 《2020年全国查处非法集资案件7500余起》，新华网，http://www.xinhuanet.com/2021-04/23/c_1127366309.htm。

象时，很难切实维护自身合法权益。

二　金融与日常交往

从日常交往领域看，随着中国特色社会主义市场经济的深入发展与金融体制改革的持续推进，金融产品、金融工具、金融技术、金融市场日益渗透到人们的家庭生活、邻里关系、社区服务、休闲娱乐等日常交往领域。金融逻辑逐渐成为当代中国日常交往的显著特征与底层逻辑。

首先，当代中国家庭除了具有传统的情感、抚育、资源分配等功能之外，还逐渐承担起金融价值实现的功能。最为鲜明的体现就是中国家庭通过房地产信贷市场购买商品住房，日益成为一个微型的金融投资单元。"伴随着中国特殊的城市化发展，政府财政、债券等资本市场兴起，房地产市场勃兴和住房金融化进程逐渐将家庭与个人极为迅速地卷入复杂交织的金融系统之中。"[1] 根据 2019 年央行调查，我国城镇居民住房家庭拥有率达到 96%，其中有一套或两套住房的家庭占 89.4%。城镇居民户均住房资产 187.8 万元，住房占家庭总资产的比重为 59.1%。除了房产外，家庭持有的社保余额、存款、股票、基金、债券、金融衍生品、外币资产、黄金等其他金融资产也在不断增长。[2]

与此同时，不断兴起的社区银行表明，金融在人们的日常交往中正在起着越来越重要的作用。社区银行主要在社区设立，面向特定范围内的个人、家庭与周边小微商户，开展转账、理财、贷款、水电煤气缴费、宣传普及金融知识等金融活动。除此之外，社区银行还提供各种便民服务与公益性活动，如代送洗衣物、代售各种门票、义诊、教育咨询、老年课堂等，并设立儿童游乐区、社区活动室、社区书吧、社区讲堂、社区党建室等活动场所。作为"家门口的银行"，社区银行凭借距离便利与第一时间获得客户信息的优势，打通社区金融服务"最后一公里"，不仅为社区生活、消费、休闲娱乐带来了便利，而且满足了社区居民就业、创业、投资和财富管理等金融需求，提升了人们日常交往中的金融服务的可得性。目前社区

---

[1] 艾云、向静林：《从经济金融化到社会金融化》，《国际社会科学杂志》（中文版）2021 年第 1 期。

[2] 《2021 安联全球财富报告显示：中国家庭金融资产总额增长 13.6%》，中国经济网，http://m.ce.cn/ttt/202110/11/t20211011_36981972.shtml。

银行发展较快，据统计，截至 2016 年末，全国社区银行网点数量已经达到 9356 个，其中小微网点 1258 个。① 社区银行的兴起加强了人们的日常交往，丰富了交往内容，扩展了交往范围。

但是，日常交往领域也存在金融发展的不平衡不充分问题。一是我国家庭金融资产总体呈现增长趋势，但群体、区域、城乡之间的差异性、不平衡性比较突出。从收入群体看，低收入、低财富家庭的金融资产结构比较单一，主要为现金存款、银行理财。36.2%的家庭仅持有一种或没有持有金融资产；37.4%的家庭持有两种金融资产，在股票、债券、基金中的参与度极低，都没有超过 5%。而高收入、高财富家庭的金融资产结构更多元，金融市场参与率明显更高。② 从区域分布看，东、中、西部各地区的家庭金融资产规模与增长速度差异较大。数据显示，2014 年东部家庭金融资产平均超过 16 万元，非东部家庭金融资产平均仅有 5 万元。东部地区有 8.48%的家庭参与风险金融市场，中部地区参与风险金融市场的家庭仅有 4.03%，西部地区参与风险金融市场的比例更低，仅有 1.58%。③ 从城乡结构看，2015 年我国城市居民家庭金融资产平均为 12.83 万元，中位数为 2 万元；农村居民家庭金融资产平均为 2.28 万元，中位数为 0.25 万元。城市居民家庭的金融资产种类数和多样化指数分别为 2.12 和 0.23，高于乡村居民家庭的 1.58 和 0.15，城市家庭的金融资产配置结构更趋多元化。④

二是我国居民家庭房贷持续上涨，家庭债务风险加大。虽然我国家庭的住房拥有率达到 96%，但是大部分家庭都不是全额付款，而是通过住房抵押贷款等金融杠杆购房。从房贷在家庭负债中的比重看，2020 年中国人民银行调查统计司的数据显示，城镇居民家庭负债参与率高，负债结构相对单一，房贷是主要组成。在受调查家庭中，有负债的家庭占比为 56.5%。75.9%的居民家庭将负债用于购房。贷款买房，本金和利息加起来占家庭收入的 28%~46%。房贷挤占了普通家庭的很大部分收入，影响了人们的其他

① 社区银行实证研究编写组：《金融有温度——中国社区银行发展实证研究》，中国金融出版社，2017，第 21 页。
② 徐佳、谭娅：《中国家庭金融资产配置及动态调整》，《金融研究》2016 年第 12 期。
③ 刘苏颖：《家庭金融资产配置的区域差异研究》，湘潭大学硕士学位论文，2018。
④ 杜朝运、丁超：《中国居民家庭金融资产配置：规模、结构与效率》，西南交通大学出版社，2017，第 50、76 页。

日常开支。从家庭债务与 GDP 的比值看，2013 年初至 2019 年底，中国家庭债务占 GDP 的比重已经从 30.7% 增长到 56.5%，到 2021 年底达到了 61.5%。[①] 2019 年 11 月，中国人民银行发布了《中国金融稳定报告（2019）》，其中杭州居民杠杆率达到了 103.2%，成为全国唯一一个杠杆率超过 100% 的城市。《中国金融稳定报告（2023）》显示，2022 年末，我国家庭杠杆率为 71.8%。家庭杠杆率反映了居民的债务负担和偿债能力。杠杆率越高，居民负担越重。高金融杠杆率意味着家庭的高负债。家庭负债中房贷的高比例意味着高风险特征的房地产市场波动将对家庭生活的稳定性带来较大的冲击。一是城镇居民家庭金融资产负债率较高，存在一定的流动性风险；二是部分低资产家庭资不抵债，违约风险高；三是背负刚需型房贷的中青年群体压力较大，债务风险突出；四是老年群体投资银行理财产品、资管产品、信托产品等金融产品较多，风险较大。

三是社区银行的兴起虽然加强了人们的日常交往，但在发展过程中也遇到了诸多困境。一是社区银行的定位模糊，缺乏核心竞争力。社区银行不能办理现金业务，且金融业务范围相对狭窄，基本局限于理财、开卡、缴费，没有信贷业务做支撑，盈利能力较差。在服务对象上，它主要是面向社区居民与周边商户，不能办理针对公司企业、政府机关、事业单位的对公业务，竞争力明显低于综合性网点。而且，随着互联网金融的兴起，许多金融业务都可以通过手机在网络上办理，这进一步削弱了社区银行的业务与目标人群的联系。二是社区银行在选址与产品类型方面竞争激烈，同质化情况严重。各家社区银行在选址过程中，在地理位置上多倾向于社区环境成熟的地方，地域的相近使得社区银行间过度竞争、无序竞争。大多数社区银行提供的产品和服务都是按照总行的标准执行，缺乏针对特定社区、特定人群的"社区版"差异化特色产品和服务。三是社区银行的机构、制度、人员保障不够健全。社区银行是银行总行或分行的派出机构，不具有独立的法人资格，发展空间有限。社区银行外部监管的法律法规与内部风控机制都比较薄弱。配备人员的专业化程度不够，难以很好地适应社区银行既有金融业务，又包含大量非金融业务的综合性工作状况。上述

---

① 《报告：中国家庭债务风险低于预期但仍需警惕》，中国新闻网，https：//www. chinanews. com. cn/cj/2019/10-17/8981833. shtml。

问题的存在使得社区银行在经历了 2013~2016 年的快速扩张后，出现了发展放缓的状况。2015 年、2016 年新建社区银行分别为 1755 家、1016 家，但是到了 2017 年、2018 年，新建社区银行降至 597 家、492 家。[①]

三　金融与日常观念

从日常观念领域看，随着当代中国日常消费、日常交往与金融产品、金融服务、金融技术、金融市场联系的日益密切，人们日常观念中的金融因素也逐渐增多。首先，人们的日常金融知识不断丰富。由于金融对人们衣食住行、养老、保健、教育、医疗等日常生活的影响越来越大，人们对日常生活中常见的金融产品有了更多的了解，对自身在收入、开支、资产、投资、借贷等方面的财务状况有了更多的认识。根据中国人民银行发布的《2021 年消费者金融素养调查分析报告》，我国金融消费者对信用、保险、贷款、年化收益率计算等方面的金融知识掌握较好。其中，85.15% 的受访者知道严重不良信用记录会对自己申请贷款产生负面影响；对退保犹豫期认识比较到位，71.03% 的受访者了解无条件退保相关规定；多数（68.62%）受访者对贷款期限与月还款金额及利息的关系有一定的理解。[②]

其次，人们参与日常金融活动的意愿在不断增强。除了参加储蓄、国债、保险等传统保本型理财之外，房产、股票、基金、信托、债券、外汇、期货、期权等多元化金融投资产品也逐渐成为大众参与金融市场的重要方式。《2021 年消费者金融素养调查分析报告》表明，在最近两年有储蓄或投资行为的受访者中，60.36% 持有过存款类产品，52.63% 持有过银行理财产品，51.39% 投资过基金（非货币类），29.14% 买过货币类基金，27.82% 买过股票。[③] 这体现出人们日益接受高收益、高风险的投资理财观念，认同通过市场竞争或零和博弈来获取资产性财富。正如有学者所言："国债、股权、产权、企业债权、期权等投资品的资产性收入日益成为主要收入，股票市场呈现的股权价格的大起大落、房地产业近二十年的繁荣发展以及大

---

① 邱峰：《社区银行探索实践及其推进》，《河北金融》2020 年第 6 期。
② 《2021 年消费者金融素养调查分析报告》，中国人民银行网站，http://www.pbc.gov.cn/jingrxfqy/145720/145735/4359487/index.html。
③ 《2021 年消费者金融素养调查分析报告》，中国人民银行网站，http://www.pbc.gov.cn/jingrxfqy/145720/145735/4359487/index.html。

宗商品市场的价格起伏等资产性价格的大幅波动，让老百姓终于体会和明白了能够带来保值增值的资产性收入也是重要的收入来源。"①

最后，金融活动所蕴含的投资、计算、风险等意识也逐渐深入人们的日常观念。当代中国家庭越来越将教育视为一种人力资本的投资。根据中国人力资源服务商前程无忧发布的《2019国内家庭子女教育投入调查》，家庭子女教育年支出主要集中在12000~24000元和24000~36000元这两个范围内，占比分别为22.4%和21.7%，38.8%的受访家庭用于子女校外教育和培养的投入占家庭年收入的二三成。教育巨大投入的背后是人们日益将教育视为一种能够带来更多工作机会、更高地位跃迁、更好婚恋关系、更广人际关系的投资品，"家庭对人力资本的支出成为一种市场导向和发展取向的理性投资行为，家庭的教育需求由义务型、标准化、单一性转向自主型、个性化、多元性"②。除此之外，学区房的购买、生活社区的选择、朋友关系的建立被称为"社会资本"，日常饮食、运动健身、休闲养生也被视为投资自己健康的金融工具。总之，人们的日常观念与行为日益反映和遵循着金融的逻辑和规则，"金融观念的普及与金融市场的广泛参与，让人们越来越意识到，能否认识杠杆、利用杠杆、巧用杠杆，已经成为能否利用社会资源和获得社会财富的重要手段之一"③。

金融发展不平衡不充分的问题在日常观念领域中主要表现在几个方面。一是日常金融知识教育跟不上金融技术与金融产品的创新速度，群体、区域、城乡之间的差异较大。随着互联网、大数据、人工智能等科技与金融的深度融合，新的信贷消费方式、投资理财模式层出不穷，各具特色的金融产品与工具种类繁多、内容复杂多样。普通消费者的金融知识教育往往具有滞后性，这加剧了金融信息的不对称，削弱了消费者在日常生活中对金融风险的防范意识与识别能力。许多非法金融直播营销、非法信贷集资、金融诈骗网站、高额信贷消费陷阱的出现，往往是利用了消费者对金融新产品、新技术、新模式、新业态不熟悉的短板。根据人民论坛问卷调查中心的调查，52.82%的受访者及其家庭成员有过被误导使用金融产品的经历，

① 申唯正：《改革开放四十年金融观念的经济哲学反思》，《天津社会科学》2018年第4期。
② 王远伟：《中国个人家庭教育投资问题研究》，华中师范大学出版社，2014，第5页。
③ 申唯正：《改革开放四十年金融观念的经济哲学反思》，《天津社会科学》2018年第4期。

另有滥用金融产品、金融诈骗、个人信息泄露等消费者经常遭遇的情形。31.80%的受访者陷入过非法集资、金融诈骗等骗局且有实质性损失。当受访者被问及落入金融骗局的原因时，57.89%认为是由于投资者防范意识不强，金融知识不够全面；41.01%表示新型骗术层出不穷，让人防不胜防。[1]即使是大学生这类学历较高的社会群体，也比较缺乏金融基础知识，金融风险意识较淡薄。麦可思研究院发布的《2019大学生消费理财观数据》显示，33.5%的大学生表示"完全不了解"如何区分校园贷的渠道是否正规，36.1%的大学生表示"了解一些"区分方法。[2]此外，不同社会群体、区域、城乡之间金融知识教育的普及程度分化较大。中国人民银行发布的《2021年消费者金融素养调查分析报告》显示，在收入群体方面，月收入在1万~2万元的消费者金融素养水平最高，平均得分为70.28；月收入在2000元以下消费者平均得分最低，为61.01。在区域方面，东部地区消费者金融素养水平最高，平均得分为68.39，比西部地区（最低）高3.15分。在城乡方面，城镇地区金融消费者平均得分为68.06，比农村地区高3.45分。[3]因此，低收入群体、西部地区群体、农村居民群体是日常金融知识普及的重点关注对象。

二是非理性的金融消费观念日趋蔓延，过度甚至虚假金融营销、盲目追求高收益、过度借贷消费、超前消费等问题比较突出。在金融产品营销方面，一些短视频平台投放的信贷广告普遍存在低俗、浮夸、过度营销的现象。在广告内容设置上，一些平台为精准投放给目标客户，在介绍信贷产品时混淆概念，以"优惠""助贷""资产管理"等话术包装小额信贷、信用卡分期、网贷等，诱导消费者使用信用贷款。在信贷方式上，许多网贷服务机构都会以"放款快、利息低、额度高"等诱人的口号进行宣传，如"XX分钟立即到账""最高可贷几十万""万元日息最低XX"，营造一种借钱不用还的假象。在金融产品消费方面，部分消费者受营销广告刺激，不顾自身金融素养水平、经济收入、信用额度、还款能力、产品状况等实

---

[1]　焦欢：《当前公众金融素养和金融观念的调查报告》，《国家治理》2019年第13期。

[2]　《2019大学生月均花1197元 形象消费占比最高》，中国新闻网，https://www.chinanews.com.cn/cj/2019/12-05/9025558.shtml。

[3]　《2021年消费者金融素养调查分析报告》，中国人民银行网站，http://www.pbc.gov.cn/jingrxfqy/145720/145735/4359487/index.html。

际情况，一味追求高收益金融产品，忽略了与之对应的风险，过度自信、盲目跟风，在投资行为上倾向短期投资，存在追涨杀跌等现象。根据深交所发布的《2017 年个人投资者状况调查报告》，有 46.9% 的投资者为追涨型投资者，21.1% 的投资者不重视止损策略，认为"即使股票价格下跌，只要我不卖出，就不会亏损"，非理性投资者平均占比 39.2%。[①] 一些社会群体存在无节制地超前消费和过度借贷消费现象。特别是部分年轻群体缺乏稳定经济收入和还款能力，信用风险意识淡薄，容易接受花呗、借呗、趣分期、任分期、满意贷、投投贷、名校贷等互联网信贷，冲动、随意使用消费信贷。一项尼尔森（Nielsen）发布的《2019 年中国年轻人负债状况报告》显示，在中国年轻人中，主要信贷产品的渗透率高达 86.6%，44.5% 的年轻人有长期负债，平均债务收入比为 41.75%。只有 13.4% 的年轻人零负债。另一项针对全国高校大学生网贷消费行为的调查也显示，有 13.6% 的大学生认为自己是"超前消费者"，10.8% 的大学生表示可以接受并愿意"借债消费"。当被问及是否接受通过网贷进行消费时，11.6% 的大学生表示接受。31.1% 的大学生表示身边有同学通过网贷进行消费。[②] 这表明，虽然大学生群体信贷消费观念总体较为理性，但是，超前消费、过度消费、负债消费等观念已经获得一定程度上和范围内的认可。

三是追逐"一夜暴富"的金融投机心理与传统"赚钱就是王道"的拜金主义相媾和，进一步催化了日常生活中的个人主义、享乐主义、食利和动利主义。这是因为，"金融的创新性与自由性让人们对利益的追求更加容易，且不断脱离实际劳动，金融的高度经济理性进一步加深了人们对金钱的崇拜。金融提供给人们更加便利的获利方式，使得人们的获利愿望不断得到满足，从而让人们的财富欲望不断膨胀。这种对金钱的欲望的实现不断在扩张人们的贪欲，包括对金钱的贪欲以及对享乐的贪欲"[③]。一些金融机构为刺激人们的金融消费欲望，诱导金融消费行为，借助各种广告、影视传媒、财经书籍、自媒体，大力宣扬在金融活动中可以"快速致富""轻松赚钱""人人发财"的造富神话。某些金融机构炒作比特币、莱特币等虚

---

① 《2017 年个人投资者状况调查报告》，深交所网站，https://investor.szse.cn/institute/bookshelf/report/index.html。
② 林明惠：《大学生网贷消费行为调查分析及引导策略》，《思想教育研究》2017 年第 5 期。
③ 姜勇：《金融化世界享乐主义的经济哲学批判》，《青海社会科学》2018 年第 4 期。

拟货币为"数字黄金",营造一夜暴富的财富效应,误导大量中小投资者跑步入场,希望通过炒币实现所谓"财富自由"。这些暴富心理,诱发并刺激"赚快钱、快赚钱"的投机主义、贪图享受的享乐主义、不劳而获的食利主义、"富而骄横"的个人主义等不良的日常观念意识与社会心理,扭曲、腐蚀、败坏了人们的金钱观、财富观、职业观、婚姻观、生活观乃至人生观。例如,某些网红博主月薪百万的示范效应,强化了人们金钱至上的功利主义观念,网络直播低投入、高产出的表象,导致人们不愿艰苦奋斗、勤劳致富,只想着走捷径、不劳而获,急功近利的浮躁虚荣心态日益蔓延。这种功利化、实用化的职业观念实际上是急于戏成、贪图享受、追求短期利益的金融投机心理的一种日常投射。

第二节　新时代中国金融建设满足人民美好生活需要的实践路径

如前所述,当代资本主义日常生活金融化的根本实质是满足金融垄断资本不断增殖与积累的需要,因而以金融活动社会化、日常化与金融资源占有私有化的尖锐对立的新方式,进一步激化了资本主义基本矛盾。相反,当代中国要处理好金融与日常生活的关系问题,必须坚持以马克思主义特别是习近平新时代中国特色社会主义思想为指导,坚持中国特色社会主义基本制度,着眼新时代社会主要矛盾的转化,充分发挥金融在人们日常生活中的积极作用,建设一个真正以人民为中心的,具有公平性、包容性、普惠性、多样性的日常金融体系,满足人民日益增长的对金融的需求。

一　金融在当代中国日常生活中的功能定位

与西方主流经济学、金融学将货币、信贷、金融局限于经济活动的实证描述不同,马克思从作为"总体性历史科学"的唯物史观出发,将货币金融置于作为有机体的社会结构整体中,全面揭示了其在经济、政治、社会、文化价值观中的地位与功能。"所以,货币同时直接是现实的共同体,因为它是一切人赖以生存的一般实体,同时又是一切人的共同产物。"[1] 当

---

[1]　《马克思恩格斯全集》第 30 卷,人民出版社,1995,第 178 页。

代资本主义日常生活金融化也从反面启示我们，广义上的金融现在已经远远超出了将储蓄转化为投资的传统宏观经济作用，日益成为一种系统性塑造政治体制、阶级关系、日常行为、文化心理和价值观念的关键因素，正在深刻地改变整个经济社会的结构。这里所蕴含的方法论启示是，在考察金融与新时代中国日常生活之间的相互关系时，要充分厘定与发挥货币金融在新时代日常消费、日常交往、日常观念中的重要功能定位。

金融是满足新时代中国全方位、多层次日常消费需求的调节器。如前所述，当代资本主义日常生活金融化的突出表现之一就是广大民众将各种金融工具、金融产品、金融技术作为调节手段，去满足衣食住行、养老、健康、医疗、教育等各种日常生活需求，以应对新自由主义所导致的劳动力再生产危机。如果我们扬弃这个过程中金融垄断资本的逐利本性，那么可以发现，就其本身而言，信贷金融能够使潜在的、未来的购买力变成现实的、当前的购买力，在扩大消费需求的同时推动生产，促进经济增长。对于金融在日常消费中所发挥的需求调节器的作用，马克思曾有过深刻论述。他在《1844年经济学哲学手稿》中就指出，货币、信贷是"需要和对象之间、人的生活和生活资料之间的牵线人"[1]。货币将人们想象的、期望的各种需求变成现实的有效需求。那些没有货币基础的需求则是纯粹观念的东西，也就是无效需求。信贷则以提前预支的方式，将暂时缺乏货币基础的无效需求转变成有"支付能力的需求"，从而满足与扩大各种消费需求，促进商品流通与资本循环周转，"它也可以在商人和消费者之间执行支付手段的职能，只要出现信贷，从而收入可以先被消费，后被支付"[2]。现实与理论都表明，必须高度重视与发挥信贷金融在调节人们日常生活消费需求方面所起的重要作用。从日常生活层面看，新时代美好生活的重要内容就是要有"更好的教育、更稳定的工作、更满意的收入、更可靠的社会保障、更高水平的医疗卫生服务、更舒适的居住条件、更优美的环境"[3]。这些丰富多样的日常生活消费资料的供给与需求都离不开金融活动的调节与支持。

---

[1] 《马克思恩格斯全集》第3卷，人民出版社，2002，第359页。
[2] 《马克思恩格斯文集》第7卷，人民出版社，2009，第502~503页。
[3] 《习近平谈治国理政》，外文出版社，2014，第3页。

从供给层面看，金融为日常生活消费资料的生产与流通提供了强有力的资金与信息支持。一般认为，在经济领域，金融具有资源转移、价值创造、流动性创造、风险分散、价格发现、信息生产和公司治理等功能。这些功能在关涉衣食住行等日常生活消费资料的生产与流通中的有效发挥，将极大促进这些部门领域的资源整合、结构优化、效率提高、效益增强，为满足人们全方位、多层次的日常生活需求提供坚实的物质基础。如学者所言："金融对于当代社会之所以重要，在于其动员及转移社会资源的能力。当社会所累积的各种资讯技术及标准化的产业运作模式越发成熟并反映到金融的应用，使金融更具备社会资源可转移性的地位时，社会结构被带动的改变也就越大。"[1] 例如，高速公路、铁路等交通基础设施建设需要长期的、大规模的资金支持。而且这些重大项目的建设难度高、融资回收期限长、回报率较低。这就需要多渠道拓展项目资金来源，发挥政策性开发性金融在基础设施投融资中的引领保障作用，同时带动更多民间金融资本参与。"利用开发性金融工具对基建项目进行股权投资，以解决基建项目资本金到位难等问题，政策多管齐下，促进投贷结合，为基础设施建设注入金融活水，有利于尽快形成更多实物工作量。"[2]

从需求层面看，金融为日常生活消费资料的获取与使用提供了全方位的资金服务。从最一般的意义上看，日常消费的所有方面，都需要通过银行来进行存取支付。而随着金融与信息科技的日益融合，金融信息化、网络化、数字化的发展更是为人们获取与使用各种日常生活消费资料提供了更为方便、快捷、安全、可靠的资金渠道和技术手段。"20 世纪的最后 25 年见证了两种明显不受限制的力量的崛起：信息革命和金融市场。许多人赞美前者提高了生产率，后者释放了财富驱动力。事实上，21 世纪就在一片'新经济'到来的呼声中来临，这些力量的膨胀和无限增长的潜力正是新经济的特征。"[3] 当前中国社会依然存在民众消费需求不振、消费动力不

---

[1] 邱泽奇、陈介玄、刘世定主编《当代社会的金融化与技术化》，社会科学文献出版社，2017，第 1~2 页。

[2] 赵展慧：《人民财评：撬动更多金融资源支持基础设施建设》，人民网，https：//baijiahao. baidu. com/s？id=1738196628134959958&wfr=spider&for=pc。

[3] 〔英〕卡萝塔·佩蕾丝：《技术革命与金融资本》，田方萌等译，中国人民大学出版社，2007，第 1 页。

足、消费环境不健全、消费领域不平衡、消费结构不完善等问题，这些问题制约着经济社会的发展。因此，金融机构广泛开展多样化金融业务，为人们提供低廉、快捷、方便的"一站式"金融服务，以激发人们的消费动力，满足消费需求、提升消费能力与消费便利度，使人们"能消费、敢消费、乐消费"，能够有效化解我国目前所面临的产能过剩和商品库存积压问题，拉动产业转型升级，促进供给侧结构性改革，推动粗放型经济增长向创新驱动型的经济转变。

金融是协调新时代中国日常交往关系，促进其良性互动、有序平衡的稳定器。当代资本主义将家庭抚育、社区服务、邻里关系、休闲娱乐等日常交往领域改造成一个个具有投资增值潜力的金融产品，以金融的方式改造与强化了人与人之间的交往活动与社会关系。正如马克思所言："它使人和人之间除了赤裸裸的利害关系，除了冷酷无情的'现金交易'，就再也没有任何别的联系了……资产阶级撕下了罩在家庭关系上的温情脉脉的面纱，把这种关系变成了纯粹的金钱关系。"① 当代资本主义作为典型的金融社会，本身就表明金融在促进日常交往活动、构建各种社会关系中正起着关键性作用。新时代中国特色社会主义要发挥市场经济在社会资源配置中的决定性作用，就意味着各种金融产品、金融工具、金融技术将会对人们的日常交往活动与经济社会关系产生更为直接和广泛的影响。正如研究中国经济金融与社会发展的学者所指出的，中国经济改革和发展的过程，也是货币金融交换机制渗透与改造中国社会生活的过程，"金融工具是导致转型期中国社会再结构的一个重要方面"②。

从正向看，"普惠的金融供给对于吸引新的创业者加入并获得发展壮大的机会至关重要。金融还是一个巨大的平衡器，如果金融体系能妥善运转、创意就会比资金更为重要，让有才能的人可以不受个人财富的限制，与任何人正面竞争"③。这就是说，一种公正、合理、健全的金融体系要能够为所有人都提供平等享有金融产品、金融服务、金融资源的机会，提供改善生活状态的可能，让人们的才能都得到充分的发挥。就日常生活而言，人

---

① 《马克思恩格斯文集》第 2 卷，人民出版社，2009，第 34 页。
② 王水雄：《人情机制、金融工具与社会再结构》，载邱泽奇、陈介玄、刘世定主编《当代社会金融化与技术化》，社会科学文献出版社，2017，第 134 页。
③ 〔美〕路易吉·津加莱斯：《繁荣的真谛》，余江译，中信出版社，2015，第 51 页。

们通过购买各种金融产品，参与金融市场竞争，参与上市公司的经营管理，为社会过剩的流动资金和居民日益增长的收入提供更多合法的投资渠道，既能增加居民个人与家庭的财产性收入，使人们更多地分享国家经济增长的成果，又有利于培育更多的富裕家庭和扩大中等收入群体，有效提高居民消费能力和抗风险能力。同时，各级政府、金融机构、各类企业或非企业社会组织面向贫困地区和贫困人群提供综合金融服务，发挥金融市场、金融政策、金融工具的财富再分配、再调节功能，帮助其摆脱贫困、增加收入。这些金融举措将有助于促进各地区的协调、平衡发展，从而稳定社会秩序，构建和谐社会关系。例如，农村信用合作社不仅是一个为广大农民和农村地区提供金融支持的经济机构，而且是农村地区信用环境治理、社会关系协调、法治诚信契约意识培养的重要环节。运行良好、制度健全的农村信用合作社将大大促进与加强农村地区的社会秩序稳定与道德观念建设。在此意义上，希勒指出，金融可以帮助我们在越来越宽广的社会阶层中广泛地分配财富，金融创造的产品可以更加大众化、日常化，促进人与人之间在金融民主与平等基础上进行交往互动，"试想保险、房贷和年金这些基本的金融创新产品在民众中广泛地传播，过去一个世纪里，它们共同保障了上百万人的福祉。通过大大小小各种类型的创新进一步完善金融机构和金融工具，将使财富覆盖的范围扩大，从而逆转社会不公平现象加剧的趋势"①。

从反向看，美国次贷危机导致失业、收入锐减、财富缩水、信用崩塌、犯罪频发、种族冲突，引发了严重的社会动荡与秩序混乱。占领华尔街运动本身就是这一社会危机的突出反映："所有这些抗议活动中一个贯穿始终的主题就是人们要求在金融领域有更高程度的民主，他们怀疑政府与那些依附于政府的金融机构之间达成了某种阴谋，为此他们也进行更猛烈的抨击。"② 这就表明，高风险、投机性的金融活动不仅冲击与阻碍经济生产与流通，而且会对整个社会的稳定发展带来严重负面影响。所谓"按揭贷款大师"、次级贷款的先行者和推动者、美国最大房贷金融公司 CEO 安杰罗·莫兹罗（Angelo Mozillo）虽然给美国与世界经济带来了巨大浩劫，但是在

---

① 〔美〕罗伯特·希勒：《金融与好的社会》，束宇译，中信出版社，2012，第13页。
② 〔美〕罗伯特·希勒：《金融与好的社会》，束宇译，中信出版社，2012，第28页。

他辞职时却拿走了 4.7 亿美元报酬。① 这再一次显示了投机性金融在拉大收入差距中所起的推波助澜的作用。马克思在论述信用的二重性时就指出，信用在促进资本社会化、加速资本周转的过程中，也会再生产出一整套投机和欺诈活动，"同时导致资本的集中，从而导致最大规模的剥夺"②。这种金融剥夺将拉大收入差距，加剧贫富分化，激化社会各群体、各阶层之间的矛盾冲突，冲击社会秩序。

金融是培育新时代中国理性自律、健康向上的日常观念意识的孵化器。当代资本主义日常消费与日常交往的金融化将投资观念、风险观念、衍生观念等金融化意识与思维方式融入大众化、习惯性的日常观念与思维，导致人们将健康、教育、娱乐乃至社区服务等一切日常活动与存在方式都视为一种金融市场的信贷投资行为。"金融成为美国社会的新宗教……世界成了一个股票市场，而我们全都成了交易员。每天买卖各种'资产'，为的就是获得成功。"③ 这种日常生活观念的金融异化、金融拜物教是马克思所批判的货币异化、货币拜物教、资本拜物教的当代形式，同时也从反面折射出金融在塑造现代社会、现代人的日常观念意识中的核心作用。而新时代的美好生活不仅需要更丰富的日常消费资料和更多样的日常交往空间，也需要体现公平、理性、民主、权利、自由、个性的"更丰富的精神文化生活"，养成"自尊自信、理性平和、积极向上的社会心态"④。金融机构设计、生产各种金融产品以及人们参与各种金融活动的过程也是一个培育、发展与传播适应于中国特色社会主义市场经济建设、促进新时代美好生活的金融文化观念的过程。

金融文化是参与金融活动的主体在各种金融产品的交易中所形成并遵循的行为规范、道德准则与价值取向的集合体。它随着社会生产的发展而发展，在不同阶段具有不同的具体内涵与时代特点。新时代金融文化的内涵丰富，"既包含优秀的中华民族文化，如强调整体，崇尚仁爱原则和人际和谐，提倡每个人对社会承担义务，追求理想人格，重视道德修养，在经

① 〔美〕路易吉·津加莱斯：《繁荣的真谛》，余江译，中信出版社，2015，第 52 页。
② 《马克思恩格斯文集》第 7 卷，人民出版社，2009，第 498 页。
③ 〔美〕杰拉尔德·戴维斯：《金融改变一个国家》，李建军、汪川译，机械工业出版社，2011，第 5 页。
④ 《习近平谈治国理政》第 3 卷，外文出版社，2020，第 38 页。

营中坚持君子爱财、取之有道，善于先予后取；又包含了我国金融业长期积淀的精神，如诚信、勤俭、坚忍等；还吸取了现代西方优秀金融文化，如竞争意识、开拓精神、效率原则等"①。以人为本、服务大众、诚实守信、理性自律、平等竞争、效率公平、开拓创新的金融文化，一方面有助于变革、涤荡当代中国日常观念中那些传统遗留下来的狭隘、封闭、保守、僵化的文化因素，促进人们积极接受与认同以追寻合理合法利益为导向的理性计算、公平竞争、积极参与、自我责任等现代生活方式和价值观念；另一方面也是对当前日常生活中所出现的拜金主义、投机主义、享乐主义、食利主义、个人主义等观念乱象的强有力的"解毒剂"。当代中国要以社会主义金融价值观破解"导致个体生命的自我意识沉浸在'投资—交易—风险'的生存范式"②的问题，促进人们在日常生活观念层面的自由与解放。

二　以人民为中心的日常金融体系建设的四重路径

新时代中国特色社会主义要发挥金融在美好生活建设中的稳定器、平衡器与孵化器的功能，就必须建立一个以人民为中心的日常金融体系。这是一个需要从金融指导思想、金融基本制度构架、金融体制机制运作、金融产品服务供给等方面着手的系统工程。

首先，在指导思想层面，习近平总书记关于金融工作的重要论述是建设以人民为中心的日常金融体系的根本指南。党的十八大以来，习近平总书记将马克思主义货币金融理论与当代世界和中国经济金融发展状况有机结合，围绕"建设什么样的中国特色社会主义金融、如何建设中国特色社会主义金融"的时代课题，作出了一系列具有时代性、原创性的重大判断，为构建以人民为中心的日常金融体系奠定了坚实的理论基础，提供了根本遵循。在根本任务上，习近平总书记明确指出："把更多金融资源配置到经济社会发展的重点领域和薄弱环节，更好满足人民群众和实体经济多样化的金融需求。"③金融工作必须致力于解决新时代条件下金融领域存在的主要矛盾。这就指明了建设以人民为中心的日常金融体系的根本任务就是以

---

① 郭宏之：《文化金融——加强金融文化建设的新视野》，《南京金融高等专科学校学报》2000 年第 3 期。

② 张雄：《金融化世界与精神世界的二律背反》，《中国社会科学》2016 年第 1 期。

③ 《习近平谈治国理政》第 2 卷，外文出版社，2017，第 279 页。

金融的方式助力解决社会主要矛盾，实现人民群众对美好生活的向往。在功能定位上，习近平总书记高度重视金融作为现代经济的核心作用，强调金融必须回归服务于实体经济，服务于国民经济与社会发展大局的本源："金融是实体经济的血脉，为实体经济服务是金融的天职，是金融的宗旨，也是防范金融风险的根本举措。"[①] 这就意味着日常生活中金融产品的设计、金融服务的供给、金融技术的创新、金融机构的设置、金融风险的防范，都必须紧紧围绕服务于实体经济的大局，促进提供日常生活资料的生产部门与企业的高质量发展，不断强化对关系国计民生的重点领域和薄弱环节的金融支持。在改革路径上，习近平总书记指出："完善金融市场、金融机构、金融产品体系。""强化监管，提高防范化解金融风险能力。"[②] 要以新发展理念深化金融供给侧结构性改革，完善金融市场、金融机构、金融产品体系，在此基础上进一步提高金融对外开放水平，积极参与全球金融治理，与此同时，也要注意防范化解金融风险特别是系统性金融风险，因为，"维护金融安全，是关系我国经济社会发展全局的一件带有战略性、根本性的大事"[③]。习近平总书记的重要论述表明，全面深化金融体制改革、扩大金融对外开放、防范化解金融风险，是建立与完善以人民为中心的日常金融体系的必由之路。

其次，在制度构架层面，以人民为中心的日常金融体系必须坚持中国特色社会主义制度，发挥中国特色社会主义制度优势。当代资本主义日常生活金融化所导致的种种问题、危机与困境，是资本主义私有制下牟利性、投机性的金融垄断资本盲目向日常生活领域扩张，以劳动力再生产金融化的方式剥削、压榨广大民众的必然产物。有鉴于此，"人民必须掌握其政治经济的控制权，用某种真正实现政治和经济民主的制度来取代当前的资本主义制度，它就是当今世界的统治者最害怕和最反对的制度——社会主义"[④]。从这一维度看，建设以人民为中心的日常金融体系最根本的立足点就在于必须牢固坚持社会主义基本方向，充分发挥中国特色社会主义制度

① 《习近平谈治国理政》第 2 卷，外文出版社，2017，第 279 页。
② 《习近平谈治国理政》第 2 卷，外文出版社，2017，第 279 页。
③ 《习近平关于社会主义经济建设论述摘编》，中央文献出版社，2017，第 187 页。
④ 〔美〕福斯特、马格多夫：《金融内爆与停滞》，载江洋主编《资本主义的危机与矛盾》，中国人民大学出版社，2021，第 109 页。

优势。习近平总书记指出："制度优势是一个国家的最大优势，制度竞争是国家间最根本的竞争。制度稳则国家稳。"[1] 中国特色社会主义制度是促进金融与日常生活良性协调，助力金融满足人民群众美好生活需要的根本制度保障。具体而言，在政治制度层面，首先，要坚持并强化党对金融工作的集中统一领导，充分发挥党在各项日常金融建设中总揽全局、协调各方的核心作用。这是建设以人民为中心的日常金融体系的最本质特征与最大政治优势。其次，政府"必须通过保证居住于社会上升通道下半部分的人们能够获得对他们至关重要的另一种形式的社会基础设施——金融服务"[2]。各级政府要将金融服务视为同医疗、教育、交通一样重要的社会基础设施形式，通过普惠性、开发性的货币、财政、金融政策与机构，引导资金与资源向满足人民群众日常生活需求的公共性、基础性、社会性产业合理配置，纠正商业性、竞争性金融活动在这些行业与领域存在的短期性、外部性、垄断、资源错配、信息不对称等市场失灵问题，加强弱势群体与落后地区的金融赋权赋能。在经济制度层面，以"坚持公有制为主体、多种所有制经济共同发展和按劳分配为主体、多种分配方式并存，把社会主义制度和市场经济有机结合起来"的社会主义基本经济制度引导金融建设方向，做优做强金融领域的国有资本，鼓励、支持、引导民营资本金融创新，以社会主义力量驾驭资本、防止资本盲目无序扩张，引导资本服务于实体经济与日常民生，满足人民群众多样化需求，让资本的增殖逐利动机与增进人民福祉的普惠公益效应有机统一起来。在文化制度层面，以社会主义核心价值体系指导日常金融建设，在金融产品服务的供给、金融法治法规的设计、金融企业文化的建设、金融知识教育的普及传播、金融道德规范的塑造、金融财富理念的培育中，全面贯彻马克思主义指导思想、中国特色社会主义共同理想、以爱国主义为核心的民族精神和以改革创新为核心的时代精神，让人民群众在各种日常金融活动中真正感受到"富强、民主、文明、和谐、自由、平等、公正、法治、爱国、敬业、诚信、友善"的社会主义核心价值观。只有坚持发挥中国特色社会主义制度的系统性、基础

---

① 《习近平谈治国理政》第 3 卷，外文出版社，2020，第 119 页。
② 〔孟加拉国〕穆罕默德·尤努斯：《普惠金融改变世界》，陈文等译，机械工业出版社，2018，第 170 页。

性保障支撑作用，才能真正超越当代资本主义以获取剩余价值为唯一目的的资本逻辑对日常生活的剥夺性统治，建立公平正义、共同富裕、自由个性的中国特色社会主义日常金融体系，从资本金融走向人民金融。"现代金融体系应当从狭隘的逐利群体或阶层自觉走向深刻的'人民金融'内涵。坚持人道主义宗旨，从制度上改变让'富人更富、穷人更穷'的金融秉性，改变与之相应的一切不合理的社会制度安排，尤其是改变'以资本为轴心'的社会核心制度形式，确保实现金融的民主化、人性化和社会公正性。"[①]

再次，在体制机制层面，中国特色社会主义金融体制为以人民为中心的日常金融体系的有效运作提供支持。习近平总书记指出："金融制度是经济社会发展中重要的基础性制度。"[②] 从功能作用看，发挥中国特色社会主义金融体制在满足人民群众的住房、交通、教育、医疗、养老、休闲娱乐等日常生活需求中的支撑性作用，是金融制度作为经济社会发展的基础性制度的重要体现。从结构内容看，以人民为中心的日常金融体系本身就是中国特色社会主义金融体制的有机组成。它的有效运作离不开这一宏观体制的建设完善。一是协调有力的金融调控监管体系是制定关于日常金融产品、服务、技术、市场的政策法规的管理保障。《关于促进互联网金融健康发展的指导意见》《网络小额贷款业务管理暂行办法（征求意见稿）》《消费金融公司试点管理办法》《银行保险机构消费者权益保护监管评价办法》《关于进一步规范大学生互联网消费贷款监督管理工作的通知》等金融政策文件是促进日常金融活动正常开展、防范日常金融风险的重要支撑。二是稳定高效的金融市场体系是实现金融资源在日常生活中有效配置的关键机制。习近平总书记指出："要尽快形成融资功能完备、基础制度扎实、市场监管有效、投资者合法权益得到充分保护的股票市场。"[③] 中国特色金融市场体系要发挥包括股票市场在内的货币市场、资本市场、保险市场、外汇市场和黄金市场对于金融资源在民生领域合理分配的基础性作用，确保信贷资金更多地投向能够提供满足人们生存与发展重要的物质资料、提高人民的日常生活水平的实体经济部门，提高这些部门的金融资源使用效率。

---

① 张雄：《金融化世界与精神世界的二律背反》，《中国社会科学》2016 年第 1 期。
② 《习近平谈治国理政》第 2 卷，外文出版社，2017，第 278 页。
③ 《习近平关于社会主义经济建设论述摘编》，中央文献出版社，2017，第 65 页。

三是创新多元的金融机构体系，提供充足、灵活、多样的日常金融产品与服务，更好地满足人民群众多样化的金融需求。无论是以各级国有商业银行、城乡信用合作社、政策性银行为主体的银行金融机构，还是金融资产管理公司、信托投资公司、金融租赁公司、财务公司、消费金融公司、保险公司、证券公司、信用评级机构等非银行金融机构，在设计、发行、提供各种金融产品与服务时，要充分体现社会主义银行本质，将利润导向与民生导向统一起来，不断提高人民群众在日常金融活动中的获得感与幸福感。

最后，在产品服务供给层面，以人民为中心的日常金融体系建设要在日常消费、日常交往与日常观念三个领域提供丰富、充足、多样、安全、精细、高质量的金融产品与服务。日常消费的金融支持要紧紧围绕广大人民群众的衣食住行、教育、保健、医疗、养老、健康等，以增进人民群众的生活福祉为根本目标，建立普惠性、大众化、多样性的金融体系。如学者所言："社会主义的商品、价值、货币、资本和市场，与资本主义同样的范畴，究竟有什么不同？概括地说，在资本主义制度中，上述范畴是目的而不仅仅是手段；在社会主义制度中，上述范畴仅仅是手段而不是目的。"[1] 社会主义的货币、信贷、金融始终是满足人民群众日常生活需求、提高人民群众生活水平的手段，而不是目标。在服务内容上，日常金融体系要着眼于民生金融、普惠金融、小微金融、绿色金融、数字金融、消费金融，设计与提供小额贷款、公积金贷款、教育助学贷款、健康保险、信用医疗、养老理财、绿色信贷、绿色债券、扶贫信贷、农业保险等多样化、平民化的金融产品与服务。日常金融体系要为普通民众提供有尊严、优质、方便和负担得起的金融服务，体现金融经济与社会属性的统一，"强化金融机构社会责任。金融机构要积极发展普惠金融，保护生态环境，维护客户权益，助力社区发展，加大对社会民生事业发展的支持力度"[2]。在服务对象上，日常金融体系要面向广大人民群众，特别是中西部地区、农村地区、低收入贫困家庭、老弱病残等欠发达地区与弱势群体，提供有针对性、适配性的金融产品与服务，努力校正金融的"嫌贫爱富"倾向，增强金融的普惠

① 志君：《重新解读资本主义的历史演化》，中国社会科学出版社，2018，第840页。
② 《十八大以来重要文献选编》（下），中央文献出版社，2018，第805页。

性、包容性，以金融赋能赋权的方式体现"弱势群体的融资权"。"它（民生金融——引者注）以社会弱势群体为权利主体，与社会所追求的谋求全体国民幸福的福利国家观一致；它在权利内容上强调国家对社会经济弱者进行保护和帮助，体现了社会权利维护社会整体的安全与和谐的价值目标。"① 在服务功能上，日常金融体系要作为创造就业、消除贫困、赋予权利和促进民主的有力工具，作为美好生活的重要金融支持而发挥作用。正如希勒在《金融与好的社会》中所指出的，金融并非为了赚钱而赚钱，金融的存在是为了帮助实现其他的目标，即社会的目标。"这些目标反映了我们每一个职业上的抱负、家庭生活中的希望、生意中的雄心、文化发展中的诉求，以及社会发展的终极理想。"② 日常金融产品与服务为更好地满足人们的住房、交通、医疗、养老、教育、旅行、娱乐、休闲等"美好生活的向往"提供了必要的金融手段。

日常交往的金融扩展在城市体现为大力加强社区金融建设，在农村则是要努力发展合作金融。社区金融是"围绕着社区内及其周边的居民、团体、中小微企业，银行以实现金融服务专业化和非金融服务的平台化运营为目标，基于关系型、信息型融资而开展的家庭、家族综合性金融活动"③。整合社区各项资源、加强社区相互联系、提升社区生活品质是社区金融建设的核心。除了前面所述的为社区提供理财、办卡、缴费等便民金融服务的社区银行外，社区金融还要向社区养老、社区教育、社区文体、社区陪护等有助于增进人们日常交往、增强社区凝聚力的领域扩展，以本地化、差异化、定制化、轻便化的金融产品与服务提升社区生活品质。例如，为了缓解家庭照顾老人的问题，北京、上海、广州、南京等城市的一些社区开始探索"时间储蓄""社区时间货币""时间银行"等互助养老模式。在社区内，人们自愿接受以社区时间货币为社区照顾服务的交易媒介和记账单位，将不能储存的照顾老人的服务能力以社区时间货币的形式储存在社区时间银行，年轻时通过向老人提供照顾服务获得社区时间货币，等到需要时可利用社区时间货币得到其他人为自己提供的社区照顾服务，以社区

① 冯果、李安安：《民生金融法的语境、范畴和制度》，《政治与法律》2012年第8期。
② 〔美〕罗伯特·希勒：《金融与好的社会》，束宇译，中信出版社，2012，第10页。
③ 张箐：《我国社区金融的发展现状、存在问题及对策建议》，《武汉金融》2016年第9期。

时间货币为媒介实现了社区照顾的传承和交换，同时也扩大和增进了人们的社区联系与社区认同。[①] 类似地，在社区儿童抚育、文娱活动、医疗陪护等方面，社区金融作为一种人力资源、经济资源、社会资源、教育资源的配置方式，将有助于扩大这些闲置资源的利用范围，提高其利用效率，促进邻里之间形成友善和谐的人际交往关系。合作金融是指"社会经济中的个人或者企业，为了改善自身的经济条件，获取便利的融资服务或经济利益，按照自愿入股、民主管理、互助互利的原则组织起来主要为入股者提供服务的一种特殊的资金融通行为"[②]。从本质上看，合作金融是建立在互惠互信、民主协商基础上的，具有"社区性、封闭性、民主性和公益性"的特质，核心思想是开展社员之间的资金互助。因而合作金融的发展，除了能够加强成员之间的经济互利外，从日常交往的层面看，还可以培养成员自我组织、自我管理的能力，提高成员的组织性、纪律性，增强成员的团队、民主、法治、平等意识，从而促进其人际交往能力的提升，拓展其活动空间。我国农村合作信用社作为合作金融的典型形式，是满足农民生产性、消费性资金需求的重要渠道。除此之外，农村合作信用社还应该加大对农村地区的道路交通、生态环境、教育养老等基础设施与公共服务的投入，成为优化乡村生活环境、交往关系、社会秩序的重要助推器。

日常金融教育就是在政府部门的主导下，各金融机构与机关、企业、学校、社区、公益社团等社会组织联合起来，通过课堂教材、社区讲座、专题培训、互联网传媒、影音资料、财经书籍、宣传手册、趣味游戏、文博展览等形式，向广大民众普及日常金融知识、提升日常金融技能、培养日常金融价值观念，提升人们的金融素养与能力。日常金融知识包括两个方面的内容，一是对一些常见宏观经济指标与经济运行规律的初步理解，如国内生产总值、通货膨胀、总需求、总供给、货币财政政策、国内外经济环境等。二是生活中的货币金融常识，包括货币、信贷、银行、股票、债券、理财产品、保险、外汇、债务、非法集资、金融诈骗等。通过对这些日常金融知识的了解，广大民众可以建立起对现代金融体系与日常生活内在关系的框架性理解，为提升各项日常金融技能奠定基础。在日常金融

---

① 郑红：《互助养老与社区时间货币》，中国经济出版社，2018，第2~3页。
② 刘建勋：《中国农村社会金融信用及其治理机制研究》，中国金融出版社，2011，第141页。

技能方面，要培养广大民众掌握基本金融技能，学会购买保险、基金、股票、债券等金融产品，学会通过网上银行、手机银行等互联网手段进行常规的转账、支付、结算操作，使用信用卡进行信贷消费，从而提升人们在日常生活中的财务分析、投资理财、风险识别与消费管理能力。培养与树立理性健康的金融价值观是日常金融教育的核心。这需要彻底摒弃拜金主义、投机主义、享乐主义、食利主义、个人主义等错误、扭曲的金融意识和财富观念，从货币金融的理解、获取、使用与个人身心的全面发展、人际交往关系的和谐、社会公益的良性运行、生态环境的绿色治理相统一的维度，培养勤劳致富、理性自律、诚信取财、公平正义、以人为本、共同富裕的金融价值观。

结　论

尽管自 16 世纪资本主义诞生以来，金融投资一直是其实现价值增值的系统性要素，甚至金融化也被视为每个资本主义体系积累周期都会出现的历史性现象[1]，但是今天它的范围急剧扩张、力量显著增强。除了根深蒂固的资本主义金融体系自由化、民族国家经济结构虚拟化以及公司治理导向股东价值最大化之外，金融投资活动现在已经扩展到当代资本主义日常生活的各个方面。所有个人、家庭和社区都越来越依赖金融运作来进行社会再生产。这就是所谓日常生活金融化。它构成了当代资本主义新特征、新变化、新趋势的重要内容。

正如马克思所指出的："社会经济形态的发展是一种自然历史过程。"[2] 日常生活金融化的出现，是 20 世纪 70 年代以来资本主义各种因素共同塑造的必然产物。从根源上看，日常生活金融化是当代国际金融垄断资本克服第二次世界大战后福特主义积累体制下资本扩张障碍的产物。金融投资信贷活动向家庭、教育、养老、卫生保健、娱乐休闲等社会再生产领域的全面扩张与深度渗透，构成了国际金融垄断资本剥夺性积累的重要环节。与此同时，在新自由主义体制下，有组织的劳工力量的削弱、劳动力市场的弹性重组、工资收入的停滞、公共福利供给的私有化迫使广大民众走向广泛依赖昂贵的消费信贷度日的金融化道路。在此过程中，信息通信技术与金融业的深度融合所带来的信用评分、风险定价、循环信贷、小额信贷等金融创新为日常生活金融化提供了有力的物质技术支持。资本主义消费主义、信贷文化、金融知识、财经传媒、金融教育塑造了一个理性化、个性

---

[1] 〔意〕杰奥瓦尼·阿锐基：《漫长的 20 世纪：金钱、权力与我们社会的根源》，姚乃强等译，江苏人民出版社，2001，第 1 页。

[2] 《马克思恩格斯全集》第 23 卷，人民出版社，1972，第 12 页。

化、价值化、常识化的金融投资形象，诱导并吸引更多的人积极投身于各项金融活动中。

虽然在第二次世界大战后就曾出现过以雇员股东化、股份个人化、股权分散化为内容的所谓"大众资本主义"现象，但是日常生活金融化的真正发端还是 20 世纪 70 年代以来的当代资本主义新自由主义化与金融化转型。第一个阶段是从 20 世纪 70 年代初到 80 年代末的金融市场大众化阶段。新自由主义开始对关系人们日常生活需求的基础设施、公共资源进行全面市场化与私有化，大规模拆除福利国家，将人们推向通过金融市场满足日常生活需求的轨道。第二个阶段是 20 世纪 90 年代新经济时期金融消费的社会化阶段。随着信息通信技术革命、ICT 产业的兴起与金融国际化进程的加快，大众股票市场的繁荣、零售金融业务与产品的推广、个人信用卡业务的扩大表明，金融消费已经成为人们日常消费的重要特征与方式。第三个阶段是 21 世纪以来，以"所有者社会""投资组合社会"为标志，日常生活金融化进入全面化阶段。

当代资本主义日常生活金融化的结构特征主要表现为：一是日常消费金融化，即日常生活资料的金融化与日常生命过程的金融化；二是日常交往的金融化，即从家庭环境到社区服务，再到休闲娱乐，人们日常交往活动空间与形式的金融化；三是日常观念的金融化，即投资观念、风险观念、衍生观念等与金融化密切相关的观念意识与思维方式日益成为人们日常生活中的一种主导话语与习惯。在这个整体结构中，日常消费金融化是日常生活金融化的物质结构，日常交往金融化是日常生活金融化的关系结构，日常观念金融化是日常生活金融化的意识结构。

从运作机制看，日常生活金融化的持续、有效运行首先依赖于宏观层面的金融网络的控制机制。建立在金融市场、金融机构、金融组织、金融工具、金融技术、金融信息基础之上的日常信贷网络、日常数据网络与日常时空网络，强化了日常生活消费、交往与观念对金融市场的系统性依赖。其次，资本与金融技术相互融合所形成的处理日常生活风险与不确定性的安全治理机制、加强信贷消费者信息数据监控的技术治理机制与塑造金融信贷伦理价值观的文化治理机制，成为维系与再生产日常生活金融化的三大权力治理机制。最后，以投资主体、债务主体、金融公民为典型形式的金融主体，将自身的全部社会生活与生命过程作为金融垄断资本的积累对象，构成了日常生活金融化的主体生产机制。

日常生活金融化的结构特征与运作机制在当代资本主义运作中发挥着整体性的霸权效应。在经济领域，个人与家庭收入的金融化与消费的债务化推动了当代资本主义由过剩经济向债务经济的转变，债役劳动成为全球不稳定劳动力市场的重要来源。在政治领域，普通民众的日常需求与金融市场牢牢捆绑，使得资本主义在日常生活层面建立起信用统治，并施行有利于金融自由化与金融垄断资本的政策措施，从而维护与再生产新自由主义的金融寡头政治。在社会领域，作为一种再分配机制，日常生活金融化以金融掠夺的方式一方面导致以利息、股息、分红等"经济租金"为生的食利者阶层的崛起，另一方面迫使广大工薪阶层背负沉重的信贷债务，沦为负债累累的债务人。当代资本主义的社会关系与结构呈现食利化与债务化特征。在文化领域，日常生活金融化催生了以股票文化、投机文化、食利文化为核心的金融消费主义，强化了"自我投资者""微型企业家"等个人主义、新自由主义意识形态。在心理领域，无论是过度投机还是过度负债，都使人们不仅承受巨大的经济压力，而且陷入焦虑、抑郁、内疚、愤怒、羞耻、自责等道德心理困境，诱发吸烟、过度饮酒、暴饮暴食等不健康行为。

从实质上看，日常生活金融化是当代资本主义力图通过金融垄断资本向日常生活的全面扩张与深度渗透来缓解和转移其内在矛盾的产物。反过来，当代金融资本主义的霸权统治不仅仅依赖于引人注目的、庞大的全球金融投机系统，也依赖于在普通平凡的日常生活中不断搜索与构建新的资金流。正是人们不断参与住房次级抵押贷款、发薪日贷款、养老基金、医疗保健基金等日常行动，最终使当代资本主义金融化合法化，成为一个更广泛、全面的经济社会扩张进程，并最终完成金融霸权的总体性统治。因此，日常生活金融化在当代资本主义的金融统治与日常生活之间、在宏观体制与微观细节之间建立起了内在的、有机的因果链条。

但是，资本主义的悖论性存在使得这一过程本身所蕴含的金融活动的理性与非理性、分散风险与积聚风险、促进公平与加速分化的二重性，以新的形式再生产与激化了当代资本主义的基本矛盾。金融自由化与金融监管的矛盾、虚拟经济与实体经济的矛盾、劳资矛盾的日常生活化，就是日常生活金融化条件下当代资本主义基本矛盾的主要表现。日常生活金融化中各种矛盾的积累与激化进一步诱发并强化了当代资本主义的社会再生产危机、经济金融危机、政治合法性危机、文化价值危机，从而构成了当代资本主义系统性、总体性危机螺旋的底层逻辑与关键环节。日常生活金融化所引发的一系列矛盾与危机，激起了人们从日常消费、日常交往与日常观念层面展开的抵抗与瓦解日常生活金融化的社会斗争运动。从民主化、非营利性的社区货币交换系统、信用合作社运动，到群众性的"占领华尔街"运动、消除债务运动，再到批判性金融教育与各种先锋性艺术金融实验，这些针对金融垄断资本在日常生活领域的"剥夺性积累"而展开的反剥夺斗争，构成了抵抗与瓦解当代资本主义金融霸权的日常生活政治，展现了从日常生活结构的基质与底层彻底变革当代资本主义的现实性与可能性。

市场与计划都是经济手段，资本主义可以用，社会主义也可以用。要扬弃当代资本主义日常生活金融化所具有的"狭隘的资产阶级形式"，展现其"文明面"，必须深入思考新时代中国金融发展与日常生活的关系问题。充分利用现代金融技术、金融市场、金融机构、金融产品、金融服务去促进理性丰富的日常消费，形成多样良善的日常交往，塑造健康积极的日常观念，是推动经济社会高质量发展、促进全体人民共同富裕、满足人民美好生活需要的必然要求，也是"全面建成社会主义现代化强国、实现第二个百年奋斗目标，以中国式现代化全面推进中华民族伟大复兴"[1] 的题中应有之义。总体而言，新时代中国特色社会主义建设要处理好金融与日常生活的关系问题，必须坚持以马克思主义特别是习近平新时代中国特色社会主义思想为指导，坚持中国特色社会主义基本制度，着眼新时代社会主要矛盾的转化，充分发挥金融在人们日常生活中的稳定器、平衡器与孵化器的积极作用，建立一个真正以人民为中心的，具有公平性、包容性、普惠性、多样性的日常金融体系，满足人民日益增长的对金融的需求，建设社会主义现代化金融强国。

---

[1] 习近平：《高举中国特色社会主义伟大旗帜 为全面建设社会主义现代化国家而团结奋斗——在中国共产党第二十次全国代表大会上的报告》，人民出版社，2022，第21页。

参考文献

一　经典著作

《马克思恩格斯选集》第 1~4 卷，人民出版社，2012。

《马克思恩格斯文集》第 1~7 卷，人民出版社，2009。

《马克思恩格斯全集》第 1 卷，人民出版社，1956。

《马克思恩格斯全集》第 2 卷，人民出版社，1957。

《马克思恩格斯全集》第 3 卷，人民出版社，2002。

《马克思恩格斯全集》第 12 卷，人民出版社，1962。

《马克思恩格斯全集》第 25 卷，人民出版社，2001。

《马克思恩格斯全集》第 26 卷第 3 册，人民出版社，1975。

《马克思恩格斯全集》第 30 卷，人民出版社，1995。

《马克思恩格斯全集》第 32 卷，人民出版社，1998。

《马克思恩格斯全集》第 42 卷，人民出版社，1979。

《马克思恩格斯全集》第 44 卷，人民出版社，2001。

《马克思恩格斯全集》第 46 卷下册，人民出版社，1980。

《马克思恩格斯全集》第 49 卷，人民出版社，1982。

《资本论》第 1 卷，人民出版社，2004。

《资本论》第 2 卷，人民出版社，2004。

《资本论》第 3 卷，人民出版社，2004。

《列宁选集》第 2 卷，人民出版社，2012。

《列宁全集》第 27 卷，人民出版社，1990。

《列宁专题文集：论资本主义》，人民出版社，2009。

《习近平谈治国理政》第 1 卷，外文出版社，2014。

《习近平谈治国理政》第 2 卷，外文出版社，2017。

《习近平关于社会主义经济建设论述摘编》，中央文献出版社，2017。

《十八大以来重要文献选编》（下），中央文献出版社，2018。

《十九大以来重要文献选编》（上），中央文献出版社，2019。

《拉法格文选》（下卷），人民出版社，1985。

二 中文论著

崔顺伟等：《美国经济金融化的政治经济学分析》，经济管理出版社，2017。

陈喜贵：《资本主义、剥削与公正》，中国人民大学出版社，2021。

陈学明：《西方马克思主义在中国的历程与影响研究》，天津人民出版社，2020。

杜朝运、丁超：《中国居民家庭金融资产配置、规模、结构与效率》，西南交通大学出版社，2017。

段艳芳：《美国债务型经济增长方式及经济的虚拟化》，中国财政经济出版社，2020。

冯宗宪：《金融风险管理》，西安交通大学出版社，2011。

高峰、张彤玉：《当代资本主义经济研究》，中国人民大学出版社，2012。

顾海良：《百年论争 20 世纪西方学者马克思经济学研究述要》，经济科学出版社，2015。

李宝伟等：《货币、金融信用与宏观流动性》，中国金融出版社，2015。

李麟、钱峰：《移动金融：创建移动互联网时代新金融模式》，清华大学出版社，2013。

李黎力：《明斯基经济思想研究》，商务印书馆，2018。

李文阁：《复兴生活哲学——一种哲学观的阐释》，安徽人民出版社，2008。

刘怀玉：《现代性的平庸与神奇——列斐伏尔日常生活批判哲学的文本学解读》，中央编译出版社，2006。

刘建勋：《中国农村社会金融信用及其治理机制研究》，中国金融出版社，2011。

刘洋：《消费金融论》，北京大学出版社，2018。

鲁春义：《资本金融化转移的特征、机制与经济关系》，立信会计出版社，2015。

陆海燕：《新社会运动与当代西方政治变革》，武汉大学出版社，2011。

马慎萧：《资本主义金融化转型机制研究》，经济科学出版社，2018。

欧阳彬：《全球金融危机与当代资本主义金融化研究》，对外经济贸易大学出版社，2015。

社区银行实证研究编写组：《金融有温度——中国社区银行发展实证研究》，中国金融出版社，2017。

史纪良：《美国合作信用社管理》，中国金融出版社，2000。

王远伟：《中国个人家庭教育投资问题研究》，华中师范大学出版社，2014。

许宝强：《资本主义不是什么》，上海人民出版社，2007。

辛乔利：《现代金融创新史：从大萧条到美丽新世界》，社会科学文献出版社，2019。

逍遥、罗兰滋：《资本与债务陷阱——向全球危机中的合作社学习》，中国商业出版社，2014。

姚建华、苏熠慧：《回归劳动：全球经济中不稳定的劳工》，社会科学文献出版社，2019。

杨楹等：《马克思生活哲学引论》，人民出版社，2008。

尹世杰：《消费文化学》，湖北人民出版社，2002。

志君：《重新解读资本主义的历史演化：基于 21 世纪马克思主义的视角》，中国社会科学出版社，2018。

张帆：《占领运动棱镜中的当代资本主义批判研究》，陕西师范大学出版社，2020。

张彤玉：《社会资本论——产业资本社会化发展研究》，山东人民出版社，1999。

甄炳禧：《美国新经济》，首都经济贸易大学出版社，2001。

郑红：《互助养老与社区时间货币》，中国经济出版社，2018。

三　中文编著

姜海波主编《资本主义民主的批判与反思》，中国人民大学出版社，2021。

江洋主编《资本主义的危机与矛盾》，中国人民大学出版社，2021。

李慎明主编《世界在反思之二：批判新自由主义观点全球扫描》，社会科学文献出版社，2012。

刘元琪主编《资本主义经济金融化与国际金融危机》，经济科学出版社，2009。

邱泽奇、陈介玄、刘世定主编《当代社会的金融化与技术化》，社会科学文献出版社，2017。

四　中文译著

〔爱〕特伦斯·麦克唐纳、〔美〕迈克尔·里奇、〔美〕大卫·科茨主编《当代资本主义及其危机：21世纪积累的社会结构理论》，童珊译，中国社会科学出版社，2014。

〔奥〕卡瑞恩·克诺尔·塞蒂娜、〔英〕亚力克斯·普瑞达：《牛津金融社会学手册》，艾云、罗龙秋、向静林译，社会科学文献出版社，2019。

〔德〕伯尔尼德·哈姆、〔加〕拉塞尔·斯曼戴奇编《论文化帝国主义：文化统治的政治经济学》，曹新宇等译，商务印书馆，2020。

〔德〕哈贝马斯：《交往行动理论》第2卷，洪佩郁、蔺菁译，重庆出版社，1994。

〔德〕柯尔施：《马克思主义和哲学》，王南湜等译，重庆出版社，1989。

〔德〕罗伯特·库尔茨：《资本主义黑皮书》，钱敏汝等译，社会科学文献出版社，2003。

〔德〕马克斯·霍克海默、西奥多·阿道尔诺：《启蒙辩证法》，渠敬东、曹卫东译，上海人民出版社，2006。

〔德〕马克斯·舍勒：《价值的颠覆》，罗悌伦等译，生活·读书·新知三联书店，1997。

〔德〕尼采：《权力意志》，张念东等译，商务印书馆，1996。

〔德〕尼采：《道德的谱系》，梁锡江译，华东师范大学出版社，2015。

〔德〕施特雷克：《购买时间——资本主义民主国家如何拖延危机》，常晅译，社会科学文献出版社，2015。

〔德〕韦伯：《新教伦理与资本主义精神》，于晓、陈维纲等译，生活·

读书·新知三联书店，1987。

〔德〕乌尔里希·贝克：《风险社会》，何博闻译，上海译林出版社，2004。

〔德〕尤尔根·哈贝马斯：《合法化危机》，刘北、曹卫东译，上海人民出版社，2000。

〔德〕约尔格·吉多·许尔斯曼：《货币生产的伦理》，董子云译，浙江大学出版社，2010。

〔俄〕尼·布哈林：《食利者政治经济学》，郭连成译，商务印书馆，2002。

〔法〕德勒兹：《哲学与权力的谈判》，刘汉全译，译林出版社，2012。

〔法〕德勒兹：《尼采与哲学》，周颖、刘玉宇译，河南大学出版社，2014。

〔法〕多米尼克·莱维、热拉尔·迪梅尼：《资本复活——新自由主义改革的根源》，徐则荣译，中国社会科学出版社，2017。

〔法〕费尔南·布罗代尔：《15~18世纪的物质文明、经济和资本主义》第1卷，顾良、施康强译，商务印书馆，2017。

〔法〕亨利·列斐伏尔：《日常生活批判》第1卷，叶齐茂、倪晓晖译，社会科学文献出版社，2018。

〔法〕居伊·德波：《景观社会》，王昭风译，南京大学出版社，2006。

〔法〕米歇尔·德·塞托：《日常生活实践1实践的艺术》，方琳琳、黄春柳译，南京大学出版社，2015。

〔法〕米歇尔·福柯：《自我技术：福柯文选Ⅲ》，北京大学出版社，2016。

〔法〕米歇尔·福柯：《生命政治的诞生》，莫伟民、赵伟译，上海人民出版社，2018。

〔法〕罗伯特·博耶：《资本主义政治经济学：调节与危机理论》，桂泽元译，中国经济出版社，2021。

〔法〕佩鲁：《新发展观》，张宁等译，华夏出版社，1987。

〔法〕让·鲍德里亚：《符号政治经济学批判》，夏莹译，南京大学出版社，2009。

〔法〕热拉尔·迪梅尼、多米尼克·莱维：《新自由主义的危机》，魏怡译，商务印书馆，2015。

〔法〕沙奈等：《突破金融危机》，齐建华等译，中央编译出版社，2009。

〔捷〕科西克：《具体的辩证法》，傅小平译，社会科学文献出版社，1989。

〔美〕埃里希·弗洛姆：《健全的社会》，孙恺详译，贵州人民出版社，1994。

〔美〕保罗·巴兰、保罗·斯威齐：《垄断资本：论美国的经济和社会秩序》，南开大学政治经济学系译，商务印书馆，1977。

〔美〕贝尔纳德·列特尔：《货币的未来》，林罡、刘姝颖译，新华出版社，2003。

〔美〕查尔斯·P. 金德尔伯格：《疯狂、惊恐和崩溃：金融危机史》，朱隽、叶翔译，中国金融出版社，2007。

〔美〕大卫·格雷伯：《债：第一个 5000 年》，孙碳等译，中信出版社，2012。

〔美〕大卫·哈维：《新帝国主义》，初立忠、沈晓雷译，社会科学文献出版社，2009。

〔美〕大卫·哈维：《新自由主义简史》，王钦译，上海译文出版社，2010。

〔美〕大卫·哈维：《资本之谜——人人需要知道的资本主义真相》，陈静译，电子工业出版社，2011。

〔美〕大卫·哈维：《资本的限度》，张寅译，中信出版社，2017。

〔美〕大卫·哈维：《马克思与〈资本论〉》，周大昕译，中信出版社，2018。

〔美〕大卫·科茨：《新自由资本主义的兴衰成败》，刘仁营、刘元琪译，中国人民大学出版社，2020。

〔美〕戴维·施韦卡特：《反对资本主义》，李智译，中国人民大学出版社，2008。

〔美〕杰拉尔德·戴维斯：《金融改变一个国家》，李建军、汪川译，机械工业出版社，2011。

〔美〕德鲁克：《后资本主义社会》，傅振焜译，东方出版社，2009。

〔美〕德鲁克：《养老金革命》，沈国华译，机械工业出版社，2016。

〔美〕迪米特里斯·肖拉法：《主权债务危机》，胡恒松译，经济管理出版社，2017。

〔美〕海曼·P. 明斯基：《稳定不稳定的经济：一种金融不稳定视角》，石宝峰、张慧卉译，清华大学出版社，2015。

〔美〕赫伯特·马尔库塞：《单向度的人》，刘继译，上海译文出版社，2014。

〔美〕何柔宛：《清算：华尔街的日常生活》，翟宇航译，华东师范大学出版社，2018。

〔美〕扈企平：《资产证券化：理论与实务》，李健译，中国人民大学出版社，2007。

〔美〕加里·贝克尔：《人力资本》，郭虹等译，北京大学出版社，1987。

〔美〕杰瑞·马克汉姆：《美国金融史》第3卷，李涛、王渭凯译，中国金融出版社，2018。

〔美〕拉杰·帕特尔、〔美〕詹森·摩尔：《廉价的代价》，吴文忠等译，中信出版社，2018。

〔美〕拉古拉迈·拉詹：《断层线：全球经济潜在的危机》，刘念等译，中信出版社，2011。

〔美〕罗伯特·希勒：《非理性繁荣》，李心丹等译，中国人民大学出版社，2008。

〔美〕罗伯特·希勒：《金融与好的社会》，束宇译，中信出版社，2012。

〔美〕罗伯特·希勒：《新金融秩序：如何应对不确定的金融风险》，束宇译，中信出版社，2014。

〔美〕伦德尔·卡尔德：《融资美国梦：消费信贷文化史》，严忠志译，上海人民出版社，2007。

〔美〕路易吉·津加莱斯：《繁荣的真谛》，余江译，中信出版社，2015。

〔美〕迈恩、〔美〕苏非：《房债》，何志强、邢增艺译，中信出版社，2015。

〔美〕诺顿·雷默：《投资：一部历史》，张田、舒林译，中信出版社，2017。

〔美〕瑞·坎特伯雷:《华尔街资本主义》,吴芹译,江西人民出版社,2000。

〔美〕莎拉·范·吉尔德:《占领华尔街:99%对1%的抗争》,朱潮丽译,中国商业出版社,2012。

〔美〕斯蒂芬·罗西斯:《后凯恩斯主义货币经济学》,余永定、吴国宝、宋湘燕译,中国社会科学出版社,1991。

〔美〕斯科特:《弱者的武器》,郑广怀、张敏、何江穗译,译林出版社,2011。

〔美〕维维安娜·泽利泽:《给无价的孩子定价》,王水雄译,华东师范大学出版社,2018。

〔美〕维维安娜·泽利泽:《金钱的社会意义》,姚泽麟译,华东师范大学出版社,2021。

〔美〕西奥多·W.舒尔茨:《论人力资本投资》,北京经济学院出版社,1992。

〔孟加拉国〕默罕默德·尤努斯:《普惠金融改变世界》,陈文等译,机械工业出版社,2019。

〔斯〕斯拉沃热·齐泽克:《意识形态的崇高客体》,季广茂译,中央编译出版社,2002。

〔匈〕阿格妮丝·赫勒:《日常生活》,黑龙江大学出版社,2010。

〔匈〕卢卡奇:《审美特性》第1卷,中国社会科学出版社,1986。

〔匈〕卢卡奇:《历史与阶级意识》,杜章智等译,商务印书馆,2004。

〔意〕安东尼奥·葛兰西:《狱中札记》,曹雷雨等译,河南大学出版社,2016。

〔意〕杰奥瓦尼·阿锐基:《漫长的20世纪:金钱、权力与我们社会的根源》,姚乃强、严维明、韩振荣译,江苏人民出版社,2001。

〔英〕阿代尔·特纳:《债务和魔鬼》,王胜邦、徐惊蛰、朱元倩译,中信出版社,2016。

〔英〕本·海默尔:《日常生活与文化理论导论》,商务印书馆,2008。

〔英〕迪克·布莱恩、〔澳〕迈克尔·拉弗蒂:《金融衍生品:资本、货币与竞争》,韩乾、薛晓明译,北京大学出版社,2020。

〔英〕卡尔·波兰尼:《大转型:我们时代的政治与经济起源》,冯钢等译，浙江人民出版社，2007。

〔英〕卡萝塔·佩蕾丝：《技术革命与金融资本》，田方萌等译，中国人民大学出版社，2007。

〔英〕凯文·贝尔斯：《用后即弃的人：全球经济中的新奴隶制》，曹金羽译，南京大学出版社，2019。

〔英〕科林·克劳奇：《新自由主义不死之谜》，蒲艳译，中国人民大学出版社，2013。

〔英〕罗纳德·多尔：《股票资本主义：福利资本主义》，李岩、李晓桦译，社会科学文献出版社，2002。

〔英〕摩根：《蝗虫与蜜蜂：未来资本主义的掠夺者与创造者》，钱峰译，中国人民大学出版社，2014。

〔英〕默文·金：《金融炼金术的终结》，束宇译，中信出版社，2016。

〔英〕苏珊·斯特兰奇：《赌场资本主义》，李红梅译，社会科学文献出版社，2000。

五 中文论文

艾云、向静林：《从经济金融化到社会金融化》，《国际社会科学杂志》（中文版）2021年第1期。

巴曙松、王志峰、王凤岩：《美国发薪日贷款演变、监管及启示》，《金融监管研究》2018年第3期。

贝多广、罗煜：《补充性货币的理论、最新发展以及对法定货币的挑战》，《经济学动态》2013年第9期。

陈弘：《当前金融危机与当代资本主义停滞趋势》，《国外理论动态》2009年第7期。

陈伟、涂有钊：《美国P2P网贷的发展、困境、监管及启示》，《西南金融》2017年第1期。

陈晓丹：《美国共同基金的发展及其对中国的启示》，《特区经济》2008年第11期。

陈英：《从"过剩经济"到"债务经济"——当今发达经济运行的新特征》，《当代经济研究》2010年第1期。

崔唯航：《马克思生活观的三重意蕴》，《哲学研究》2007年第4期。

崔学东:《当代资本主义金融化与金融危机——异端经济学金融化研究述评》,《社会科学战线》2009 年第 7 期。

杜厚文、初春莉:《美国次级贷款危机:根源、走势、影响》,《中国人民大学学报》2008 年第 1 期。

杜淼淼:《美国个人信用评分系统及其启示》,《南方金融》2008 年第 8 期。

段彦飞:《美国债务经济的国际循环》,《美国研究》2008 年第 4 期。

冯果、李安安:《民生金融法的语境、范畴和制度》,《政治与法律》2012 年第 8 期。

郭宏之:《文化金融——加强金融文化建设的新视野》,《南京金融高等专科学校学报》2000 年第 3 期。

郭晓亭等:《风险概念及其数量刻画》,《数量经济技术经济研究》2004 年第 2 期。

贺京同:《美国共同基金发展历程及经验借鉴》,《未来与发展》2008 年第 1 期。

焦欢:《当前公众金融素养和金融观念的调查报告》,《国家治理》2019 年第 13 期。

江涌:《经济虚拟化催生经济泡沫》,《世界知识》2010 年第 15 期。

姜勇:《金融化世界享乐主义的经济哲学批判》,《青海社会科学》2018 年第 4 期。

孔明安:《贪婪与恐惧:当代资本主义金融危机的新阐释》,《国外理论动态》2019 年第 6 期。

李成武、李婷:《补充货币的理论、实践与启示》,《金融纵横》2010 年第 2 期。

李翀:《金融危机后的美国经济》,《经济学动态》2010 年第 6 期。

李金蓉:《消费主义与资本主义文明》,《当代思潮》2003 年第 1 期。

李黎力:《资本积累和金融化:明斯基与垄断资本学派》,《中国人民大学学报》2017 年第 1 期。

李猛:《发薪日贷款:特点、争论和启示》,《国际经贸探索》2008 年第 5 期。

李其庆:《法国调节学派评析》,《经济社会体制比较》2004 年第 2 期。

李文仁：《美国信用合作社体系的发展特征及启示》，《金融经济》2010年第2期。

李先军、于文汇：《美国构建理财教育体系的经验与启示》，《世界教育信息》2018年第16期。

李燕桥：《中国消费金融发展的制约因素及对策选择》，《山东社会科学》2014年第3期。

鲁品越：《货币化与价值世界的祛魅》，《江海学刊》2005年第1期。

鲁艳、周文：《美国次贷市场的信用风险积聚机制》，《现代经济信息》2008年第10期。

刘蕾等：《社会影响力债券：利用社会资本解决社会问题》，《公共管理与政策评论》2020年第1期。

刘中显：《美国住房抵押贷款证券市场创建和发展的经验与教训》，《中国物价》2007年第9期。

林明惠：《大学生网贷消费行为调查分析及引导策略》，《思想教育研究》2017年第5期。

栾文莲：《金融化加剧了资本主义社会的矛盾与危机》，《世界经济与政治》2016年第7期。

孟安燕：《消费金融发展现状、问题与对策》，《浙江金融》2018年第1期。

孟一坤：《天气衍生品研究综述》，《金融评论》2015年第4期。

邱峰：《社区银行探索实践及其推进》，《河北金融》2020年第6期。

戚莹：《金融公平：金融法新理念》，《海峡法学》2012年第1期。

任瑞敏、左勇华：《自由意志与"动物精神"：金融本质的原在性背离——金融市场非理性的现象学解读》，《上海财经大学学报》2016年第3期。

申唯正：《改革开放四十年金融观念的经济哲学反思》，《天津社会科学》2018年第4期。

孙立坚等：《"次级债风波"对金融风险管理的警示》，《世界经济》2007年第12期。

孙元欣：《美国家庭资产结构和变化趋势（1980～2003）》，《上海经济研究》2005年第11期。

陶士贵：《关于"补充货币"内涵、性质及特点的初步研究》，《经济问题探索》2009 年第 7 期。

谭扬芳：《从"占领华尔街"运动的 100 条标语口号看美国民众的十大诉求》，《思想理论教育导刊》2012 年第 5 期。

王达：《美国互联网金融的发展及其影响》，《世界经济研究》2014 年第 12 期。

王福民：《论唯物史观的日常生活转向》，《学术研究》2011 年第 5 期。

王福民：《论马克思哲学的日常生活维度及其当代价值》，《教学与研究》2008 年第 5 期。

王鸿貌：《从税收国家到预算国家的理论发展与制度转型》，《法治论坛》2008 年第 3 期。

王金秋：《资本积累体制、劳动力商品化与灵活雇佣》，《当代经济研究》2017 年第 1 期。

王天玺：《美国与金融资本主义》，《红旗文稿》2010 年第 3 期。

王志军、张波：《美国个人股票持有结构分析》，《证券市场导报》2012 年第 6 期。

徐步华：《跨国社会运动对全球治理的影响——以减债、禁雷和反大坝运动为例》，《世界经济与政治论坛》2011 年第 4 期。

徐佳、谭娅：《中国家庭金融资产配置及动态调整》，《金融研究》2016 年第 12 期。

郇庆治：《80 年代中期以来的西欧新社会运动》，《欧洲》2001 年第 6 期。

肖经建：《美国消费者金融教育对中国的启示》，《清华金融评论》2017 年第 6 期。

杨斌：《从占领华尔街抗议运动看美国民主模式的弊端》，《国外理论动态》2011 年第 12 期。

杨米沙：《美国信用卡发展史的深刻启发》，《中国信用卡》2004 年第 5 期。

于阳、李怀祖：《美国共同基金的历史与发展》，《生产力研究》2005 年第 12 期。

袁康：《重新审思金融：金融公平理念的勃兴》，《财经问题研究》2018

年第 1 期。

朱安东、尹哲：《长波理论视野中的美国金融危机》，《马克思主义与现实》2008 年第 4 期。

朱颖、李配：《美国次级抵押贷款市场的发展和危机》，《国际商务》（对外经济贸易大学学报）2008 年第 1 期。

赵汇：《股权分散化丝毫不改变资本主义的本质——"人民资本主义论"辨析》，《高校理论战线》1998 年第 1 期。

周穗明：《新社会运动与未来社会主义》，《欧洲》1997 年第 5 期。

周中之：《消费主义：金融危机产生的文化土壤》，《上海财经大学学报》2009 年第 5 期。

张箐：《我国社区金融的发展现状、存在问题及对策建议》，《武汉金融》2016 年第 9 期。

张培刚：《对〈资本家宣言〉的批判》，《经济研究》1963 年第 8 期。

张乾友：《债权人的统治还是财产所有的民主?》，《天津社会科学》2020 年第 5 期。

张雄：《金融化世界与精神世界的二律背反》，《中国社会科学》2016 年第 1 期。

张一兵：《日常生活批判与日常生活革命》，《中国高校社会科学》2020 年第 5 期。

〔法〕蒂姆·克里斯蒂安斯：《金融新自由主义与排斥：超越福柯的思考》，《国外理论动态》2020 年第 4 期。

〔法〕热拉尔·迪蒙、多米尼克·莱维：《新自由主义与第二个金融霸权时期》，《国外理论动态》2005 年第 10 期。

〔美〕巴里·西纳蒙：《消费时代的家庭信务》，《经济社会体制比较》2009 年第 2 期。

〔美〕大卫·哈维：《新帝国主义"新"在何处?》，《国外理论动态》2017 年第 7 期。

〔美〕大卫·哈维：《普遍异化：资本主义如何形塑我们的生活》，《国外理论动态》2018 年第 11 期。

〔美〕大卫·科茨：《金融化与新自由主义》，《国外理论动态》2011 年第 11 期。

〔美〕弗雷德里克·杰姆逊：《文化与金融资本》，《天涯》1998年第3期。

〔美〕福斯特：《垄断金融资本、积累悖论与新自由主义本质》，《国外理论动态》2010年第1期。

〔美〕格·R.克里普纳：《美国经济的金融化》（上），《国外理论动态》2008年第6期。

〔美〕戈拉德·A.爱泼斯坦：《金融化与世界经济》，《国外理论动态》2007年第7期。

〔美〕杰克·拉斯姆斯：《投机资本、金融危机以及正在形成的大衰退》，《马克思主义与现实》2009年第3期。

〔美〕杰瑞·哈里斯：《资本主义转型与民主的局限》，《国外理论动态》2016年第1期。

〔美〕克里普纳：《美国经济的金融化》（上），《国外理论动态》2008年第6期。

〔美〕罗伯特·布伦纳：《全球生产能力过剩与1973年以来的美国经济史》（上），《国外理论动态》2006年第2期。

〔美〕迈克尔·赫德森：《从马克思到高盛》，《国外理论动态》2010年第9期。

〔美〕乔尔·戈伊尔：《金融危机：一场全球性的资本主义系统性危机》，《当代世界与社会主义》2009年第2期。

〔美〕斯蒂芬·雷斯尼克、理查德·沃尔夫：《经济危机：一种马克思主义的解读——兼与凯恩斯主义经济学和新古典主义经济学比较》，《国外理论动态》2010年第10期。

〔美〕威廉·塔布：《美国债务膨胀、经济泡沫与新帝国主义》，《国外理论动态》2006年第11期。

〔美〕约翰·贝拉米·福斯特：《资本主义的金融化》，《国外理论动态》2007年第7期。

〔美〕约翰·贝拉米·福斯特：《论垄断金融资本》，《海派经济学》2010年第31卷。

〔希〕考斯达斯·拉帕维查斯：《金融化了的资本主义：危机和金融掠夺》，《政治经济学评论》2009年。

〔匈〕阿格妮丝·赫勒:《日常生活是否会受到危害》,《国外社会科学》1990 年第 2 期。

〔英〕约翰娜·蒙哥马利:《全球金融体系、金融化和当代资本主义》,《国外理论动态》2012 年第 2 期。

六 外文专著

Alex Preda, *Framing Finance*: *The Boundaries of Markets and Modern Capitalism*, The University of Chicago Press, 2009.

Amy Traub, Catherine Ruetschlin, *The Plastic Safety Net*: *findings from the 2012 National Survey on Credit Card Debt of Low-and Middle-Income Households*, New York: Demos, 2012.

Ananya Roy, *Poverty Capital*: *Microfinance and the Making of Development*, New York: Routledge, 2010.

Andrew McGettigan, *The Great University Gamble*: *Money*, *Markets and The Future of Higher Education*, London: Pluto Press, 2013.

Bales K, *Disposable People*: *New Slavery in the Global Economy*, Berkeley, CA: University of California Press, 2004.

R. Coleman, M. McCahill, *Surveillance & Crime*, London: SAGE, 2011.

Debt Collective. Cant pay, *wont pay*: *The Case for Economic Disobedience and Debt Abolition*, Haymarket Books, 2020.

Draut Tamara, Silva Javier, *Generation Broke*: *The Growth of Debt Among Young Americans*, New York: Demos, 2004.

Euromonitor International, *Consumer Lending in Mexico*, New York: Euromonitor International, 2014.

FSA, *Financial Capability in the UK*: *Delivering Change*, London: Financial Services Authority, 2007.

Garcia, Jose, *Borrowing to make ends meet*: *The Rapid Growth of Credit Card Debt in America*, New York: Demos, 2007.

Haiven, Max, *Cultures of financialization*: *Fictitious Capital in Popular Culture and Everyday Life*, Springer, 2014.

Handy, B. Charles, *The Age of Unreason*, Random House, 1995.

Harrington Brooke, *Pop Finance: Investment Clubs and the New Investor Populism*, Princeton University Press, 2008.

Henri Lefebvre, *Everyday Life in the Modern World*, New York: Allen Lane The Penguin Press, 1971.

Heresco Aaron John, *Shaping the Market: CNBC and the Discourses of Financialization*, The Pennsylvania State University-ProQuest Dissertations Publishing, 2014.

Howard Karger, *Shortchanged: Life and Debt in the Fringe Economy*, Berrett-Koehler Publishers, 2005.

S. Lace, *The Glass Consumer: Life in a Surveillance Society*, Bristol: The Policy Press, 2005.

M. Hudson, *Merchants of Misery: How Corporate America Profits from Poverty*, Common Courage Press, 1996.

Marieke de Goede, *Virtue, Fortune, and Faith: A Genealogy of Finance*, University of Minnesota Press, 2005.

Maurizio Lazzarato, *The Making of the Indebted Man*, Los Angeles: semiotext (e), 2012.

McNally, David, *Global slump: The Economics and Politics of Crisis and Resistance*, PM Press, 2010.

C. Morris, *The Trillion Dollar Meltdown: Easy Money, High Rollers, and the Great Credit Crash*, New York: Pegasus, 2008.

North, Peter, *Money and liberation: The micropolitics of alternative currency Movements*, University of Minnesota Press, 2007.

OECD, *OECD/INFE High-level Principles on National Strategies for Financial Education*, Paris: OECD Publishing, 2012.

Paul Langley, *The Everyday Life of Global Finance: Saving and Borrowing in Anglo-America*, Oxford University Press, 2008.

Piketty, Thomas, *Capital and ideology*, Harvard University Press, 2020.

Rifkin, Jeremy, *The Age of Access: The New Culture of Hypercapitalism*, Penguin, 2001.

Rob Aitken, *Performing Capital: Toward a Cultural Economy of Popular and Global Finance*, New York: Palgave Macmillan, 2007.

Rob Aitken, *Fringe Finance: Crossing and Contesting the Borders of Global Capital*, Routledge, 2015.

Strike Debt. The Debt Resisters Operations Manual, PM Press, 2014.

Susanne Soederberg, *Debtfare States and the Poverty Industry*, London: Routledge, 2014.

Tamara Draut, Javier Silva, *Borrowing to Make Ends Meet: the Growth of Credit Card Debt in the 1990s*, New York: Demos, 2003.

七 外文编著

Andrees, Beate, Patrick Belser (eds.), *Forced labor: coercion and exploitation in the private economy*, Boulder, CO: Lynne Rienner Publishers, 2009.

Cary Nelson, Lawrence Grossberg (eds.), *Marxism and the Interpretation of Culture*, Macmillan Education UK, 1988.

Denise Mann (ed.), *Content Wars: Tech Empires vs. Media Empires*, Oakland, CA: University of California Press, 2021.

P. Mader, D. Mertens, N Van der Zwan (ed.), *The Routledge international handbook of Financialization*, Routledge, 2020.

E. Schraube, C. Højholt (ed.), *Psychology and the Conduct of Everyday Life*, New York: Routledge, 2016.

八 外文论文

Alan Finlayson, "Characterizing New Labour: The case of the child trust fund", *Public Administration*, Vol. 86, No. 1, 2008.

Alan Finlayson, "Financialisation, Financial Literacy and Asset-Based Welfare", *The British Journal of Politics and International Relations*, Vol. 11, No. 3, 2009.

Amy Edwards, "'Financial Consumerism': citizenship, consumerism and capital ownership in the 1980s", *Contemporary British History*, Vol. 31, No. 2, 2017.

Ana Carolina Cordilha, "Public health systems in the age of financialization: lessons from the French case", *Review of Social Economy*, Vol. 81, No. 2, 2021.

Andrew deWaard, "Financialized Hollywood: Institutional Investment, Venture Capital, and Private Equity in the Film and Television Industry", *Journal of Cinema and Media Studies*, Vol. 59, No. 4, 2020.

Andrew Leyshon and Nigel Thrift, "Reading Financial Services: Texts, Consumers, and Financial Literacy", *Environment and Planning D: Society and Space*, Vol. 16, No. 1, 1998.

Andrew Leyshon and Nigel Thrift, "The Capitalization of Almost Everything: The Future of Finance and Capitalism", *Theory, Culture & Society*, Vol. 24, No. 7-8, 2007.

Autio, M., T. A. Wilska, R. Kaartinen and J. Lähteenmaa, "The use of small instant loans among young adults-a gateway to a consumer insolvency", *International Journal of Consumer Studies*, Vol. 33, No. 4, 2009.

Antoniades, Andreas, and Stephany Griffith-Jones, "Global debt dynamics: The elephant in the room", *The World Economy*, Vol. 41, No. 12, 2018.

Balibar, Étienne, "Politics of the Debt", *Postmodern Culture*, Vol. 23, No. 3, 2013.

Baud, C. and Durand, C., "Financialization, globalization and the making of profits by leading retailers", *Socio-Economic Review*, Vol. 10, No. 2, 2012.

Becker, Bill, "Investing with Your Values: Making Money and Making a Difference", *Communities*, Vol. 106, 2000.

Benjamin M. Hunter, and Susan F. Murray, "Deconstructing the Financialization of Healthcare", *Development and Change*, Vol. 50, No. 5, 2019.

Berry, Craig, "Citizenship in a financialised society: financial inclusion and the state before and after the crash", *Policy & Politics*, Vol. 43, No. 4, 2015.

Brown, Sarah, Karl Taylor, and Stephen Wheatley Price, "Debt and distress: Evaluating the psychological cost of credit", *Journal of Economic*

Psychology, Vol. 26, No. 5, 2005.

Bruno Bonizzi, "Pension funds and financialisation in the European Union", *Revista de economía mundial*, Vol. 46, 2017.

Burand, Deborah, "Globalizing Social Finance: How Social Impact Bonds and Social Impact Performance Guarantees Can Scale Development", *N. Y. U. J. L. & Bus*, Vol. 9, 2013.

Clarke, Chris, "Learning to fail: resilience and the empty promise of financial literacy education", *Consumption Markets & Culture*, Vol. 18, No. 3, 2015.

Clayton, Maya, José Liñares-Zegarra, and John OS Wilson, "Does debt affect health? Cross country evidence on the debt-health nexus", *Social Science & Medicine*, Vol. 130, 2015.

Coco, Linda, "Debtors Prison in the Neoliberal State: Debtfare and the Cultural Logics of the Bankruptcy Abuse Prevention and Consumer Protection Act of 2005", *Cal. WL Rev*, Vol. 49, 2012.

Coco, Linda E., "The Cultural Logics of the Bankruptcy Abuse Prevention and Consumer Protection Act of 2005", *Critical Sociology*, Vol. 40, No. 5, 2014.

Coletta, M. and De Bonis, R. and Piermattei, S., "Household Debt in OECD Countries: The Role of Supply-Side and Demand-Side Factors", *Soc Indic Res*, Vol. 143, 2019.

Crouch, Colin, "Privatised Keynesianism: An unacknowledged policy regime", *The British Journal of politics and international relations*, Vol. 11, No. 3, 2009.

Dittmer, Kristofer, "Local currencies for purposive degrowth? A quality check of some proposals for changing money-as-usual", *Journal of Cleaner Production*, Vol. 54, 2013.

Donncha Marron, " 'Lending by numbers': Credit scoring and the constitution of risk within American consumer credit", *Economy and Society*, Vol. 36, No. 1, 2007.

Emma Dowling, "In the wake of austerity: social impact bonds and the financialisation of the welfare state in Britain", *New Political Economy*, Vol. 22, No. 3, 2016.

Ewald Engelen, "The logic of funding European pension restructuring and the dangers of financialisation", *Environment and Planning A: Economy and Space*, Vol. 35, No. 8, 2003.

Fine Ben, "The Material and Culture of Financialisation", *New Political Economy*, Vol. 22, No. 4, 2017.

Fligstein, Neil, and Adam Goldstein, "The emergence of a finance culture in American households, 1989 - 2007", *Socio-Economic Review*, Vol. 13, No. 3, 2015.

French, Shaun, and James Kneale, "Excessive financialisation: Insuring lifestyles, enlivening subjects, and everyday spaces of biosocial excess", *Environment and Planning D: society and space*, Vol. 27, No. 6, 2009.

Gambs, Deborah, "Occupying social media", *Socialism and Democracy*, Vol. 26, No. 2, 2012.

Genevieve LeBaron and Adrienne Roberts, "Confining Social Insecurity: Neoliberalism and the Rise of the 21st Century Debtors Prison", *Politics & Gender*, Vol. 8, No. 1, 2012.

Gordon Clark and Nigel Thrift and Adam Tickell, "Performing finance: the industry, the media and its image", *Review of International Political Economy*, Vol. 11, No. 2, 2004.

Greenspan, Alan and James Kennedy, "Sources and Uses of Equity Extracted from Homes", *Oxford Review of Economic Policy*, Vol. 24, No. 1, 2008.

Guérin, Isabelle, and Govindan Venkatasubramanian, "The socio-economy of debt. Revisiting debt bondage in times of financialization", *Geoforum*, Vol. 137, 2022.

Heintz, James, and Radhika Balakrishnan, "Debt, power, and crisis: social stratification and the inequitable governance of financial markets", *American Quarterly*, Vol. 64, No. 3, 2012.

Hembruff, Jesse, and Susanne Soederberg, "Debtfarism and the violence of financial inclusion: the case of the payday lending industry", *Forum for Social Economics*, Vol. 48, No. 1, 2019.

Hill, Susan, "Beyond Occupy Wall Street: A case study of Strike Debts Rolling Jubilee as an emergent form of political action", *Field Notes: A Journal of Collegiate Anthropology*, Vol. 6, No. 1, 2014.

Hillig Ariane, "Everyday Financialization: The Case of UK Households", *Environment and Planning A: Economy and Space*, Vol. 51, No. 7, 2019.

Hollis Phelps, "Rethinking Debt: Theology, Indebted Subjects, and Student Loans", *Dialog: A Journal of Theology*, Vol. 55, No. 1, 2016.

Hütten, Moritz, et al., "Critical financial literacy: An agenda", *International Journal of Pluralism and Economics Education*, Vol. 9, No. 3, 2018.

Ismail Erturk and Stefano Solari, "Banks as Continuous Reinvention", *New Political Economy*, Vol. 12, No. 3, 2007.

Janet Fraser and Michael Gold, " 'Portfolio Workers': Autonomy and Control amongst Freelance Translators", *Work, Employment Society*, Vol. 15, No. 4, 2001.

Jason N. Houle, "A Generation Indebted: Young Adult Debt across Three Cohorts", *Social Problems*, Vol. 61, No. 3, 2014.

Jennifer Clapp, S. and Ryan Isakson, "Risky Returns: The Implications of Financialization in the Food System", *Development and Change*, Vol. 49, No. 2, 2018.

Joe T. Darden and Elvin Wyly, "Cartographic Editorial-Mapping the Racial/Ethnic Topography of Subprime Inequality in Urban America", *Urban Geography*, Vol. 31, No. 4, 2010.

John Allen, Michael Pryke, "Financialising household water: Thames Water, MEIF, and 'ring-fenced' politics", *Cambridge Journal of Regions Economy and Society*, Vol. 6, No. 3, 2013.

Johnna Montgomerie, "The Pursuit of (Past) Happiness? Middle-class Indebtedness and American Financialisation", *New Political Economy*, Vol. 14, No. 1, 2009.

Johnna Montgomerie, "The American debt safety-net", *Public Administration*, Vol. 91, No. 4, 2013.

Kate Bayliss, "The Financialization of Water", *Review of Radical Political Economics*, Vol. 46, No. 3, 2014.

Kate Bayliss, "The Financialisation of Health in England: Lessons from the Water Sector", *FESSUD. Working Paper Series*, Vol. 131, 2016.

Kear, Mark, "Governing homo subprimicus: Beyond financial citizenship, exclusion, and rights", *Antipode*, Vol. 45, No. 4, 2013.

Lamdin D. J., "Does Consumer Sentiment Foretell Revolving Credit Use?", *Journal of Family and Economic Issues*, Vol. 29, 2008.

Langley, Paul, "Uncertain subjects of Anglo-American financialization", *Cultural critique*, Vol. 65, 2007.

Larson A. and Hanna L., "The Potential of Debtors Unions", *ROAR Magazine*, Vol. 17, 2015.

Lauren E. Willis, "Finance-Informed Citizens, Citizen-Informed Finance: An Essay Occasioned by the International Handbook of Financial Literacy", *Journal of Social Science Education*, Vol. 42, 2017.

Laureen Snider, "Interrogating the Algorithm: Debt, Derivatives and the Social Reconstruction of Stock Market Trading", *Critical Sociology*, Vol. 40, No. 5, 2014.

LeBaron, G., "Reconceptualizing Debt Bondage: Debt as a Class-Based Form of Labor Discipline", *Critical Sociology*, Vol. 40, No. 5, 2014.

Leslie Huckfield, "The financialization of community development: The role of social finance", *Community Development Journal*, Vol. 56, No. 1, 2020.

Linda E. Coco, "Mortgaging Human Potential: Student Indebtedness and the Practices of the Neoliberal State", *Southwestern Law Review*, Vol. 42, No. 3, 2013.

Lois McNay, "Self as Enterprise: Dilemmas of Control and Resistance in Foucaults The Birth of Biopolitics", *Theory, Culture & Society*, Vol. 26, No. 6, 2009.

Louis Stewart, Pamela Smith, "An examination of contemporary financing practices and the global financial crisis on non profit multi hospital systems", *Journal of Health Care Finance*, Vol. 37, No. 3, 2011.

Manuel B. Aalbers, "The Financialization of Home and the Mortgage Market Crisis", *Competition & Change*, Vol. 12, No. 2, 2008.

Mann, Ronald J. and Hawkins, Jim, "Just Until Payday", *UCLA Law Review*, Vol. 54, No. 4, 2007.

Manzerolle V. and Smeltzer S., "Consumer databases and commercial mediation of identity: A medium theory analysis", *Surveillance and Society*, Vol. 8, No. 3, 2011.

Mick James, "Enhanced Annuities: Caring For At-Retirement Needs", *Society of Actuaries Reinsurance News*, Vol. 84, 2016.

Moore, J., "British Privatization: Taking Capitalism to the People", *Harvard Business Review*, Vol. 70, No. 1, 1992.

Nancy Fraser, "Contradictions of Capital and Care", *New Left Review*, Vol. 100, No. 99, 2016.

Natascha van der Zwan, "Financialisation and the Pension System: Lessons from the United States and the Netherlands", *Journal of Modern European History*, Vol. 15, No. 4, 2017.

Nuria Lorenzo-Dus, "Buying and selling: mediating persuasion in British property shows", *Media, Culture & Society*, Vol. 28, No. 5, 2006.

Pagliari, Stefano, Lauren M. Phillips, and Kevin L. Young, "The financialization of policy preferences: Financial asset ownership, regulation and crisis management", *Socio-Economic Review*, Vol. 18, No. 3, 2020.

Paul Langely, "Equipping Entrepreneurs: Consuming credit and credit scores", *Consumption Markets & Culture*, Vol. 17, No. 5, 2014.

Paul Langley and Ben Anderson and James Ash and Rachel Gordon, "Indebted life and money culture: payday lending in the United Kingdom", *Economy and Society*, Vol. 48, No. 1, 2019.

Petra Duenhaupt, "Financialization and the rentier income share-evidence from the USA and Germany", *International Review of Applied Economics*, Vol. 26, No. 4, 2012.

Pru Marriott, "An Analysis of First Experience Students' Financial Awareness and Attitude to Debt in a Post – 1992 UK University", *Higher Education Quarterly*, Vol. 61, No. 4, 2007.

R. Glick and K. J. Lansing, "Global Household Leverage, House Prices, and Consumption", *FRBSF Economic Letter*, Vol. 1, 2010.

Raveendranathan Gajendran and Stefanidis Georgios, "The Unprecedented Fall in U. S. Revolving Credit", *McMaster University Economics*, Vol. 5, 2020.

Reading, Richard, and Shirley Reynolds, "Debt, social disadvantage and maternal Depression", *Social Science & Medicine*, Vol. 53, No. 4, 2001.

R. L. Fried, J. P. Breheny, "Tuition Isnt the Only Thing Increasing: The Growth of the Student Loan ABS Market", *The Journal of Structured Finance*, Vol. 11, No. 1, 2005.

Rob Aitken, "Regul (ariz) ation of Fringe Credit: Payday Lending and the Borders of Global Financial Practice", *Competition & Change*, Vol. 14, No. 2, 2010.

Rob Aitken, " 'All data is credit data': Constituting the unbanked", *Competition & Change*, Vol. 21, No. 4, 2017.

Roberts, Adrienne, "Household debt and the financialization of social reproduction: Theorizing the UK housing and hunger crises", *Risking Capitalism*, Vol. 31, 2016.

Roderick, Leanne, "Governing Big Data: The Political Economy of Power, Knowledge and Consumer Finance in the Digital Age", *Queens University*, *Thesis* (*Ph. D, Political Studies*), 2016.

Ross, Andrew, "In Defense of Economic Disobedience", *Occasion*, Vol. 7, 2014.

Sarah Blacker, "Your DNA Doesnt Need to Be Your Destiny: Colonialism, Public Health and the Financialization of Medicine", *Topia: Canadian Journal of Cultural Studies*, Vol. 30–31, 2014.

Securitising Suburbia, "The Transformation of Anglo-American Mortgage Finance", *Competition & Change*, Vol. 10, No. 3, 2006.

Silver, Jonathan, et al., "Walking the financialized city: confronting capitalist urbanization through mobile popular education ", *Community Development Journal*, Vol. 56, No. 1, 2021.

Susanne Soederberg, "Student Loans, Debtfare and the Commodification of Debt: The Politics of Securitization and the Displacement of Risk ", *Critical Sociology*, Vol. 40, No. 5, 2014.

Sweet, Elizabeth, "Like you failed at life: Debt, health and neoliberal subjectivity", *Social Science & Medicine*, Vol. 212, 2018.

Sweet, Elizabeth, L. Zachary DuBois, and Flavia Stanley, "Embodied neoliberalism: Epidemiology and the lived experience of consumer debt", *International Journal of Health Services*, Vol. 48, No. 3, 2018.

Taylor, Astra, "Occupy 2. 0: Strike Debt Bereft of their big tent at Zuccotti Park, activists have found a unifying theme in debt", *NATION*, Vol. 295, No. 13, 2012.

Tayyab Mahmud, "Debt and Discipline", *American Quarterly*, Vol. 64, No. 3, 2012.

Tiessen, M., "The Appetites of App-Based Finance: Affective and speculative futures", *Cultural Studies*, Vol. 29, No. 5, 2015.

Waine Barbara, "Ownership and Security: Individualised Pensions and Pension Policy in the United Kingdom and the United States", *Competition & Change*, Vol. 10, No. 3, 2006.

Wajcman, J. and Martin, B., "My Company or My Career: Managerial Achievement and Loyalty", *British Journal of Sociology*, Vol. 52, No. 4, 2001.

Willis, Lauren E., "Evidence and ideology in assessing the effectiveness of financial literacy education", *San Diego L. Rev*, Vol. 46, 2009.

William Lazonick and Mary OSullivan, "Maximizing shareholder value: A new ideology for corporate governance", *Economy and Society*, Vol. 29, No. 1, 2000.

九　外文会议、研究所文件

Brown, Meta and Haughwout, Andrew and Lee, Donghoon and van der Klaauw, Wilbert, *The financial crisis at the kitchen table: Trends in household debt and credit*, FRB of New York Staff Report, No. 480, 2010.

Daniel Béland, *Framing the Ownership Society: Ideas, Institutions, and Neo-Liberal Social Policy*, Annual meeting of Research Committee, 2005.

Edward J. Bird, *Credit Cards and the Poor*, University of Wisconsin-Madison: Institute for Research on Poverty, Discussion Paper, No. 1148-97.

Goldstein, Adam, *Inequality, Financialization, and the Growth of Household Debt in the US*, 1989-2007, Institute for New Economic Thinking (INET) Grantee Paper, 2013.

Greenspan, A., *Innovation and Structural Change Boost Access to Consumer Credit*, Address to Federal Reserve Systems Fourth Annual Community Affairs Research Conference, 2005.

L. Randall Wray, *The Ownership Society: Social Security Is Only the Beginning*, Economics Public Policy Brief, Levy Economics Institute of Bard College, No. 82, 2005.

Leyshon, Andrew, and Nigel Thrift, *Geographies of financial exclusion: financial abandonment in Britain and the United States*, Transactions of the Institute of British Geographers, 1995.

Tamaki, R., *Opening remarks by OECD deputy secretary-general*, OECD-FSB Conference on Financial Literacy: "Financial Education for All", 2011.

Wolff, Edward N., *Recent trends in household wealth in the United States: Rising debt and the middle-class squeeze An update to* 2007, Levy Economics Institute Working Paper Serise, No. 159, 2010.

十 其他

王武声、王亚男、张庆旭:《美国金融消费者教育的启示》,《金融时报》2016 年 3 月 26 日。

田向阳、张磊:《美国养老金体系与资本市场》,中国证监会,www. csrc. gov. cn。

赵可金:《走向困惑的美国政治》,《学习时报》2011 年 11 月 7 日。

程恩富、大卫·莱曼等:《"占领华尔街":美式制度危机之痛》,《中国教育报》2011 年 12 月 19 日。

《2022 年中国消费金融行业研究报告》，https：//www.sohu.com/a/542435742_120189950。

《2020 年全国查处非法集资案件 7500 余起》，http：//www. gov. cn/xinwen/2021-04/23/content_5601666.htm。

《2021 安联全球财富报告显示：中国家庭金融资产总额增长 13.6%》，中国经济网，2021 年 10 月 11 日，http：//m. ce. cn/ttt/202110/11/t20211011_36981972. shtml，

徐佩玉：《城镇居民家庭资产均值逾 300 万元》，《人民日报海外版》2020 年 5 月 5 日。

赵展慧：《人民财评：撬动更多金融资源支持基础设施建设》，人民网，opinion. people. com. cn/n1/2022/0713/c1003-32473890. html。

后　记

在金秋十月，我终于完成了本书的写作与整理工作。四年多的辛劳最终凝聚成案头的书稿，宛如清风拂面，顿感丝丝清凉，引发缕缕思绪。

科学把握与辨析当代资本主义的新阶段、新特征、新变化，是新时代马克思主义研究的重要课题，也是笔者长期致力于研究的领域方向。相较于从生产力、生产关系、阶级结构、上层建筑等维度研究当代资本主义的宏大叙事，本书最主要的创新与特色在于以马克思主义总体性研究范式确立日常生活在当代资本主义研究中的独特性、合法性与有效性。笔者认为，马克思基于总体性方法，从社会再生产维度揭示了日常生活作为总体的资本主义的重要组成部分的存在意义。因此，本书基于"（生产力—生产关系—阶级结构—上层建筑）—日常生活"之间"决定—反作用"的结构性和能动性辩证统一，将日常生活金融化作为当代资本主义金融化再生产的内生要素，纳入当代资本主义新特征、新变化的研究中，以反线性思维、反还原主义、反经济决定论的总体论范式，期望深化对日常生活在资本主义历史性演变、关系性建构与制度性调整过程中所具有的性质、功能与位置的认识和理解。

当代资本主义研究是个大课题。笔者虽然做了很大努力，但是限于学识与能力，还有诸多内容未能深入展开。例如，从资本主义制度模式的多样性看，当代日常生活金融化并不是一个同质化的过程，而是在截然不同的历史沿革与制度背景下遵循不同的发展轨迹，呈现不同的结构特征。本书主体部分集中于英美资本主义日常生活金融化的主导模式研究，而对其他资本主义发展模式的日常生活金融化的分析着墨较少，未能全面展现当代资本主义日常生活金融化的多样性特征。再比如，日常生活金融化与数字资本主义、信息资本主义、认知资本主义、生态资本主义、灾难资本主义、技术资本主义等当代资本主义新形态之间存在何种内在关联，这些问题都有待进一步探讨和研究。

　　本书研究历时四年有余，付出的努力不言而喻。感谢我的家人在我读书、思考、写作过程中给予的倾情关爱与支持。她们是我学习、工作、生活的最坚实后盾和最大精神动力。同时，本书也凝聚了我的博士生们的智慧贡献，张建辉（第一章第二节、第二章第一节、第九章第二节）与陈爱华（第六章第四、五节，第七章第一节）各自负责了约10万字相关章节的资料收集、整理与内容初稿撰写；陶侃、魏莹、谭静同学仔细核对了字句、注释和引文出处。

　　此外，本书的顺利出版，得到了马克思主义学院、吴满意教授主持的全国高校思政课名师工作室、原理教研室冉奎主任以及同事们的大力支持。社会科学文献出版社的曹义恒、茹佳宁老师在书稿前期校对、排版等出版过程中付出了诸多辛劳，在此一并感谢。

欧阳彬

2024 年 10 月

图书在版编目（CIP）数据

当代资本主义日常生活金融化研究 / 欧阳彬著.
北京：社会科学文献出版社，2024.12. -- ISBN 978-7-
5228-4623-1

Ⅰ.F0-0

中国国家版本馆 CIP 数据核字第 20241RC539 号

当代资本主义日常生活金融化研究

著　　者 / 欧阳彬

出 版 人 / 冀祥德
责任编辑 / 吕霞云
文稿编辑 / 茹佳宁
责任印制 / 王京美

出　　版 / 社会科学文献出版社·马克思主义分社（010）59367126
　　　　　　地址：北京市北三环中路甲 29 号院华龙大厦　邮编：100029
　　　　　　网址：www.ssap.com.cn
发　　行 / 社会科学文献出版社（010）59367028
印　　装 / 三河市尚艺印装有限公司

规　　格 / 开　本：787mm×1092mm　1/16
　　　　　　印　张：24.75　字　数：405 千字
版　　次 / 2024 年 12 月第 1 版　2024 年 12 月第 1 次印刷
书　　号 / ISBN 978-7-5228-4623-1
定　　价 / 128.00 元

读者服务电话：4008918866